I0866577

EDITH STEIN GESAMTAUSGABE

25

EDITH STEIN GESAMTAUSGABE

Herausgegeben im Auftrag der
deutschen Ordensprovinz des teresianischen Karmel
vom Internationalen Edith Stein Institut Würzburg

Unter wissenschaftlicher Mitarbeit von
Hanna-Barbara Gerl-Falkovitz
Lehrstuhl für Religionsphilosophie und
vergleichende Religionswissenschaft der
Technischen Universität Dresden

25

Übersetzungen V

Alexandre Koyré
Descartes und die Scholastik

Edith Stein
mit Hedwig Conrad-Martius

Übersetzung von Alexandre Koyré Descartes und die Scholastik

Einführung, Bearbeitung
und Anmerkungen von
Hanna-Barbara Gerl-Falkovitz

HERDER

FREIBURG · BASEL · WIEN

Diese Sonderausgabe wurde realisiert mit freundlicher Unterstützung der Provinzen des Teresianischen Karmels (OCD) in Deutschland und Österreich sowie der Edith Stein Gesellschaft Deutschland.

Bibliographische Information der Deutschen Bibliothek
Die Deutsche Bibliothek verzeichnet diese Publikation in der Deutschen Nationalbibliographie; detaillierte bibliographische Daten sind im Internet über ⟨http://dnb.ddb.de⟩ abrufbar.

Neuausgabe 2025

© Verlag Herder Freiburg im Breisgau 2005
Hermann-Herder-Straße 4, D-79104 Freiburg
Alle Rechte vorbehalten
www.herder.de
produktsicherheit@herder.de

Umschlaggestaltung: Finken & Bumiller, Stuttgart
Satz: SatzWeise, Bad Wünnenberg
Printed in Germany

ISBN 978-3-451-02645-4
ISBN E-Book (PDF) 978-3-451-83905-4

Inhalt

Einführung

Hanna-Barbara Gerl-Falkovitz

Zur bisherigen Anonymität der Übersetzung

„Eben wird ein Buch von Koyré gedruckt (über die Gottesidee bei Descartes), das Frau Conrad u. ich übersetzt haben, es erscheint zugleich französisch.“[1] Dieser karge Satz aus einem Brief Edith Steins an ihren polnischen Kommilitonen und Freund Roman Ingarden ist der einzige Hinweis auf die Übersetzung eines Buches, das 1923 im Verlag Friedrich Cohen in Bonn erschien. Es trug den programmatischen Titel *Descartes und die Scholastik* – ohne daß irgendein Vorwort oder Hinweis auf die französische Urfassung und die Übersetzerinnen erfolgte. Der ausdrücklich philosophisch orientierte Verlag Cohen brachte übrigens 1929 Martin Heideggers Werk *Was ist Metaphysik?* heraus[2] und wurde als jüdischer Verlag während der nationalsozialistischen Ära enteignet; Nachfolger wurde der Bouvier Verlag Bonn. Auch bei der zweiten, reprographisch nachgedruckten Auflage Koyrés in der Wissenschaftlichen Buchgesellschaft Darmstadt 1971 wurde die Übersetzung nicht kenntlich gemacht; vermutlich existierten dazu längst keine Unterlagen mehr.

Weshalb die beiden mit Koyré befreundeten Philosophinnen, die die Übersetzung sicher unentgeltlich besorgten, anonym blieben, ist rätselhaft. War ein französisches Buch nach dem Ende des Ersten Weltkrieges nicht präsentierbar? Darauf würde auch verweisen die zeitgleiche anonyme Übersetzung von Koyrés *Bemerkungen über die Zenonischen Paradoxe*, die in Husserls *Jahrbuch für Philosophie und phänomenologische Forschung* V, 1922 erschienen und vermutlich von Hedwig Conrad-Martius übertragen waren.[3]

Erst 1929 erscheint Conrad-Martius namentlich als Übersetzerin des Kapitels *Die Gotteslehre Jakob Boehmes. Ein Fragment* aus Koyrés großer Monographie *La philosophie de Jacob Boehme* (Paris 1929) für die Festschrift zu

[1] *BRI*, Nr. 83, 30. 9. 1922, ESGA 4.

[2] Koyré schrieb die Einführung für die französische Übersetzung dieser Antrittsvorlesung Heideggers in Freiburg, publiziert in *La nouvelle revue Française* 19, 211 (1. 4. 1931), 750–753.

[3] Eberhard Avé-Lallemant, Edith Stein und Hedwig Conrad-Martius – Begegnung in Leben und Werk, in: Beate Beckmann/Hanna-Barbara Gerl-Falkovitz (Hg.), *Edith Stein. Themen – Bezüge – Dokumente (Orbis Phaenomenologicus. Perspektiven 1)*, Würzburg 2003, 67.

Husserls 70. Geburtstag. In ihrem Münchner Nachlaß befindet sich ferner ihre unvollendete Übersetzung des gesamten Buches (um 1946), sowie Übertragungen von Thomas von Aquin und Jean Héring, dem Kommilitonen aus dem Husserl-Kreis (*Le Royaume de Dieu et sa venue*, 1937).[4]

Für Edith Stein stellt die Mit-Übertragung Koyrés gleichsam die Lehrlingsarbeit dar, nämlich die erste in einer Reihe bald anschließender eigener umfangreicher Werkübersetzungen: von John Henry Newman, Thomas von Aquin, Dionysius Areopagita, Bonaventura und anderen.[5] Anders als ihre Freundin überträgt sie nicht nur aus dem Französischen, sondern ebenfalls versiert aus dem Englischen, Lateinischen und Griechischen.

Die *gemeinsame* Übersetzung des vorliegenden Buches steht allerdings einzigartig in dieser Reihe. Der jeweilige Anteil ist jedoch nicht gekennzeichnet und läßt sich auch nicht stilistisch ausmachen; ein Manuskript ist nicht erhalten. Es ist aber zu vermuten, daß die beiden Freundinnen in der Tat gemeinsam an die Sache herangingen, weil das Thema „Gottesbezüge und Gottesbeweise bei Descartes" ihre damalige beiderseits religiös-krisenhafte Stimmung traf.

Vielleicht läßt sich jedoch aufgrund der merkwürdigen Verschweigung der Namen auch ein charakterlicher Zug Edith Steins beleuchten. Koyré selbst spricht sie 1931 auf einer Postkarte an mit „Carissima Anonyma", „Liebste Anonyma".[6] Selbst wenn dies einfach ein Spitzname war (ein zweitesmal taucht er allerdings nicht auf), so dient er doch der Kennzeichnung: der immer wieder bezeugten Selbstlosigkeit Steins, wenn es um „die Sache" ging, sei es die Sache der Phänomenologie, sei es die Sache menschlichen Rates und Beistandes. Überliefert ist ein Satz von ihr, in dem sie den Übersetzer mit einer Fensterscheibe vergleicht, die selbst nicht gesehen wird, aber das Licht durchläßt. Geht der liebevolle Ausdruck „Carissima Anonyma" möglicherweise auf die Zeit der Descartes-Übersetzung zurück?

1921 und 1922: Die Zeit der Entscheidung

Im *Vorwort* vom 1. September 1936 zu ihrem Hauptwerk *Endliches und ewiges Sein* (1936/37) formuliert Edith Stein: „Von Hedwig Conrad-Martius hat die Verfasserin durch nahes Zusammenleben in einer jetzt lange zurückliegenden, aber für beide entscheidenden Zeit richtunggebende Anregungen empfangen."[7] „Nahes Zusammenleben" ist wörtlich zu nehmen. Stein war

[4] Ebd., Anm. 38.
[5] ESGA 21–24.
[6] *SBB* I, Nr. 182, 2. Dezemberhälfte 1931 (?), ESGA 2.
[7] *Endliches und ewiges Sein. Versuch eines Aufstiegs zum Sinn des Seins*, ESW II, Freiburg 1986, Vorwort, XVI.

nach dem leidvollen Abschied von Hans Lipps, der ihre Neigung nicht erwiderte, aus Göttingen im Mai 1921 nach Bergzabern gereist, um dort auf Conrads Obstplantage zu helfen und gemeinsam phänomenologisch zu philosophieren. Im Gepäck befand sich – als Geschenk von Anna und Pauline Reinach – bereits die *Vida* der Teresa von Avila, die Stein in einer denkwürdigen Nacht vermutlich im Juni 1921 zu Ende las. In jener Nacht sprang der Entschluß zum Übertritt ins Christentum und zur katholischen Taufe auf, zugleich radikalisiert durch den Entschluß zum Eintritt in den Karmel, was sich freilich erst im Oktober 1933 verwirklichen sollte. Es handelt sich also um eine Zeit grundstürzender Veränderung für Stein – eigentlich um die Einleitung ihrer zweiten Lebenshälfte, die im Unterschied zu der ersten aufstrebenden sich nach innen und letztlich nach unten wandte, bis in die Unsichtbarkeit des Karmel und die Nacht des Todes.

Nicht weniger war Hedwig Conrad-Martius (1888–1966) zur selben Zeit in einer Krise. Dreieinhalb Jahre älter als Stein, war sie bereits 1910 in Göttingen Husserls Schülerin geworden, promovierte aber 1912 bei Alexander Pfänder in München. Mit ihrem Mann Theodor Conrad (1881–1969) gehörte sie zu den Mitbegründern der Göttinger Philosophischen Gesellschaft. Als Stein 1913 nach Göttingen kam, war das Ehepaar bereits nach Bergzabern weggezogen, wo Conrad in seiner Heimatstadt noch vor dem Ersten Weltkrieg eine Obstplantage anlegte, um den Lebensunterhalt zu verdienen. Die beiden Phänomenologinnen begegneten sich persönlich erst im August 1920, als Stein die *Gesammelten Schriften* Adolf Reinachs als Gedächtnisband für den 1917 in Flandern Gefallenen vorbereitete. Im Hause Reinach in Göttingen trafen sich Stein und Conrad-Martius zum erstenmal: „Von Koyré und Hering, die beide jetzt meist in Paris leben und zu den Ferien in Bergzabern waren, brachte Frau Conrad Grüße. Frau C. kennen zu lernen war eine ganz große Freude. Wir haben uns herrlich verstanden, und ich soll in den nächsten Ferien lange nach Bergzabern kommen. Sie hat jetzt in Göttingen die Einleitung zu Reinachs Schriften verfaßt, ganz wunderschön", schreibt Stein am 9. September 1920 von Breslau aus.[8]

Dieser Einladung wurde tatsächlich ausgiebig Folge geleistet, da Conrads 1920 mittlerweile ein eigenes Haus erbaut hatten. „Ich war von Ende Mai bis Anfang August ⟨1921⟩ da und bin nur abgereist, weil Familienverhältnisse ⟨die Geburt der Nichte Susanne Biberstein⟩ meine Anwesenheit in Breslau nötig machten. Sobald alles hier erledigt ist, gehe ich zu Conrads zurück – auf unbegrenzte Zeit. Ich habe den Sommer über ganz richtig auf ihren Plantagen gearbeitet. Und es ist dringend nötig, daß Frau Conrad etwas entlastet wird, sie hat schon die letzten Jahre weit über ihre Kräfte gearbeitet, und es geht unmöglich so weiter. Wenn jede von uns die Hälfte tut, bleibt

[8] *BRI*, Nr. 70, 9. 9. 1920, ESGA 4.

uns beiden noch ausreichend Zeit für wissenschaftliche Arbeit. Die Hauptsache aber ist, daß wir uns gegenseitig so verstehen, wie wir es beide bisher kaum für möglich hielten, daß man so mit einem Menschen stehen könnte. Natürlich wollen wir nun, so lange es irgend geht, zusammenleben. Mit Conrad komme ich auch vorzüglich aus, das gehört ja notwendig dazu."[9] Im selben Brief ist auch von der Errichtung einer „gemeinsamen Bibliothek" in Bergzabern die Rede, mit Hilfe von Geldern des kanadischen Kommilitonen Winthrop Bell, denn die Vision richtete sich auf ein „allgemeine(s) Phänomenologenheim", in dem immer wieder Koyré und Héring aus Paris erwartet wurden.

Gegenüber dem Skeptiker Ingarden erwähnte Stein jedoch nicht, daß sich eben in diesen Monaten ihre eigene Krise durch den Entschluß zur Taufe löste. Ihre spätere Taufpatin Conrad-Martius berichtete in einem Rückblick von 1958, daß sie beide in jenen Tagen durch drei elementare Fragen verbunden waren: durch den Geist der Phänomenologie, durch die Anteilnahme am Judentum (Großvater Martius war ebenfalls Jude) und – vielleicht am tiefsten – durch die religiöse Suche. „Wir gingen beide wie auf einem schmalen Grate dicht nebeneinander her, jede in jedem Augenblick des göttlichen Rufs gewärtig. Er geschah, führte uns aber nach konfessionell verschiedenen Richtungen. Hier ging es um Entscheidungen, in denen sich die letzte Freiheit des Menschen, durch die er eben schöpfungsmäßig zur Person geadelt ist, mit der Berufung Gottes, der man zu gehorchen hat, für menschliche Augen unentwirrbar ineinander knüpft. Es gab jedoch kein Ausweichen. Und wie es bei den Anfangsschritten, nachdem uns die Gnade ergriffen hat, zu sein pflegt: es kam eine gewisse, wenn auch immer nur in kurzen Gesprächen und Worten leise geäußerte gegenseitige Aggression in unseren persönlichen Verkehr. In *diesem* Zusammenhang fiel das erwähnte Wort: Secretum meum mihi. Es war eine etwas schroffe Geste der Abwehr mir gegenüber. Ähnliches geschah aber auch umgekehrt."[10]

Für Conrad-Martius führte der Weg aus einem unentschieden-liberalen Protestantismus in eine freikirchliche evangelische Gruppe in Schobdach in Mittelfranken, wo sie bis an ihr Lebensende die großen Feste des Kirchenjahres mitfeierte.[11] Für Stein mündete der Weg in die Taufe in der Pfarrkirche St. Martin von Bergzabern am 1. Januar 1922, wozu ihre Freundin mit kirchlicher Dispens als Taufpatin mitwirkte. „Sie trug an ihrem Tauftag meinen weißen Hochzeitsmantel (es war Inflation; man konnte nichts kaufen). Ich ging dicht hinter ihr her zum Altar", hielt Conrad-Martius fest.[12]

[9] *BRI*, Nr. 76, 30. 8. 1921, ESGA 4.
[10] Hedwig Conrad-Martius, Meine Freundin Edith Stein (1958), in: Waltraud Herbstrith (Hg.), *Denken im Dialog. Zur Philosophie Edith Steins,* Tübingen 1991, 176–187; hier: 182 f.
[11] Avé-Lallement, a. a. O., 60.
[12] Anm. 10, 183.

In diese sich langsam lösende und befriedende Doppelkrise fällt demnach die gemeinsame Übersetzung von Koyrés herausfordernder, innovativer Descartes-Deutung. Diese Tatsache wirft ein – bisher nicht beachtetes – Licht auf Edith Steins eigenen intellektuellen Weg, insbesondere auf ihre spätere eingehende Auseinandersetzung mit der Scholastik.

Alexandre Koyré: Vita und Beziehungen zu Conrad-Martius und Stein

Am 29. August 1892 in Taganrog im zaristischen Rußland in einer wohlhabenden Familie geboren, war Alexandre Koyré nach dem Gymnasium in Tiflis und der Universität Odessa zum Studium der Mathematik und Philosophie 1908/09 nach Göttingen zu Hilbert und Husserl gegangen. Husserl hatte ihn zunächst durch die Abhandlung über die *Philosophie der Arithmetik*, außerdem durch die *Logischen Untersuchungen* angezogen. Koyré legte ihm 1912 drei kleinere Arbeiten zur Philosophie der Mathematik vor, die Husserl allerdings nicht als Doktorarbeit annahm.[13] Daraufhin wechselte Koyré nach Paris, wo er 1913 mit dem Diplom an der *École Pratique des Hautes Études (Sorbonne)* abschloß. Bei der Vorbereitung seiner Dissertation brach der Erste Weltkrieg aus. Bis Oktober 1915 nahm er auf der Seite Frankreichs daran teil und wechselte dann zur russischen Armee (ausgezeichnet als „Ritter vom Orden des hl. Georg"), bis diese sich 1918 auflöste. 1920 kehrte er endgültig nach Paris zurück, wo er im Mai 1921 an der Sorbonne die Diplomarbeit über Descartes und im Herbst desselben Jahres eine Dissertation über Anselm von Canterbury einreichte. 1929 schloß er eine „thèse d'état" (Habilitation) über Jakob Böhme ab und lehrte in den beiden anschließenden Jahren an der Universität Montpellier. Seine weitere Lehrtätigkeit ab 1931 an der genannten École Pratique in Paris wurde durch Lehraufenthalte an der Universität in Kairo unterbrochen (1933–34, 1936–37, 1939–40). 1940 wurde er von Jean Héring vor den Nazis in Clermont-Ferrand versteckt. Im September 1941 ermöglicht ihm die Rockefeller-Stiftung eine Zuflucht in New York an der *New School for Social Research*, wo er bis zum April 1945 verweilte und unter anderen Hannah Arendt als Freundin gewann. Im April 1945 kehrte er nach Paris zurück, hielt sich allerdings 1946 und 1950 wieder als *Visiting Professor* an der *New School* auf und dozierte später auch in Chicago, Madison, Baltimore und Princeton. Er starb am 28. April 1964 in Paris.

Die Verbindung zu den Freunden aus dem phänomenologischen „Urkreis" blieb immer bestehen. Zum Beispiel nahm Koyré einen Beitrag von

[13] Veröffentlicht durch: Paola Zambelli, Alexandre Koyré alla scuola di Husserl a Gottinga, in: *Giornale critico della filosofia italiana* 78 (1999), 303–354, Anhang.

Hedwig Conrad-Martius „Über Dasein, Substanz, Seele" in die von ihm gegründeten *Recherches philosophiques* II, Paris 1932/33, auf.[14] Mit ihr stand er auch nach dem Zweiten Weltkrieg in einem (bisher unedierten) Briefwechsel. In einem Brief an Conrad-Martius vom 22. März 1953 fallen die bitteren Worte: „Bisher – Sie werden es verstehen – konnte ich es nicht über mich bringen, nach Deutschland zu gehen." Und am 22. September 1954: „Ich kann den inneren Widerstand gegen die Idee, nach Deutschland zu gehen, nicht überwinden. Oder sagen wir: noch nicht. Ich bin öfters eingeladen worden, konnte mich jedoch nicht entschließen, die Einladungen anzunehmen."[15]

Auch mit Edith Stein verband Koyré und seine Frau Dorothée, geborene Reybermann (genannt Do), eine herzliche Beziehung. Sie lernten sich nicht in Göttingen im Husserl-Kreis, sondern vermutlich erst in Bergzabern kennen, wo Koyré immer wieder, meist zusammen mit Héring, auftauchte. So weilte Koyré rund vierzehn Tage im Juli 1922 in Freiburg (er hätte in dieser Zeit sein Descartes-Buch selbst übergeben können) und im September darauf mit den Kommilitonen Sybel, Héring, Hans Lipps und mit „Do" in Bergzabern, wo sie alle von Edith Stein als „Kinder des Hauses" bezeichnet wurden.[16] Es ist anzunehmen, daß zumindest dieser September-Aufenthalt zum Durchsprechen der reifenden oder bereits beendeten Übersetzung genutzt wurde. In Steins Briefen an Ingarden erscheinen im Zeichen der „phänomenologischen Freundschaft" regelmäßig Nachrichten über Koyré, seine Wohnungs- und Universitätswechsel und seine neuen Adressen.

Intensiv wurde der Austausch wieder im Jahre 1932. An Fronleichnam (26. Mai) 1932 benutzte der Professor der Sorbonne einen Köln-Aufenthalt in Sachen des Nachlasses Scheler, um die damalige Dozentin am Deutschen Institut für wissenschaftliche Pädagogik in Münster aufzusuchen.[17] Vier Monate später, im September 1932, war Stein anläßlich des berühmten Kongresses der *Société Thomiste* in Juvisy bei Paris für zehn Tage Gast im Hause Koyré.[18] Geleitet war sie von der Absicht, „viel für mein Scholastikstudium [zu] profitieren"[19] – ein kleiner Anklang an die scholastischen Partien aus der Descartes-Übersetzung. Die gewagte, nicht unangefochtene Thomas-Übertragung von Stein rezensierte Koyré durchaus zustimmend.[20] Auch der Karmeleintritt änderte nichts an der ebenso herzlichen wie sachorien-

[14] L'existence, la substantialité et l'âme, a. a. O., 148–181.
[15] München, Bayer. Staatsbibliothek, Archiv der Bayerischen Phänomenologen, Nachlaß Conrad-Martius, zit. von Jean-Francois Stoffel, *Bibliographie d'Alexandre Koyré*, Florenz 2000, X, Anm. 12.
[16] *BRI*, Nr. 83, 30. 9. 1922, ESGA 4.
[17] *SBB* I, Nr. 204, 9. 6. 1932, ESGA 2.
[18] *BRI*, Nr. 155, 11. 11. 1932, ESGA 4.
[19] *SBB* I, Nr. 216, 28. 8. 1932, ESGA 2.
[20] Wieder abgedruckt in ESGA 24, Übersetzungen: *Des hl. Thomas von Aquino Unter-*

tierten Beziehung. Im Mai 1935 adressierte Koyré seine Freundin mit „Ma chère Soeur" und empfahl ihr – offensichtlich auf ihre Bitten hin – verschiedene Literatur zu Aristoteles.[21] Im August 1935 erschien er mit seiner Frau im Kölner Karmel, wobei ihm Stein, etwas unsicher über ihr Vorgehen, die ersten Kapitel von *Endliches und ewiges Sein* zur Überprüfung gab, wiederum wegen der scholastischen Passagen.[22] Es ist leider kein Brief von Stein an Koyré erhalten, doch sandte sie ihm *Potenz und Akt*[23] als Vorstudie zu *Endliches und ewiges Sein* und legte offenbar großen Wert auf seine sachliche Beratung im Rahmen der mittelalterlichen Philosophie. Indirekt handelt es sich bei Koyrés Arbeit über Descartes um die erste Thomas-Lektüre von Edith Stein, der sie ab 1925 intensive Studien folgen ließ.

Koyrés Deutung von Descartes

Es dürfte Koyré mit Genugtuung erfüllt haben, daß sein verehrter Lehrer Husserl 1928 in Paris die berühmt gewordenen *Méditations Cartésiennnes* vortrug.[24] Dennoch war sein eigenes Bild von Descartes von der erkenntnistheoretisch angelegten Deutung durch Husserl grundverschieden. Koyré hatte zwar als Philosoph der Mathematik begonnen, war aber dann unmittelbar auf das Gebiet der Religionsphilosophie übergegangen, eben mit der Diplomarbeit über Descartes und unmittelbar anschließend mit der Dissertation über Anselm von Canterbury. Es folgten seine Rezensionen zu Rudolf Ottos epochalem Buch über *Das Heilige* (1922), das auch Husserl sehr beeindruckt hatte, zu Carl Clemens, *Die Mystik nach Wesen, Entwicklung und Bedeutung* (1923) und zu Emil Brunner, *Die Mystik und das Wort* (1924); es folgten Rezensionen zum jüdischen Denken und zur Kabbala sowie zu Werken über das Christentum, später zur ukrainischen und russischen Philosophie.[25] Die nächste große Monographie Koyrés war dem „philosophischen Schuster" Jakob Böhme gewidmet (1929), der über den Deutschen Idealismus (Schelling und Hegel) die russische Religionsphilosophie nachhaltig beeinflußt hatte.

In den späten 30er Jahren schloß Koyré wieder an seine frühen Descartes-Studien an, und zwar unter einem nunmehr anderen Gesichtspunkt: im

suchungen über die Wahrheit II, 2006, neben anderen zeitgenössischen Rezensionen. Skeptisch zu Steins Thomas-Übertragung äußerte sich z. B. Josef Pieper.

[21] *SBB* II, Nr. 393, Mai 1935 (?), ESGA 3.

[22] Ebd., Nr. 430, 17. 11. 1935 an Hedwig Conrad-Martius.

[23] Ebd., Nr. 393, Mai 1935 (?): Koyré bedankt sich für *Potenz und Akt* (ESGA 10).

[24] S. den Vergleich von Husserl und Koyré bei: Sören G. Olesen, *Wissen und Phänomen. Eine Untersuchung der ontologischen Klärung der Wissenschaft bei Edmund Husserl, Alexandre Koyré und Gaston Bachelard*, 1997.

[25] Vgl. die ausführliche Bibliographie der Jahre 1922–1925 bei Stoffel, a. a. O., 4 ff.

Vergleich von Galilei und Descartes und ihren unterschiedlichen Konzeptionen des unendlichen Raumes. Damit waren philosophische und erkenntnistheoretische Voraussetzungen der „wissenschaftlichen Revolution" durch ein neues Weltbild angesprochen, die Koyré bis zu seinen bedeutenden Princetoner Vorlesungen verfolgte und die ihn zum international angesehenen Wissenschaftshistoriker machten. Frucht dieses Ansatzes ist das berühmt gewordene Werk *Von der geschlossenen Welt zum unendlichen Universum* (Baltimore 1957, dt. 1969), das zwei dezidierte Descartes-Kapitel zum Begriff der Unendlichkeit enthält.

Doch zurück zu Koyrés erstem religionsphilosophischen Ansatz der Descartes-Deutung. Wissenschaftlicher Reiz und Herausforderung des Werkes liegen in einer neuartigen Lesart von Descartes. Im Unterschied zur landläufigen Auffassung, mit Descartes ende schroff eine „mittelalterliche" theologielastige Denkweise und beginne übergangslos der klassische Typus neuzeitlicher Vernunft-Philosophie, betont Koyré die tiefe, zum Teil absichtlich verschwiegene Verankerung Descartes' in der Früh- und Hochscholastik. Dieser „andere Descartes" wird nicht so stark vom Rationalismus und einem selbstevidenten Subjektivismus her verstanden. Vielmehr seien seine denkerischen Mühen um die Gewißheit des Ego implizit auf eine neue Form von Gottesbeweisen – unter den Bedingungen der Neuzeit – gerichtet; die meisten seiner Argumentationen seien vorgebildet bei Anselm von Canterbury, Thomas von Aquin, Duns Scotus, Bonaventura, Suarez und anderen. Das einseitige Bild des „Rationalisten" Descartes wurde auf diese Weise aufgebrochen und nachdenkenswert ergänzt; die jetzige Neuausgabe bildet so auch Fund und Anreiz für die heutige Descartes-Forschung.[26]

Zur Gestaltung der Ausgabe

Hinzuweisen ist auf eine nicht weiter kommentierte Freiheit der Übersetzerinnen in der Überschrift und in der Kapiteleinteilung des Buches. Die französische Urfassung trägt ihren langen Titel bereits als Inhaltsangabe: *Essai sur l'idée de Dieu et les preuves de son existence chez Descartes*. Sie enthielt insgesamt 7 Kapitel, außerdem Vorwort, Einleitung, Schluß und Anhang. Gegliedert ist das Ganze in zwei Partien; die erste umfaßt zwei, die zweite fünf Kapitel. Die Übersetzerinnen behielten Vorwort und Einleitung bei, kennzeichneten Kapitel 1 und Kapitel 2 wie vorgegeben und faßten die gesamte zweite Partie als ein großes Kapitel 3 zusammen. Den Anhang benannten sie um; aus der Überschrift *L'innéisme cartésien, l'illuminisme de*

[26] Die religiöse Grundierung von Descartes arbeitete neuerdings heraus: Johann Nesensohn, *Descartes' Geist (mens) und die mystische Seele*, Aachen 1993.

saint Augustin, saint Thomas et saint Bonaventura wurde im Deutschen *Der Cartesianische Nativismus, Thomas und der Illuminismus Augustins.* Obwohl Bonaventura sachlich noch erscheint, ist er aus dem Titel verschwunden. Ferner wurden die ebenso zahlreichen wie umfänglichen Original-Zitate als *Quellenbelege* an den Schluß gesetzt.

Auffällig in der Erst- (wie in der reprographischen Zweit-) Auflage sind viele Druckfehler, auch Doppelzählungen bei den Quellenbelegen; offenbar wurde das Buch nach dem Setzen überhaupt nicht mehr korrigiert. Die bibliographischen Angaben waren teils fehlerhaft, teils lückenhaft; Thomas wurde beispielsweise „nach der römischen Ausgabe“ zitiert; es ist nur zu vermuten, daß es sich – bei mehreren Alternativen – um die *Editio Leonina* handelt (s. die Bibliographie). Aus den erheblichen Flüchtigkeiten ergibt sich der Eindruck, daß das Buch unter großem Zeitdruck fertiggestellt wurde; hängt dies möglicherweise mit der großen Inflation 1923 zusammen? Es gab nur eine zeitgenössische Rezension durch A. Goedeckemeyer, erstaunlicherweise im thematisch etwas abgelegenen *Archiv für Rechts- und Wirtschaftsphilosophie.*[27] Die französische Erst-Ausgabe wurde durch Jean Héring und andere rezensiert.[28]

Die jetzige dritte Ausgabe ist nicht allein durch Ergänzung der Lücken und der Anmerkungen, sondern auch durch die bisher unbekannt gebliebene Autorschaft der Übersetzerinnen und die Rekonstruktion der verwendeten, häufig nur angedeuteten Primär- und Sekundärliteratur in der Bibliographie gekennzeichnet. Im Text erwähnte Namen wurden durch Fußnoten erläutert; lateinische Begriffe wurden übersetzt. Ansonsten wurde der originale Text beibehalten.

Zu wünschen ist, daß diese bisher unbekannt gebliebene Übersetzung Edith Steins vom Herbst 1922 die ansonsten so verschwiegene Zeit ihrer intellektuellen und seelischen Neuorientierung wenigstens mittelbar beleuchtet.

[27] *Archiv für Rechts- und Wirtschaftsphilosophie* 18, 3 (1924/25), 495 f.

[28] Jean Héring, Compte rendue de A. Koyré, in: *Revue d'histoire et de philosophie religieuses* 4, 6 (1924), 574–577.

Bibliographie der im Text angegebenen Primärliteratur/Quellen ⟨rekonstruiert⟩

Anselm von Canterbury⟨, *Opera omnia*, hg. v. G. Gerberon, Paris 1675 und PL 158, 159⟩

– *Contra Gaunilonem*

– *De veritate*

⟨Arnauld Antoine/Nicole P., ⟩*La logique du Port-Royal*⟨, Paris 1662 (anonym): *La logique ou l'art de penser*⟩

Augustinus Aurelius⟨, *Opera omnia*, studio monachorum ordinis s. Benedicti, 11 Bde., Paris 1679–1700; Mauriner Ausgabe⟩

– *Confessiones*

– *Contra Academicos*

– *De duabus animabus*

– *De corruptione et gratia*

– *De diversis quaestionibus*

– *De genesi ad litteram liber imperfectus*

– *De gratia et libero arbitrio*

– *De trinitate*

– *De vera religione*

– *Enchiridion ad Laurentium, sive de fide, spe et caritate*

– *Epistolae*

– *Liber imperfectus/Opus imperfectum contra Julianum*

– *Meditationes*

– *Sermones*

Bonaventura Johannes (Fidanza)⟨, *Opera omnia*, hg. v. Ordo Fratrum Minorum, 10 Bde., Ad claras aquas [Quaracchi] 1882–1902⟩

– *Breviloquium*

– *Commentarii in IV libros sententiarum Petri Lombardi*

– *De decem praeceptis*

– *De mysterio trinitatis*

– *De scientia Christi*

– *Itinerarium mentis in Deum*

Caterus Johannes, *Primae obiectiones*, in: Descartes René, *Oeuvres VII*, Paris 1904

Descartes René, *Oeuvres*, hg. v. Charles Adam/Paul Tannery, Paris 1897–1912, XII Bde. ⟨ND Paris 1964–1975, 11 Bde.⟩

– *Axiomata*
– *Cogitationes privatae*
– *Contra Hyperaspistem*
– *Correspondance*
– *Discours de la méthode*
– *Le monde, ou traité de la lumière*
– *Meditationes de prima philosophia / Méditations*
– *Ms. Göttingen*
– *Notae in programma quoddam*
– *Obiectiones primae, secundae, tertiae, quartae, quintae, sextae* ⟨andere Autoren gegen Descartes⟩
– *Principia philosophiae / Principes de la philosophie*
– *Regulae ad directionem ingenii*
– *Responsiones primae, secundae, tertiae, quartae, quintae, sextae*

Duns Scotus Johannes, *Opera omnia*, hg. v. Lucas Wadding, Lyon 1639 ⟨ND 1891–95⟩
– *Collectanea*
– *Conclusiones metaphysicae*
– *In Metaphysicam expositio* ⟨Quaestiones super libros Metaphysicorum Aristotelis⟩
– *Miscellanea*
– *Opus oxoniense*
– *Quodlibetum*
– *Reportata parisiensia*
– *Theoremata*
– *Tractatus de primo principio*

Gaunilo, *Liber pro insipiente*⟨, PL 158⟩

Malebranche Nicolas de⟨, *Réponse de Malebranche à une lettre de ses amis touchant un livre qui a pour titre: „Sentiment de M. Descartes touchant l'essence et les proprietez du corps…par L. de la Ville“*. In: Descartes René, *Recueil de quelques pièces curieuses*, Paris 1684; und in: Malebranche, *Œuvres complètes*, 11 Bde., Paris 1712⟩

Mersenne Marin, *Quaestiones celeberrimae in Genesim*⟨, Paris 1623⟩
– Défense de la science contre les athéistes, Paris 1625

Morin J. B., *Quod Deus sit, mundusque ab ipso creatus fuerit in tempore*, Paris 1635

Scotus Eriugena Johannes⟨, *Opera quae supersunt omnia*, PL 122⟩
– *De divisione naturae*
– *De praedestinatione*

Suarez Francisco
– *De legibus*, Amstelodami 1613
– *Disputationes metaphysicae*⟨, Salamanca 1597⟩

Thomas von Aquin⟨, *Opera omnia iussu Leonis XIII edita (Editio Leonina)*, Romae 1882 ff.⟩
- *De spiritualibus creaturis*
- *Expositio aurea in David*
- *Expositio super librum Boethii de trinitate*
- *Opusculum 70*
- *Quaestiones disputatae de potentia*
- *Quaestiones disputatae de veritate*
- *Quaestiones de quolibet*
- *Scriptum super libros sententiarum*
- *Sententia in librum de anima*
- *Summa contra gentiles*
- *Summa theologiae*

Sekundärliteratur

1. Text
⟨rekonstruiert⟩

Adam Charles, *Vie et oeuvres de Descartes. Étude historique. Supplément à l'édition de Descartes.* Bd. XII der Adam/Tannery-Ausgabe, Paris 1910

Alfaric Prosper, *L'évolution intellectuelle de Saint Augustin. I: Du manichéisme au néoplatonisme*, Paris 1918

Baillet Adrien, *La vie de M. Des-Cartes contentant l'histoire de sa philosophie et de ses autres ouvrages*, 2 Bde., Paris 1691 (ND Hildesheim/New York 1972)

Baur Ferdinand Christian, *Die christliche Lehre von der Dreieinigkeit und der Menschwerdung*, 3 Bde., Tübingen 1841–43

Blanchet Léon, *Les antécédents historiques du „je pense donc je suis"*, Paris 1920

Bossuet Jacques-Bénigne, *Oeuvres complètes*, hg. v. F. Lachat, 31 Bde., Paris 1862–66

Boutroux Pierre, *L'idéal scientifique des mathématiciens dans l'antiquité et dans les temps modernes*, Paris 1920

Brémond Henri, *Histoire littéraire du sentiment religieux au France*, 3 Bde., Paris 1921–23

Brentano Franz, *Vom Ursprung sittlicher Erkenntnis*, Leipzig 1889

Brochard Victor, Descartes stoïcien. Contribution à l'histoire de la philosophie cartésienne, in: *Études de philosophie ancienne et de philosophie moderne; recueuillies et précédées d'une introduction de Victor Delbos*, Paris 1912

Daniel Gabriel, *Le voyage du monde de M. Descartes*, Paris 1690

Daniels Augustinus, *Quellenbeiträge und Untersuchungen zur Geschichte der Gottesbeweise im dreizehnten Jahrhundert: mit besonderer Berücksichtigung des Arguments im Proslogion des Hl. Anselm*, Münster 1909

Dictionnaire de théologie catholique contenant l'exposé des doctrines de la théologie catholique, leurs preuves et leur histoire, hg. v. Alfred Vacant, Bd. XII, Paris

Dilthey Wilhelm, *Das natürliche System der Geisteswissenschaften im 17. Jahrhundert*, 1892, in: *Gesammelte Schriften*, Bd. II, Leipzig 1914

Endres Joseph Anton, *Petrus Damiani und die weltliche Wissenschaft*, Münster 1910

Espinas Alfred, Pour l'histoire du Cartésianisme, in: *Revue de métaphysique et de morale* 17 (Paris 1904)

ders., Descartes de 17 à 27 ans, in: *Revue Bleue (1907)*

ders., L'idée initiale de la philosophie de Descartes, in: *Revue de métaphysique et de morale* 30 (Paris 1917)

Eucken Rudolf, *Geschichte der philosophischen Terminologie*, Leipzig 1879

Evellin François, *Infini et quantité*, Paris 1887

Freudenthal Jakob, Spinoza und die Scholastik, in: *Philosophische Aufsätze*, Leipzig 1887, 85–138

Gibieuf Guillaume, *De libertate Dei et creaturis*, 2 Bde., Paris 1630

Gilson Étienne, *La liberté chez Descartes et la théologie*, Paris 1914

ders., *Le Thomisme*, Straßburg 1919

ders., *Essais de philosophie médiévale*, Straßburg 1921

Grandgeorge L., *Saint Augustin e le néoplatonisme*, Paris 1896

Grunwald Georg, *Geschichte der Gottesbeweise im Mittelalter bis zum Ausgang der Hochscholastik*, Münster 1907

Hamelin Octave, *Le système de Descartes*, Paris 1911

Hannequin Artur, *Essais critiques sur l'hypothèse des atomes dans la science contemporaine*, 2 Bde., Paris 1895

Harnack Adolf von, *Lehrbuch der Dogmengeschichte*, 3 Bde., Tübingen 1909–10, III

Hauréau Jean Barthélemy, *Histoire littéraire du Maine*, Paris 1872

Hertling Georg von, Descartes' Beziehungen zur Scholastik. *Sitzungsberichte der Königlich-Bayerischen Akademie. Philosophisch-historische Klasse*, München 1897

Houssaye Michel, *Le Père de Bérulle et l'Oratoire de Jésus*, Paris 1611–25 und Paris 1874

Huet Pierre Daniel, *Recensio philosophiae cartesianae*, Paris 1677

Jourdain Charles, *Excursions historiques et philosophiques à travers le moyen âge*, Paris 1888

Kahl Wilhelm, *Die Lehre vom Primat des Willens bei Augustinus, Duns Scotus und Descartes*, Straßburg 1886

Klein Josef, *Der Gottesbegriff des Johannes Duns Scotus vor allem nach seiner ethischen Seite betrachtet*, Würzburg 1913

Koyré Alexandre, *L'idée de Dieu dans la philosophie de saint Anselme*, Paris 1923

Liard Louis, Descartes, Paris 1881, ^{2}1903

Milhaud Gaston de, Une crise mystique chez Descartes en 1619, in: *Revue de Métaphysique et de Morale 27* (1916)

Minges Parthenius Heinrich, *Joannis Duns Scoti doctrina philosophica et theologica: Opus posthumum pro manuscripto. Tomus I. Doctrina philosophica. Theologia fundamentalis. Tomus II. Theologia specialis*, 2 Bde., Ad claras aquas [Quaracchi] 1930

Nourrisson Jean-Félix, *La philosophie de St. Augustin*, 2 Bde., Paris 1865

Pfänder Alexander, Motive und Motivation, in: *Münchener Philosophische Abhandlungen. Theodor Lipps zu seinem 60. Geburtstag*, München 1911

Picavet François, *Esquisse d'une histoire générale et comparée des philosophies du Moyen Age, Paris 1907*

ders., Essais de philosophie et de théologie médiévale, Paris 1913

Pluzansky Émile, *Essai sur la philosophie de Duns Scot*, Paris 1887

Ravaisson Félix, *Rapport sur la philosophie en France au XIX siècle*, Paris 1869

Rickert Heinrich, *System der Philosophie. Bd. 1.: Allgemeine Grundlegung der Philosophie*, Tübingen 1921

Ritter Heinrich, *Geschichte der Philosophie*, Bd. VIII und X, Hamburg 1841

Rodrigues Gustave, *L'existence du monde selon Descartes*, Paris 1904

Rousselot Pierre, *L'intellectualisme de St. Thomas*, Paris 1908

Saint Cyran, Approbation de De libertate de P. Gibieuf, in: *Oeuvres chrétiennes et spirituelles*, 4 Bde., Lyon 1676

Sainte-Beuve Charles-Augustin, *Histoire de Port-Royal*, 5 Bde., Paris 1840–59

Sécretan Charles, *La philosophie de la liberté. Cours de philosophie morale fait à Lausanne*, 2 Bde., Paris 1849, 2. Aufl. Paris 1866

Seeberg Reinhold, *Die Theologie des Duns Scotus. Eine dogmengeschichtliche Untersuchung*, Leipzig 1900

ders., Artikel „Duns Scotus“, in: *Theologische Realenzyklopädie* (TRE) V, 74

Siebeck H., Die Willenslehre bei Duns Scotus und seinen Nachfolgern, in: *Zeitschrift für Philosophie und philosophische Kritik* (Leipzig 1898), 179–216

Silhon Jean de, *De l'immortalité de l'âme*, Paris 1634

Stöckl Albert, *Geschichte der Philosophie des Mittelalters*, Mainz 1865, 3. Aufl. 1889

Strowski Fortunat, *Pascal et son temps*, 3 Bde., Paris 1907

Tharabaud Mathieu Mathurin, *Histoire de P. de Bérulle; fondateur de la Congrégation de l'Oratoire; suivie d'une notice historique des Supérieurs-Généraux de cette congrégation*, 2 Bde., Paris 1817

Überweg Friedrich, *Grundriß der Geschichte der Philosophie. 2. Die mittlere oder die patristische und scholastische Zeit*, hg. v. Matthias Baumgartner, Berlin 1915

Vacant Alfred, in: *Revue du clergé Francais* XII

ders., *III section. Compte rendu du IV congrès scientifique international des catholiques, Fribourg 1898*

Windelband Wilhelm, *Lehrbuch der Geschichte der Philosophie* (1892), Freiburg [3]1903

2. Einführung

Avé-Lallemant Eberhard, Edith Stein und Hedwig Conrad-Martius – Begegnung in Leben und Werk, in: Beate Beckmann/Hanna-Barbara Gerl-Falkovitz (Hg.), *Edith Stein. Themen – Bezüge – Dokumente* (Orbis Phaenomenologicus. Perspektiven 1), Würzburg 2003, 55–78

Brunner Emil, *Die Mystik und das Wort*, Zürich 1924

Clemens Carl, *Die Mystik nach Wesen, Entwicklung und Bedeutung*, 1923

Conrad-Martius Hedwig, L'existence, la substantialité et l'âme, in: *Recherches philosophiques II* (1932/33), 148–181

dies., Meine Freundin Edith Stein (1958), in: Waltraud Herbstrith (Hg.), *Denken im Dialog. Zur Philosophie Edith Steins*, Tübingen 1991, 176–187

Goedeckemayer A., Rezension: A. Koyré, Descartes und die Scholastik, in: *Archiv für Rechts- und Wirtschaftsphilosophie* 18, 3 (1924/25), 495f

Héring Jean, Compte rendue de A. Koyré, Descartes, in: *Revue d'histoire et de philosophie religieuses* 4, 6 (1924), 574–577.

ders., *Le Royaume de Dieu et sa venue*, Paris 1937

Husserl Edmund, *Philosophie der Arithmetik*, Halle 1891

ders., *Logische Untersuchungen*, 2 Bde., Halle 1900/01

ders., *Méditations Cartésiennes*, Paris 1931

Koyré Alexandre, Bemerkungen über die Zenonischen Paradoxe, in: *Jahrbuch für Philosophie und phänomenologische Forschung* V, Halle 1922

ders., *Essai sur l'idée de Dieu et les preuves de son existence chez Descartes*, Paris 1922

ders., *L'idée de Dieu dans la philosophie de saint Anselme*, Paris 1923

ders., Die Gotteslehre Jakob Boehmes. Ein Fragment, in: *Jahrbuch für Philosophie und phänomenologische Forschung* VII, Halle 1929

ders., *La philosophie de Jacob Boehme*, Paris 1929

ders., Introduction à Martin Heidegger, Qu'est-ce que la métaphysique?, in: *La nouvelle revue Française* 19, 211 (1.4.1931), 750–753
ders., *Von der geschlossenen Welt zum unendlichen Universum*, Fankfurt 1969 (engl. Baltimore 1957)
Nesensohn Johann, *Descartes' Geist (mens) und die mystische Seele*, Aachen 1993
Olesen Sören G., *Wissen und Phänomen. Eine Untersuchung der ontologischen Klärung der Wissenschaft bei Edmund Husserl, Alexandre Koyré und Gaston Bachelard*, 1997
Otto Rudolf, Das *Heilige. Über das Irrationale in der Idee des Göttlichen und sein Verhältnis zum Rationalen*, Breslau (1917) 1922
Stein Edith, *Des hl. Thomas von Aquino Untersuchungen über die Wahrheit* II, Breslau 1932 (ESGA 24)
dies., *Endliches und ewiges Sein. Versuch eines Aufstiegs zum Sinn des Seins*, ESW II, Freiburg 1986
dies., *Selbstbildnis in Briefen I (1916–1933)*, ESGA 2, Freiburg 2000, ^{2}2004
dies., *Selbstbildnis in Briefen II (1933–1942)*, ESGA 3, Freiburg 2001, ^{2}2006
dies., *Selbstbildnis in Briefen III: Briefe an Roman Ingarden*, ESGA 4, Freiburg 2001
Stoffel Jean-François, *Bibliographie d'Alexandre Koyré*, Florenz 2000
Zambelli Paola, Alexandre Koyré alla scuola di Husserl a Gottinga, in: *Giornale critico della filosofia italiana* 78 (1999), 303–354

Siglen

1. Edith Stein

BRI	Selbstbildnis in Briefen III: Briefe an Roman Ingarden, ESGA 4, Freiburg 2001
ESGA	Edith Stein Gesamtausgabe, Freiburg: Herder, 25 Bde., 2000–2010
ESW	Edith Steins Werke, Freiburg: Herder, 18 Bde., 1950–1998
SBB I	Selbstbildnis in Briefen I (1916–1933), ESGA 2, Freiburg 2000, ^{2}2004
SBB II	Selbstbildnis in Briefen II (1933–1942), ESGA 3, Freiburg 2001, ^{2}2006

2. Allgemein (Editionen s. Bibliographie)

Contra gentiles	Thomas von Aquin, Summa contra gentiles
Corresp.	Descartes, Correspondance
De potentia	Thomas von Aquin, Quaestiones disputatae de potentia
De veritate	Thomas von Aquin, Quaestiones disputatae de veritate
Obi.	Obiectiones
Op. ox.	Duns Scotus, Opus oxoniense
PL	Patrologiae Series Latina, hg. v. Jean-Paul Migne, Paris 1857 ff.
Quodlib.	Duns Scotus, Quodlibetum
S.th.	Thomas von Aquin, Summa theologiae

Abkürzungen

a.	articulus (lat.), Artikel
a.a.O.	am angegebenen Ort
ad	(lat.) zu
Anm.	Anmerkung
art.	articulus (lat.), Artikel
AT	Altes Testament
Aufl.	Auflage
Bd., Bde.	Band, Bände
bzw.	beziehungsweise
ca.	circa (lat.), ungefähr
cap.	capitulum (lat.), Kapitel
cf.	confert (lat.), bezüglich
col.	columna (lat.), Spalte
d.	distinctio (lat.), Unterscheidung
d.h.	das heißt
d.i.	das ist
ders.	derselbe
dies.	dieselbe
dub.	dubitatio (lat.), Zweifel
ebd.	ebenda
e.g.	exempli gratia (lat.), z.B.
eingel.	eingeleitet
etc.	et cetera (lat.), und so weiter
evtl.	eventuell
f., ff.	folgend, folgende
frz.	französisch
hg.	herausgegeben
hl.	heilig
i.e.	id est (lat.), das ist
Jh.	Jahrhundert
Kap.	Kapitel
lat.	lateinisch
loc. cit.	loco citato (lat.), a.a.O.
M.	Monsieur (frz.), Herr
Ms.	Manuskript

n.	numerus (lat.), Nummer
ND	Nachdruck
Nr.	Nummer
op. cit.	opere citato (lat.), a. a. O.
opusc.	opusculum (lat.), kleines Werk
O.S.B.	Ordo Sancti Benedicti (lat.), Benediktinerorden
p.	pars (lat.), Teil
P.	Père (frz.), Pater, Vater
q.	quaestio (lat.), Frage
r.	respondeo (lat.), ich antworte
resp.	respective (lat.), bzw.
sc.	scilicet (lat.), d. h.
St.	Sankt (lat.), Saint (frz.), Heiliger
u. a.	und andere, unter anderem
u. dgl.	und dergleichen
u. E.	unseres Erachtens
un.	unica, unum, unus (lat.), einzig, eins
usf.	und so fort
usw.	und so weiter
vgl.	vergleiche
v.	von
z. B.	zum Beispiel
zit.	zitiert

Editorischer Hinweis

- Mit spitzen Klammern ⟨ ⟩ versehene Einfügungen im Text wie in den Fußnoten kennzeichnen editorische Hinweise/Ergänzungen/Verdeutlichungen.
- Zeichensetzung und Druckfehler sind stillschweigend bereinigt.
- Die Seiten mit arabischer Paginierung (S. 1–220) enthalten die Übersetzung von Edith Stein mit Hedwig Conrad-Martius; alles andere entspringt der Neuedition.
- Für die zahlreichen Namen im Text geben die Fußnoten ⟨ ⟩ bei Erstnennung Vita und Werke. Über das Namenregister läßt sich die jeweilige Erstnennung aufsuchen.
- Primär- und Sekundärliteratur wird in den Fußnoten abgekürzt zitiert; die volle Zitation ist in der Bibliographie nachzuschlagen.
- Ziffern in runden Klammern in den Anmerkungen verweisen auf den jeweiligen Quellenbeleg.

Alexandre Koyré
Descartes und die Scholastik

Übersetzt von Edith Stein
mit Hedwig Conrad-Martius

Tria mirabilia fecit Dominus:
res ex nihilo,
Hominem Deum,
liberum arbitrium.

René Descartes, *Cogitationes Privatae*[1]

[1] ⟨Oeuvres de Descartes, hg. v. Adam/Tannery, Paris 1903–1974, X, 217: „Drei Wunder hat der Herr geschaffen: Dinge aus dem Nichts, den Menschen als Gott, den freien Willen."⟩

Vorwort

Die Wahl unseres Themas sowie die befolgte Methode bedarf einer gewissen Rechtfertigung. Ist es überhaupt möglich, nach einer so großen Anzahl von Arbeiten, Artikeln, Untersuchungen, die der Cartesianischen Philosophie gewidmet sind, noch etwas Neues darüber zu sagen? Der Versuch schon könnte anmaßend erscheinen. Aber wir glauben, daß das System eines großen Philosophen[1] – und daran eben erkennt man seine Größe – auf einem gleichsam lebendigen Grunde ruht, der tief und reich wie die Wirklichkeit selbst, trotz oder vielmehr gerade wegen dieses Reichtums das ausgeführte System zu einem notwendig bruchstückhaften, in sich widerspruchsvollen und unvollständigen Entwurf stempelt. Es ist in diesem Sinne wahrhaft unerschöpflich und kann dem sich Vertiefenden stets Neues und Unexpliziertes bieten.

Andererseits haben die Untersuchungen moderner französischer Historiker[2], vor allem die vorzüglichen Arbeiten ⟨Étienne⟩ Gilsons, den traditionellen Aspekt, in dem die Philosophie Descartes' stand, erheblich verändert: den Aspekt nämlich, unter dem Descartes sozusagen als *Deus ex machina* ⟨Gott aus der Hebebühne⟩ gesehen wird, der sich aus der unfruchtbaren Öde der Scholastik ohne alle Beziehungen zur Vergangenheit und ohne allen Kontakt zum Denken seiner Zeit autochthon erhebt[3]. Descartes' System erscheint jetzt keineswegs mehr als eine Schöpfung *ex nihilo* ⟨aus dem Nichts⟩[4]. Man fängt an, die historischen Grundlagen seiner Konstruktionen zu entwirren, die Elemente scholastischer Herkunft zu unterscheiden, und im Anschluß hieran soll die hier folgende historische Studie die verschiedenen Seiten des Systems und das ganze System als solches in einer neuen Weise beleuchten. Jenes Abreißen aller und jeglicher Kontinuität, jene

[1] Denn es sei gleich gesagt: vor allem als Philosophen – als großen Metaphysiker – betrachten wir Descartes; so allein läßt sich sein Ruhm und sein Einfluß wirklich begründen. Als solchen werden wir ihn zu verstehen versuchen. Wenn moderne Historiker ihn nur als Wissenschaftler und Gelehrten fassen und in seiner Metaphysik nichts als einen überflüssigen Ballast sehen, als ein in sich unzusammenhängendes Gemisch theologischer Doktrinen seiner Zeit, so können wir ihnen hierin in keinem Sinne folgen.

[2] Namentlich ⟨Alfred⟩ Espinas, ⟨François⟩ Picavet, ⟨Étienne⟩ Gilson und ⟨Léon⟩ Blanchet ⟨*vgl. Bibliographie*⟩.

[3] ⟨Étienne⟩ Gilson, *La liberté chez Descartes et la théologie*, Paris 1914, 433 (1).

[4] ⟨Georg von⟩ Hertling, *Descartes' Beziehungen zur Scholastik*. Sitzungsberichte der Kgl. Bayr. Akademie. Phil.-hist. Klasse ⟨München⟩ 1897, 380.

gleichsam luftdichte Scheidewand, die die Historiker zwischen Descartes und der Scholastik aufzurichten liebten, existierte in Wirklichkeit nur in ihrer Vorstellung, beruhte auf ihren allzu einseitigen Kenntnissen. Die ungerechtfertigte Abschätzung der Scholastik, die traditionelle und allgemeine Verachtung, mit der ihre „Subtilitäten" und „Spitzfindigkeiten" behandelt wurden, haben in der Tat als verderbliche Folge die fast vollständige Unkenntnis der mittelalterlichen Gedankenarbeit von seiten der Historiker der Philosophie erzeugt[5]. Und wenn heute auch die Zahl der Arbeiten, die der Geschichte der mittelalterlichen Philosophie gewidmet sind, sich täglich vermehrt und die Anerkennung des hohen Wertes scholastischer Ideen schon fast offiziell geworden ist, so ist doch diese Scheidewand selbst noch nicht gefallen. Mit Erstaunen entdeckt man daher auch in der besten vielleicht der unzähligen Arbeiten, die sich auf Descartes beziehen, dem *Système de Descartes* von ⟨Octave⟩ Hamelin, gewisse Behauptungen, die sich nur aus dem immer noch fortdauernden Einfluß des erwähnten Vorurteils erklären lassen[6]. Rein traditionelle Lehren, Lehren sozusagen der *sententia communis* ⟨allgemeinen Auffassung⟩, deren ersten Urheber zu bezeichnen fast unmöglich wäre, sieht man hier als spezifisch cartesianische Theorien fixiert[7]. Und sogar in jenen jüngsten Arbeiten französischer Gelehrter, von denen wir sprachen, finden wir noch die Spuren des traditionellen Wunsches, Descartes von der großen mittelalterlichen Epoche abzutrennen. ⟨Léon⟩ Blanchet glaubt keinen Vermittler zwischen Descartes und Augustin[8] finden zu können: Nikolaus von Cusa[9] wird als einziger gerade noch erwähnt – und in Wirklichkeit findet sich ja doch die Theorie der *docta ignorantia* ⟨der belehrten Unwissenheit⟩ sowie der Terminus selbst bei Bonaventura[10], und die *abdita scientia* ⟨verborgene Wissenschaft⟩ führt uns, bevor wir bei Augustin, den griechischen Kirchenvätern und ihrem Lehrer Plotin[11] stillstehen

[5] Ebd., 339.
[6] ⟨Octave⟩Hamelin, ⟨*Le*⟩ *Système de Descartes*, Paris 1911, 15 (2).
[7] Ebd. 227 (3).
[8] ⟨Aurelius Augustinus (354–430), als Nordafrikaner einer der vier lateinischen Kirchenväter, von größtem Einfluß auf die europäische Denkgeschichte; Werke u. a.: *Confessiones, Soliloquia, De civitate Dei.*⟩
[9] ⟨Nikolaus von Kues, lat. Nicolaus Cusanus (1401–1464), deutscher Theologe, Philosoph, Kardinal; Werke u. a.: *De docta ignorantia, De coniecturis, De beryllo, De pace fidei, De visione Dei.*⟩
[10] ⟨Johannes Fidanza (1221–1274), mit Ordensnamen Bonaventura, Kirchenlehrer, Heiliger, Vertreter der älteren Franziskanerschule, neben Thomas von Aquin der größte Theologe der Scholastik; schloß sich an die augustinische Tradition an, beeinflußt von der Mystik des Dionysius Areopagita. Werke: *Commentarii in IV libros sententiarum Petri Lombardi, Quaestiones disputatae de perfectione evangelica, Itinerarium mentis in Deum, Hexaemeron.*⟩
[11] ⟨Plotinos (ca. 205–270), griechischer Philosoph, Begründer des Neuplatonismus,

können, wiederum auf Bonaventura und auf Scotus Eriugena[12]. Ebenso hat sich die Lehre vom *Cogito* ⟨ich denke⟩ in der mittelalterlichen Philosophie niemals verloren. Sie findet sich nicht nur bei Scotus Eriugena und Heiric von Auxerre[13], sondern sie bleibt auch in der ganzen franziskanischen Schule durchaus lebendig – die ja den Augustinismus überhaupt viel treuer bewahrte als die Scholastik des heiligen Thomas[14] – und nicht nur in ihr. Es genügt, die Victoriner[15], den heiligen Bonaventura, Peter von Ailly[16], ⟨Johannes⟩ Gerson[17] usw. zu erwähnen. ⟨Étienne⟩ Gilson beschränkt leider das Feld seiner gelehrten Untersuchungen auf die unmittelbaren Zeitgenossen Descartes'. Warum sollte der direkte oder auch indirekte Einfluß aller alten und neueren Autoren, die überhaupt zur Kenntnis Descartes' kommen konnten, von vornherein ausgeschlossen sein? Als „Zeitgenossen" eines Denkers kann man alle diejenigen bezeichnen, deren Bücher er liest, deren Gedankenwelt auf die seinige einwirkt – und unter diesem Gesichtspunkt sind Augustin und Anselm ebensowohl Zeitgenossen von Descartes wie ⟨Tommaso⟩ Campanella[18], Eustache Le Feuillant, ⟨Guillaume⟩ Gibieuf[19] oder ⟨Francisco⟩ Suarez[20]. Da Gilson unter allen Umständen, wie es scheint, die absolute Originalität von Descartes retten will und das im Bereich der Phi-

wirkte auf die Kirchenväter, z.B. auf Augustinus, auf Scholastik und Mystik. Hauptwerk: *Enneaden.*⟩

[12] ⟨Johannes Scotus Eriugena (810–877), irischer Lehrer der *artes liberales* im Frankenreich, wichtigster Philosoph der lateinischen Christenheit zwischen Augustin (5. Jh.) und Anselm (11. Jh.), vom christlichen Neuplatonismus bestimmt. Werke: *De divisione naturae, Quaestiones ad Thalassium.*⟩

[13] Der sie dem Scotus Eriugena entlehnt. Vgl. darüber Baumgärtner, Überwegs Grundriß, 1915, II, 10. ⟨Heiric(us) von Auxerre (841–876), Benediktiner, Theologe und Schriftsteller⟩.

[14] Auch Thomas kennt sie. ⟨Thomas von Aquin (1225–1274), bedeutendster scholastischer Kirchenlehrer, verband das Christentum mit der Philosophie des Aristoteles; Hauptwerke: *De ente et essentia* (1254–55), *De veritate* (1254–56), *Summa contra gentiles* (1261–64), *Summa theologiae* (1261–64)⟩.

[15] ⟨Hugo von Sankt Viktor (1096–1141), deutscher Theologe und Philosoph, lehrte in der Augustinerabtei St. Viktor in Paris, Interpret von Augustinus. Adam von Sankt Viktor († 1122), Kantor, bedeutendster liturgischer Dichter des Mittelalters. Richard von Sankt Viktor († 1173), schottischer Nachfolger Hugos, 1162 Prior.⟩

[16] ⟨Pierre d'Ailly (1350–1420), französischer Philosoph, Bischof von Le Puy und Cambrai sowie Kardinal, verband Mystik und Naturwissenschaft, Vertreter des spätmittelalterlichen Nominalismus; Werke: *Imago mundi.*⟩

[17] ⟨Johannes Gerson (1363–1420), französischer Mystiker, Schüler von Pierre d'Ailly, Kanzler der Universität Paris.⟩

[18] ⟨Tommaso Campanella (1568–1639), italienischer Philosoph, Dominikaner, entwirft in *La città del sole* eine utopische katholische Universalmonarchie.⟩

[19] ⟨Guillaume Gibieuf (1580?–1650), französischer Theologe, Korrespondent von Descartes.⟩

[20] Vgl. Quellenbelege. ⟨Francisco Suarez (1548–1617), spanischer Philosoph, Theologe der Scholastik; schrieb Kommentare und Disputationen zur *Summa* des Thomas von Aquin⟩.

losophie nicht vermag (er ist es ja selbst, der die härtesten Schläge gegen diese Anschauung geführt hat), wirft er den Metaphysiker Descartes kurzerhand ganz über Bord. Er zeigt uns – hierin ⟨Charles⟩ Adam[21] und ⟨Louis⟩ Liard[22] nachfolgend – einen Descartes-Wissenschaftler, der, einzig und allein von der Wissenschaft absorbiert, seine Metaphysik nur als eine Art Vorrede zu seiner Physik konstruiert[23]. Mit Elementen, die rechts und links, wo er sie finden kann, herbeigezogen werden, baut er sie in aller Eile auf, die traditionellen Lehren so wenig als möglich modifizierend. Eine Art Mosaik, das ihm als Drapierung für seine Physik dienen kann und ihm dazu verhilft, dieselbe in traditionellem Gewande versteckt auf den Markt zu bringen[24].

Diese Auffassung erscheint uns so wenig historisch als möglich. Sie ist zu einseitig und kann weder die Rolle noch den bleibenden Einfluß und Wert des Cartesianismus verständlich machen. Gerade von der cartesianischen Physik existierte 50 Jahre nach seinem Tode fast nichts mehr. Die Wissenschaft ist den von Descartes vorgezeichneten Wegen nicht gefolgt, und wenn man, wie uns scheint, mit Recht hat sagen können, daß die Geschichte der Wissenschaft nicht merkbar anders verlaufen wäre, wenn es Descartes gar nicht gegeben hätte[25], so wäre die Geschichte der Philosophie dagegen eine von Grund auf andere geworden[26].

Man tut Descartes durchaus unrecht, wenn man diese oder jene Bestandstücke seiner Lehre aus Gegebenheiten „erklären" will, die mit dem sachlichen und philosophischen Inhalt seines Systems gar nichts zu tun haben – als habe er sie wegen dieses oder jenes Zweckes, den er hat erreichen wollen, äußerlich und künstlich eingefügt. Der Philosoph der wirkenden Ursachen hätte wahrscheinlich nicht wenig protestiert gegen den Versuch, in diesem Sinne die Methode der Zweckursachen auf sein System angewendet zu sehen. Seine historische Wirksamkeit würde übrigens von hier aus völlig unbegreiflich.

Wir wollen also versuchen, die scholastischen Elemente der Cartesianischen Lehre zu erforschen, sie bei den großen Denkern des Mittelalters,

[21] ⟨Charles⟩ Adam, *Vie ⟨et oeuvres⟩ de Descartes. ⟨Étude historique; supplément à l'édition de Descartes.⟩* Bd. XII der Adam/Tannery-Ausgabe ⟨Paris 1910⟩, 305 (4).
[22] ⟨Louis Liard, Descartes, Paris 1881, ²1903.⟩
[23] Adam, 304–306 (5).
[24] Gilson wird durch diese Auffassung dazu geführt, die menschliche Freiheit und die göttliche Freiheit als zwei ganz verschiedene Probleme voneinander abzutrennen – Probleme, die in Wirklichkeit bei Descartes aufs innigste zusammenhängen, ja nur ein einziges Problem bilden.
[25] Vgl. ⟨Pierre⟩ Boutroux, *L'idéal scientifique des mathématiciens ⟨dans l'antiquité et dans les temps modernes⟩*, Paris 1920.
[26] Dabei wollen wir selbstverständlich die hohe Bedeutung und den Einfluß des cartesianischen Mechanismus, seiner Mathematik und seiner Methode auch auf die Wissenschaft keineswegs in Abrede stellen. Auch ist sie zu sehr bekannt. – Wir wollten hinter dieser schönen Fassade der „klaren Ideen" die tiefer liegenden Fundamente aufdecken.

die die Etappen der schöpferischen Gedankenentwicklung als solche kennzeichnen, wieder aufzufinden[27] – und erst nachdem wir diese sachliche Frage gelöst haben, können wir die faktischen Wege zu bestimmen suchen, auf denen diese Ideen, diese Theorien und Lehren zu Descartes gelangt sein mögen. Die Unterscheidung und sorgfältige Trennung dieser beiden Fragen scheint uns methodisch notwendig und unentbehrlich, obwohl wir den Wert jener zweiten in keinem Sinne leugnen wollen, noch auch die mögliche gegenseitige Hilfe, die sich diese verschiedenen Forschungsweisen leisten können.

Wir beanspruchen in keiner Weise, alle Quellen des Cartesianismus aufdecken zu können – eine solche Aufgabe würde, wie Adam mit Recht bemerkt, eine Reihe von Monographien nötig machen und die Arbeit einer ganzen Generation in Anspruch nehmen. Wir zeigen nur einige auf, die bis heute ungenügend oder überhaupt nicht behandelt worden sind. Es ist auch keineswegs die ganze Philosophie Descartes', die wir zum Thema unserer Untersuchungen nehmen: unsere kleine Monographie soll allein die Cartesianische *Gottesidee* und Descartes' Beweise der Existenz Gottes zum Thema haben. Die Fragen, die sich hier anschließen, wie die des göttlichen Willens und der göttlichen Freiheit, der eingebornen Ideen und des *Lumen naturale* ⟨natürlichen Lichtes⟩, des *Cogito* und der intuitiven Erkenntnis, können nur kurz gestreift werden.

Um möglichst kurz zu sein, ist in ausgedehntestem Maße von den vorhandenen Publikationen Gebrauch gemacht worden, auf die der Leser so oft als möglich verwiesen wird, wobei wir die leichter zugänglichen Quellen wörtlich zu zitieren unterlassen haben, uns mit einer bloßen Stellenangabe begnügend[28].

[27] ⟨François⟩ Picavet, *Essais de philosophie et de théologie médiévale*, Paris 1913, 329, 30. (6).

[28] Descartes zitieren wir immer nach der ⟨Charles⟩ Adam/⟨Paul⟩ Tannery-Ausgabe, ⟨*Oeuvres de Descartes*, Paris 1897–1913, XII Bde.,⟩ wobei römisch der Band, arabisch die Seite bezeichnet wird. Bonaventura wird nach der Ausgabe des Franziskaner von Quaracchi, Thomas ⟨von Aquin⟩ womöglich nach der römischen, ⟨Duns⟩ Scotus nach der Waddingschen, ⟨Adrien⟩ Baillet nach der ersten Ausgabe (⟨*La vie de M. Des-Cartes*, Paris⟩ 1691) zitiert. ⟨Vgl. die Bibliographie⟩.

Einleitung

Wir glauben, daß eine direkte und sozusagen freimütige Analyse der Philosophie Descartes' uns nicht nur erlauben wird, dieses oder jenes scholastische Element aufzudecken und herauszustellen, das Descartes von Augustin oder Thomas von Aquino übernommen hat, sondern daß wir unter der ja augenscheinlichen Modifikation der Terminologie und des gesamten Habitus der Doktrin eine letzte philosophische Inspiration feststellen können, die mit der Inspiration und den treibenden Prinzipien der mittelalterlichen Philosophie wenn nicht ganz identisch, so ihr doch von Grund auf verwandt ist[1]. Die Philosophie Descartes' wird uns nicht nur als typisches Symbol des durch die Jahrhunderte gehenden Stroms neuplatonischen Geistes und neuplatonischer Mystik erscheinen[2], sie wird sich nicht nur als eine Erneuerung Augustinischer Philosophie parallel der Erneuerung Augustinischer Religiosität[3] darstellen[4] – sondern sie wird sich ganz und gar durchtränkt erweisen von scholastischen Gesichtspunkten, ja selbst scholastischen Vorurteilen[5]. Und so paradox es klingen mag – in gewissen Fällen, besonders in einem seiner Beweise für die Existenz Gottes (demjenigen der 3. *Meditation*) ist Descartes viel „scholastischer" als seine Lehrer Augustin und Bonaventura.

Dies alles ist übrigens nicht ganz unbekannt – oft in der Tat vervollständigen und präzisieren wir nur frühere Werke; denn die Beziehungen Descartes' zur Scholastik sind von Historikern, die weitschauender oder auch nur

[1] Espinas, ⟨L'idée initiale⟩, 273 (7).
[2] Blanchet, *Les antécédents.*
[3] Die Darstellung der religiösen Strömungen der Zeit würde uns zu weit von unserem Thema abführen. Wir verweisen auf die bekannten Arbeiten von ⟨Charles-Augustin⟩ Sainte-Beuve, ⟨Michel⟩ Houssaye, ⟨Fortunat⟩ Strowski und ⟨Henri⟩ Brémond.
[4] Malebranche, *Réponse au Sieur de la Ville*, 9 (8). ⟨Nicolas de Malebranche (1638–1715), französischer Philosoph und Theologe; aufgrund der Lektüre Descartes' suchte er wissenschaftliche Rationalität und augustinische Illumination zu verbinden. Er gilt als einer der bedeutendsten Metaphysiker des französischen Sprachbereichs; Werke: *De la recherche de la vérité, Conversations chrétiennes, Méditations chrétiennes et métaphysiques, Entretiens sur la métaphysique et sur la religion*⟩.
[5] Picavet, *Essais*, 344.

unterrichteter waren als der Durchschnitt, oft gesehen und behauptet worden[6]. Man pflegt heutzutage den Beginn der Erforschung dieser Beziehungen mit der Arbeit ⟨Jakob⟩ Freudenthals *Spinoza und die Scholastik*[7] anzusetzen, der ungefähr zehn Jahre später ⟨Georg von⟩ Hertlings Schrift *Descartes' Beziehungen zur Scholastik* folgte. In Frankreich hat ⟨François⟩ Picavet diese Ehre für ⟨Jean Barthélemy⟩ Hauréau und Jourdain in Anspruch nehmen wollen. Wir glauben nicht, daß wir hier stillstehen dürfen und, schon ohne bis zu ⟨Pierre Daniel⟩ Huet[8] zurückzugehen oder auch zu behaupten, daß wir den Anfang der Reihe erreicht hätten, kann man unmöglich übersehen, daß schon ⟨Jean-Félix⟩ Nourrisson in seinem schönen Buch über die Philosophie Augustins[9] – ein Buch, das heutzutage viel zu wenig gelesen wird – das cartesianische *Cogito* dem Augustinischen angenähert hat[10] und ebenso, lange vor ⟨Étienne⟩ Gilson, die Bedeutsamkeit und die entscheidende Rolle, die dem Einfluß des Kardinals Bérulle[11] auf Descartes zukommt, ins Licht stellte[12]. Und daß Heinrich Ritter in dem 10. Bande seiner *Geschichte der Philosophie*, lange vor ⟨Léon⟩ Blanchet, den Einfluß ⟨Tommaso⟩ Campanellas auf Descartes aufgewiesen hat.

Es ist nicht ganz leicht, die Quellen der Inspiration Descartes' zu bestimmen, die fremden Elemente herauszulösen, die er seiner Lehre einverleibt hat – denn Descartes selbst gibt uns nicht nur keinerlei Aufschluß über diesen Punkt, in seinen Werken finden sich nicht nur keinerlei direkte Angaben und eine Entlehnung ist nie als solche offen bezeichnet –, sondern Descartes tut auch sein Möglichstes, um alle Spuren zu verwischen und zu maskieren. Wahrhaft seltsam und erstaunlich – selbst bei dieser paradoxen und merkwürdigen Persönlichkeit, die ganz und gar aus den miteinander unvereinbarsten Gegensätzen aufgebaut erscheint, die Schlichtheit und äußerste Naivität mit einem Ehrgeiz[13] verbindet, der keine Grenzen kennt, die die Unschuld eines Kindes zugleich mit jesuitischer List und Schläue[14] ver-

[6] Heinr⟨ich⟩ Ritter, *Gesch⟨ichte⟩ der Philosophie*, Bd. X, Hamburg 1841, 14.
[7] ⟨Jakob⟩ Freudenthal, *Spinoza und die Scholastik*⟨, in: Philosophische Aufsätze. Leipzig 1887, 85–138⟩.
[8] ⟨Pierre Daniel⟩ Huet, *Recensio philos⟨ophiae⟩ cartesianae*, Paris 1677.
[9] ⟨Jean-Félix⟩ Nourrisson, *La philosophie de St. Augustin*, Paris 1865, II, 213. (9).
[10] Ebd. II, 208–210 (10).
[11] ⟨Pierre de Bérulle (1576–1629), Gründer und erster Generalsuperior des französischen Oratoriums, bedeutender Führer der Gegenreformation in Frankreich, 1627 Kardinal und 1628 Präsident des Staatsrats.⟩
[12] ⟨Nourisson,⟩ II, 224. (11).
[13] Er wollte Aristoteles ersetzen, nicht nur insofern er seine Vorherrschaft in den Schulen zu vernichten strebte, sondern auch insofern er den Anspruch machte, selbst der Aristoteles der neuen Scholastik zu werden.
[14] Er spielt raffiniert mit den Jesuiten – doch hat sein Versuch sie zu überlisten bekanntlich wenig Erfolg gehabt. Vgl. Hertling⟨, *Beziehungen*⟩.

bindet – Descartes, einer der unstreitig originellsten und schöpferischsten Geister, die jemals gelebt haben, scheint von dem Verlangen nach Originalität, von der Furcht, irgend jemand etwas schulden zu müssen, geradezu besessen gewesen zu sein[15]. Er selbst hat sozusagen seine eigne Legende in Umlauf gebracht und gepflegt: alles will er aus eigner Quelle geschöpft haben; er, der ausgedehnte und sehr mannigfaltige Kenntnisse besaß, will ein Autodidakt sein[16]; er will nichts gelesen haben, obwohl er die Arbeiten seiner Vorgänger nur zu gut kennt – denn wenn Descartes in der Tat nicht allzuviel gelesen hat, so hat er doch gut gelesen, und er hat oft die Fertigstellung seiner Arbeiten aufgeschoben, bis er in dem Besitz der notwendigen Bücher war[17]. Er gefällt sich in dem Habitus eines Laien und entschuldigt sich nach einer denkbarst komplizierten scholastischen Auseinandersetzung mit seinem Kenntnismangel, obwohl ihm ein durchaus tiefes und sehr sicheres Wissen von der Scholastik eigen ist (er besitzt die *Summa* ⟨*theologiae*⟩ des heiligen Thomas und die *Disputationes metaphysicae* des Suarez[18]), die einer Enzyklopädie gleich sind, und nimmt diese Werke auf seinen Reisen mit[19]; er, der mit einer bewundernswerten Geschicklichkeit die Arbeiten und Grundgedanken seiner Vorgänger benützt, versucht es glauben zu machen, daß er sie niemals gekannt hat oder, wenn das unmöglich ist, daß er in ihnen nichts Gutes gefunden hat und mit ihnen kaum etwas anzufangen weiß[20]. Nicht allein zitiert er niemals, oder wenn schon, so doch nur um Archimedes[21], Aristoteles[22] oder Pappos ⟨von Alex-

[15] ⟨Adrien⟩ Baillet, ⟨*La*⟩ *vie de* ⟨*M.*⟩ *Descartes* ⟨*contentant l'histoire de sa philosophie et de ses autres ouvrages …*⟩, Paris 1693, II, 34. (12).

[16] Ebd. II, 467–8 (13).

[17] ⟨Alfred⟩ Espinas, *Descartes de 16 à 27 ans*. Revue Bleue 1907, 354. (14).

[18] Descartes, *Resp*⟨*onsiones*⟩ *quartae*. VII, 235.

[19] Descartes, *An Mersenne* vom 25.XII.1639. II, 630 (15). ⟨Marin Mersenne (1588–1648), französischer Theologe, Philosoph, Musik- und Naturwissenschaftler, studierte am Jesuiten-Kolleg La Flèche und an der Sorbonne, trat 1611 in den Orden der Minimen (Paulaner) ein. Er zählt zu den Universalgelehrten und korrespondierte mit den führenden Köpfen seiner Zeit wie Descartes, Galilei, Hobbes, Pascal. Werke: *Quaestiones celeberrimae in Genesim, cum textus explicatione*, Paris 1623; *La vérité des sciences contre les sceptiques ou pyrrhoniens*, Paris 1625; Pseud. Sieur de Sermes: *Traité de l'harmonie universelle*, Paris 1627⟩.

[20] So in bezug auf ⟨Tommaso⟩ Campanella und selbst auf Galilei und Bruno. ⟨Galileo Galilei (1564–1642), italienischer Mathematiker, Physiker und Astronom. Werke: *Sidereus nuncius* (1610); *Dialogo sopra i due massimi sistemi* (1632). – Giordano Filippo Bruno (1548–1600), italienischer Ex-Dominikaner und Philosoph, lehrte u.a. in Frankreich, England und Deutschland, nach siebenjährigem Gefängnisaufenthalt in Rom als Häretiker verbrannt⟩.

[21] ⟨Archimedes (287–212 v. Ch.), einer der größten Mathematiker aller Zeiten, in Syrakus Ingenieur und technischer Berater der Könige.⟩

[22] ⟨Aristoteles (384–322 v. Ch.), griechischer Philosoph, Logiker und Naturforscher, Schüler Platons, 342 Lehrer Alexanders des Großen, 335 Gründung des Peripatos in

andria⟩[23] zu nennen[24], sondern, hingewiesen auf eine augenscheinliche Annäherung, etwa an Augustin[25] oder Anselm ⟨von Canterbury⟩[26], beginnt er ein kindisches und ein wenig lächerliches Manöver ins Werk zu setzen – sich zu erstaunen und erfreut zu zeigen über dieses zufällige und unvorhergesehene Zusammentreffen[27] mit einem Autor, den er doch kaum kannte, dann sucht er durch eine manchmal recht sophistische und nicht gerade ehrliche Darlegung subtilste Unterschiede zwischen seiner Lehre und der fremden aufzustellen[28] – um schließlich mit der Erklärung zu endigen, daß es sich um eine so einfache Sache handelt, daß sie jeder ebenso gut hätte finden können wie er und daß er ihr absolut keine Bedeutung beimißt – und dies, wenn es sich um die grundlegenden Lehren seines Systems handelt! Wenn er zwar seine Zeitgenossen nicht irreleiten konnte, so ist es ihm doch bei den modernen Forschern geglückt; denn trotz der erwähnten Ausnahmen wurde seine *mala fides* ⟨Böswilligkeit⟩ erst in unseren Tagen durch ⟨Alfred⟩ Espinas[29] und ⟨François⟩ Picavet[30] und zuletzt durch die geistreiche und sachhaltige Untersuchung von ⟨Léon⟩ Blanchet[31] klar herausgestellt.

Ein kleines charakteristisches Beispiel mag hier angefügt sein: als ⟨Johannes⟩ Caterus Descartes vorwirft[32], ein schon vom heiligen Thomas aufgegriffenes und zurückgewiesenes Argument (das des heiligen Anselm) wie-

Athen. Werke: *Analytica priora et posteriora, Metaphysik, Physik, Über die Seele, Nikomachische Ethik, Politik, Rhetorik, Poetik.*⟩

23 ⟨Pappos von Alexandria (um 300), letzter Mathematiker der Antike. Sein Werk *Synagoge* beschäftigt sich mit den älteren griechischen Mathematikern, von großer Bedeutung für die Erforschung der antiken Mathematik.⟩

24 Descartes, *Meditationes* ⟨*de prima philosophia,* Meditationen über die Grundlagen der Philosophie⟩, IV. VII, 4. ⟨Zit. *Meditationes*⟩.

25 Descartes, *An Mesland* 2. V 1644, *Corr*⟨*espondance*⟩ CCCXLVII. IV, 113 (16). ⟨Pater Mesland, kanadischer Theologe, eifriger Anhänger der cartesianischen Philosophie.⟩

26 ⟨Anselm von Canterbury (1033–1109), italienischer Theologe, 1078 Abt von Bec in der Normandie, 1093 Erzbischof von Canterbury. Ausgangspunkt seines theologischen Denkens ist der Satz *Credo, ut intelligam* („Ich glaube, um zu erkennen"). Werke: *Monologion; Proslogion; Liber apologeticus contra Gaunilonem.*⟩

27 Was ihn nicht verhindert, diesen vorgeblich ihm unbekannten Autor selbst zu zitieren, wenn er nämlich seiner bedarf, um sich durch seine Autorität zu decken.

28 Ritter, ⟨*Geschichte,*⟩ X, 13.

29 Espinas, *Descartes de 17 à 27 ans*. Revue Bleue 1907, 35–38 (17).

30 Das Urteil Picavets können wir in manchen Punkten nicht ohne einen gewissen Vorbehalt zitieren. Die Menschen des Mittelalters kopierten offen und ohne schlechtes Gewissen. Der Name des Autors tat nichts zur Sache, denn nur der Irrtum gehörte ihm, die Wahrheit dagegen jedermann. Im späteren Mittelalter aber zitiert man sehr wohl – die Summen und die großen Kommentare sind eine unerschöpfliche Fundgrube historischer Belehrungen. Descartes dagegen sucht seine Entlehnungen bewußt zu verbergen, leugnet sie ab.

31 Blanchet, ⟨*Les antécédents,*⟩ 61 (18).

32 ⟨Johannes Caterus, *Primae Obiectiones*, in: *Oeuvres de Descartes*, VII, Paris 1904.⟩

der vorgebracht zu haben[33], verschanzt sich Descartes hinter einer sehr geschickten Unterscheidung – er setzt das Argument noch einmal auseinander, indem er die nominalistische Fassung, die ihm Thomas gegeben hatte, noch stärker betont (ein Beweis, daß er die Stelle bei Thomas sehr gut kennt[34]) und, die Tatsache benützend, daß Thomas den Autor an der fraglichen Stelle nicht nennt, gibt er sich auf diese Weise den Schein, in diesem Beweis denjenigen des heiligen Anselm nicht wiederzuerkennen. Und doch war er schon durch ⟨Marin⟩ Mersenne auf den Anselmschen Beweis aufmerksam gemacht worden, den Mersenne selbst in seinen Schriften bringt[35]; in den *Quaestiones celeberrimae in Genesim* sowohl als auch in seiner *Défense de la science*[36]. Auch konnte Descartes schon deshalb unmöglich nicht wissen, daß Anselm der Verfasser des von Thomas angeführten Beweises ist, weil er an anderen Stellen vom heiligen Thomas *expresse* genannt wird[37]. Gewiß hatte Descartes das Argument modifiziert, ja es sogar, um diesen mathematischen Ausdruck zu gebrauchen, transformiert; wir werden selbst später den Charakter dieser Modifikationen, dieser förmlichen Transformation herauszustellen versuchen – die *mala fides* des Descartes wird deshalb nicht weniger augenscheinlich.

Damit aber haben wir zugleich einen anderen Punkt berührt, den man immer im Auge behalten muß, wenn man den mannigfachen historischen Einfluß, unter dem Descartes gestanden hat, gerecht beurteilen will: Descartes *kopiert* niemals. Niemals entlehnt er einfach eine Theorie oder einen Gedanken, um ihn als ganzen, so wie er ist, seinem System einzuverleiben. Er stellt nicht einfach zusammen, seine Schriften sind keine Sammelwerke. Im Schmelztiegel seines machtvollen Geistes werden die Lehren und Gedankenfolgen oft allerverschiedenster Herkunft zu einer durchaus neuen Einheit verschmolzen, umgewandelt und neu begründet. Die von ihm vertretenen Ideen sind durchaus und wesentlich seine eignen; er hat sie alle *selbst* gedacht – sie sind integrierende Bestandteile seines Systems geworden. So ist es durchaus nicht ganz zu Unrecht, wenn er sie als persönliches Eigentum in Anspruch nimmt.

Man ist also zu einer wirklichen „Analyse" gezwungen, wenn man versucht, aus dieser chemischen Synthese der cartesianischen Doktrin die primitiven Elemente wieder herauszulösen. Mehr als bloße Möglichkeiten und

[33] ⟨Descartes,⟩ *Responsiones Primae.* VII, 11 (19).
[34] Sie ist übrigens gleich am Anfang der *Summa.* Doch legt Descartes seiner Auslegung nicht die Darstellung der *Summa theolog⟨iae⟩*, sondern die der *Summa contra gentiles* zugrunde!
[35] Vgl. ⟨Jean Barthélemy⟩ Hauréau, *Histoire littéraire du Maine*, ⟨Paris 1872⟩, 128–130.
[36] Vgl. Adam, ⟨*Vie et oeuvres,*⟩ 320 (20).
[37] Thomas ⟨von Aquin⟩, ⟨*Expositio super librum*⟩ *Boeth⟨ii⟩ de Trinit⟨ate⟩*, q. 1 a. 3 ad 3, ad 6 (21).

Wahrscheinlichkeiten werden wir infolgedessen kaum gewinnen können. Vielleicht wirft man uns vor, daß wir von vorneherein mit einem Vorurteil an Descartes herangehen und daß unser Mißtrauen ebenso übertrieben und unbegründet ist wie die entgegengesetzte traditionelle Haltung. Wir glauben es nicht. Die markierte Haltung Descartes' hat von vorneherein zu viel Unwahrscheinliches an sich. Soll man glauben, daß der hochbegabte Schüler der Jesuiten, der – er selbst sagt es – fast alle Bücher gelesen hatte, die er in La Flèche finden konnte[38], der viel später noch – nach eigner Angabe bis 1620 – sich mit philosophischen Streitfragen aktiv beschäftigt hatte und die scholastische Literatur studierte[39], sich darauf beschränkt haben soll, den Lehrvortrag seines Philosophieprofessors zu kopieren und zu studieren? Niemals sich mit Suarez beschäftigt haben soll, dem wissenschaftlichen Stern des Ordens, dessen *Disputationes Metaphysicae* zu seiner Zeit mehr als zwanzigmal neu aufgelegt wurden? Daß der Freund und Schüler des Paters Gibieuf und des Kardinals von Bérulle[40] niemals die Werke Augustins gelesen haben soll[41]? Daß der glühende Katholik[42], der unbedingt und mystisch Gläubige[43] von den Schriften des heiligen Bonaventura nicht gewußt haben soll? Und überdies: Seine Unaufrichtigkeit, was Augustin betrifft, haben wir schon bezeugen sehen[44], wir haben sie, was Anselm betrifft, selbst bewiesen – wir wenden also nur die Descartes'sche Regel an, demjenigen, der uns schon einmal getäuscht hat, nicht mehr ohne weiteres zu glauben, wenn wir dem so augenscheinlich überschminkten Bericht des *Discours* weniger Glauben schenken als den Möglichkeiten und Wahrscheinlichkeiten, die uns eine immanente Analyse enthüllen wird.

[38] Descartes, *Discours de la méthode* VI, 4, 5. ⟨Zit. Descartes, *Discours*⟩.
[39] Adam, ⟨*Vie et oeuvres,*⟩ 31 (22).
[40] Espinas, *Pour l'histoire du Cartésianisme*, 1904, 270–271 (23).
[41] Baillet, *La vie de Descartes*, II 525 f. (24).
[42] Vgl. Espinas, ⟨*L'idée initiale,*⟩ 255.
[43] ⟨Gaston⟩ Milhaud, *Une crise mystique chez Descartes.* ⟨Revue de Métaphysique et de Morale⟩ 1916, 621 (25).
[44] Blanchet, ⟨*Les antécédents,*⟩ 55.

Descartes' Gottesidee

„Incipiendum est a Dei cognitione
ac deinde aliarum omnium rerum cognitiones
huic uni sunt subordinandae ...“[1]

1. Wenn man sich ohne Vorurteil in die Lektüre der *Meditationen* vertieft, hat man wirklich Mühe zu glauben, daß diese von einer ganz theologischen und traditionalistischen Inspiration durchdrungene Schrift jemals als ein definitiver Bruch mit den Methoden und Ideen der Vergangenheit hat angesehen werden können. Es ist das Werk eines christlichen, katholischen Philosophen, der für die Ehre und den Ruhm Gottes und seiner Kirche streitet[2] und sich vorsetzt, gegen die Atheisten, die Skeptiker und Freigeister die Existenz Gottes und die Unsterblichkeit der Seele zu beweisen, dieses kühne Werk mystischer Apologetik, das – durch einen genialen Übergang zur Offensive – die Religion unmittelbar Vorteil ziehen läßt aus allen Errungenschaften der Wissenschaft[3], das zwar die überlebte Metaphysik der aristotelischen Scholastik ersetzen will, aber auch die christliche Philosophie und Theologie auf unerschütterlichere Grundlagen als je zu stellen[4] vorgibt. Denn Gott selbst und die Erkenntnis Gottes wird hier zum Fundament und zur Rechtfertigung jeder anderen Wissenschaft, jeder möglichen Gewißheit, ja der Wahrnehmung selbst als sinnlicher Kenntnisnahme der äußeren Welt. Schon durch ihren Titel erinnern die *Meditationen* an ihre berühmten Vorgänger, die *Meditationen* Augustins[5] und Anselms. Diese Übereinstimmung ist vielleicht nicht ganz zufällig, besonders wenn man die zahlreichen und recht bedeutsamen Ähnlichkeiten in Betracht zieht, die zwischen den cartesianischen Theorien und denjenigen der beiden großen Doktoren der Kirche bestehen[6].

[1] ⟨Descartes, Responsiones sextae. VII, 430: „Man muß beginnen mit der Erkenntnis Gottes, und dann sind die Erkenntnisse aller anderen Dinge dieser einen unterzuordnen ...“⟩
[2] Vgl. Espinas, *L'idée initiale*, 277. Vgl. Baillet, "Brief an die Sorbonne"⟨, in: *La vie de Descartes*⟩, II, 171 (26).
[3] Blanchet, ⟨*Les antécédents,*⟩ 69.
[4] ⟨Ebd.⟩ 87, 89.
[5] ⟨Descartes,⟩ *Meditationes, Abrégé*, IX, 12. *Synopsis*, VII, 16 (27). Die alten Ausgaben der Werke Augustins gebrauchen mit Vorliebe diesen Titel.
[6] Vgl. Nourrisson, ⟨*La philosophie,*⟩ II, 27 (28).

Die Gottesidee, von der die Beweisführung der *Meditationen*[7] ausgeht und zu der sie zurückführt, ist die traditionelle der christlichen Kirche. Eine jener Ideen, die Descartes der *sententia communis* ⟨allgemeinen Auffassung⟩ entlehnt oder die er vielmehr nicht eigentlich entlehnt, sondern die er als gegebene und fertige, ja als eine bis zum gewissen Grade schon analysierte Idee einfach vorfindet – die ihm so natürlich erscheint, daß er sich eine andere, sei sie auch nur wenig verschiedene, nicht denken kann.

Das ist die Idee eines absolut vollkommenen, allwissenden und allmächtigen Wesens, eines absoluten Schöpfers des Menschen und der Welt, die absolute Quelle jeglicher Erkenntnis, jeglicher Wahrheit, jeder Existenz und aller Wesenheiten, Möglichkeiten und Akte. Die Gesamtheit der katholischen Dogmen ist für Descartes eine undiskutierbare Gegebenheit[8]. Nicht allein die Trinität und die Gottmenschheit Christi, sondern auch die Transsubstantiation[9] sind nicht bezweifelbare *Tatsachen*, die man zwar nicht verstehen kann, die aber ebenso sicher und unerschütterlich sind wie die Axiome der Geometrie – oder vielmehr viel sicherer noch, da sie uns durch den Glauben und die übernatürliche Autorität der Kirche und der Heiligen Schrift gewährleistet sind[10]. Denn die Autorität der Dogmen, der Kirche[11], der Heiligen Schrift hat für Descartes genau ebensoviel Realität wie für den heiligen Anselm. Hier handelt es sich nicht um einen politischen Kunstgriff, um irgendein geschicktes Manöver, wenn Descartes ankündigt, er könne mit den Prinzipien seiner Philosophie das Geheimnis der Transsubstantiation leichter verständlich machen, als es die scholastische Theologie vermochte[12] – in seinen Augen, und in diesem Fall, glauben wir, meinte er es durchaus ehrlich, lag hier ein vollkommen ernsthaftes Problem vor: für ihn wie für alle seine Korrespondenten, Parteigänger oder Gegner seiner Philosophie konnte hier entweder ein wirklicher Vorzug seiner Philosophie oder auch einer

[7] Die Idee Gottes bildet in der Tat das Zentrum der cartesianischen Lehre; und wenn, nach einem Wort von ⟨Octave⟩ Hamelin, man bei Descartes stets von zwei Punkten ausgehen kann, von Gott und dem Ich, dem *Cogito*, so führt uns doch das Ich und das *Cogito* selbst wieder auf Gott zurück; denn gerade hierin besteht im Grunde seine Bedeutung: aus Gott zieht es seine Dignität. Vgl. *Epistola ad D. Sorbonnae*. VII, 2–3.

[8] ⟨Descartes,⟩ *Principes* I, § 24, 25.

[9] ⟨Transsubstantiation ist die eucharistische Verwandlung von Brot und Wein in die Substanz des Leibes und Blutes Jesu Christi.⟩

[10] Vgl. Baillet, ⟨*La vie de Descartes,*⟩ II, 503 (29).

[11] Vgl. ⟨Jacques-Bénigne⟩ Bossuet, *Oeuvres*, XXIII, 442.

[12] Dies ist nur zu verständlich – sein glorreicher Traum, Aristoteles in den Schulen der Christenheit zu ersetzen, mußte Descartes zu dem Wunsch veranlassen, ihn nun auch vollständig und nach jeder Richtung zu ersetzen, mußte seinen Ehrgeiz wachrufen, mit den Prinzipien seiner neuen Philosophie eine Erklärung der Dogmen und Glaubenswahrheiten zu geben, die mindestens so plausibel und annehmbar war wie die seiner scholastischen Gegner. Ja noch mehr: die auch in den Augen der Skeptiker annehmbar sein konnte. ⟨Vgl.⟩ *An Mersenne* 27. I. 1641. III, 295 (30).

der ernstesten Einwände entspringen[13]. Descartes beugt[14] sich mit einer wirklichen Demut vor der Autorität der Kirche – und es sind nicht nur Vorsichtsmaßregeln, Befürchtungen einer ängstlichen und vorsichtigen Seele, die ihn veranlaßten (Adam hat mit Recht gezeigt, daß er nicht viel zu fürchten hatte), die Veröffentlichung des ⟨Le⟩ *Monde* ⟨ou traité de la lumière, Paris 1664⟩ aufzuschieben, und die ihm später seine bizarre Bewegungstheorie abnötigten. Er glaubte an die klaren Ideen und an seine Physik – aber mehr noch glaubte er an Gott, Christus und die Kirche, und es scheint uns, daß er nicht gezögert hätte, die erstere, und zwar durchaus ehrlich, zu widerrufen, wenn er zwischen ihr und der Kirche hätte wählen müssen. Anders ist diese tiefe Unruhe, diese merkwürdige Erschütterung seiner Seele nicht zu verstehen, die sich seiner bei der Nachricht von der Verdammung ⟨Galileo⟩ Galileis bemächtigte. Es ist ihm ernst, wenn er von einem Kommentar zur *Genesis* spricht[15], und trotz seiner wiederholten Behauptungen, sich in theologische Fragen nicht mischen zu wollen, zögert er nicht, auf alle theologischen Einwände und Fragen, die man ihm stellt, eine eindeutige und feste Antwort zu geben. Und alle Fragen waren zu seiner Zeit theologische Fragen[16].

Descartes' Gottesidee ist die traditionelle der christlichen Theologie, und die Prinzipien, nach denen er die wesentlichen Eigenschaften dieses höchsten, dieses allmächtigen und allgegenwärtigen Wesens analysiert, sind die traditionellen Prinzipien der scholastischen Philosophie – es sind vor allem die Ideen der Analogie, der Unendlichkeit und die der Vollkommenheit. Vor allem ist es die Idee der Vollkommenheit, der die Rolle des Leitfadens in der cartesianischen Philosophie zufällt – und damit eben jenes Prinzip, das von Plotin zu Augustin und bis zu Anselm, Thomas von Aquino, Duns Scotus[17] und Suarez allen theologischen Philosophen zum Fundament ihrer Spekulation gedient hatte. Die Form, die Descartes ihm gibt[18], ist fast Wort für Wort dem heiligen Anselm entliehen[19], von diesem übrigens durch den hei-

[13] Vgl. Espinas, *L'idée initiale*, 259.
[14] ⟨Descartes,⟩ *Resp⟨onsiones⟩ Quartae*. VII, 244.
[15] Ms. Göttingen. VI, 168.
[16] Vgl. Gilson ⟨*La liberté*⟩, der die theologische Bedeutung scheinbar rein philosophischer Fragen, ihre Beziehungen zu den religiösen Streitigkeiten der Zeit sehr schön gezeigt hat.
[17] ⟨Johannes⟩ D⟨uns⟩ Scot⟨us⟩, ⟨*Tractatus*⟩ *de primo principio*, IV, 3 (zitiert nach der Waddingschen Ausgabe, Lyon 1639) (30). ⟨Johannes Duns Scotus (1265/66–1308), Begründer der schottischen franziskanischen Schule; scharfsinniger Kritiker des Thomismus; lehrte den Vorrang des Willens vor der Vernunft bei Gott und beim Menschen. Werke: *Opus oxoniense, Tractatus de primo principio, Quaestiones subtilissimae super libros Metaphysicorum Aristotelis*⟩.
[18] Descartes, *Discours* IV. I, 33 (31).
[19] Schon ⟨François⟩ Picavet hat in seiner „Skizze" eine bedeutsame Annäherung zwischen Descartes und Anselm ⟨von Canterbury⟩ vollzogen. Vgl. *Esquisse d'une histoire générale et comparée des philosophies du Moyen Âge*, Paris 1907.

ligen Thomas aufgenommen und zum Gemeingut der ganzen späteren Theologie geworden. Gott, der *Quelle* aller Vollkommenheit, muß man, so sagt er, alle Vollkommenheiten zuschreiben, die in den Kreaturen zu finden sind[20], wenigstens alle, die absolute Vollkommenheiten sind, und zwar in unendlicher Potenz. Alle diejenigen aber, die irgendwelche Beschränkung in sich schließen, denen noch irgendeine Unvollkommenheit immanent ist, sind zu streichen. Man muß mit einem Wort die Vollkommenheiten auf das Niveau wesenhafter Unendlichkeit erheben, wenn man sie Gott zuerteilt[21]. Man muß in den Kreaturen die Spuren ihres Schöpfers sehen, vor allem aber in der menschlichen Seele, diesem Ebenbilde Gottes[22]. Der Erkenntnis Gottes und seiner selbst gilt es die ganze intellektuelle Energie zu widmen[23] – und in dieser Erkenntnis Gottes, in dieser intellektuellen Vision, so unvollkommen sie auch sein mag und so sehr entfernt von der wahren intuitiven Erkenntnis, erreicht die menschliche Seele das höchste Glück, das ihr auf Erden möglich ist, einen Vorgeschmack und eine Vorversicherung jener absoluten Glückseligkeit, die den Seligen in der himmlischen Gottesschau zuteil wird[24].

Man sieht: nichts als traditionelle Ideen und traditionelle Prinzipien – das Prinzip der Vollkommenheit und das Prinzip der Analogie; Gott das höchste Wesen[25], die absolute unendliche und schlechthin einfache Vollkommenheit – gefaßt nach den Prinzipien der Scholastik, analysiert nach rein traditionellen Methoden[26]. So erscheint uns die Cartesianische Philosophie recht eigentlich als Fortführung der mittelalterlichen Tradition.

2. Jedoch bearbeitet durch den fruchtbaren und machtvollen Geist Descartes' ergeben diese traditionellen Ideen und Prinzipien ein neues Resultat; sie fügen sich zu einer Lehre zusammen, die wir als solche bei keinem der großen Denker des Mittelalters finden. Wir werden zwar alle Elemente ihrer Philosophie in der cartesianischen Synthese entdecken und ihre eigentümlichen Schicksale, denen sie unterliegen, verfolgen können – aber diese Synthese bleibt nichtsdestoweniger ein Werk von vollkommener Originalität und Einzigartigkeit, würdig, einen besonderen Platz an der Seite und in der Folge der großen Synthesen von Bonaventura und Duns Scotus einzunehmen. Ebenso weitgreifend und so tief wie die letzteren, ist sie allerdings weniger fein und weniger exakt. Descartes verfügt nicht über den bewun-

[20] St. Thomas ⟨von Aquin⟩, *Summa theol⟨ogiae⟩* I, q. 13 a. 3 (32).
[21] Thomas ⟨von Aquin⟩, *Quaest⟨iones⟩ disputatae de potentia*, q. 7 a. 5 (33).
[22] *Per imaginem et per similitudem Deum cognoscimus* ⟨Wir erkennen Gott durch Bild und Ähnlichkeit⟩, hatte Bonaventura gesagt.
[23] *Deum et animam scire cupio* ⟨Ich wünsche, Gott und die Seele zu kennen⟩, sagt Augustin.
[24] Descartes, *An Chanut*, 1, IL 1647. ⟨Corresp.⟩ LXVIII. IV, 609 (34).
[25] ⟨Descartes,⟩ *Principes* I § 22.
[26] ⟨Descartes,⟩ *Resp⟨onsiones⟩ Sec⟨undae⟩*. VII, 137.

dernswürdigen Begriffsapparat der Scholastik; er hat der allerdings zu seiner Zeit schon blutleer gewordenen und verarmten Scholastik keine genügend durchgearbeitete und genaue Terminologie zu entlehnen gewußt – und seine Lehre leidet daran[27]. Descartes hat an den reichen Quellen des Gedankenstroms geschöpft, der von Plotin und Augustin her durch das Mittelalter in der westlichen Welt fortströmt – er hat dem christlichen Gedankensystem neues Blut und Leben zu geben gewußt und, indem sich sein Einfluß mit dem direkteren Augustins verband, hat er ⟨Blaise⟩ Pascal[28] und ⟨Nicolas⟩ Malebranche vorbereitet – aber sein System von Fülle und Tiefe ist dunkel; seine Begriffe sind vage, seine Terminologie unexakt. Man kann nicht ungestraft die jahrhundertealte Arbeit des menschlichen Geistes ignorieren und verachten, selbst auch nicht sich den Anschein geben, als täte man es[29].

Descartes verläßt die scholastische Methode. Er entledigt sich der thomistischen und scotistischen „Subtilitäten". Er versucht seine Ideen zu vereinfachen und zu konzentrieren – aber wenn es wahr ist, daß die Scholastik seiner Zeit immer mehr unter dem Gewicht der durch die mittelalterliche Arbeit angehäuften ungeheuren Gedankenschätze erstickte und einem sterilen Verbalismus verfiel, so erhielt und bewahrte sie dieselben doch auch andrerseits als Erbe der Vergangenheit[30]. Descartes, der unter allen Umständen vereinfachen und seinen Gedanken klarer und jedermann zugänglicher machen will, kommt dahin, ihn schließlich völlig zu verwirren. Allerdings ist es richtig: *entia praeter necessitatem non sunt multiplicanda*[31], aber ebenso richtig ist es, daß die Gefahr vielleicht noch größer ist, wenn man deren Zahl gewaltsam verkleinern will.

Nach einem tiefen Wort des Duns Scotus sagt uns die natürliche Einsicht keineswegs, daß das Universum notwendig auf einfache und leichte Weise von unserm menschlichen Intellekt begriffen werden kann. Aber ebenso ist anzuerkennen, daß Descartes seine Vorgänger zwar oft an Genauigkeit und Tiefe nicht erreicht – ihnen andererseits sachlich oft überlegen ist.

Die Idee des Unendlichen ist zwar nicht, wie ⟨François⟩ Evellin und noch

[27] Vgl. ⟨Rudolf⟩ Eucken, *Geschichte der phil⟨osophischen⟩ Terminologie*, Leipzig 1879, 90. ⟨Rudolf Christoph Eucken (1846–1926), deutscher Philosoph, Träger des Literaturnobelpreises.⟩

[28] ⟨Blaise Pascal (1623–1662), französischer Philosoph, Naturwissenschaftler, christlicher Mystiker (*Mémorial* von 1654), dem Jansenismus nahestehend. Werke: Pensées.⟩

[29] Vgl. Eucken, 88, 90.

[30] Die Scholastik war in der Tat noch nicht tot. Sie hat sogar einen Denker von dem Rang eines Suarez hervorbringen können, der in ihrem eignen Schoß eine Synthese des franziskanischen Voluntarismus und des thomistischen Intellektualismus versuchte – und vielleicht auch realisierte.

[31] ⟨Seiendes soll man nicht über Gebühr vermehren (Wilhelm von Ockham, 1285–1349).⟩

früher ⟨Félix⟩ Ravaisson[32] sagten, mit Descartes zum erstenmal in die philosophische Spekulation eingetreten[33]. Auch Hamelin hat unrecht[34], wenn er behauptet, daß Descartes zum erstenmal das Unendliche und das Vollkommene identifiziert habe; denn seit Plotin schon und selbst seit Philon ⟨von Alexandrien⟩[35] ist die Idee dieser Identifikation, die Idee eines unendlich vollkommenen und vollkommen unendlichen Wesens zur zentralen Idee der theologischen und philosophischen Spekulation geworden. Ein leichtes wäre es, die Zitate zu häufen und bei jedem beliebigen Theologen ebenso klare wie genau formulierte Bestätigungen[36] dieser Idee zu finden, die seit dem Anfang der christlichen Theologie zur *sententia communis* ⟨allgemeinen Auffassung⟩ geworden war. Dennoch enthält diese falsche These von Evellin und Hamelin ein Korn Wahrheit. Zwischen der Art und Weise, wie Descartes und wie seine Vorgänger jene Idee setzen und behandeln, besteht in der Tat eine ganz bestimmte Verschiedenheit. Descartes hat gewiß nicht zum erstenmal fixiert, daß der göttlichen Essenz das Merkmal der Unendlichkeit wesenhaft inhäriere; aber nie seit Plotin und Augustin ist diese Eigenschaft mit einer gleich großen Kraft vertreten worden, und vor allem ist der Sinn dieser Idee niemals so vollständig, so genau, so klar gefaßt worden als durch Descartes[37]. Gerade die Analyse dieser Idee erlaubt es uns, von gewissen Modifikationen der traditionellen Gottesidee, die man bei Descartes findet, Rechenschaft zu geben, wie auch die bestimmte Auswahl seiner Gottesbeweise und die Änderungen, die sie in seinem System erleiden, in das rechte Licht zu stellen.

Die außerordentlich wichtige Rolle der Idee des Unendlichen ist durch Gilson gezeigt worden. Er wies die neuplatonischen Quellen dieser Idee auf – wie auch die Wege, auf denen die plotinischen Lehren zu Descartes gelangen und so auf ihn wirken konnten. Vor allem war es der Einfluß des Kardinals von Bérulle und ⟨Guillaume⟩ Gibieufs[38] und, fügen wir es gleich hinzu, der unter dem Einfluß des Kardinals und der Väter des Oratoriums vorgenommenen Lektüre – es war aber andererseits auch der Einfluß mathematischer Arbeiten, die Descartes eine klarere und genauere Idee der unendlichen Quantität und der unendlichen Größe gaben und ihm erlaubten, die

[32] ⟨Félix⟩ Ravaisson, *Rapport sur la philosophie en France au XIX siècle*, Paris 1869, 6.
[33] ⟨François⟩ Evellin, *Infini et quantité*, Paris 1887, 5.
[34] ⟨Octave Hamelin, *Le système de Descartes*. Paris 1911.⟩
[35] ⟨Philon von Alexandrien (1. Jh.), jüdischer Religionsphilosoph.⟩
[36] Pluzansky hatte das gut gesehen, aber durch merkwürdige sachliche Abirrung bestreitet er, daß sich die Idee des unendlichen Gottes vor Clemens von Alexandrien findet und, was die westliche Welt betrifft, verneint er ihr Vorhandensein bei Augustin. Der Irrtum ist zu evident, als daß wir näher auf ihn einzugehen brauchten. Vgl. ⟨Émile⟩Pluzansky, ⟨Essai sur⟩ *la philosophie de Duns Scot*, Paris 1887.
[37] Vgl. Hamelin, ⟨ *Le système de Descartes*,⟩ 228.
[38] Vgl. Gilson, *La liberté*, 205 (35).

Unendlichkeit der göttlichen Vollkommenheit und der göttlichen Macht besser zu verstehen und zu fassen.

Denn wenn zwar die Philosophen und Theologen des Mittelalters die absolute Unendlichkeit Gottes proklamierten und den größten Nachdruck auf diese Eigenschaft legten, so hatten sie doch meistens nur eine sehr vage Vorstellung von dieser Idee der Unendlichkeit selbst. Sie hatten sozusagen wenig sachliches Vertrauen zu ihr. Obwohl für sie die göttliche Unendlichkeit keineswegs eine Privation war[39], so blieb doch ein gewisses Moment der Negativität daran haften – so blieb es doch eine vom Negativen her orientierte Konzeption[40]. In einer ein wenig gefährlichen Weise vermischte sich dieser Begriff mit der Idee der negativen Theologie, deren Konsequenz und Basis zugleich er zu sein schien. Gott war unendlich und unerkennbar, und er war das eine, weil er das andere war. Er war auch deshalb unendlich, weil er erhaben ist über alles, über jede Größe und jeden fixierenden Begriff, über jede Qualität, die ihm als solche zukommen könnte, über jede Quantität, die man noch durch eine endliche Größe vermehren könnte – aber trotz dieser sehr richtigen und klaren Anschauungen erscheint das Unendliche doch zu gleicher Zeit nur als die Vollendung, als das letzte Ziel einer aufsteigenden Reihe[41], als etwas Abgeleitetes, als eine in sich selbst etwas zweifelhafte Eigenschaft, deren Widerspruchslosigkeit und Zugehörigkeit zu Gott besonders bewiesen werden muß[42]. Gott ist unendlich – aber er ist es *entweder, weil* er vollkommen ist und seine Vollkommenheit nicht begrenzt werden kann, *oder* aber *trotz* seiner Vollkommenheit, *oder* auch beides zugleich. Man sucht nachzuweisen, daß die Unendlichkeit dem Sein als solchem nicht widerspricht, daß sie insbesondere nicht mit der Vollkommenheit unverträglich ist, daß sie im Gegenteil von ihr gefordert wird – und wir müssen uns klar darüber sein, daß dieser Nachweis nicht sehr leicht war, da die Unmöglichkeit einer aktuellen Unendlichkeit, einer realisierten Unendlichkeit für das Mittelalter wie für das Altertum sozusagen ein Dogma war – und vielfalls auch heute noch ist. Der Begriff der Unendlichkeit trug noch die Spur hellenistischer Ideen an sich und konnte sich ihrer nicht entledigen. Für Descartes aber wird es immer ein unsterblicher Ruhmestitel bleiben, definitiv mit diesem Vorurteil, das doch das allgemeine seiner Zeit war, gebrochen und die durchaus rationale Natur des Begriffs der Unendlichkeit erkannt und fixiert zu haben[43]. Das bleibt immer ein durch Descartes reali-

[39] Thomas ⟨von Aquin⟩, *Summa theologiae*, I, q. 7 a. 1.
[40] Thomas ⟨von Aquin⟩, ⟨*Quaestiones*⟩ *de veritate* II, a. 2 ad 5 (36). ⟨Zit. Thomas von Aquin, *De veritate*⟩.
[41] Duns Scot⟨us⟩, *De primo principio* (37).
[42] Thomas ⟨von Aquin⟩, ⟨*Summa*⟩ *contra gentiles* I, 13 (38). ⟨Zit. *Contra gentiles*⟩.
[43] Descartes, *Ms. von Göttingen*, 16. IV. 1647. V, 155.

sierter großer sachlicher Fortschritt gegenüber den mittelalterlichen Anschauungen.

Die Idee des Unendlichen hatte so sehr das ganze Denken Descartes' eingenommen, daß er sie kaum noch von der Idee der Vollkommenheit abtrennen und unterscheiden kann. Der cartesianische Gott ist nicht allein unendlich *und* vollkommen; er ist nicht allein unendlich, *weil* er vollkommen und deshalb über jede Beschränkung erhaben und frei von jeder Begrenztheit ist – sondern die Unendlichkeit bildet sozusagen den tiefsten Grund seines Wesens. Er ist nicht nur unendlich – er ist die Unendlichkeit selbst und in Person[44]! Und oft scheint Descartes die Unendlichkeit zum Grund selbst der göttlichen Vollkommenheiten zu machen. Jedenfalls ist es nicht allein *quoad nos* ⟨für uns⟩, wenn Gott in der adäquatesten Weise *sub ratione infiniti* ⟨in der Weise des Unendlichen⟩ erkannt wird – wie Duns Scotus dachte –, es ist nicht allein *in statu viae* ⟨im Stand des irdischen Weges⟩, wenn der Begriff des Unendlichen als der höchste erscheint, der von uns konzipiert werden kann: für Descartes vermischt sich die Unendlichkeit fast vollständig mit der Vollkommenheit, und *Deus notus sub ratione divinitatis* und *infiniti* ⟨Gott, erfaßt in der Weise der Göttlichkeit und des Unendlichen⟩ sind für ihn nicht zwei wesenhaft verschiedene Ideen. Da also die Unendlichkeit zur Essenz Gottes selber wird, ist Gott für Descartes nicht einfach und schlicht unendlich, sondern *unendlich* mal unendlich; es ist nicht allein die Unendlichkeit des bloßen Seins, die den tiefsten Grund der göttlichen Essenz ausmacht, sondern es ist eine Unendlichkeit gleichsam noch höheren Grades, eine Unendlichkeit der Macht, die absolute Freiheit, der absolute und absolut schöpferische Wille – die Schöpferkraft schlechthin, von unendlichem Ausmaß und unendlicher Wirksamkeit[45].

3. Die Rolle, die die Idee der Unendlichkeit als Ausdruck und Quelle der Vollkommenheit und des höchsten Wertes bei Descartes spielt, erlaubt es uns erst, seinen Voluntarismus ganz zu begreifen, wie auch seine Idee von der absoluten göttlichen Freiheit, dieser unbegrenzten und schöpferischen Freiheit – ohne daß wir auf äußerliche Ursachen zu rekurrieren und der Sache selbst fremde Motive einzuführen brauchten. Es scheint uns im Gegenteil, daß Descartes, ausgehend von der Idee des Unendlichen, ganz direkt zu seiner Gottesidee und der Idee von der Freiheit geführt wurde. Gilson, so glauben wir, hat nicht recht, wenn er die cartesianische Konzeption Gottes, der Schöpfer der Essenzen wie der Existenzen ist, der in souveräner und absoluter Freiheit das Gute und das Schlechte setzt und beschließt, der alle Wahrheiten sowohl als alle Wesen selbstherrlich hervorbringt, wenn er diese Konzeption durch den Wunsch Descartes' erklären will, seine Physik der

[44] Descartes, *Corresp⟨ondance⟩* DLVII. V, 356 (39).
[45] Vgl. Hamelin, ⟨*Le système de Descartes,*⟩ 226 (40).

wirkenden Ursachen mit einer metaphysischen Idee zu stützen, als ob diese ganze metaphysische Lehre nur den Zweck gehabt hätte, die finalistische Erklärungs- und Betrachtungsweise in der Wissenschaft auch von dieser Seite her ins Wanken zu bringen. Dieses Mittel stünde unserer Meinung nach zu dem Zweck, der erreicht werden sollte, in allzu großem Mißverhältnis. Wenn Descartes wirklich nichts weiter gewollt hätte, als seiner Physik der wirkenden Ursachen eine allgemeine Begründung zu geben, hätte er sich auf den Hinweis der Unmöglichkeit beschränken können, ja müssen, die letzten Zwecke und Ziele der göttlichen Intelligenz aufzudecken und zu erkennen – jene Zwecke und Ziele, die nach göttlicher Bestimmung dem Naturlauf letztlich zugrunde liegen und ihn besiegeln: die Unendlichkeit Gottes, die Unerfaßbarkeit seiner Pläne würde ihm alles gegeben haben, was er hierzu brauchte. Er hätte sich nicht mit einer theologischen Theorie zu beladen brauchen, die gewagt genug war und – vom Standpunkt der Wissenschaft aus – absolut kein neues Argument hinzufügte. In der Tat machen weder die *Meditationen* noch die *Prinzipien* von jener Theorie Gebrauch. Descartes wußte über die theologischen Fragen und Kontroversen seiner Zeit zu gut Bescheid, als daß ihm nicht klar gewesen wäre, daß die Lehre von einem Gott, der selbstherrlicher Schöpfer der Wahrheiten ist, der in vollkommener Freiheit und Indifferenz des Willens das Gute und Böse setzt und als solches bestimmt, ihm nur Schwierigkeiten ohne Zahl verschaffen würde[46], daß ihm diese Konzeption, anstatt ihm als Stütze und Fundament seiner Physik zu dienen, zu dieser eine noch schlechter annehmbare Theorie hinzufügte, die ihren Ruf nur schädigen konnte. Es wäre eine sehr ungeschickte Taktik, eine an sich schwer annehmbare physikalische und metaphysische Theorie durch eine theologische stützen zu wollen, die es gar nicht mehr war! Alles, was wir von Descartes wissen, widerspricht der Möglichkeit einer solchen Ungeschicklichkeit. Descartes wußte das alles sehr wohl, und er veröffentlichte seine Lehre sozusagen gegen die natürliche Neigung seines Herzens. In einem bestimmten Zeitmoment allerdings, als Descartes die bewußte Ausarbeitung seiner *Metaphysik* begann[47], hatte er sehr wohl ge-

[46] Dies gibt Gilson implizite auch zu, da er das Fehlen der Lehre von der göttlichen Indifferenz in den *Meditationes* dadurch erklärt, Descartes habe den Anstoß, den sie hervorrufen mußte, vermeiden wollen. ⟨Vgl.⟩ Gilson, *La liberté*, 436 (4.).

[47] Gilson und Adam meinten, Descartes habe sich in dieser *Epoche* (1626–1629) ausschließlich mit wissenschaftlichen Problemen beschäftigt; sie stoßen dabei auf eine formelle Erklärung Descartes': „Il y a environ huit ans que j'ai écrit en latin un commencement de Métaphysique". *Corresp⟨ondance⟩* LXX, März 1637. An ⟨Marin⟩ Mersenne. I, 350. Wenn Descartes von „Metaphysik" spricht – so wird behauptet –, dann meine er „Physik". Wir halten uns nicht bei der Unrechtmäßigkeit einer solchen Interpretation auf, sie mutet uns allzu sehr nach alexandrinischer Manier an. Der Mann, der nach Loretto pilgert, nicht bloß um der Madonna zu huldigen, sondern um seinen Arbeiten ihren Beistand zu sichern und sie an ihrem Erfolg zu interessieren, um ihr für die mystische Erleuchtung seiner Träume zu

glaubt, daß seine Lehre von der göttlichen Freiheit mit seiner Physik harmonieren, ja ihr als Basis dienen könnte. Er schreibt es – 1630 – an ⟨Marin⟩ Mersenne[48] und bittet ihn, es öffentlich überall zu sagen, daß Gott die ewigen Wahrheiten frei gesetzt hätte, so wie ein König die Gesetze seines Reiches dekretiert – aber es war das in einer Zeit, in der er vor allem von metaphysischen und theologischen Fragen eingenommen und mit ihnen beschäftigt war; es ist daher wohl möglich, daß umgekehrt die metaphysische Idee eines absolut freien Gottes, des absoluten Schöpfers, ihn zwang, aus der Wissenschaft die finalistischen Erklärungsweisen zu verbannen. So sagt er es übrigens gelegentlich selbst[49]. Der letztere Weg – von der Konzeption eines absoluten, unendlichen und unendlich freien und indifferenten Schöpfers zur Negation der Endursachen – erscheint uns sachlich durchaus annehmbar, der erstere, entgegengesetzte – nicht.

Übrigens behauptet Descartes nicht, daß es keine Zwecke in der Welt gäbe. Er behauptet nicht, daß es Gott unmöglich sei, die Dinge dieser Welt auf eine solche Weise zu ordnen und zu disponieren, daß sie auf einen Zweck oder ein oberstes Ziel hin orientiert seien. Er will etwas ganz anderes negieren: nämlich daß ⟨weder⟩ dieser höchste Zweck noch sonst irgendein anderer möglicher die göttliche Handlungsweise determinieren könne, daß er die Entscheidung Gottes zu einer notwendigen zu machen, seine Freiheit zu beschränken vermöchte. Kein Zweck kann der göttlichen Aktion übergeordnet oder ihr vorgesetzt werden; nichts darf die göttliche Freiheit hemmen und einengen. Etwas ganz anderes aber ist es, wenn man die Möglichkeit leugnet, daß Gott die Welt unter dem Gesichtspunkt eines bestimmten Zieles geschaffen haben könnte. Das hieße der göttlichen Handlungsweise jeglichen vernunftgemäßen Charakter absprechen; es hieße den göttlichen Willen unbewußt machen, ihn auf das Niveau eines blinden Instinktes, einer bloßen Naturgewalt herabziehen. Descartes leugnet nicht, daß Gott die Dinge und Ereignisse[50] vorbestimmen könne: er verneint die Vorsehung nicht. Er verneint nur die Notwendigkeit einer solchen Vorherbestimmung, verneint die Determination des göttlichen Willens durch irgendeine seiner eig-

danken, ist gewiß nicht von diesem Geist der Kritik erfüllt, er ist gewiß kein bloßer Gelehrter. Der Kardinal von Bérulle interessierte sich ganz sicher nicht für die abstrakten Probleme der Physik und Mathematik – und wenn er seinen ganzen Einfluß aufbot, um Descartes zur Ausarbeitung seiner neuen Philosophie zu bewegen, so erhoffte er davon wohl nicht einen Gewinn für Kunst und Wissenschaft, sondern er betrachtete sie als ein Werk, das *in maiorem Dei gloriam* ⟨zum höheren Ruhme Gottes⟩ unternommen werden sollte, das der wahren Philosophie neue Waffen liefern konnte, der wahren Philosophie, die für ihn, wie für seinen Meister Augustin, eins war mit der wahren Religion. So dachte auch Descartes selbst.

48 ⟨Descartes,⟩ *An Mersenne*, 6. V. 1630. Corr⟨espondance⟩ XXVII. I, 149, 150 (42).

49 ⟨Ebd.,⟩ 15. IV. 1630. *Corr⟨espondance⟩* XXI. I, 144 (43).

50 Descartes, *Principes* I, § 40, 41.

nen Essenz transzendente Notwendigkeit. Und was die Physik betrifft, so will er auch hier nicht die Möglichkeit des faktischen Vorhandenseins von Naturzwecken fortstreichen – nur ihre Unerkennbarkeit ist es, die er behauptet, und die Unfähigkeit unseres beschränkten und endlichen Verstandes, die Zwecke zu erkennen, die der unendliche Wille Gottes in freier schöpferischer Tat der Natur vorgesetzt haben könnte. Er will, daß man diese mühevolle und notwendig fruchtlose und unnütze Erforschung der möglichen Zwecke aufgibt: denn welches auch immer diese unbekannten Zwecke sein mögen, Gott läßt sie sich durch eine Reihe wirkender Ursachen realisieren, durch die sie als solche unmittelbar hervorgebracht werden und die untereinander den Gesetzen der Wirkungskausalität gemäß eindeutig verbunden sind.

Die Unendlichkeit Gottes und die Unmöglichkeit, seine Vernunftgründe (wenn er solche hat) zu erkennen, wie ebenso die Zwecke, die er eventuell der Natur vorgeschrieben hat – das genügt völlig zur metaphysischen Begründung der Physik der Wirkungsursachen. Descartes ist sich dessen vollkommen bewußt; weder in den *Prinzipien* noch in den *Meditationen* gebraucht er im Grunde andere Argumente. Alles, was diese Bestimmungen überschreitet, ist für die Begründung der Physik und der Wissenschaft im allgemeinen überflüssig und kann ihm nur Schwierigkeiten bereiten. Ob die mathematischen Wahrheiten durch den göttlichen Willen frei gesetzt oder von seiner Intelligenz als an sich selbst und daher auch für diese notwendige begriffen werden, ob seine Allmacht durch das Mögliche (das logisch Mögliche) beschränkt wird oder ob sie sich im Gegenteil auch auf das Unmögliche und Absurde ausdehnt – aus diesem allen kann man für die Naturwissenschaft nicht das mindeste erschließen oder gewinnen. Die mathematischen und logischen Wahrheiten können auf keinen Fall als Ziele der göttlichen Aktion – als etwas ihr Transzendentes – angesehen werden: selbst wenn sie auch in einer gewissen Weise die göttliche Allmacht begrenzten, so würden sie das doch nicht als besondere, seinem Willen vorgesetzte Ziele tun. Man kann sogar noch weiter gehen: wenn man die Konzeption der absoluten Allmacht Gottes, dieser unendlichen Indifferenz wörtlich nimmt, so wird die Wissenschaft selbst zu einer Unmöglichkeit. Denn in einem solchen Fall würde alles und jedes in gleicher Weise möglich und wahrscheinlich, und die klarsten Gründe könnten uns weder die Wahrheit noch die Existenz irgendeines Objektes wirklich garantieren. Die absolute Indifferenz, diese gleichsam übersteigerte Allmacht, die Descartes Gott zuschreiben will, ist im Grunde weder mit seiner Physik noch mit seiner Psychologie, Metaphysik oder Erkenntnistheorie vereinbar. Ja, sie erlaubt nicht einmal, die wesenhafte Unveränderlichkeit und Wahrhaftigkeit Gottes zu behaupten.

Descartes hat in der Tat die unzähligen Schwierigkeiten, die diese Lehre impliziert, wohl gefühlt. Indem er sich zu ihr im allgemeinen ausdrücklich bekannte, hat er doch gesehen, daß er bei jeder metaphysischen Einzelanalyse, jedesmal, wenn es sich um ein konkretes Problem der Theologie oder der Metaphysik handelte, gezwungen war, sie zu verlassen[51]. In allen solchen Fällen mußte er sich statt ihrer des Prinzips der Vollkommenheit oder der Analogie bedienen. Die Briefe Descartes' erlauben uns, Schritt für Schritt die Entwicklung seines Gedankenganges zu verfolgen. Die resolute und sozusagen enthusiastische Darlegung der ersten Briefe an Mersenne von 1630 weicht sehr bald einer weit zögernderen und ungewisseren Behauptung[52], und am Ende seines Lebens sehen wir ihn definitiv alles streichen, was diese Lehre an Übertriebenem enthält, sehen wir ihn zur klassischen Theorie der Scholastik zurückkehren, von der er ausgegangen ist. In den Briefen an Henry More[53] und ⟨Claude⟩ Clersellier[54] findet das letzte Wort Descartes', die letzte Phase seiner Gedanken ihren Ausdruck: Gott kann alles, Gott schafft alles, Gott ist frei; Gott ist die freie schöpferische Quelle der Essenzen und der Existenzen, des Möglichen und des Realen, des Seins und der Wahrheit. Aber Gott kann nicht das Unmögliche, er kann nicht das in sich Widerspruchsvolle; er kann nicht das Absurde und Schlechte schaffen[55], weil er es nicht wollen kann – weil das Unmögliche, das Widerspruchsvolle, das Böse nichts ist, weil es sich selbst zerstört. Es kann kein Ziel und Zweck der göttlichen Handlungsweise noch seines Wollens oder seiner Gedanken sein[56].

4. Man kann andererseits feststellen, wie die strenge und systematische Anwendung der Prinzipien der Analogie und der Vollkommenheit – das letzte besonders in der durch die cartesianische Konzeption der Unendlichkeit bestimmten Fassung – Descartes zu seiner Gottesidee führt. Descartes geht vom *Cogito* aus, von der unmittelbaren Intuition, in der man sich selbst erfassen kann, in der sich der menschliche Geist vor sich selber als wesenhaft beschränkt, endlich und unvollkommen enthüllt, als ein sehr entferntes Bild und Analogon der unendlichen und unendlich vollkommenen Unendlichkeit, wesenhaft von ihr abhängig, Abglanz der göttlichen Substanz. So weit geht diese Unvollkommenheit, so von Grund aus besteht diese Abhängig-

[51] ⟨Descartes,⟩ *An Mersenne*, 21.IV.1641. III, 361.
[52] ⟨Descartes,⟩ *An Mesland*, 2.V.1644. IV, 119 (44).
[53] ⟨Descartes,⟩ *An Henricus Morus*, 5.II.1649. V, 275 (45). ⟨Henry More (1614–1687), englischer Theologe und Philosoph der *Cambridge Platonists*. Begeistert für Descartes (mit dem er 1648 korrespondierte), kritisierte er in seinem Spätwerk die fundamentalen Grundsätze des Cartesianismus; er war der erste Exponent des Cartesianismus in England; Werke: *Coniectura Cabbalistica*, *The Immortality of the Soul*, *Divine Dialogues*⟩.
[54] ⟨Claude Clersellier (1600–1684), französischer Philosoph und Anwalt, mit Mersenne der wichtigste Korrespondent Descartes' in Frankreich und Herausgeber von dessen Werken.⟩
[55] ⟨Descartes,⟩ *An Clersellier*, 23.IV.1649. V, 357, 545 (46).
[56] ⟨Thomas von Aquin⟩, *Summa theol⟨ogiae⟩* I, 25, 3 (47). Vgl. *Contra gent⟨iles⟩* II, 22; *Qu⟨aestiones⟩ disp⟨utatae⟩ de pot⟨entia⟩* I, 3; *Quaest⟨iones⟩ de quodlibet* XII, 2.

keit, daß es im eigentlichen Sinne unmöglich ist, die menschliche Seele oder den menschlichen Geist zu erkennen, ohne zu gleicher Zeit und in demselben unteilbaren Akt unmittelbarer Intuition Gott zu erfassen, zu erkennen und zu schauen. Es ist unmöglich, die Seele wirklich zu sehen, ohne zugleich auch Gott zu sehen[57]. Auf dem unendlichen Grunde des absoluten göttlichen Lichtes hebt sich gleichsam wie ein Schatten unser Geist oder unsere Seele ab. Nur insofern sie in das göttliche Licht eingetaucht ist, nur insofern sie ein Bild Gottes ist, können wir sie in einem Akt intuitiver Schauung erfassen.

Die Erkenntnis Gottes läßt sich also ebensowenig von der Selbsterkenntnis, wie die Selbsterkenntnis von der Erkenntnis Gottes abtrennen. Je tiefer wir in uns selbst eindringen, je eigentlicher diese intime Kenntnis wird, die wir von uns selbst haben, um so mehr erfassen wir uns als Bild Gottes – um so mehr erkennen wir Gott[58].

Dieses unvollkommene und dunkle, dieses endliche und beschränkte Bild kann uns natürlich nur eine entsprechend unvollkommene und entfernte Kenntnis Gottes verschaffen – so entfernt und unadäquat wie nur möglich. Zwischen unserer Seele und Gott liegt der ganze Abgrund, der das Endliche von dem Unendlichen trennt. Aber es bleibt der einzige Weg, der uns offensteht[59], das einzige Erkenntnismittel, das wir besitzen – denn unser endlicher und beschränkter Geist kann das Unendliche als solches nicht *umfassen*. Gott in seiner Unendlichkeit und der absoluten Klarheit seiner Essenz bleibt immer unserem Verstand unerreichbar. Eine wahrhaft schauende und vollkommene Erkenntnis ist ihm in diesem Leben[60] versagt. Obgleich die Idee Gottes die klarste unter unseren Ideen ist, bleibt sie doch unbestimmt – vielleicht gerade *wegen* ihrer allzu großen Klarheit. Die Überfülle ihres Lichtes blendet uns. Aber immerhin – dieses grobe und unvollkommene Bild kann uns als Ausgangspunkt dienen und erlaubt uns, durch die Analyse der wesenhaften Vollkommenheiten und Unvollkommenheiten der menschlichen Seele auf das Vorhandensein der analogen göttlichen Vollkommenheiten zu schließen, die dann als solche nicht mehr beschränkt und endlich, sondern unendlich und absolut sind.

Bei der Analyse der Vermögen des menschlichen Geistes treffen wir auf eins, dessen wesenhaft von allen anderen verschiedener Charakter sofort unsere Aufmerksamkeit auf sich zieht. Diese einzigartige Qualifikation ist die des freien Willens, der selbst innerhalb unserer Seele eine unendlich höhere Vollkommenheit besitzt als alle anderen Fähigkeiten und Ver-

[57] Descartes, *Meditationes*, III. VII, 51–52 (48).
[58] Vgl. ⟨Gustave⟩ Rodrigues, *L'existence du monde selon Descartes*, Paris 1904, 16.
[59] Descartes, *Cogitationes privatae*. X, 208 Vgl. *Corresp⟨ondance⟩* DLIV. V, 347.
[60] *In statu viae* ⟨Im Stand des Weges⟩, sagten die Scholastiker.

mögen[61]. Er ist unendlich, er ist frei – ist unendlich und frei seinem eigenen substanziellen Wesen nach[62]. Hierdurch eben stellt er diejenige Eigenschaft dar, durch die wir uns am meisten der absoluten Vollkommenheit annähern. Er ist es eigentlich, der uns überhaupt erlaubt, von einer Analogie zwischen Gott und Mensch zu sprechen. Der freie und unendliche Wille ist nicht nur im Verhältnis zur Vollkommenheit der anderen Vermögen, sondern seinem eignen immanenten Wesen nach die edelste und vollkommenste Eigenschaft des Menschen.

Das Wesen des Verstandes ist mit der Begrenzung vereinbar – unser eigner Verstand als geschaffener ist endlich; der Wille dagegen ist seinem Wesen nach unendlich und frei[63]. Der Wille kann seinem Wesen nach Grenzen nicht ertragen – er kann nicht *nicht-frei* sein[64]. Seine eigentümliche Natur besteht darin, daß er unendlich ist, und das heißt als solcher vollkommen, frei und folglich auch absolut – oder er ist überhaupt nicht. Die faktische Macht und Reichweite zwar, die dem Willen inhäriert, ist naturgemäß verschieden beim Menschen und bei Gott, ist endlich beim Menschen, unendlich bei Gott, in sich selbst und als solcher aber ist der Wille bei Gott nicht „größer" als beim Menschen[65]. Er kann als solcher nicht anders existieren als in einem Zustand der Vollkommenheit, der Freiheit, der Unendlichkeit. Selbst als gefallener und durch die Sünde verderbter bewahrt er doch diese Eigenschaft seinsmäßiger Vollkommenheit[66], und in der Unendlichkeit unseres Willens erkennen wir nun unsere prinzipielle Ähnlichkeit mit Gott[67]. Durch die absolute Freiheit unseres Willens und in ihr stellen wir das Bild Gottes dar. Der Wille – der freie Wille – ist recht eigentlich das Siegel, das Gott seinem Werk aufgedrückt hat; in ihm fühlen und ergreifen wir Gott; diese uns selbst immanente Unendlichkeit erlaubt es uns, uns nach Gott, der transzendenten Unendlichkeit, der absoluten Vollkommenheit gleichsam auszustrecken, sie zu berühren, wenn auch nicht zu umfassen.

Wir sahen, daß der Wille – seiner Essenz nach – vollkommener ist als der Intellekt. So ist er – und zwar seinem Wesen nach – beschaffen, daß er keine Beschränkung, keine Limitation auch nur zulassen kann[68]. Er ist im eigentlichen Sinne vollkommen, unendlich – und demgemäß übernatürlich. Es ist der Wille, der das eigentlichste Wesen Gottes ausmacht; Descartes' Gottes-

[61] Descartes, *Cogitationes privatae*. X, 208 (49).
[62] Vgl. Rodrigues, ⟨*L'existence,*⟩ 39–40.
[63] Vgl. D⟨uns⟩ Scot⟨us⟩, *Reportata Paris⟨iensia⟩* I, d. XXXXV qu. 2 n. 6 (50).
[64] Descartes, *Resp⟨onsiones⟩ tertiae*. VII, 191.
[65] Descartes, *Principes* I, § 35.
[66] Vgl. Bonaventura, ⟨*Commentarii in IV libros sententiarum Petri Lombardi*⟩ II, 595, 625 (51).
[67] Descartes, *Principes* I, § 37, 39.
[68] Descartes, *Meditationes* IV. VII, 56, 58 (52).

idee wird die eines absolut unendlichen, allmächtigen, schöpferischen und freien Willens sein.

Trotz der wesenhaften Ähnlichkeit zwischen dem göttlichen und menschlichen Willen ist es dennoch durchaus notwendig, eine fundamentale Unterscheidung zwischen ihnen beiden festzustellen. Der göttliche Wille ist nach Descartes absolut indifferent, nicht allein ist er keiner äußeren Notwendigkeit unterworfen – nach Descartes und übrigens ebenso nach der traditionellen Lehre der Scholastik sind Wille und Notwendigkeit (im Sinne der Nötigung) zwei in keiner Weise miteinander vereinbare Dinge –, sondern der göttliche Wille ist auch von allen Vernunftgründen absolut unabhängig; er selbst der Schöpfer des Guten und des Bösen, der Schöpfer der Wahrheit und des Seins. Der menschliche Wille dagegen ist nach Descartes durch die Vernunft notwendig bestimmt. Eine große Erhellung des Verstandes erzeugt notwendig eine starke Neigung des Willens, und eine absolut klare und bestimmte Einsicht determiniert notwendig einen menschlichen Willensakt. Klare und bestimmte Erkenntnis zieht also notwendig einen Willensentscheid nach sich[69].

Es könnte zunächst so aussehen, als ob dieser Unterschied, der den menschlichen Willen dem Verstand zu unterwerfen scheint, der die Freiheit der Notwendigkeit unterordnet, in formalem Gegensatz zu jener Lehre von der unendlichen Freiheit des menschlichen Willens, von seiner Ähnlichkeit und seinem Parallelismus mit dem göttlichen Willen und der göttlichen Freiheit stünde, die wir soeben skizziert haben. Wenn Descartes die Abhängigkeit der Willensakte von den Einsichten des Verstandes behauptet und das notwendige Hervorgehen der ersteren aus den letzteren, unterdrückt er da nicht jegliche Freiheit, macht er da nicht die Ähnlichkeit zwischen Mensch und Gott zu einer Unmöglichkeit und zu einem Wahn? Die menschlichen Fähigkeiten, die zuerst durch ihr eignes Wesen fast identisch mit denen Gottes schienen, scheinen jetzt überhaupt nicht mehr mit ihnen verglichen werden zu können[70]. Aber dieser Schluß ist voreilig[71]. Versuchen wir, uns näher anzusehen, was eigentlich bei Descartes den wesenhaften Unterschied zwischen dem Willen, zwischen sämtlichen willentlichen Akten – denn in seiner überaus vagen und inexakten Terminologie trennt Descartes den Willen und die Wollungen im eigentlichen und engeren Sinne nicht

[69] Ebd. 59.
[70] Eine vollständige Analyse der cartesianischen Theorie von der menschlichen Freiheit können wir hier nicht geben. Wir verweisen auf die Arbeit von Gilson ⟨La liberté⟩, wo man eine detaillierte und zuverlässige Darstellung finden wird. Allerdings könnte man ihr vielleicht diesen einen Vorwurf machen, die menschliche Freiheit von der göttlichen getrennt und die wesenhafte und tiefe Analogie zwischen beiden nicht voll erkannt zu haben.
[71] Descartes, *Obi⟨ectiones⟩ tertiae.* VII, 192 (53).

von den einfach willentlichen Akten ab – und den anderen Zuständen und Vermögen des menschlichen Geistes begründet.

Descartes erkennt nur zwei große Klassen psychischer Phänomene an: Akte und Zuständlichkeiten der Seele[72]. Was den Willen vor allem charakterisiert – und hierin ist er eben mit jedem Akt überhaupt synonym –, ist gerade diese spontane Aktivität, die ihm eigen ist. Der Wille ist nach Descartes absolut unabhängig, er agiert auf Grund seiner eignen Kraft, seiner eignen Vollkommenheit, seiner eignen Unendlichkeit. Die Spontaneität ist nur ein andrer Aspekt des dem Willen notwendig inhärenten Charakters der Unendlichkeit[73]. Nicht allein, weil der Wille seiner eignen Natur nach eine extensive Unendlichkeit besitzt, weil er sich auf eine Unendlichkeit verschiedener Objekte richten und sich durch sie bestimmen lassen kann – nicht allein deshalb gibt ihm Descartes den Vorrang über den Verstand. Diese extensive Unendlichkeit, diese Möglichkeit, mit der gleichen Vollkommenheit des Willensaktes als solchen die allerverschiedensten Objekte zu wollen, ist nur eine sekundäre Folge, ist selbst gegründet auf einen viel fundamentaleren und wesentlicheren Charakter der Willensnatur. Die Unendlichkeit des Willens erscheint in *jedem* seiner einzelnen Akte, und das gerade erlaubt es uns erst, die Tatsache seiner unbegrenzten Aktionsmöglichkeit zu verstehen. Der Wille ist Spontaneität, ist ein absoluter Anfang, die Setzung von etwas absolut Neuem. *Der Wille besitzt sich selbst*; er ist absoluter Herr über seine eignen Akte, Herr und Schöpfer derselben[74]. Er ist frei, *weil* er spontan ist, weil die Spontaneität die denkbar höchste Vollkommenheit darstellt, weil ein wahrhaft und wirklich spontaner Akt fast ein schöpferischer Akt ist. In dem „Überreichtum ihrer eignen Wesenheit"[75] findet die Seele die für einen freien Akt, für die absolut freie Determination ihrer selbst durch sich selbst notwendige Kraft. Das Unendliche aber und das Absolute sind, wie wir wissen, für Descartes synonym.

5. Der Intellekt dagegen ist passiv[76]. Die Rolle des Verstandes ist es, Im-

[72] ⟨Descartes,⟩ *Principes* I, § 32.

[73] Wir verwenden den Ausdruck „Spontaneität" nicht, wie zuweilen in der psychologischen Literatur unserer Tage, für eine unbewußte und sozusagen blind hervorbrechende Aktivität (ein instinktives Streben, eine rein vitale Kraft), sondern im Gegenteil, um mit ihm den Charakter vollkommenen Selbstbesitzes im Handeln zu bezeichnen, einer vollständigen Unabhängigkeit und Autonomie des Tuns, das in freier Willentlichkeit geschieht und Quelle und Grund seines eignen Bestehens und Daseins ist.

[74] Vgl. Bonaventura, *Sent.* II, 96; 595; 612; 618; 619; 692 (54).

[75] In dieser *surabondance de l'essence*, in der unerschöpflichen Tiefe und Weite erblickt Gibieuf das Wesentliche der göttlichen Substantialität. Daß die Termini von Gibieuf sich so gut auf die Lehre Descartes' anwenden lassen, stellt einen immanenten Beweis der Ähnlichkeit ihrer beiderseitigen Ideen dar. Der Einfluß Gibieufs auf Descartes ist durch Gilson in dem schon oft zitierten Werke ⟨La liberté⟩ zum erstenmal aufgedeckt und bewiesen worden.

[76] *Wie Wachs*, sagt Descartes.

pressionen zu empfangen, Ideen zu erfassen, die Wahrheiten zu erkennen – und sein Tun ist um so vollkommener, er erfüllt seine spezifische Rolle um so besser, je unpersönlicher er ist, je mehr er sich selbst sozusagen verleugnet, je weniger sein subjektiver Einfluß hervortritt – denn dieser subjektive Einfluß kann den Erkenntnisgegenständen nur etwas hinzufügen, was in ihnen nicht enthalten ist, und wird so die Erkenntnis verfälschen, verdunkeln und sie unvollkommen machen. Der Intellekt hat die Aufgabe, das, was ist, selbstlos zu verzeichnen, die Objekte sozusagen ihre eigne Sprache reden zu lassen, als ein durchsichtiges Medium zu fungieren – oder wenn man lieber diesen modernen Vergleich will, eine empfindliche Platte zu sein, die alle Eindrücke aufnimmt, die nur irgendwelche ohne sie, vor ihr und unabhängig von ihr existierenden Wesen auf ihr hinterlassen. Alles, was aktiv und persönlich in den Gedankenakten ist, gehört dem Willen an, alles, was unpersönlich und passiv ist, dem Verstand[77]. Die Akte, die die Lösung eines Problems suchen und verfolgen, sind Willensakte – die klare und bestimmte Erfassung der Lösung an sich selbst ist ein passiver Akt des Intellektes; denn die Wahrheit selbst ist es, die durch ihr eignes Licht auf den Verstand wirkt, der als solcher dieses Licht eben nur empfangen kann. Die Erkenntnisakte sind in gewisser Weise von außen nach innen gerichtet; sie haben ihre Quelle in den Objekten, ihr Ziel im Verstande, der in und mit der Erkenntnis der Wirkung der Dinge auf ihn unterliegt. Die Willensakte dagegen gehen von der Seele aus, um in den Objekten zu endigen. Die Seele selbst ist die aktive Quelle dieser Akte. Mit einem Wort: der Verstand ist rezeptiv und passiv, der Wille aktiv und spontan. Wir kommen immer wieder auf den Charakter der wahren Spontaneität zurück, weil er in der Tat der allercharakteristischste und wichtigste ist, weil er der einzige ist, der die immanente Unabhängigkeit und Autonomie des Geistes ausdrückt, weil sich in ihm allein die wahren Akte des Willens von jeder Art bloßen Wunsches und Strebens, von jeder Art bloßer Neigung und Leidenschaft der Seele abscheiden lassen. Die Leidenschaften der Seele sind ja in gewisser Weise auch aktiv: sie richten sich auf das Objekt des Begehrens, drängen zu ihm hin, aber diese Aktivität ist keine freiwillige. Die Seele ist hier fortgerissen von ihrem Verlangen, sie determiniert sich nicht von selbst, ist nicht freier Herr über sich. Sie besitzt nicht ihre Leidenschaft, sie ist von ihr „besessen". Sie setzt sie nicht, sondern erleidet sie. Sie ist nicht die aktive Quelle ihres Tuns, sondern sie ist passiv *in* und *mit* diesem ihren Tun. Die Leidenschaften als solche stehen nicht wie die Willensakte unter der persönlichen Herrschaft der Seele. Diese ganze Unterscheidung ist traditionell in der Scholastik[78]; aber selten ist sie in ihrer totalen Wichtigkeit erkannt worden. Nur selten haben die Begriffe der Sponta-

[77] ⟨Descartes,⟩ *An Regius*, Mai 1641. III, 372 (54).
[78] Vgl. Bonaventura, *Sent*⟨*entiarum*⟩ I, 31; II, 593; II, 807 (55).

neität und Autonomie dazu gedient, den Willen und die Freiheit in ihrer Spezificität zu definieren – es ist ein Verdienst Descartes', die fundamentale Bedeutung dieser Sachlage begriffen zu haben. Die traditionelle Lehre und, man kann vielleicht auch sagen, die moderne Psychologie kennt wohl den Unterschied als solchen, nicht aber seine Tragweite und seine eigentliche Natur. Wir werden auf diesen Punkt noch zurückkommen, wenn wir die cartesianische Lehre mit der des heiligen Thomas und Augustinus vergleichen.

Diese wesenhafte Spontaneität, verglichen mit der nicht weniger wesenhaften Passivität des Verstandes, erklärt und impliziert die Superiorität des Willens über den Intellekt. Der letztere tut nichts, als schon existierende und als solche fertige, konstituierte Entitäten in die Vorstellung aufnehmen und registrieren – der Wille dagegen ist schöpferisch; er ist es, der die Entitäten jeglicher Natur setzt, schafft, ins Werk setzt und konstituiert. Folglich ist der Verstand als daseiender ebensowohl wie als handelnder der Existenz- und Handlungsweise des Willens untergeordnet; er kommt als mitwirkende und schaffende Quelle der Entitäten, sei es der ideellen oder reellen, nicht in Betracht.

Aus der gezeichneten wesenhaften Natur des Intellekts geht mit Notwendigkeit hervor, daß der Verstand, selbst der *göttliche* – wenn nämlich von einem solchen bei Gott überhaupt gesprochen werden kann, wenn dieses Wort trotz der Unmöglichkeit einer eindeutigen Prädikation irgend etwas in Gott bezeichnen kann, was unserm Verstand vergleichbar ist –, selbst dieser göttliche Verstand die Entitäten, die seine Gegenstände werden sollen, schon konstituiert und fertig vorfinden muß. Notwendig muß der göttliche Willensakt – nicht natürlich in zeitlicher, sondern in ewiger Ordnung – jedem göttlichen Verstandesakt vorhergehen; bevor die ewigen Wahrheiten, die Essenzen und ihre Relationen von der göttlichen Intelligenz erfaßt werden können, müssen sie notwendigerweise durch den göttlichen Willen allererst gesetzt und geschaffen sein.

Eine andere Überlegung läßt uns diese cartesianische Lehre unter einem etwas veränderten Gesichtspunkt erscheinen – wenn wir sie nämlich unter dem Aspekt der fundamentalen Freiheit und Unabhängigkeit des Willens betrachten, der der nicht weniger wesenhaften[79] Unterworfenheit des Verstandes so entgegengesetzt ist. Da der Verstand, wie wir sahen, nach Descartes seiner eignen persönlichen Funktion nach rezeptiv und passiv ist, so hängt er auch von den Objekten ab, auf die er sich bezieht. Er ist also in keinem Sinne frei. Er ist allem Seienden und Essentiellen unterworfen, das seinerseits dem Verstand gegenüber in Freiheit und Unabhängigkeit besteht und ihm also durchaus überlegen ist. Er ist mit einem Wort eine *natürliche*

[79] Descartes, *An Mesland*, 2. V. 1644. IV, 113 (56).

Funktion in dem prägnanten Sinne des Wortes Natur[80], der Notwendigkeit unterworfen und um so vollkommener in seinem Tun, als er konformer ist mit etwas, was er nicht selbst ist, je abhängiger und unterworfener er sich erweist und zeigt. Wenn also der Wille seinerseits sich dem Verstande angleichen und sich nach ihm richten müßte, so wäre auch der Wille nicht mehr frei, sondern der Naturnotwendigkeit unterworfen[81]. Wenn der göttliche Wille notwendigerweise immer das Bessere wählte – und das wäre der Fall, wenn die Ausübung der Willensfreiheit an eine Wahl notwendig gebunden wäre, wenn Freiheit also in der Tat nichts anderes bedeuten würde als das *liberum arbitrium* –, so wäre er nicht einmal dem Verstande nur, sondern den Dingen unterworfen, die den Verstand selbst durch ihre eigentümliche Natur bestimmen. Gott wäre nicht mehr frei. Er wäre nicht mehr „Gott", nicht mehr Schöpfer – kurz, er wäre nicht mehr das höchste und vollkommenste Wesen. Er existierte dann überhaupt nicht.

Der göttliche Wille ist demgemäß notwendig unabhängig und frei von jeder Beeinflussung durch den göttlichen Verstand[82]. Doch darf man dabei keineswegs an eine Indifferenz denken, die nur irgend mit der dem menschlichen Willen möglichen Indifferenz verglichen werden könnte. Der göttliche Verstand hat nicht die Möglichkeiten, die Wahrheiten und Wesenheiten als mögliche und schon wesenhaft konstituierte vor sich, als schon versehen mit ihrer essentiellen Vollkommenheit; er beschränkt sich nicht etwa darauf, eine rein willkürliche Wahl zu treffen zwischen diesen als möglichen schon konstituierten Möglichkeiten. Das wäre eine allzu primitive, eine anthropomorphisierende Auffassung[83]. Der göttliche Wille ist im Gegenteil ebensowohl die Quelle aller Möglichkeiten in ihrer Möglichkeit als die alles Existierenden in seiner Existenz. Er ist es, der das Mögliche erst möglich macht, der es zu etwas vom Verstande Denkbaren allererst stempelt. Vor diesem urersten Akt des göttlichen Willens „ist" auch das Mögliche in keiner Weise, ist als solches nicht einmal möglich – der Verstand ist absolut leer und ohne Objekt[84]. Das primäre Denken kann sich nur auf der Grundlage eines Willensaktes erheben, dem es folgt. Der göttliche Wille wäre – ohne sein schöpferisches Setzen – nicht allein gezwungen, indifferent zu

[80] Wir gebrauchen diesen Teminus „Natur" – der nicht ein cartesianischer ist – in dem Sinne, den ihm Duns Scotus gibt. Wir glauben, daß er in sehr exakter Weise den eigentlichen Sinn des cartesianischen Gedankens wiedergibt und daß die Nähe zur scotistischen Anschauung, die er suggeriert, keineswegs zufällig und ungerechtfertigt ist. Es scheint uns in der Tat eine tiefe Verwandschaft zwischen beiden, ja selbst ein direkter Einfluß von Scotus auf Descartes zu bestehen. In der Folge kommen wir darauf zurück.

[81] ⟨Descartes,⟩ *An Mersenne*, 15. April 1630. I, 145 –146. (57).

[82] ⟨Descartes,⟩ *Resp⟨onsiones⟩ Sextae* 6. VII, 431, 433 (58).

[83] Wenn wir sie auch manchmal bei Descartes finden – so in den *Principes* –, so drückt sie doch seine eigentlichste Lehre nicht aus.

[84] ⟨Descartes,⟩ An Mersenne, 27. Mai 1638. II, 138 (59).

bleiben, weil er nichts finden könnte, das ihm überlegen ist und ihn zu bestimmen oder zu begrenzen vermöchte, sondern auch die Determination selbst wird erst durch diesen urersten Schöpfungsakt des göttlichen Willens als solche möglich; demgemäß ist auch die Wahl erst dann möglich, wenn die zu wählenden Gegenständlichkeiten bzw. Möglichkeiten durch den schöpferischen Willensakt Gottes schon gesetzt sind.

6. Die ewigen Wahrheiten, sagt Descartes, sind von Gott geschaffen. Nicht weil es gut war, die Welt in der Zeit zu schaffen, hat er es so ausgeführt – sondern im Gegenteil, weil er sie in einem bestimmten Moment geschaffen hat, ist es nunmehr gut, daß es so ist[85]. Gott hat gewollt, daß 2 + 3 = 5, und so ist es jetzt wahr, daß 2 + 3 = 5 – nicht umgekehrt[86]. Frei und souverän etabliert Gott die Gesetze seines Königreichs[87]. Aber scheint uns das nicht direkt in einen extremen Relativismus hineinzuführen? Die Unbeweglichkeit des göttlichen Willens würde, so glauben wir, eine recht schwache Garantie sein, sie würde absolut ungenügend sein, wenn wir uns die Aktionsweise des göttlichen Willens als eine willkürliche Entscheidung vorstellen wollten. Descartes stellt sie sich entschieden nicht so vor. Nicht weil er die Wahrheiten und Vollkommenheitswerte relativ und schwankend machen wollte, hat er seine Theorie erdacht – sondern weil er im Gegenteil in ihr das einzige Mittel sah, ihren objektiven und absoluten Wert zu sichern und diesen mit der unendlichen Vollkommenheit und unendlichen Macht Gottes zu versöhnen. Es ist unmöglich, daß Gott die Essenzen und Vollkommenheiten schon als unabhängig von seinem schöpferischen Tun konstituierte vorfindet. Jede Anschauung, jede Äußerung, die eine Begrenzung und Unvollkommenheit in Gott implizieren würde, muß vermieden werden – gerade deshalb, weil nur eine absolut vollkommene Gottheit als vorausgesetzte Grundlage den objektiven Wert unserer Konzeptionen sichern kann. Man darf sich nur nicht vorstellen, daß Gott erst die Wesenheiten 2 und 3 setzt oder das Dreieck und den Winkel und dann diese oder jene „Wahrheit" über das Dreieck und die Zahlen willkürlich dekretiert. Vergessen wir nämlich nicht, daß für Descartes die Relationen selbst Wesenheiten, „wahre und unbewegliche Naturen" sind, daß diese Naturen und Wesenheiten in letzter Analyse mit den ewigen Wahrheiten eins sind. Wenn man sagen will, Gott habe ebenso „machen" können, daß 2 + 3 nicht gleich 5 ist, so könnte das nur heißen, daß er *diese* Essenzen auch nicht hätte schaffen können; daß er an ihrer Stelle *andere* Essenzen hätte setzen können – mit anderen imma-

[85] ⟨Ebd.,⟩ 27. V. 1630. I, 151–153 (60).

[86] ⟨Descartes,⟩ *An Arnauld*, 29. VII. 1648, V, 223 (61). ⟨Antoine Arnauld (1612–1694), französischer Theologe, Philosoph und Logiker unter dem Einfluß von Descartes und Pascal; schrieb einige Einwände, die gemeinsam mit Descartes' *Meditationes* erschienen; Werke: *La logique, ou l'art de penser*; *Traité des vraies et fausses idées*⟩.

[87] *Resp⟨onsiones⟩ Sextae 8*. VII, 435–436 (62).

nenten Relationen als denjenigen, die er etabliert hat. Das wäre mit seiner unendlichen Vollkommenheit keineswegs unverträglich – denn wir wissen, daß Descartes nicht behauptet, Gott sei fähig, auch das Schlechte, Unvollkommene und Falsche zu produzieren und damit seine eigene Vollkommenheit zu schädigen. Diese Überzeugung ist die implizite Voraussetzung der ganzen cartesianischen Philosophie, ja sie ist, wie wir schon gesagt haben, auch explizite von Descartes anerkannt.

Ganz anders aber liegt die Sache beim menschlichen Willen. Dieser ist nicht schöpferisch; und obgleich er in sich selbst unendlich ist, ist er doch nicht der Wille eines unendlichen Wesens. Unendlich und vollkommen ist er durch seine *eigne* Natur, nicht durch die unsere; nicht unsere eigne, als solche unvollkommene, beschränkte und endliche Natur drückt er in seiner Essentialität aus – die unendliche Essenz Gottes ist es, die sich in ihm manifestiert. Der menschliche Wille findet die Wesenheiten und alles Seiende als schon von Gott geschaffen, gesetzt und konstituiert vor. Er hat nicht nötig, sie zu schaffen – er könnte es übrigens auch nicht. Der Verstand stellt sie ihm vor[88], er „will" sie und determiniert sich frei – aber nicht indem er einer unbezwingbaren Anziehung unterliegt, nicht weil er den Gesetzen einer Naturwirkung folgt, nicht weil er sich den Befehlen und Ideen des Verstandes unterwirft. Er ist es im Gegenteil, der befiehlt, der entscheidet und sich entscheidet – aber er entscheidet sich sozusagen nicht ins Leere hinein. Er muß Stellung nehmen gegenüber den durch den göttlichen Willen geschaffenen Wesenheiten, und es ist evident, daß seine eigne Vollkommenheit verlangt, daß seine Akte und Handlungen in denkbar größter Konformität mit den Akten und Entscheidungen Gottes bleiben.

Der Wille ist keine blinde Macht, Freiheit ist nicht Willkür. Der Wille verfolgt notwendig das Gute und Wahre – der geschaffene Wille gleicht sich den Wegen des göttlichen Willens an und folgt ihnen. *Er ist um so freier, je mehr er in Übereinstimmung mit seinem eignen Wesen und zugleich dem unendlichen und unendlich vollkommenen Wissen und Willen Gottes bleibt.* Er ist um so freier, je bewußter er handelt: je besser er das Gute und Wahre als solches erkennt, um so spontaner entscheidet und entschließt er sich; denn um so weniger zögert er. Und um so weniger unentschieden er in seinen Aktionen ist, um so vollkommener stellt er sich dar, um so reiner eben folgt er seinem essentiellen Wesen[89]. Im Grenzfall, im Fall absoluter Vollkommenheit erkennt die Seele ihren Weg mit denkbar größter Klarheit: der Wille zögert nicht mehr – er braucht nicht mehr zu wählen –, sondern er wendet sich dem Guten und dem Wahren, das ihm der Verstand zeigt, mit der ihm eignen inneren Notwendigkeit frei und sicher zu.

[88] ⟨Descartes,⟩ *Meditationes* IV. VII, 60.
[89] ⟨Ebd.,⟩ IV. VII, 58.

Aber widersprechen sich jetzt nicht doch die behauptete essentielle Freiheit des Willens und die Notwendigkeit seiner Aktion? Wie kann der wesenhaft freie Wille dennoch die ihm durch den Verstand vorgeschriebenen Akte notwendig erfüllen?

Wie ist es möglich, die Autonomie des Willens zu wahren, wenn er sich den klaren und bestimmten Ideen des Verstandes anpassen muß? Fallen wir nicht in die Herrschaft reiner Notwendigkeit zurück – bleiben nicht Notwendigkeit und Freiheit zwei miteinander unvereinbare und unversöhnliche Dinge?

Es gibt zwei Auswege aus diesem scheinbaren Widerspruch. Der eine ist mit einer außerordentlich wichtigen Unterscheidung gegeben, die Descartes in seinem Brief an P⟨ère⟩ Mesland macht; der andere, tiefere und allgemeinere wird uns durch das Prinzip der Vollkommenheit geliefert und ergibt sich aus jenen theologischen Betrachtungsweisen, die in letzter Analyse allen philosophischen Theorien Descartes' zugrunde liegen.

7. Die Notwendigkeit des Willens ist nicht eine metaphysische Notwendigkeit, d. h. nicht eine solche der Natur, sondern sie ist eine moralische Notwendigkeit. Oder metaphysisch gesprochen: es besteht immer die Möglichkeit, zum mindesten die logische, daß ein bestimmter Willensakt sich nicht vollzieht – aber in moralischem Sinne kann es in gewissen Fällen dennoch unmöglich sein. Die Notwendigkeit des Willens ist nicht eine äußere, nicht eine solche, der der Wille als einer ihn von außen her zwingenden unterliegt. Der Wille wird nicht naturhaft genötigt, ist nicht einer ihm fremden und transzendenten Macht untertan. Die Notwendigkeit, um die es sich in Wahrheit handelt, ist nichts als die *Freiheit selbst*. Es ist in gewisser Weise nur der vollkommenste und vollendetste Ausdruck der Spontaneität und der Unabhängigkeit des Willens. Die Freiheit wird deshalb als solche nicht tangiert, weil der Wille aus seinem eignen tiefsten Wesen her, weil er *autonom* dem Guten folgt. Er wendet sich notwendigerweise dem Guten zu – aber die Notwendigkeit, um die es sich hier handelt, hat ihr Fundament in ihm selbst. Er selbst ist es, der frei und spontan dem Guten zustrebt, wenn alle Hindernisse, die seine autonome Aktion hätten hindern und ihn zur Unfreiheit verurteilen können, beseitigt sind. Er ist notwendig *frei*, wenn er *befreit* ist von allen äußeren und fremden Banden. Sagen wir es noch einmal: die Willensfreiheit ist nicht die Willkür, nicht die Indifferenz – sie ist eine Freiheit der *Vollkommenheit*[90]. Da sie in sich eine Vollkommenheit ist, so erreicht sie die höchste Stufe der Vollkommenheit, wenn sie sich der Vollkommenheit zuwendet[91].

Diese Unterscheidung zwischen der Notwendigkeit der Freiheit und der

[90] Vgl. ⟨Descartes,⟩ *An Mesland*, 2. V. 1644. IV, 117.
[91] Duns Scot⟨us⟩, *Quodlibet⟨um⟩*, q. XVI, n. 8 (63).

Notwendigkeit der Natur – die, in der scholastischen Theologie und Psychologie klar fixiert, seitdem leider vergessen wurde[92], was unserer Meinung nach eine beklagenswerte Verwirrung in allen modernen Diskussionen über die Willensfreiheit angerichtet hat – entspricht ungefähr derjenigen zwischen den Motiven und den Ursachen einer Handlung[93]. Die Ursachen bewirken, determinieren, nötigen; sie gehören der Natur und ihrer spezifischen Wirksamkeit an. Die Motive bewirken nicht im Natursinne und können es wesenhaft nicht; sehr oft sind sie nicht einmal realer Artung. Die Motive einer Handlung sind Vernunftgründe, die dem Willen erlauben, sich selbst zu determinieren. Die Naturursachen zerstören jede Freiheit – die Motive lassen sie völlig bestehen. Die nicht motivierte Handlung ist keineswegs mit einer freien Handlung synonym[94]; nur in Gott selbst koinzidieren Nicht-Motiviertheit und Freiheit. Der Wille ist, wie schon gesagt, keine blinde Macht – er agiert mit um so mehr Kraft, Spontaneität und Freiheit, je besser motiviert seine Aktion ist[95]. Der Fall, in dem die Seele nicht weiß, wohin sie sich wenden soll, in dem sie den Weg nicht kennt, den sie gehen soll und was sie eigentlich will – dieser Fall absoluter Indifferenz stellt den niedersten Grad der Freiheit dar; ja es ist der Grad, in dem – moralisch gesprochen – die Freiheit nicht mehr ist. In dieser ihrer Unentschiedenheit, in dieser ihrer Unfähigkeit, sich aus sich selbst zu bestimmen, ist die Seele unfähig geworden, von ihrer Freiheit Gebrauch zu machen. Die Abwesenheit aller eindeutigen Motive verbannt sie in die Domäne der Natur, gibt sie der Herrschaft der Naturursachen anheim. Die wohl motivierte Handlung dagegen ist aus der Verkettung der Naturursachen herausgelöst; die Seele macht einen um so größeren und besseren Gebrauch von ihrer Freiheit, je bewußter und vernunftgemäßer sie sich aus sich selber bestimmt, je klarer und evidenter die Motive sind, auf die sie sich stützt, je sicherer sie ihrer selbst und ihrer Wahl ist. Je vollkommener die moralische Notwendigkeit, die Notwendigkeit der Freiheit und der Spontaneität, die Notwendigkeit der wirkenden Ursachen und der Natur ersetzt, um so freier ist die Seele[96]. Die klare und bestimmte Perzeption *erzeugt* nicht den Akt des Willens in der Weise einer direkten und naturwirksamen Ursache – sie löst ihn nur aus.

[92] ⟨Duns⟩ Scot⟨us⟩, *Reportata Parisiensia, I d. X, q. 3 n. 4 (46).*
[93] Vgl. den wichtigen Artikel von Pfänder, „Motive und Motivation" (*Münchener Philosophische Abhandlungen*, München 1911), wo diese wesentliche Unterscheidung zum erstenmal seit dem Mittelalter in aller Schärfe durchgeführt ist. ⟨Alexander Pfänder (1870–1941) war der Mittelpunkt des Münchner Phänomenologenkreises und Mitherausgeber von Husserls *Jahrbuch für Philosophie und phänomenologische Forschung; Werke:* Die Seele des Menschen.⟩
[94] Vgl. D⟨uns⟩ Scot⟨us⟩, *Report⟨ata⟩ Par⟨isiensia⟩*, I d. X, q. 3, n. 3 (65).
[95] D⟨uns⟩ Scotus, *Quodlibet⟨um⟩*, q. XVI, n. 9 (66).
[96] Bonaventura, *Sent⟨entiarum⟩* I, 734 (67).

Die Ursache der Handlung oder vielmehr ihre Quelle ist der Wille selbst[97]: die klare Einsicht ist nur der Wegweiser; sie schafft die Bedingungen, unter denen der Wille nunmehr in seiner souveränen und absoluten Freiheit vorgehen kann, los von jeder Behinderung und Beschwerung, von allem, was die sichere und kraftvolle Auswirkung seiner dem Guten und Vollkommenen bewußt zustrebenden Natur behindern und verfälschen könnte.

In diesem allem lag schon, daß das Prinzip der Vollkommenheit zu der gleichen Lösung führt. Da der Wille selbst eine Vollkommenheit ist, so erreicht er seine höchste Ausbildung, wenn er sich dem Guten zuwendet und so zu gleicher Zeit *formaliter* vollendet wird – weil alsdann mit souveräner Freiheit agierend –, und auch *materialiter* – weil das absolute Gute sein ausschließliches Ziel ist. Der Wille erreicht seine Vollendung, wenn er sich nach den ewigen Bestimmungen Gottes determiniert, wenn er die Zwecke verfolgt, die Gott jeglichem Willen vorgesetzt hat, wenn er eben diese zu seinen eignen Objekten macht und dadurch sein Tun in gewisser Weise mit dem Tun des göttlichen Willens identifiziert. Er kann nicht in Konflikt geraten mit einem vollkommenen Akt des Verstandes – einer andern Vollkommenheit der Seele –, weil alle Vollkommenheiten notwendigerweise miteinander verträglich sein müssen[98]. Daß ein als solcher vollkommener Willensakt, das heißt ein vollkommen freier und autonomer, sich einer Sache zuwende, die der Verstand auf Grund aller Vollkommenheit, die ihm seinerseits möglich ist, als falsch und schlecht erkennen müßte, ist unmöglich. Der Wille kann einer absolut klaren und bestimmten Perzeption seine freie Zustimmung nicht versagen – und das aus dem einfachen Grunde, weil diese klare und bestimmte Perzeption wiederum selbst nur von Gott kommen kann – , wie es auch Gott ist, der die Freiheit des Willens verleiht. Das natürliche Licht, in dem wir die ewigen Wahrheiten sehen, ist für Descartes wie für die Scholastik nur ein Reflex des göttlichen Lichts[99]. Die vollkommene, die intuitive Erkenntnis ist eine Erleuchtung des Geistes durch das göttliche Licht[100]; im freien Akt sind die Vollkommenheit des Verstandes und die Vollkommenheit des Willens synthetisiert – er kann nur ein absolut geeinter Zusammenklang dieser beiden Vermögen sein – ein Zusammenklang, in dem sich noch einmal die absolute Vollkommenheit Gottes spiegelt, da sich in seiner unendlichen Essenz der Wille und der Verstand zu einer untrennbaren Einheit zusammenfügen und durchdringen. Der freie Willensakt des Menschen ist hiervon ein notwendig unvollkommenes und endliches Abbild.

8. Bevor wir zur Prüfung der Quellen übergehen, aus denen die cartesia-

[97] Ebd. I, 802 (68).
[98] ⟨Johannes Duns⟩ Scot⟨us⟩, *Opus Ox⟨oniense⟩* Prol⟨ogus⟩ IV, 34 (69).
[99] Descartes, *Regulae ad directionem ingenii* III. X, 368 (70).
[100] Vgl. Thomas ⟨von Aquin⟩, *De spirit⟨ualibus⟩ creaturis X, 17. Vgl. Espinas, L'idee initiale, 269, 270 Anm.*

nische Doktrin geschöpft hat, müssen wir uns seine Anschauung von der göttlichen Einfachheit noch etwas näher zu Gesicht bringen. Gilson hat auf die Wichtigkeit gerade dieser Lehre und ihrer Beziehungen zu der Lehre von der Unendlichkeit mit Nachdruck hingewiesen und ihre neuplatonischen Quellen deutlich gemacht. Wir haben seiner Darlegung nicht viel hinzuzufügen. Die Lehre von der göttlichen Einfachheit ist traditionell in der mittelalterlichen Philosophie. Seit dem heil⟨igen⟩ Augustin und bis ⟨Francisco⟩ Suarez gibt es wohl niemanden, der sie nicht verteidigt hatte. Natürlich hindert andrerseits diese Bestimmung die Theologen nicht, in der unendlichen Einfachheit Gottes gewisse Seiten, gewisse Eigenschaften, gewisse Attribute zu unterscheiden. Aber doch ist alles eins und einig in Gott; alle seine Eigenschaften sind im Grunde identisch: seine Weisheit ist nicht von seiner Güte unterschieden und seine Güte nicht von seiner Gerechtigkeit – es sind nicht voneinander abgehobene und getrennte Eigenschaften, die unabhängig voneinander in der Einheit der göttlichen Substanz nur eben versammelt wären. Gott hat nicht Eigenschaften im eigentlichen Sinn – jede seiner Qualitäten ist seine Essenz selbst –, und doch sind die Unterscheidungen, die die Theologie macht, nicht einfach vom Erkenntnisstandpunkt her künstlich fixierte Gesichtspunkte; es sind nicht einfach Unterscheidungen *rationis ratiocinantis* ⟨des vernünftelnden Verstandes⟩ – sie haben durchaus ein *fundamentum in re* ⟨Grundlage in der Sache⟩. Das läßt sich unserer Meinung nach auf die Anschauung aller Theologen ohne Ausnahme anwenden, auf den Hl. Thomas ebenso wie auf Duns Scotus, auf Augustin wie auf Descartes. Dieser letztere betont allerdings immer wieder die absolute und unendliche Einfachheit der göttlichen Wesenheit. Er will die Vernunftunterscheidungen, die die Theologie einführt, nicht anerkennen; er lehnt es ab, in Gott Verstand und Willen zu trennen. Aber wir dürfen diese Behauptungen doch nicht wörtlich nehmen: diese fundamentale Identität verhindert auch Descartes nicht, die göttliche Weisheit von seiner Allmacht, seinen Verstand von seinem Willen zu unterscheiden. Auch für ihn ist das mehr als eine bloße Verstandesunterscheidung – seine ganze Polemik gegen den thomistischen Intellektualismus würde unverständlich, wenn wir annehmen würden, daß für Descartes der göttliche Wille und der göttliche Verstand nur ein und dieselbe Sache wäre. In diesem Fall würde es vollkommen gleichgültig und gleichwertig sein zu sagen: der göttliche Wille sei die Quelle der ewigen Wahrheiten oder im Gegenteil der Verstand sei es. Gott brauchte die Wahrheiten nicht zu setzen und zu dekretieren; er brauchte sie nur zu denken – und dadurch schon *wären* sie gewollt, gesetzt und geschaffen.

Man würde die Lehre von der Möglichkeit des Widerspruchsvollen nicht verstehen können, wenn man nicht dem fundamentalen Unterschied Rechnung tragen würde, der für Descartes zwischen dem menschlichen sowohl als auch göttlichen Willen und dem Verstand besteht. Jene letzte Identität hebt in der cartesianischen Konzeption die Vorherrschaft des Willens über den Verstand beim Menschen sowohl als bei Gott nicht auf. Wir können wohl A = B, d. h. den Verstand als mit dem Willen identisch setzen – und doch innerhalb dieser Gleichung die Bevorzugung des einen vor dem andern ins Auge fassen. Wir können trotzdem das eine dieser beiden Glieder als das erste und fundierende ansehen. Trotz der letzten Identität zwischen der göttlichen Intelligenz und dem göttlichen Willen können wir doch entweder in Gott vornehmlich den Verstand oder vornehmlich den Willen sehen; können wir aus dem Willen in gewisser Weise einen Ableger des Verstandes machen oder umgekehrt. Man darf auch nicht aus dem Auge verlieren, daß alle scholastischen Lehren trotz der Versicherung der Inkommensurabilität zwischen Gott und Mensch, der Unmöglichkeit einer eindeutigen Prädikation des ersteren, doch das Prinzip der Analogie aufrecht erhalten – und Descartes macht hiervon, wie wir gesehen haben, keine Ausnahme. Die scholastischen Konzeptionen über die göttliche Wesenheit sind immer nach dem Prinzip der Analogie zu verstehen, die Lehre von der Einfachheit nicht weniger als die andern. In seiner eignen Seele findet Augustin das Beispiel für diese Identifikation und gegenseitige Durchdringung verschiedener Qualitäten[101], die ihm als Basis und Beispiel für die Erklärung der göttlichen Einfachheit dient. Die augustinische Lehre ist es, der Descartes folgt – wie er ebenso der von Duns Scotus folgt –, denn trotz des gegenteiligen Anscheins steht hier Duns Scotus Descartes viel näher als der heilige Thomas. Wir kommen auf die Lehre von der göttlichen Einfachheit noch zurück, wenn wir die Gottesbeweise prüfen werden, wo sie eine sehr wichtige Rolle spielt.

9. Es bleibt uns jetzt noch das schwierigste Problem der cartesianischen Philosophie, das des Irrtums und der Gewißheit zu analysieren. Descartes übernimmt die traditionelle scholastische Lehre von der erkenntnismäßigen Unvollkommenheit und Mangelhaftigkeit, so wie sie von der Scholastik ausgebildet war. Der Irrtum ist für ihn nicht nur eine einfache Negativität, die einfache Abwesenheit irgendeiner Erkenntnis, sondern er ist ein wirklicher Mangel, eine positive Unvollkommenheit, das Fehlen von etwas, das *eigentlich vorhanden sein müßte*. Der Mensch, der nur eben irgend etwas nicht weiß, kann sich bei seinem Schöpfer nicht beklagen oder ihn anklagen – es fehlt ihm ein bestimmtes Wissen, und das ist gewiß eine Unvollkommenheit, aber nur im negativen Sinne des Wortes; er weiß etwas nicht, aber das endliche Wesen ist durch seine Natur selbst dazu bestimmt, einen endlichen Verstand und ein endliches Wissen zu besitzen. Er kann auf Allwissenheit nicht Anspruch machen[102]. Der Irrtum ist aber viel mehr als das. Der Irrtum ist ein Übel, ein positiver Mangel, und der Mensch, der von Gott die Fähig-

[101] Vgl. Augustinus, *Confess⟨iones⟩* XIII, 12 (71).
[102] Descartes, *Meditationes* IV. V1, 60.

keit erhalten hat zu denken und zu erkennen, hat auch in gewisser Weise das Recht, die Wahrheit zu erfassen. Wenn er sich täuschen kann oder vielmehr, wenn sein Verstand ihn täuschen kann, so ist das ein positives Unrecht, das ihm der Schöpfer zugefügt hat. Wie also diese Unvollkommenheit, wie die Möglichkeit des Irrtums mit der Güte und absoluten Vollkommenheit Gottes versöhnen[103]? Die Position Descartes' war weitaus schwieriger noch in diesem Punkt als die der traditionellen Scholastik; da er auch das Mögliche von Gott abhängig gemacht hatte und zur Basis seines ganzen Systems die absolute göttliche Vollkommenheit, Freiheit und Universalität seiner schöpferischen Handlung setzte, da er das Gute mit dem Willen Gottes selbst identifizierte, so konnte er sich mit den traditionellen Lösungen nicht zufrieden geben[104]. Für ihn gab es nur zwei Wege – entweder: weil Gott will, daß wir uns täuschen, daß wir uns irren, daß wir sündigen, so ist es gut, sich zu täuschen, zu irren und zu sündigen, und es ist falsch, den Akten und dem Seienden an sich selbst unabhängig von dem göttlichen Willen irgendeinen Wert zuzuschreiben – und das würde die einzig mögliche Antwort sein, wenn die Theorie des Descartes wirklich die eines göttlichen Indeterminismus und Relativismus wäre. Oder: wenn er diese Lösung als allzu absurd ablehnen mußte, diese Lösung, die ihn in den Abgrund des absoluten Skeptizismus getaucht und die Begriffe des Irrtums und der Sünde, der Vollkommenheit und des Übels selbst verkehrt hätte, die ihn in eine Sackgasse geführt hätte, so mußte er versuchen, von Gott jede Verantwortung abzuwälzen und die Quelle dieser Unvollkommenheit in der Vollkommenheit selbst aufzuweisen, ohne daß sie doch von ihr befleckt würde. Das Problem war nicht neu – es war, in philosophische Termini übersetzt, in Termini der Erkenntnistheorie, das Fundamentalproblem der Sünde und des Übels[105]. Auch die Identifikation oder wenigstens Analogisierung zwischen der moralischen Verirrung und der intellektuellen[106] war nichts Neues[107]. Um sein Problem zu lösen, brauchte Descartes nur auf die Erkenntnis oder vielmehr auf den Irrtum das in der scholastischen Analyse über das Problem der Sünde Vorliegende anzuwenden. Der Irrtum ist ein Übel und eine Unvollkommenheit und kann als solche seine Quelle nicht in Gott haben. Er ist

[103] Ebd. IV. VII, 55 (72).
[104] Er benutzt sie trotzdem, ohne allerdings auf sie übermäßiges Gewicht zu legen. Er bringt als Grund für die Unvollkommenheit des Menschen den Hinweis auf die Totalität der Welt – ein Hinweis, den er eigentlich anzuführen nicht das Recht hat, weil er noch nicht weiß, ob die Welt überhaupt existiert – auch sonst von seinem Standpunkt aus eine vollkommen unberechtigte Betrachtungsweise. Es sieht fast so aus, als ob das Problem ihn so sehr beschäftigt hatte, daß er keine Lösung, wie leer und schwach sie auch immer sein mochte, verachten wollte. Vgl. Medit⟨ationes⟩ IV, 61. *An Mersenne*, 27. V. 1630. I, 154.
[105] Descartes, *Resp⟨onsiones⟩* sec⟨*undae*⟩. VII, 142, 144.
[106] Augustinus, *Confess⟨iones⟩* VII, 5–7 (73).
[107] Descartes, *Discours ⟨de la méthode⟩* VI, 28.

nicht durch Gott gesetzt und erzeugt, sondern durch den Menschen – der Mensch selbst ist die Quelle des Bösen und der Sünde[108].

Der Irrtum muß denselben Ursprung haben wie die Sünde, nämlich den Willen, die dem Menschen verliehene Freiheit oder vielmehr ihren Mißbrauch. Es genügt nicht zu sagen, daß wir uns täuschen, weil wir es so wollen; es muß zuerst gezeigt werden, daß wir selbst in der Tat die einzige und vollgenügende Ursache des Irrtums sind. Daß es nicht die Sinne sind, noch unser Verstand es ist, der uns täuscht[109]: von Gott hervorgebracht und nach den Gesetzen, die ihnen ihre eigentümliche Natur und deren Kräfte vorzeichnen, fungierend, sind sie so vollkommen wie nur möglich und werden nicht durch eine wesenhafte Korruptheit befleckt, die unter diesen Umständen eine Perversion und als solche auf die Rechnung Gottes zu setzen wäre. Es muß gezeigt werden, daß Sinnesfähigkeit und Verstand, obwohl passiv, unvollkommen und beschränkt oder vielmehr gerade *wegen* dieser ihrer Passivität und Unvollkommenheit unmöglich die Quelle der Irrtumsmöglichkeit sein können. Nur und allein dort, wo der Mensch wahrhaft aktiv und frei ist, nur da, wo Gott ihm in seiner unendlichen Güte die denkbar höchste Vollkommenheit und die denkbar größte Ähnlichkeit mit sich selbst verliehen, dürfen wir – nach einem in der cartesianischen Denkweise häufigen Paradox – auch die einzige Quelle der Unvollkommenheit und der Möglichkeit des Irrtums suchen. Im menschlichen Willen, in seiner essentiellen Freiheit liegen die Wurzeln des Bösen und des Irrtums. Aber das genügt noch nicht. Denn die Möglichkeit des Irrtums darf wiederum nicht wie ein Schicksal unserem Willen auferlegt sein – es muß vollkommen in unserer Freiheit liegen, uns zu täuschen oder nicht – wir müssen durchaus fähig sein, den Irrtum zu vermeiden[110] und auch die Wahrheit zu erkennen und anzuerkennen. Nicht nur unsere Erkenntnisfähigkeiten, unser Verstand und unsere Sinne müssen so beschaffen sein, daß sie die Wahrheit erkennen können, sondern es muß uns auch möglich sein, sie als solche zu erfassen; unser Wille, der uns durch Mißbrauch seiner Freiheit in den Irrtum hineinführt, muß fähig sein, auch einen guten Gebrauch von dieser Freiheit zu machen und seine Zustimmung nur und allein dem Wahren zu geben, sie in wirksamer Weise zu geben. Die vollkommenste Fähigkeit des Menschen muß einer als solcher vollkommenen Handlungsweise fähig sein – die Vollkommenheit des Willens muß mit der Vollkommenheit des Verstandes koinzidieren können.

In einer allgemeineren Form und unter einem anderen Gesichtspunkt haben wir dieses Problem schon analysiert; wir wollen jetzt sehen, wie Des-

108 *Omnis peccans est ignorans* ⟨Jeder, der sündigt, ist unwissend⟩. Vgl. *Obi*⟨ectiones⟩ *Quartae*. VII, 167–168. Vgl. *An Mersenne*, 27. IV. 1637. I, 367 (75).

109 Augustinus, *Enchiridion* ⟨ad Laurentium, sive de fide, spe et caritate⟩, XV (74).

110 Descartes, *Principes* I, § 49.

cartes von den gleichen Gegebenheiten aus durch eine neue Anwendung des Prinzips der Vollkommenheit zu seinen urteils-und erkenntnistheoretischen Theorien gelangt. Noch einmal wird es deutlich, daß wir notwendig von Gott ausgehen und bei Gott enden müssen, wenn wir den immanenten Aufbau des cartesianischen Systems verstehen wollen. Wir halten es für notwendig, eine wenn auch möglichst kurze, so doch detaillierte Skizze von Descartes' Urteilstheorie zu geben, weil sie uns ganz bestimmte Hinweise über die Grundlagen seiner Gedankenwelt geben wird. Und diese wiederum werden die charakteristischen Hinweise, die wir auf anderen Wegen finden, verstärken und vertiefen.

10. Trotz der wichtigen Stelle, die die Urteilstheorie im cartesianischen System einnimmt, ist sie nichts weniger als klar. Die Terminologie ist vage, die Ausführung fragmentarisch; die Orientierung der Fragestellung am Irrtum und nicht an der Erkenntnis selbst macht die Interpretation außerordentlich schwierig. Nur wenn man den theologischen Anschauungen Descartes' Rechnung trägt, kann man, so scheint es uns, dahin kommen, ihren genauen Sinn zu entwirren.

Was Descartes über das Urteil sagt, beschränkt sich im ganzen genommen auf sehr wenig[111]: wenn wir unsere „Vorstellungen" überschauen, so können wir sie in zwei große Klassen einteilen, die Ideen oder Vorstellungen im eigentlichen Sinn, die gleichsam die Abbilder der Dinge, Eindrücke der Dinge auf unsere Seele sind, und die Akte der Seele, durch die und in denen sie will, glaubt, anerkennt und leugnet. Der Irrtum kann unter den Vorstellungen seine Stelle nicht haben; Vorstellungen können nicht falsch sein – ausgenommen in dem Sinne, daß sie als Grundlage für falsche Urteile dienen. Die Wollungen an sich selbst, die Wollungen im eigentlichen Sinne können ebensowenig „falsch" sein; denn obgleich das, was wir wollen, falsch sein kann, so bleibt es doch nicht weniger wahr, *daß* wir es eben wollen. Nur und allein im Urteil, in der positiven Anerkennung oder der Ablehnung, Verwerfung, kann der Irrtum seine Stelle haben[112]. Soweit wir uns darauf beschränken, uns nur einfach und schlicht irgend etwas vorzustellen, sei es eine existierende oder eine nicht existierende Sache, sei es eine Chimäre oder ein geflügeltes Pferd, ist keine Täuschungsmöglichkeit gegeben – soweit wir eben nichts darüber aussagen, ob dieses Objekt wirklich existiert resp. soweit wir dieses Moment nicht zu einer Glaubenssache machen, nicht zur Grundlage einer Anerkennung oder Verwerfung. Der Intellekt, der uns nur Vorstellungen verschafft[113], kann die Quelle des Irrtums nicht sein: erst wenn wir diesen Vorstellungen oder Vorstellungskomplexen unsere Zustim-

[111] ⟨Descartes,⟩ *Medit⟨ationes⟩* III. VII, 37 (76).
[112] ⟨Ebd.⟩ III. VII, 37; IX, 29 (77).
[113] Vgl. Descartes, ⟨ebd.⟩ IV. VII, 56; IX, 45.

mung geben oder versagen, wenn wir diese oder jene Behauptungen aufstellen, können wir uns täuschen – und eben dieser Glaubensakt, dieser Akt der Zustimmung oder Zustimmungsversagung ist das, was wir Urteil nennen[114]. Descartes scheint sich hiermit von der Tradition in sehr bestimmter Weise zu entfernen. Denn obwohl die ganze Scholastik darüber einig ist, die Wahrheit und den Irrtum allein in das Urteil zu verlegen[115], so war sie andrerseits ebenso einig darüber, das Urteil selbst, sei es als eine einfache Komposition von Vorstellungen, sei es als einen Akt *sui generis*, jedenfalls aber als einen Verstandesakt[116] aufzufassen. Descartes faßte es dagegen als Willensakt auf[117]. Es ist leicht, in den cartesianischen Werken Spuren der traditionellen Lehre aufzuweisen. Descartes beginnt damit, die passiven Zustände der Seele von den aktiven zu unterscheiden, die unwillkürlichen Zustände von den willkürlichen Akten, und noch scheint er das Urteil von den eigentlichen Willensakten deutlich zu unterscheiden[118]. Aber nach und nach verwischen sich die willentlichen Akte und die eigentlichen Willensakte in den Gedanken von Descartes – vielleicht waren sie nie in bestimmter Weise unterschieden: da das Urteil nun nicht mehr an den Akten der Bejahung und Verneinung orientiert wird, so umfaßt es allmählich alle Akte der Zustimmung und des Zweifels; es erstreckt sich, so können wir sagen, ganz allgemein auf alle Akte, in denen die Seele „Stellung nimmt", in denen sie sich diesem oder jenem Objekt gegenüber determiniert. Der Unterschied, der sich hieraus notwendig zwischen den scholastischen Theorien und den cartesianischen ergeben mußte, ist leicht zu verstehen. Die Logiker der Schule nehmen zwar mit Descartes an, daß das Urteil allein empfänglich ist für Wahrheit und

[114] Descartes, *Notae in progr*⟨amma⟩ *quaedam*. VIII, 2, 363 (78).
[115] Augustinus, *De trinitate* XI, 5, 8. *De vera religione* XXXIII, 61 (79).
[116] Hl. Anselm ⟨von Canterbury⟩, *De veritate* VI, 473–4 (80).
[117] Descartes, *Principes* I, § 33.
[118] Das gab zur Interpretation Brentanos (Vgl. ⟨Franz⟩ Brentano, *Vom Ursprung sittlicher Erkenntnis*, ⟨Leipzig 1889,⟩ 15, 16) Anlaß, der bei Descartes seine eigne Urteilstheorie wiederzufinden glaubt. Den von Brentano zitierten Texten hätte man noch gewisse aus den *Regeln* hinzufügen können, wo das Urteil noch nicht als Willensakt gefaßt wird. ⟨Victor⟩ Brochard, *Descartes stoïcien*, ⟨vgl. Bibliographie⟩, glaubt hier einen stoischen Einfluß feststellen zu können; wir würden darin zugleich den von Bonaventura sehen. (Vgl. Bonaventura, *In Sent*⟨*tentiarum*⟩ II d. 36 a. 1 q. 2 [81]), und zwar um so mehr, als der stoische Einfluß gerade in den Erstlingswerken, besonders in den *Regulae*, bedeutend ist, welche die Willenstheorie des Urteils noch nicht enthalten. Vgl. infra. ⟨Franz Brentano (1838–1917), Philosoph und Psychologe, 1864 katholischer Priester, habilitiert 1867 in Würzburg über *Die Psychologie des Aristoteles, insbesondere seine Lehre vom nous poietikos.* 1872 außerordentlicher Professor in Würzburg, 1874 Professor für Philosophie in Wien, 1880–1895 Privatdozent in Wien. Sein Begriff der beschreibenden – im Gegensatz zur experimentellen – Psychologie ähnelt bereits dem Phänomenologie-Begriff des frühen Edmund Husserl. Werke: *Grundlegung und Aufbau der Ethik*, 1852; *Religion und Philosophie*, 1854; *Die Lehre vom richtigen Urteil*, 1856; *Wahrheit und Evidenz,* 1864; *Philosophische Untersuchungen zu Raum, Zeit und Kontinuum*, 1876⟩.

Irrtum, aber von hier ausgehend beschäftigen sie sich hauptsächlich mit der Wahrheit selbst und den Mitteln, sie zu erlangen. Das Urteil ist für sie recht eigentlich ein Akt, der die Wahrheit zum Ziel hat und sie erreicht. Descartes sucht im Gegenteil den Akt, der die Wahrheit nicht erlangt oder dem es doch möglich ist, sie nicht zu erlangen. Die Wahrheit gehört notwendig in die Domäne des Verstandes[119], folglich kann für die Logiker das Urteil, da es ja als solches auf die Wahrheit abzielt, nur ein Akt der Intelligenz sein. Das Falsche dagegen ist nicht vom Bereich des Verstandes – und folglich muß für Descartes das Urteil in letzter Analyse ein Willensakt sein – da sich in ihm und nur in ihm das Falsche zu begründen vermag[120].

Die Scholastik ist, wenn vielleicht nicht in ihrer Intention, so doch in ihrer wirklichen Arbeit (wir sprechen hauptsächlich von der ⟨zu⟩ Descartes gleichzeitigen Thomistischen Scholastik) intellektualistisch. Sie kennt zwar den überlegenen Wert direkter Intuition, aber nichtsdestoweniger ist sie von rationalen Deduktionen und Beweisen beherrscht. Obgleich diese theoretisch einen nur relativ niedrigen Wert in ihren Augen besitzen, so verwendet sie doch fast alle ihre Anstrengung und Arbeit auf die Auffindung und Aufstellung derselben. Fast ohne es zu wollen, orientiert sie ihren Intellektbegriff am Verstandesakt im engeren Sinn und läßt die reine Intuition durchaus außerhalb ihres Betrachtungskreises liegen, sie in das Jenseits verlegend.

Für den Scholastiker ist die Vernunft eine aktive Macht, eine Fähigkeit, welche sucht, findet und erfindet – für den Intuitionisten[121] Descartes dagegen, den tief von mystischen Ideen Durchdrungenen, ist die Vernunft nur eine passive Fähigkeit, die den Eindruck der Dinge empfängt und bewahrt, so wie das Wachs den des Siegels, die nicht ihr eignes Licht ist, sondern im Gegenteil durch das Licht Gottes erleuchtet wird[122]. Descartes hat von seiner Theorie keine vollständige Ausarbeitung und zusammenhängende Darlegung gegeben und auch nicht alle Konsequenzen aus ihr gezogen. Das ist uns ein neuer Beweis, daß es keine nur logischen und wissenschaftlichen Ziele waren, die ihm seine Klassifikation der Akte und Zustände der Seele abnötigten. Wenn er von einem methodischen oder erkenntnistheoreti-

[119] Descartes, *Regulae ad directionem ingenii* XII. X, 411 (82).

[120] Descartes hält die wesenhafte Korrelation zwischen der Wahrheit und dem Verstande aufrecht. Der Verstand allein kann sich auf die Wahrheit beziehen und sie erkennen. Es kann so den Anschein haben, als seien auf diese Weise das Wahre und das Falsche vollständig voneinander getrennt und zwei ganz verschiedenen Domänen zugewiesen. Es kommt das daher, weil Descartes die Wahrheit *in re* und die Wahrheit in den Ideen, die ontologische Wahrheit und die logische vermischt oder doch nicht unterscheidet.

[121] Descartes, *Regulae ad dir⟨ectionem⟩ ingenii* III. X, 367, 369 (83).

[122] ⟨Descartes,⟩ *An den Marquis von Newcastle*, März/April 1648. V, 137 –138 (84). ⟨William Cavendish (1592–1676), Herzog von Newcastle, in Holland mit Descartes bekannt geworden⟩.

schen, ja selbst von einem psychologischen Problem ausgegangen wäre, so hätte er nicht diese seltsame Asymmetrie aufrecht erhalten können, die man in seiner Lehre findet. Der Irrtum wird dem Urteil und dem Willen, die Wahrheit dem Intellekt zugeschrieben. Aber wenn es in den Ideen keinen Irrtum und keine Fälschung gibt, so dürfte man auch in ihnen keine Wahrheit finden, die doch dem ersteren korrelativ ist. Die Ideen müßten in diesem Fall sozusagen als neutral angesehen werden, und nur das Urteil als Willensakt könnte es sein, in dem sowohl Wahrheit wie Irrtum sich konstituieren. So die traditionelle Logik; aber da Descartes vor allem bestrebt war, die unendliche Vollkommenheit Gottes zu retten, so müssen die Ideen als solche in sich selbst absolute Klarheit und „Wahrheit" besitzen – denn als solche kommen sie von Gott[123]. Von Gott aber kommt alle Vollkommenheit, nur die Unvollkommenheit kommt von uns selbst. Alle Wahrheit kommt von Gott, und sie ist folglich in den Ideen an sich selbst, soweit und sofern sie klar sind; sie ist im Verstand, soweit er eben die Wahrheit erfaßt und erkennt, die in den Dingen und den ewigen Wahrheiten, den von Gott gesetzten unveränderlichen Wesenheiten, gegeben ist.

11. Das Problem des Irrtums ist jedoch noch nicht vollständig gelöst. Wir haben die Möglichkeit des Irrtums aufgewiesen, wir haben gesehen, daß man den Irrtum nicht Gott zuschieben kann – aber es bleibt noch ein Einwand, der zu prüfen ist. Der Irrtum stammt aus unserem Willen, aus seiner schlecht angewandten Freiheit; wir selbst sind am Irrtum schuldig – *wir täuschen uns*, wenn wir über das urteilen, was wir nicht klar erfaßt haben –, *wir täuschen uns*[124], wenn wir schlecht urteilen, wenn wir Ideen oder einer Ideenfolge unsere Zustimmung geben, die nicht klar und nicht deutlich sind, wenn wir unseren Glauben nicht nur dem gewähren, was positiv und wahr in unseren Ideen ist, sondern auch dem Dunklen und Konfusen[125]. Kurz, wenn wir das, was von Gott kommt und was von uns selbst kommt, auf derselben Ebene behandeln.

Aber hätte Gott nicht machen können, daß wir uns niemals täuschten? Haben wir nicht in gewisser Weise ein natürliches Recht auf die Erkenntnis der Wahrheit? Gott konnte uns zwar nicht allwissend machen, uns endliche, unvollkommene und beschränkte Wesen – einsichtigermaßen könnten wir niemals alles wissen –, aber hätte er nicht die uns zugänglichen Begriffe und Ideen klar und bestimmt machen können? Oder endlich, wenn auch das nicht möglich gewesen wäre, hätte er nicht unseren Willen *so* schaffen können, daß wir unsere Zustimmung immer *nur* den wirklich klar und bestimmt erfaßten Dingen geben und also bei aller beschränkten und unvoll-

[123] Descartes, *Medit⟨ationes⟩* IV. VII, 62.
[124] *Nos fallimus, non fallimur*! ⟨Wir täuschen uns, aber werden nicht getäuscht!⟩
[125] Descartes, *Medit⟨ationes⟩* IV. VII, 58–59 (85).

kommenen Erkenntnis doch niemals in einen Irrtum fallen würden? Wieder ist es das Prinzip der Vollkommenheit, das uns auf diesen letzten Einwand zu antworten erlaubt: Gott hätte es so einrichten können, aber nur auf Kosten unserer Freiheit. Es ist mehr wert und vollkommener, frei zu sein und in Irrtum fallen zu können, einen unendlichen Willen und einen endlichen Verstand zu besitzen als einen Willen, der ebenso endlich wie unser Verstand, infolgedessen unfähig der Freiheit ist[126]. Eben durch dieses Mißverhältnis zwischen Willen und Verstand erklärt sich in letzter Analyse die Möglichkeit des Irrtums. Unser Wille vermag allen Dingen zuzustreben, denen sowohl, die wir als solche klar und bestimmt erkennen, als auch denen, die wir uns nur in einer vagen und ungewissen Weise vorstellen. Sein Feld ist unbegrenzt[127], und Gott selbst hätte es nicht begrenzen können, ohne ihn zu verfälschen. Uns beklagen und Gott anschuldigen könnten wir nur, wenn der Irrtum unvermeidbar wäre – aber das Heilmittel ist an der Seite des Übels und fließt aus der gleichen Quelle. Unser Wille kann jederzeit eine provisorische Haltung annehmen, diejenige nämlich des Zweifels, des systematischen und vernünftigen Zweifels gegen alle und jegliche Ideen, die auch noch so wenig dunkel und unvollkommen sind. Wir können uns also sehr wohl vom Irrtum befreien. Die Freiheit, die uns eventuell in den Irrtum hineinführt, erlaubt uns auch, ihn zu vermeiden[128].

Aber dennoch sind wir noch nicht am Ziel. Es genügt nicht die Möglichkeit, sich jeden Urteils enthalten oder jede Zustimmung durch den Zweifel ersetzen zu können – es muß auch möglich sein, die Wahrheit als solche wirklich zu erkennen, um ihr dann seine Zustimmung endgültig erteilen zu können. Man muß Gewißheit darüber erlangen können, recht geurteilt zu haben. Man muß den Irrtum nicht nur vermeiden können, indem man sich des Urteils enthält, sondern auch indem man zur wahren Erkenntnis durchdringt. Vielleicht sind wir, wenn zwar nicht zum Irrtum, so doch zum allgemeinen und prinzipiellen Zweifeln verdammt; vielleicht sind wir gar nicht

[126] Vgl. ⟨ebd.⟩ IV. VII, 60 (86).

[127] Man hat gegen die cartesianische Theorie die Tatsache geltend machen wollen, daß der Wille unfähig sei, sich auf irgendetwas zu richten, das in keinem Sinne vom Verstand vorgestellt sei, und daß infolgedessen der Bereich des letzteren ebenso weit wäre als des ersteren. Descartes antwortet, daß diese Willensakte in sich selbst und als solche vollkommen sind, während der Verstand auf diese unendliche Ausdehnung nur dann Anspruch erheben kann, wenn wir die dunklen Perzeptionen und die vagen Ideen mit einschließen.

[128] Descartes sieht nicht, daß diese Antwort nicht absolut schlüssig ist – allerdings sehen das seine Gegner ebensowenig wie er: es ist unverträglich mit der Lehre von der Allmacht Gottes oder ist vielmehr ein neuer Beweis, daß man es mit dieser Lehre vorsichtig nehmen und sie nicht wörtlich verstehen darf. Andererseits, wenn die Freiheit nicht in der bloßen Indifferenz, sondern in der spontanen Selbstbestimmung besteht, so ist nicht klar, wie die Möglichkeit, sich täuschen (sündigen) zu können, als notwendig im Begriff der Freiheit eingeschlossen angesehen werden darf. Gerade nach Descartes ist ja bekanntlich der Wille um so weniger frei, je mehr er dem Irrtum anheimfällt.

fähig, irgendetwas wirklich zu erkennen, vielleicht sind alle unsere Ideen dunkel oder die sogenannten klaren Ideen doch auch trügerisch. Wenn wir einmal versuchen, diesen Stein des Anstoßes, den Zweifel, auf alle unsere Begriffe, alle unsere Ideen, alle unsere Überzeugungen anzuwenden, so werden wir fast mit Entsetzen sehen, daß nichts einer solchen Prüfung standzuhalten scheint. Die aus der Sinneswahrnehmung gewonnenen Begriffe sind dunkel, man kann prinzipiell an allen sinnlichen Perzeptionen zweifeln – oft genug führen sie uns in die Täuschung und den Irrtum hinein. Wir glauben zu sehen, was wir keineswegs sehen; schlafend haben wir Träume, die ebenso lebhaft und überzeugungskräftig sind wie unsere Wahrnehmungen im Wachen – vielleicht träumen wir immer, vielleicht existiert in Wahrheit nichts von dem, was wir sehen.

Die rein intellektuellen Erkenntnisse scheinen sicherer zu sein. Wenn wir klar und bestimmt einsehen, daß 2 + 3 = 5, daß die Summe der Dreieckswinkel gleich zwei Rechten ist, so können wir nicht mehr zweifeln, so können wir unsere Zustimmung nicht mehr versagen[129]. Aber vielleicht ist auch das nur eine psychologische Notwendigkeit und keineswegs eine sachliche Garantie[130] – vielleicht sind wir eben so organisiert, daß wir den Eindruck vollkommener Klarheit und Evidenz besitzen können, ohne daß sie doch in Wahrheit vorliegt[131]. Vielleicht werden wir durch irgendeine unbekannte Kraft in unserer Seele zur Zustimmung solchen Ideen gegenüber genötigt – vielleicht befinden wir uns in den Händen irgendeines mächtigen Betrügers, der uns immer täuscht, der uns Ideen als evidente aufsuggeriert, denen nichts Sachliches zugrunde liegt.

Man braucht in der Tat nur alle diese Möglichkeiten wirklich ins Auge zu fassen, und alle Wahrheiten, die uns eben noch sicher und unbezweifelbar erschienen, fangen an, dem Zweifel Raum zu gewähren. Und irren wir uns nicht sehr oft in den leichtesten und einfachsten Berechnungen – gibt es nicht Leute, die eine vollkommen falsche Vorstellung von den einfachsten Problemen der Geometrie haben? Dabei wissen wir wohl, daß, wenn wir diese Begriffe noch einmal überdenken, wir ihnen auch noch einmal und immer wieder unsere Zustimmung geben würden, sie doch wiederum glauben und uns von ihnen überzeugen lassen würden – *obgleich* wir sehen, daß sie bezweifelbar in sich selbst bleiben und daß wir sie im nächsten Augenblick tatsächlich in Zweifel ziehen werden[132]. Vielleicht sind wir durch einen mächtigen Betrüger geschaffen? Vielleicht ist das natürliche Licht, die Klarheit des Verstandes selbst trügerisch und nur eine Finte dieses bösen Geistes? So sehen wir uns einem unbegrenzten Skeptizismus ausgeliefert. Der univer-

[129] Descartes, *Meditationes* I. VII, 20. Vgl. Augustinus, *Contra academicos* III, 11, 25 (87).
[130] ⟨Meditationes⟩ III. VII, 36 (88).
[131] ⟨Ebd.⟩ I. VII, 21.
[132] ⟨Descartes,⟩ *Resp*⟨onsiones⟩ *sec*⟨undae⟩. VII, 144–146 passim (89).

selle Zweifel scheint alles zu verschlingen[133] – ausgehend von der Suche nach der Wahrheit haben wir zwar das Mittel gefunden, den Irrtum zu vermeiden, aber haben zugleich und dadurch alle Wahrheit und Erkenntnismöglichkeit verloren. Wir zweifeln an allem, an Gott und an uns selbst.

12. Aber auch hier wieder ist es das Übermaß des Übels, das aus sich das Heilmittel erzeugt – wir, die wir zweifeln, wir sind, wir existieren[134]; wir zweifeln und wir wissen, daß wir zweifeln. So mächtig auch der Betrüger sein mag, niemals kann er uns über unsere eigne Existenz täuschen; wir müssen „sein", um uns täuschen zu können[135]. Die Sätze: ich bin, ich existiere[136], sind notwendig wahr; sie sind wahr, wann immer wir sie denken[137], und wir können sie nicht in Zweifel ziehen, wie wir jeden andern Sachverhalt in Zweifel ziehen können, jede mathematische, metaphysische oder logische Wahrheit.

Es ist nicht nur deshalb unmöglich, an ihnen zu zweifeln, weil es unmöglich ist, sie zu denken, ohne jedesmal dabei das gleiche Gefühl absoluter Gewißheit zu erleben – es ist nicht nur ein psychologisches Faktum, das sich jedesmal erneuert: wir sehen ein, daß es nicht anders sein kann, weil wir, indem wir uns selbst denken, ganz direkt unser eignes Sein erfassen, weil in diesem einzigartigen Fall unser Denken und unser Sein in eins zusammenfallen – nicht als ob sie identisch würden, sondern unser Denken ist das wirkliche Denken eines wirklichen Wesens. Das Licht, in dem uns diese Wahrheit erscheint, ist nicht solcher Art, daß man sie in Zweifel ziehen könnte, sie birgt sozusagen ihre Rechtfertigung in sich selbst[138]; denn je mehr wir uns in uns selbst vertiefen, um so besser erkennen wir uns selbst, um so mehr fühlen wir uns abhängig, machtlos und unvollkommen, und um so deutlicher erkennen wir zu gleicher Zeit die unendliche und vollkommene Wesenheit Gottes, in der Wesen und Existenz, Denken und Sein sich vermischen und wahrhaftig eins und untrennbar sind. Wir können uns nicht sehen, ohne Gott zu sehen, wir können uns nicht anders sehen als im

[133] ⟨Descartes,⟩ *Medit*⟨*ationes*⟩ I. VII, 21.
[134] ⟨Descartes,⟩ *Discours* VI, 32.
[135] *Medit*⟨*ationes*⟩ II. VII, 25 (90).
[136] Es wäre unserer Meinung nach von außerordentlich großer Bedeutung, alle die verschiedenen Formeln des cartesianischen *Cogito* einer eingehenden Analyse zu unterwerfen. Es ist zu bemerken, daß die Formel des *Discours*: ich denke, also bin ich (il n'y a rien en tout ceci: je pense donc je suis, qui m'assure que je dis la vérité, sinon que je vois très clairement que pour penser il faut estre … *Discours* ⟨*de la méthode*⟩, 33), in den *Meditationen* durch die einfachere Formel: „ich bin, ich existiere" ersetzt ist und in der ersten Form nur in den *Entgegnungen* ⟨*Obiectiones*⟩ wiedererscheint. Es scheint, daß diese beiden verschiedenen Formeln verschiedenen Zuständen des Denkens entsprechen, demjenigen der unmittelbaren Intuition meiner selbst und Gottes, und demjenigen der intellektuellen Intuition des Verhältnisses zwischen dem Denken und der Existenz.
[137] Vgl. ⟨Descartes,⟩ *Principes* I, §7.
[138] ⟨Descartes,⟩ *An den Marquis von Newcastle*, März/April 1648. V, 137 (91).

göttlichen Licht, und unsere Existenz erscheint uns fortan in der absoluten Evidenz der unmittelbaren Intuition gegeben, gerechtfertigt und garantiert durch die Klarheit des göttlichen Lichtes, das sich als solches offenbarend seine eigne Rechtfertigung und Garantie in sich selbst trägt.

Bis jetzt ist es nur die Klarheit der unmittelbaren Evidenz und Intuition, die uns in ihrem transzendenten Wert fortan gegeben und gerechtfertigt erscheint – aber sie selbst wird uns erlauben, nach und nach das ganze Reich zurückzuerobern, das wir vorher verlassen haben. Wir sind, wir denken, das sind zwei Ausdrücke derselben unmittelbaren Intuition[139], wir sind, weil wir denken, das ist schon etwas anderes. Es ist nicht mehr die unmittelbare Anschauung des Seins selbst, sondern die intellektuelle Erfassung einer rationalen Beziehung und eines rationalen Schlusses – um zu denken, muß man[140] sein. Im natürlichen Licht sehen wir diese Beziehung, und unsere unmittelbare Intuition, die sozusagen diesen Schluß bestätigt, legitimiert eben hierdurch das *Lumen naturale* ⟨das natürliche Licht⟩ der intellektuellen Erkenntnis, in dem uns Wesensbeziehungen und Wesensanschauungen gegeben sind. Das *Lumen naturale* erweist sich als Abglanz des göttlichen Lichtes – und dies sichert auf einmal alle Schlüsse, alle intellektuellen Erkenntnisse unseres Verstandes. Wir können am natürlichen Licht nicht mehr zweifeln; wir sehen, daß es von Gott kommt. Jetzt können wir weitergehen: da Gott selbst die höchste Garantie für unsere intellektuellen Intuitionen, für das natürliche Licht darstellt, so können wir uns auf die Urintuition sozusagen nicht mehr beschränken, die zwar von höchster Klarheit, aber eben auch in dieser ihrer blendenden Klarheit unbestimmt ist. Wir können jetzt klare und bestimmte Ideen von uns selbst bilden[141], wir können daran gehen, unser eigenes Wesen[142] und das Wesen Gottes kennenzulernen und zu analysieren. Wir können nunmehr seine Existenz in rationaler Form zu beweisen versuchen und, wenn wir einmal zu einer klaren und bestimmten Erkenntnis der Attribute des vollkommenen Wesens gelangt sind, dem Vertrauen in unseren Verstand neue Kraft geben, ja selbst die Erkenntnismöglichkeit der sinnlichen Welt zurückerobern. Die absolute Vollkommenheit Gottes, der uns geschaffen hat und uns nicht allein nicht selbst täuschen, sondern uns auch nicht in einen Irrtum geraten lassen kann, wird es uns erlauben, die Existenz der äußeren Welt zu bejahen – zuerst als Objekt einer klaren Verstandesidee, nämlich der reinen Ausdehnung, dann als Objekt unserer Sinneswahrnehmung. Denn obgleich wir in diesen beiden Fällen keine rationale Beziehung zwischen dem Objekt unseres bloßen Denkens und seiner wirklichen Existenz finden können, so haben wir doch nichts-

[139] *Resp*⟨*onsiones*⟩ *secundae*. VII, 140 (91). *Resp*⟨*onsiones*⟩ *sextae*. VII, 422.
[140] *Principes* I, § 10 (92).
[141] *Medit*⟨*ationes*⟩ II. VII, 25.
[142] ⟨Ebd.⟩ 27 (93).

destoweniger eine unüberwindbare Neigung[143], der klaren Idee, die uns die Ausdehnung vergegenwärtigt, unsere Zustimmung zu geben sowie an die wirkliche Existenz jener Objekte zu glauben, die in den verwirrten und dunklen Sinnesvorstellungen gegeben sind. Diese unbezwingliche und natürliche Neigung kann uns nicht täuschen[144], weil die Natur ebenso ihre letzte Quelle in Gott hat wie das natürliche Licht; denn im Grunde ist sie nichts anderes als Gott selbst in seiner schöpferischen und ordnenden Kraft[145].

Indem wir die Gottesidee bei Descartes analysierten, mußten wir an fast alle Probleme der cartesianischen Philosophie rühren; das war unvermeidlich, weil Gott im Zentrum des Systems steht, weil die cartesianischen Gedanken von Gott ausgehen[146] und zu Gott zurückkehren – weil Welt und Erkenntnis *sub specie deitatis* ⟨im Blick auf die Gottheit⟩, in ihrer Abhängigkeit und ihrem Verhältnis zu Gott genommen werden.

143 ⟨Ebd.⟩ III. VII, 40.
144 ⟨Ebd.⟩ 40 (94).
145 ⟨Méditationes,⟩ IX, 64 (95).
146 Vgl. *Resp*⟨*onsiones*⟩ *sextae*. VII, 430 (96).

Die Quellen des Cartesianischen Systems

Welche Schwierigkeiten die Analyse der Quellen Descartes' darbietet, wie raffiniert sich Descartes den Nimbus der absoluten Originalität zu sichern sucht, wurde bereits auseinandergesetzt. Zunächst und vor allem andern versuchen wir den Nachweis zu führen, daß gewisse cartesianische Lehren sich schon bei den Vertretern der scholastischen Philosophie finden; mindestens ist eine sehr nahe Verwandtschaft festzustellen, wenn schon keine absolute Übereinstimmung: ein beträchtliches Bestandstück seines Systems, die ganze traditionelle Gottesidee, ist einfach aus der überlieferten und sozusagen unpersönlichen Lehre der Kirche herübergenommen. Die Quellen dafür aufzusuchen, die Elemente zu bestimmen, wäre eine müßige Arbeit. Die Idee des schöpferischen, unendlichen, ewigen, allwissenden, allmächtigen, allgegenwärtigen Gottes ist Glaubenswahrheit. Nicht darauf haben wir unser Hauptaugenmerk zu richten, sondern auf die Besonderheiten dieses Systems: den Infinitismus, den Voluntarismus[1], die Urteilstheorie, die Lehre vom natürlichen Licht und vom *Cogito* ⟨ich denke⟩. Die Quellen dieser besonderen Doktrinen oder vielmehr die Elemente, aus denen sie zusammengeschweißt sind, wollen wir zu bestimmen suchen – auf diese Weise werden wir Möglichkeiten und Wahrscheinlichkeiten entdecken, und sie werden sich nach und nach in Gewißheiten verwandeln, wenn sie durch die Analyse der Gottesbeweise Bestätigung erfahren.

1. ⟨Léon⟩ Blanchet hat in seinem schönen Buche über die Quellen des *Cogito* in unanfechtbarer Weise den direkten Einfluß Augustins auf Descartes nachgewiesen[2]; ⟨Étienne⟩ Gilson hatte schon hervorgehoben, daß ein indirekter Einfluß des Augustinismus auf die Gedankenwelt Descartes' durch die Vermittlung des Kardinals ⟨Pierre de⟩ Bérulle und des Oratoriums, vor allem durch ⟨Guillaume⟩ Gibieuf festzustellen ist. Wir können *a priori* als möglich, ja als wahrscheinlich annehmen, daß Augustins Einfluß noch tiefer geht. In zwei sehr wichtigen Elementen des Cartesianismus hat er

[1] Den Voluntarismus Descartes' halten wir für unleugbar. Trotz Gilsons Einwänden scheint uns die These Kahls unbestreitbar; unsere eigne Analyse hat nur die hervorragende Bedeutung des Willens im System Descartes' aufs neue deutlich gemacht. ⟨Wilhelm Kahl, Die Lehre vom Primat des Willens bei Augustinus, Duns Scotus und Descartes, Straßburg 1886.⟩

[2] ⟨Blanchet, *Les antécédents.*⟩

sich bereits mächtig gezeigt – es ist höchst wahrscheinlich, daß er Descartes' Grundkonzeption vom Wesen Gottes bestimmt hat[3]. Tatsächlich finden wir die Hauptelemente der cartesianischen Gottesidee bei dem *Doctor gratiae* ⟨Lehrer der Gnade⟩ wieder – Gott ist für ihn vor allem unendlich[4], einfach, frei, der allmächtige Schöpfer. Vor allem ist Gott für Augustin der Schöpfer, und charakteristischerweise nimmt er die Kategorie der Aktion aus, wenn er behauptet, daß die aristotelischen Kategorien auf Gott nicht angewendet werden können. Für Augustin wie für Descartes ist die Schöpfung die einzige Relation, die zwischen Gott und Welt bestehen kann. Gott ist das absolute Wesen, aber nicht vom Sein her betrachtet, sondern als die absolut schöpferische und aktive Person[5]. Die Theorie von der Einfachheit Gottes findet sich ebenfalls ursprünglich bei Augustin – ebenso die Analogie zwischen der unendlichen Person Gottes und der endlichen Person des Menschen. Das Prinzip der Vollkommenheit ist das Fundament der augustinischen Philosophie[6] – wir glauben jedoch nicht, daß Descartes es direkt von Augustin entlehnt hat; das Prinzip tritt bei dem einen in erheblich modifizierterer Form auf als bei dem andern. Augustin identifiziert Sein und Vollkommenheit; Descartes, der hier Anselmus ⟨von Canterbury⟩ nähersteht, unterscheidet sie, er gründet das Sein auf die Vollkommenheit. Bei Augustin hätte Descartes auch die Möglichkeit einer unendlichen Zahl finden können. Augustin liefert ihm die Grundlagen seiner Freiheitstheorie[7]. Für Descartes wie für Augustin ist die menschliche Freiheit ein unleugbares Faktum[8], ein Faktum, das wir in uns erleben, das uns durch die innere Wahrnehmung gegeben ist, vor aller theoretischen oder metaphysischen Überlegung[9]. Die menschliche Seele ist frei, der Wille ist frei seiner eignen Essenz nach, frei und willentlich sind Synonyma[10], Notwendigkeit im Sinn des Zwanges, der Naturnotwendigkeit, ist für Descartes wie für Augustin unvereinbar mit dem Wesen des Willens[11]. Augustin verdanken wir auch die wichtige Unterscheidung zwischen der gebrochenen Freiheit des Menschen und der absoluten oder durch die göttliche Gnade wiederhergestellten Freiheit. Ihm verdankt die Theologie im allgemeinen und Descartes im besonderen den Begriff der Freiheit als Befreiung von der Macht der Sünde. Er bestimmt letzten Endes wie Descartes Freiheit als die Fähigkeit, das Gute zu

[3] Augustinus, *Confess*⟨iones⟩ VII, 20 (93 a).
[4] Augustinus, *Sermo* LVII, XI (94 a).
[5] Für alle Beziehungen zwischen Augustin und Plotin verweisen wir auf die Arbeiten von Grandgeorge und Alfaric ⟨vgl. Bibliographie⟩.
[6] ⟨Augustinus⟩, *Contra acad*⟨emicos⟩ I, VI (95 a).
[7] ⟨Augustinus⟩, *De* ⟨corruptione⟩ *et gratia* I, 483 (96 a).
[8] ⟨Augustinus⟩, *De* ⟨gratia et⟩ *libero arbitrio* III, 1, 3 (97).
[9] Ebd. III, 3, 8 (98).
[10] *Descartes*, *Resp*⟨onsiones⟩ *quintae*. VII, 377–378.
[11] Augustinus, *De duab*⟨us⟩ *anim*⟨abus⟩ XII, 16 (99).

tun[12], als Zusammenfallen von göttlichem und menschlichem Willen[13]. Bei Augustin finden wir die Lehre von der Identität von Willen und Verstand im Wesen Gottes. Die Stellung des Willens im göttlichen Geist ist niemals bis auf Augustin mit solcher Kraft und Schärfe betont worden[14]. Für ihn wie für Descartes ist der Verstand schlechthin passiv, er empfängt seine Ideen von den Sinnen oder findet sie im Gedächtnis vor, oder er schaut und betrachtet sie im göttlichen Geiste – in keinem Fall spielt der Verstand eine aktive Rolle. Die Ideen, mit denen er es zu tun hat, sind nicht Formen der Dinge – als Formen besäßen sie eine Art Aktivität, sie wären wirksame Kräfte, die der Geist in sich erzeugen müßte oder deren er sich bemächtigen müßte, um sie auf seinen passiven Intellekt einwirken zu lassen. Es gibt für Augustin keine Scheidung zwischen aktivem und passivem Intellekt, der Intellekt ist ganz und gar passiv. Die Ideen sind Ideen im platonischen Sinn; sie sind die ewigen Urbilder, die Prinzipien, die Muster der Dinge, die im göttlichen Geist seine Schöpfertätigkeit ewig leiten und ordnen, aber für unsern Geist sind sie nur Objekte einer passiven Entgegennahme. Alles, was es in unserm Denken an Aktivem, an Spontanem gibt[15], stammt aus dem Willen[16]. Selbst das Wirken der Phantasie erklärt sich durch den Einfluß des Willens auf die Ideen, auf den Verstand; die Elemente sind durch den Verstand gegeben, aber der Wille ordnet und kombiniert sie in verschiedener Weise[17]. Der Verstand hat keine Aktivität, er ist nur den Einwirkungen der Dinge ausgesetzt,

[12] ⟨Augustinus,⟩ *Liber imperf⟨ectus⟩ contra Jul⟨ianum⟩* I, 100 (100).

[13] Für Augustin wie für Descartes ist Freiheit keineswegs gleichbedeutend mit Indifferenz, diese ist sogar fast die Negation davon. Die absolute und die durch die Gnade wiederhergestellte Freiheit hat also mit Indifferenz nichts zu tun. Die Auserwählten, die Gott in der himmlischen Klarheit schauen, sind keineswegs indifferent; mit Notwendigkeit lieben sie ihn und streben zu ihm hin, und diese Notwendigkeit hebt ihre Freiheit nicht auf. Sie lieben Gott frei, obwohl notwendig, oder vielmehr, weil notwendig, und können sich nicht von ihm abwenden. Diese Notwendigkeit ist nur die Erfüllung und höchste Vollendung der Freiheit selbst. Vgl. op. cit. V, 38 (101).

[14] Augustins Voluntarismus ist unserer Ansicht nach durch plotinische Einflüsse zu erklären. Plotin hat zuerst die Überlegenheit Gottes über den Intellekt proklamiert und den Willen als die eigentliche Essenz Gottes aufgefaßt.

[15] Augustinus, *De trinit⟨ate⟩* IX, 12, 18 (102).

[16] Augustin hat wohl die Rolle der Aktivität des Geistes im Erkenntnisprozeß, in der Wahrnehmung hervorgehoben – doch stammt alle Aktivität aus dem Willen, und auch die Aufmerksamkeit wird auf den Willen zurückgeführt. Die spontane Aktivität des Geistes, die ihm als solchen eigen ist, ist mit der dem Verstand eigenen Passivität nicht zu verwechseln. Der Geist bringt selbst seine Wahrnehmungsinhalte hervor, er nimmt sich schließlich nur selbst wahr. Die Dinge der Außenwelt wirken nicht auf die Seele, wie es nach der Wahrnehmungstheorie von Thomas ⟨von Aquin⟩ geschieht, sie geben bloß Anlaß zur Erscheinung der Ideen – und doch ist das Erkenntnisvermögen passiv auf sie eingestellt. Diese eigentümliche Lehre findet sich bei Descartes ebenso wie bei Augustin und ist ein weiterer Beweis des augustinischen Einflusses.

[17] Wir kommen auf die Frage zurück, wenn wir die Quellen der cartesianischen Lehre von den eingeborenen Ideen prüfen.

durch die sich in ihm die Ideen erzeugen, und so wenig wie bei Descartes finden wir bei Augustin *ideae*, wirklich *ab intellectu ipso factae* ⟨vom Intellekt selbst gemachte Ideen⟩[18]. Das natürliche Licht ist für ihn nichts anderes als für Descartes – ein Abglanz ungeschaffenen göttlichen Lichtes[19], von Gott geschaffen, in dem wir alle Dinge sehen[20]. Kurz, für Augustin ist, ebenso wie für Descartes, der Intellekt wesentlich endlich, der Wille dagegen unendlich[21].

Daß sich bei Augustin das Urbild des *Cogito* findet, ist zu bekannt, um länger dabei zu verweilen – unsere eigne kurze Analyse läßt noch deutlicher als die Blanchets die tiefgehende Verwandtschaft beider hervortreten. Beide Denker haben denselben Ausgangspunkt: sie suchen einen Fall, in dem Denken und Sein zusammenfallen oder mindestens sich implizieren, und in dem *ego sum, ego existo* ⟨ich bin, ich existiere⟩ glauben sie ihn zu finden; von diesem Spezialfall aus meinen sie an den Punkt zu kommen, wo Denken und Sein eins werden; in dieser Intuition erweist es sich, daß wir nicht in uns selbst die Quelle der Klarheit haben, die uns überströmt; daß die Möglichkeit dieser Intuition in der korrelativen, noch tieferen und ursprünglicheren Gottes gründet. Zeigt sich so, daß wir uns im Lichte Gottes sehen, so folgt daraus, daß Gott nicht nur der Seinsgrund *(ratio essendi)* ist – als Wille, der die Welt schafft, sondern auch Erkenntnisgrund, einzige Bürgschaft aller erkannten Wahrheit wie aller ontologischen Wahrheit, alles Seins wie aller Vollkommenheit[22] und aller Erkenntnis.

Nach Augustin sind wir des göttlichen Seins noch gewisser als unseres eignen[23], nur nicht mit derselben Evidenz; eher würde er an der eignen Existenz als an der Gottes zweifeln. Descartes hält die Idee Gottes für die klarste, die wir besitzen; allein unser Wissen um Gott und seine Existenz rechtfertigt und verbürgt letztlich all unser Wissen, selbst das vom *Cogito*. Für Descartes wie für Augustin sind Selbsterkenntnis und Gotteserkenntnis untrennbar verbunden; je besser man sich selbst kennt, desto besser kennt man Gott. Schließlich halten beide die Gottesidee nicht für eine Idee unserer Einbildungskraft, ein Erzeugnis unseres Verstandes *(a me ipso facta)*: dafür ist sie viel zu vollkommen; nur eine direkte Erfassung des göttlichen Wesens kann uns seine Gegenwart in unserer Seele bezeugen – eine direkte Erfassung oder unmittelbare Einwirkung.

Von Augustin stammt der berühmte Vergleich von Wachs und Siegel – stärker kann die Passivität unseres Verstandes nicht zum Ausdruck gebracht

18 Augustinus, *De trinit⟨ate⟩* XI, 10, 17 (103).
19 ⟨Ebd.⟩ XI, 8, 14 (104).
20 ⟨Ebd.⟩ XII, 15, 24 (105).
21 Augustinus, *De div⟨inis⟩ quaest⟨ionibus⟩* XV, 83 (106.)
22 Augustinus, *De trinit*⟨ate⟩ XII, 14 (107).
23 Augustinus, *Confessiones* VII, 10 (108).

werden. Augustin schließlich hat als erster Theologe der römischen Kirche den Primat des Willens behauptet und damit den Grund gelegt zu der Lehre, die über Bonaventura und Duns Scotus, gestützt auf die Prinzipien der Vollkommenheit und der Analogie, zum Voluntarismus Descartes' führte.

Der Einfluß Augustins auf Descartes, oder wenigstens die Verwandschaft ihrer Systeme, ist übrigens fast immer schon erkannt worden – seine unmittelbaren Schüler rühmten sich der engen Beziehungen zwischen dem System Descartes' und der Lehre des Bischofs von Hippo[24], sie beriefen sich auf seine Autorität im Kampf gegen den Aristotelismus, und erst im XIX. Jahrhundert ist diese Verwandtschaft verkannt worden.

Nur einen bestimmten Punkt aus der augustinischen Philosophie wollen wir herausgreifen, der uns – neben dem Einfluß Bonaventuras – grundlegend für eine höchst charakteristische cartesianische Theorie zu sein scheint, nämlich für seine Urteilstheorie.

2. Gilson hat bereits in seiner Analyse von Descartes' Urteilstheorie auf die weitgehende Übereinstimmung zwischen gewissen Theorien Descartes' und Bonaventuras aufmerksam gemacht – so die Identifikation des Freien und des Willentlichen[25], die Unterscheidung des Willens von dem bloßen Streben[26], die Behauptung von der höchsten Vollkommenheit des Willens[27], die Lehre, daß die Analogie zwischen Gott und dem Menschen auf der Tatsache der Freiheit beruhe, der edelsten Fähigkeit des Menschen[28], die allein uns zu Gott führen und uns mit Gott in der höchsten Seligkeit vereinen kann (die Liebe wird hier mit unter die Willensakte gerechnet[29]); schließlich die Behauptung, daß das Urteil, als freier und willentlicher Akt, restlos dem Willen als dem herrschenden und tätigen Seelenvermögen unterworfen sei[30]. Wirft man wie Descartes willentliche Akte und Willensakte zusammen[31], so bereitet es keine Schwierigkeit, die cartesianischen Theorien aus denjenigen Bonaventuras herzuleiten[32]. Wir jedenfalls glauben an den Einfluß Bonaventuras auf Descartes, und wir werden noch tiefere und überzeugendere Übereinstimmungen kennenlernen.

Leider hat Gilson die von ihm aufgespürte Fährte nicht weiter verfolgt. Er glaubte vielmehr die Quellen der cartesianischen Urteilslehre bei Thomas zu finden, in seiner Theorie vom *liberum arbitrium* ⟨freien Willen⟩ und der Wahl – u. E. zu Unrecht.

[24] Vgl. ⟨Père Gabriel⟩ Daniel, *Le Voyage ⟨du Monde⟩ de M. Descartes*, Paris 1690, 282–286.
[25] Vgl. Hl. Bonaventura, *Sent⟨entiarum⟩* I, 675, 706; II, 610, 611, 620, 626 (109).
[26] ⟨Ebd.⟩ II, 28, 4 (110).
[27] Hl. Bonaventura, *Breviloquium* II, 9 (111).
[28] Hl. Bonaventura, *Sent⟨entiarum⟩* II, d. 25, p. 2 a. 1 q. 4 ad 4 (112).
[29] Ebd. I, 45; II, 559 (113).
[30] ⟨Ebd.⟩ II, 25, 1.
[31] Descartes, *Lettre à Clersellier sur les Cinquièmes Objections*, III, 204.
[32] Hl. Bonaventura, *Sent⟨entiarum⟩* II, 595 (115).

Nach Gilson brauchte Descartes nur den Namen zu ändern und unter dem Terminus *iudicium* ⟨Urteil⟩ zusammenzufassen, was Thomas in zwei Kategorien schied – *iudicium* und *electio* ⟨Wahl⟩[33]. Analysiert man die Theorie der Wahl oder des *liberum arbitrium*, so findet man diese Behauptung nicht bestätigt. Die *electio* ist freilich[34] ebenso wie das Urteil für Descartes ein Fall des *liberum arbitrium*, oder besser – der Freiheit, ein freier Akt. Dennoch gibt es einen tiefgehenden Unterschied zwischen der thomistischen und der cartesianischen Lehre[35] – man kann geradezu sagen, daß sie sich hinsichtlich der Beziehungen von Verstand und Willen in keinem Punkte so radikal unterscheiden als in diesem Punkt, wo sie beide Wille und Verstand aufeinander beziehen. Nach Descartes bietet der Verstand schlechthin passiv dem Geist, dem Willen eine Idee oder einen Komplex von Ideen dar, und der Wille gibt frei und spontan seine Zustimmung oder verweigert sie. Er gibt oder verweigert sie, *kann* sie geben oder verweigern, solange die Ideen nicht absolut klar und deutlich sind – sind sie es, so kann er sie nicht verweigern, und in dieser inneren Notwendigkeit besteht die Freiheit des Geistes[36]. Der Wille ist gerade dann am vollkommensten und am freisten, wenn er mit Notwendigkeit handelt; er urteilt gerade dann am vollkommensten, wenn er unter keinem Vorwand seine Zustimmung verweigern kann, wenn auch nicht die Idee einer Wahl mehr möglich ist – sei es zwischen verschiedenen Möglichkeiten, sei es zwischen Bejahung oder Verneinung oder schließlich zwischen Zustimmung und Enthaltung. Die Wahl ist dagegen ein Phänomen der Indifferenz, der unvollkommenen Freiheit. Die vollkommene Freiheit wendet sich ohne Wahl und ohne Zögern ihrem Objekt zu. Die Wahl ist nur ein Spezialfall der Freiheit und keinesweg konstitutiv für sie. Weil der Wille frei ist und frei diesen oder jenen Akt vollziehen kann, kann er im Falle einer Wahl sich frei auch zur Wahl entscheiden.

Sehr verschieden davon ist die Lehre des Thomas. Der Wille ist für ihn keineswegs das höchste Vermögen der Seele, konstitutiv und wesentlich für sie; der Verstand spielt vielmehr hier die entscheidende Rolle. Der Wille ist eine untergeordnete Fähigkeit[37], vom Verstand abgeleitet, dem Verstand unterworfen[38] und durch ihn zur Entfaltung gebracht[39]. Descartes und Thomas meinen übereinstimmend, daß der Wille nur etwas wollen kann, was ihm in gewisser Weise durch den Verstand dargeboten wird. Aber für Descartes spielt der Verstand nur die Rolle einer notwendigen Vorbedingung,

[33] Hl. Thomas ⟨von Aquin⟩, *S. th.* I, q. 83, 3 (116).
[34] ⟨Ebd.⟩ II, 2 q. 1, 4 (117).
[35] Vgl. Gilson, *La liberté*, 311.
[36] Vgl. ⟨Johannes⟩ Duns Scot⟨us⟩, *Opus ox⟨oniense⟩* prol⟨ogus⟩ 4, 35 (118).
[37] Vgl. Hl. Thomas ⟨von Aquin⟩, *S. th.* I, 19 1. *De veritate* XXIII, a. 1 (119).
[38] *S. th.* I, q. 82 a. 3. *De veritate* XXII, 11 (120).
[39] *S. th.* II, 1, q. 13, 1 (121).

für Thomas ist er die Basis und Quelle der willentlichen Handlung selbst[40]. Die Seele strebt naturgemäß nach dem Gegenstand, der ihr vom Verstand dargeboten wird, ebenso wie nach den Gegenständen der Sinne – der Wille ist nur eine Folge des Verstandes[41]. Er ist, kurz gesagt, nur ein intellektuelles Begehren, eine intellektuelle Leidenschaft – im Sinne Descartes' eine passive Fähigkeit. So überzeugt ist Thomas von der untergeordneten und abgeleiteten Rolle des Willens, daß er nicht einmal wagt, Gott direkt in Analogie zur menschlichen Natur einen Willen zuzuschreiben – er beweist zunächst, daß Gott ein intelligentes Wesen ist, und aus dem Faktum der Intelligenz erst leitet er den Willen ab.

Gott will, weil er denkt, würde Thomas sagen; Gott denkt, weil er will und denken will – Descartes.

Der Wille ist nur eine natürliche Tendenz zum Guten, darum handelt er nach Thomas mit Naturnotwendigkeit und nicht aus eigner Spontaneität[42]. Er befiehlt nicht dem Verstand, vielmehr dirigiert der Verstand das geistige Leben[43]. Der Wille bestimmt sich nicht selbst, sondern wird vom Verstand bestimmt und bekommt seine Bewegungen von ihm vorgeschrieben[44]. Descartes läßt dem Verstand nur die Passivität, alle Aktion der Seele verlegt er in den Willen; Thomas schreibt die Aktivität, die Spontaneität dem Verstand zu und läßt dem Willen nur eine Art passiver Aktion. Der Verstand ist nach thomistischer Auffassung nicht beschränkt auf Eindrücke, die er empfängt und einordnet; er ist produktiv, aktiv, schöpferisch, obwohl der menschliche Verstand die Sinneswahrnehmung zur notwendigen Grundlage hat. Der Wille ist nur das Mittel der Verwirklichung. In seinem Verstand schuf Gott die Welt, wenigstens der Idee nach. Der göttliche Wille hat ihr nur die Existenz verliehen, und auch das nur in Ausführung einer Entscheidung des göttlichen Verstandes. Was den Willen von den Affekten im eigentlichen Sinn unterscheidet, ist sein intellektueller Charakter[45] und nicht eine ihm eigne Spontaneität.

Die Freiheit des Willens, das *liberum arbitrium*, wird nur durch den Intellekt ermöglicht[46]. Thomas unterscheidet die kontradiktorische Freiheit – die, einen Akt zu vollziehen oder nicht zu vollziehen, von der konträren – zwei inhaltlich verschiedene Akte zu vollziehen, und nur im zweiten Fall hat das *liberum arbitrium* eine Stelle[47]. Das *liberum arbitrium* setzt die Wahl

[40] *De veritate* XXII, 4 (122)
[41] Vgl. *Contra gentiles* I, 72 (123).
[42] Vgl. *S. th.*, I, q. 82 a. 1 (124).
[43] ⟨Ebd.⟩ I, 82, 3 ad 2 (125).
[44] ⟨Ebd.⟩ II, 9, 3 (126).
[45] ⟨Ebd.⟩ I, 83, 1 (127).
[46] Vgl. ⟨Pierre⟩ Rousselot, *L'intellectualisme de St. Thomas*, Paris 1908, 218.
[47] *S. th.* II, 10, 2 (128).

voraus, oder vielmehr: ist mit ihr identisch[48]. Eine Wahl kommt nur in Betracht, wo mehrere verschiedene Handlungen möglich sind; wo wir vor der Entscheidung erst prüfen und die Gründe für und gegen diesen oder jenen Akt abwägen[49]; wo wir eine Art *consilium* ⟨Beratung⟩ mit uns selbst abhalten, ehe wir handeln[50]. Der Wille wünscht von Natur aus das Gute, er strebt danach, er ist gar nichts anderes als diese natürliche Tendenz; wenn wir immer das höchste Gut, das Ziel aller unserer Handlungen vor Augen hätten, würden wir mit Notwendigkeit (Naturnotwendigkeit) nach diesem letzten Ziel streben[51]. Es wäre dann kein Raum für Wahl und *liberum arbitrium.* Endliche Güter würden wir nicht begehren, bzw. der vernünftige Wille begehrt sie nur als Mittel zum höchsten Ziel[52], als Wege zu Gott. Nun ist keins dieser Mittel mit absoluter Notwendigkeit gefordert in Anbetracht des Endzwecks, der Zweck ist mit verschiedenen Mitteln zu erreichen, keins ist das einzige, keins ist notwendig. Und weil sie sich unserm Geist mit gleichem Recht darbieten, darum können wir frei unsern Weg wählen, von unserm *liberum arbitrium* Gebrauch machen. Der Akt der Wahl ist ein vernünftiges, ein Verstandesurteil[53], das mit Überlegung[54] wählt und dem Willen den Weg weist[55]. Gibt es nur einen Weg, ist keine Wahl zwischen verschiedenen Akten oder doch zwischen Vollzug oder Nichtvollzug eines Aktes möglich, dann geht der Wille mit Naturnotwendigkeit den einzigen Weg, der ihm offen steht. Dann gibt es keine Wahl, kein *liberum arbitrium.* Die Wahl ist also ein Verstandesurteil[56] und entfällt gerade in den Fällen, wo nach Descartes das Urteil (des Willens) seine höchste Vollendung erreicht, sie ist nur im Falle der Indifferenz möglich, also gerade da, wo wir nach Descartes kaum noch frei sind. Hier kann demnach nicht die Quelle der Theorie Descartes' sein. Zwar behauptet auch Thomas, daß der Wille frei und ursprünglich ist. Doch bleibt er immer dem Intellekt untergeordnet und unterworfen[57] und auch immer als natürliche Potenz aufgefaßt[58].

Wir haben schon auf Bonaventura hingewiesen, wir werden den möglichen Einfluß des Duns Scotus prüfen; aber, um es gleich zu sagen, Duns Scotus konnte wohl Descartes' Lehre über die Beziehungen zwischen Verstand und Willen beeinflussen, er konnte Descartes die tiefste Analyse des Willens liefern, ihm die Basis für seine Lehre vom Primat des Willens, seiner

[48] *De veritate* XXIV, 6 (129).
[49] *S. th.* II, 1, 6. a.1 (130).
[50] Vgl. *Dictionnaire de théologie catholique*, IV, 2243, 4, 5. Vgl. S. th. II, 1. q. 13, 2 (131).
[51] ⟨Ebd.⟩ II, 1. q. 13, 6 (132).
[52] ⟨Ebd.⟩ II, 1, q. 8, 3 (133).
[53] ⟨Ebd.⟩ II, 1. q. 9, 6 (134).
[54] Vgl. Hl. Thomas ⟨von Aquin⟩, ⟨*Scripta super libros*⟩ *sent*⟨*entiarum*⟩ I, 41 q. 1, 1 (135).
[55] *S. th.* II, q. 15, 4 (136).
[56] ⟨Ebd.⟩ I, q. 59, 3 (137).
[57] ⟨Ebd.⟩ II, 1. q. 9, 1 (138).
[58] Vgl. *Contra gentiles* I, 80, 81, 83 (139).

Spontaneität und der wesenhaften Passivität des Verstandes geben – die Grundlagen für seine Urteilslehre hat er ihm nicht gegeben. In Augustins Lehre von den Beziehungen zwischen Glauben und Wissen, Glauben und Wollen, die ja auch Thomas im wesentlichen wiedergibt, sind u. E. ihre Quellen zu suchen. Tatsächlich heißt für Descartes urteilen bejahen oder verneinen, *glauben, seine Zustimmung geben oder verweigern, Glauben schenken*[59]. Es wäre also nur natürlich, wenn er auf die ganze Urteilssphäre ausdehnte, was Augustin als Charakteristika des Glaubens anführt[60].

Es ist bekannt, welche Rolle bei Augustin der Wille innerhalb des Glaubensaktes spielt. (Wir sprechen hier von Glauben im Sinn des natürlichen Glaubens und nicht des übernatürlichen, der eine seligmachende Kraft, ein göttliches Gnadengeschenk ist.) Er ist zwar nicht selbst ein Willensakt, so doch ein willentlicher Akt[61], vom Willen erzeugt und unter seiner Leitung vollzogen. Er ist sozusagen ein gemischter Akt: intellektuell, sofern Glaube immer Glaube an bestimmte Wahrheiten ist, oder allgemeiner, an bestimmte Meinungen und Vorstellungen; vernünftig begründet – aber er ist kein purer Verstandesakt. Streng genommen dürften wir gar nicht von „Akten" des Verstandes sprechen, da der Verstand *ex definitione* passiv ist; um es noch einmal zu sagen, das Erkennen ist kein Akt im prägnanten Sinne, keine Handlung; die Seele empfängt in der Erkenntnis die Ideen, die Wahrheiten erscheinen ihr, erhellen und erleuchten sie. Der Glaube dagegen ist eine Zustimmung, eine Antwort, die die Seele aus eigner Kraft und aus eignem Willen gibt; sie glaubt, weil sie glauben will, weil sie sich aus sich heraus für den Glauben entscheidet – die Gründe des Glaubens sind nicht zugleich die Ursachen, die den Akt erzeugen[62]. Sie wirken auf die Seele, und sie erkennt sie, sofern der Verstand sie bemerkt und sieht, aber sie sind nur Motive, die den Willen intakt lassen; sie glaubt, nimmt an, gibt oder verweigert ihre Zustimmung frei und willentlich[63].

Wir wollen uns keineswegs darüber täuschen, daß es zahlreiche Unterschiede zwischen der Theorie Descartes' und der Augustins gibt; Augustins Glaubenslehre und Descartes' Urteilstheorie sind nicht einfach zu identifi-

59 Vgl. S. th. II, 1. q. 15, 1 (140).

60 ⟨Ebd.⟩ II, 2 q. 2, 9 (141). Vgl. die oben zitierten Stellen Augustins.

61 Wir wollen keineswegs leugnen, daß Descartes auch sachliche Gründe gehabt hat, es zu tun. Gerade die Akte des Bejahens und Verneinens mit ihrer ausgesprochenen Aktivität und dem Charakter der Positivität und Negativität, den sie mit den Willensakten gemein haben, gaben ihm Gründe an die Hand, dem Urteil seinen Platz unter den Willensphänomenen anzuweisen. Auch moderne Logiker wie ⟨Heinrich⟩ Rickert und ⟨Wilhelm⟩ Windelband haben diese Gründe für ausreichend erachtet, um Urteil und Willensakt in eine Kategorie zu stellen. Wir wollen damit natürlich nicht sagen, daß wir diese Auffassung teilen.

62 Descartes, *Responsiones sec⟨undae⟩*. VII, 148.

63 Diese Theorie treffen wir, mehr oder minder modifiziert, fast bei allen Doktoren der Scholastik. Darauf näher einzugehen wäre hier nicht der Ort.

zieren, und wir haben schon durch die Bemerkung, Descartes habe Augustins Analyse auf alle Aktionen der erkennenden Seele ausgedehnt, darauf hingewiesen; er mußte sie also beträchtlich modifizieren; sie ist nicht die einzige Quelle, aber aller Wahrscheinlichkeit nach der Ausgangspunkt für Descartes' Theorie. Descartes ist weniger psychologisch eingestellt als Augustin, und es kommt ihm nicht darauf an, die Phänomene des Bewußtseins in ihrer ganzen Fülle und Konkretion stehenzulassen[64]. Ein paar Ausdrücke, einige scharfe, wenn auch grobe Unterscheidungen genügen ihm. Er macht keinen Unterschied zwischen Willensakt und willentlichem Akt, zwischen Glauben und Zustimmung, sondern braucht für all das den Namen Urteil, vereint in gewisser Weise die Lehren Augustins und Bonaventuras und erhält so seine Theorie vom Urteil als Willensakt.

3. Die Lehre vom natürlichen Licht[65] – oder vielmehr der Begriff des natürlichen Lichts, denn Descartes gibt keine ausgeführte Theorie davon – ist eigentlich gar nicht streng definiert; es ist einer der traditionellen Begriffe, die sich bei allen großen Lehrern der Scholastik finden. Das ist ein Beispiel für das dauernde Weiterleben neuplatonischer und augustinischer Ideen, die durch den Aristotelismus der Scholastik wohl verdeckt, aber nicht zerstört wurden; sie nimmt sie wieder auf, verleibt sie sich ein und bewahrt sie, um sie durch eine gelehrte Interpretation in den Schriften *des* Philosophen ⟨Aristoteles⟩ wiederzufinden. Augustin unterscheidet sehr genau zwischen dem natürlichen Licht, das unserm Intellekt innewohnt, und dem göttlichen Licht, der übernatürlichen Klarheit[66]. In dieser Welt können wir Gott nicht im vollen Glanze seiner Klarheit schauen, wir können das göttliche Licht nicht unmittelbar in unserer Seele empfangen, sie wäre nicht fähig, seinen Glanz und seine Herrlichkeit zu ertragen; erst entlastet von der irdischen Hülle werden die Gerechten Gott in seinem wahren Wesen und in seinem Licht sehen und durch die himmlische Schau an dieser übernatürlichen Klarheit teilnehmen. Davon muß das natürliche Licht sorgfältig geschieden werden. Vermöge seiner erkennen wir die intelligiblen Essenzen, die Ideen und die ewigen Wahrheiten. Das natürliche Licht ist die Evidenz, die innere Klarheit des Intellekts, der in der intellektuellen Intuition die mathematischen und logischen Wahrheiten betrachtet. Aber ungeachtet dieser Unterschiedenheit ist das natürliche Licht vom göttlichen abgeleitet. Obgleich die *unserm Verstand eingeborene* Klarheit, ist es doch nicht *aus unserm* Verstand geboren[67], es hat seine Quelle nicht in uns[68] und gehört uns nicht zu eigen. Es erleuchtet uns, indem es die Essenzen und Ideen erleuchtet, es

[64] Augustinus, *De trinitate* XI, 10, 17 (142).
[65] Vgl. Descartes, *An Mersenne*, 16. 10. 1639. II, 599.
[66] Augustinus, *De genesi ad litt⟨eram liber imperfectus⟩* XII, 31 (59) (143.)
[67] ⟨Marin⟩ Mersenne, *Quaestiones celeberrimae in Genesim* I, 1, q. 4, 16, 278 (144).
[68] Hl. Thomas ⟨von Aquin⟩, *De spirit⟨ualibus⟩ creat⟨uris⟩* X, 8 (145).

erhellt unsere Erkenntnis, aber es ist in sich selbst von uns unabhängig. Es übersteigt unser Vermögen, es stammt von oben, es kommt von Gott[69]. Als das intellektuelle Licht, das mit seinen Strahlen die ewigen Essenzen und Ideen erhellt, welche im göttlichen Verstand existieren, kann es aus keiner anderen Quelle stammen als aus dem göttlichen Verstand selbst. Es wäre ungenau und übertrieben, es geradezu das Licht des göttlichen Verstandes zu nennen, aber als einen Abglanz des göttlichen Intellekts in unsern Seelen dürfen wir es betrachten. Darum ist das natürliche Licht, in dem wir alle Dinge dieser Welt sehen, nur ein Abglanz des göttlichen Lichts, an dem wir in der andern Welt teilhaben werden. Die intellektuelle Intuition gibt uns einen Vorgeschmack von der Schau der Seligen, das natürliche Licht kündigt uns Gott an und lehrt uns ihn kennen[70].

Fast ohne Modifikation, jedenfalls ohne wesentliche Modifikation findet sich diese Theorie bei Bonaventura wieder. Für ihn wie für Augustin ist das natürliche Licht sozusagen unser Verstand selbst, sofern er Abglanz und Ebenbild des göttlichen Verstandes ist[71]. Es erhellt jeden Menschen, der in die Welt kommt[72], und das göttliche Licht selbst, als dessen Abglanz es in unsere Seele fällt, erlaubt uns, die Dinge dieser Welt zu sehen, zu unterscheiden, zu erkennen[73]. Es besteht keine Gefahr, es mit dem göttlichen Licht, mit Gott selbst zu verwechseln, denn obwohl es alles erhellt, bleibt es doch selbst an sich selbst unsichtbar. Wir sehen alle Dinge in ihm, aber es selbst sehen wir nicht; etwas anderes ist es, die sichtbaren Dinge im Sonnenlicht zu sehen, etwas anderes, die leuchtenden Strahlen selbst zu sehen, und wieder etwas anderes, die Sonne selbst zu schauen (alles augustinische Gedanken); und obwohl wir nur im Lichte der Sonne sehen können, vermögen wir doch nicht ihren Glanz zu ertragen. So erhellt Gott, die Sonne der intelligiblen Welt[74], alles, aber unsere endliche, unvollkommene, begrenzte Seele kann seinen Glanz nicht betrachten, und nur in dem Licht, das von ihm ausströmt, in den Dingen, die es erhellt, können wir einen Abglanz[75] von ihm erhaschen und seine Gegenwart spüren.

In den Hauptzügen finden wir diese selbe Theorie auch bei Thomas. Er scheint sich zwar von seinem großen Vorgänger ebenso wie von seinem großen Zeitgenossen radikal zu scheiden; er lehnt jede Annäherung des na-

[69] Augustinus, *De genesi ad litt*⟨eram liber imperfectus⟩ VIII, 12, 16 (146).
[70] Descartes, *Medit*⟨ationes⟩ III. VII, 52.
[71] Hl. Bonaventura, *Itinerarium* ⟨mentis in Deum⟩ III, § 3 (147).
[72] ⟨Ebd.⟩ 304 (148).
[73] ⟨Ebd.⟩ § 2, 303 (149).
[74] Dieses platonische Bild zieht sich fast durch die ganze Scholastik durch (vgl. *S. th.* II, q. 109, 1–2); es bringt platonische oder genauer neuplatonische Reminiszenzen und Einflüsse mit sich. Überall, wo wir ihm begegnen, können wir sicher sein, den Einfluß Plotins und seines großen Schülers Augustin wiederzufinden.
[75] ⟨Bonaventura,⟩ *Itinerarium* V (150).

türlichen Lichts an das göttliche Licht ab, er will von einer unmittelbaren Erfassung Gottes in diesem Licht und durch es nichts wissen – es ist für ihn der Ausdruck der menschlichen Natur, der dem Intellekt eigenen Natur, den intellektuellen und begrifflichen Erkenntnissen angepaßt. Das natürliche Licht ist das der menschlichen Vernunft[76], der Urteilskraft[77] – aber das ist nur eine Seite der Lehre, nicht die einzige, vielleicht nicht einmal die wichtigste. Das natürliche Licht waltet nicht nur in den logischen Operationen[78], sondern auch – und gerade da am vollkommensten – in der intuitiven Vernunfterkenntnis[79], der Erkenntnis der ersten Prinzipien[80], die von Gott wie Samen in unsere Seele gesenkt sind. Es ist unser natürliches Vermögen, aber als höchste Vollkommenheit unserer Seele ist es zugleich ein möglichst vollkommenes Abbild[81] und Abglanz des göttlichen Verstandes und des göttlichen Lichts[82]. In ihm liegt der Grund unserer Gottähnlichkeit, und diese Ähnlichkeit, die für sich selbst Substanz gewonnen hat, ist ein Abglanz des göttlichen Lichts, der zu unserer Natur geworden ist[83]. Gott ist seine Quelle, von daher empfängt es seine Leuchtkraft, zwar nicht wie für Augustin und für Bonaventura als direkte Lichtquelle, als Zentrum, von dem es ausströmt, von dem aus Licht auf die Ideen und in die Seelen fällt[84]. Gott ist seine schöpferische Quelle, indem er es schafft, indem er in jede Seele einen Strahl des göttlichen Lichts senkt[85], indem er sie selbst leuchtend macht und darin eine zweite niedere Quelle der Klarheit ins Dasein ruft. Das natürliche Licht ist also auch für Thomas nicht unabhängig vom göttlichen Licht, es hat Anteil daran, und durch diesen Anteil ist es selbst leuchtend und kann erhellen[86].

Die cartesianische Lehre ist der von Bonaventura und Thomas verwandt. *Lumen naturale sive intuitus mentis* ⟨das natürliche Licht oder die Intuition des Geistes⟩, das ist die Fähigkeit oder das Vermögen des Verstandes, die wahren und unveränderlichen Naturen und ihre Beziehungen zu betrachten, ebenso wie die ewigen Wahrheiten, aber im göttlichen Licht, durch göttliche Erleuchtung vollendet sich diese Intuition. In doppeltem Sinn also hat das natürliche Licht seine Quelle in Gott: er hat es geschaffen, und an seinem Licht nehmen wir teil in den Akten der intellektuellen Intuition.

[76] Vgl. *Contra gentiles* IV, 11 (151).
[77] Vgl. ⟨Albert⟩ Stöckl, Interpretation der thomistischen Lehre in seiner Geschichte der mittelalterlichen Philosophie⟨, Mainz 1865⟩.
[78] *S. th.* I, q. 79, 8 (152).
[79] *De veritate* X, 6 (153).
[80] Vgl. *Contra gentiles* III, 46 (154).
[81] ⟨Ebd.⟩ III, 47 (155).
[82] Vgl. *S. th.* I, q. 88, 3, 1 (156).
[83] Thomas ⟨von Aquin⟩, *Qu⟨aestiones de⟩ quolibet⟩* X, q. 4, 7c (157).
[84] Thomas ⟨von Aquin⟩, *Expositio aurea in David Ps.* 35 (158).
[85] Thomas ⟨von Aquin⟩, *⟨Expositio⟩ super ⟨librum⟩ Boe⟨thii⟩ de trinit⟨ate⟩*, 1 ad 3 (160).
[86] *S. th.* I, q. 12, 11, 3 (160).

4. Die Quellen des *Cogito* sind schon oft historisch untersucht worden: ⟨Léon⟩ Blanchet hat die Rolle Augustins und die der neuplatonischen Einflüsse aufgedeckt. Auch waren das *Cogito* wie das ontologische Argument zu Descartes' Zeit nicht unbekannt. ⟨Marin⟩ Mersenne[87] und ⟨Jean de⟩ Silhon[88] benützen es alle beide. Schon ⟨Jean Barthélemy⟩ Hauréau hat hervorgehoben, daß man auf dem Wege über Mersenne die Verbindung zwischen Descartes und der scholastischen Tradition herstellen kann, und er hat auch die augustinischen Einschläge zu Beginn der scholastischen Spekulation herausgefunden – bekannt ist die Benützung des *Cogito* bei Johannes Scotus Eriugena und Heiric von Auxerre, der ihn kopiert, ohne ihn zu nennen. Einen direkten Einfluß von Johannes Scotus ⟨Eriugena⟩ auf Descartes[89] können wir selbstverständlich nicht annehmen – wir dürfen jedoch nicht vergessen, daß die Ideen keineswegs immer den Namen ihres Urhebers behielten; oft kann man die Geschichte einer Idee, die von zahlreichen katholischen Autoren übernommen wurde, bis auf einen Denker, der von der Kirche als Ketzer verdammt wurde, zurückverfolgen. Die Konzeptionen des Johannes Eriugena zeigen aber mehr als eine Analogie mit dem System Descartes'. Die Lehre von der stufenweisen Emanation der Welt aus Gott und der Rückkehr in ihn werden wir freilich bei Descartes nicht wiederfinden, ebenso nicht die Lehre von der Division der Natur; andererseits finden wir bei Scotus Eriugena – besonders in seinem ersten Werke *De praedestinatione* ⟨*Über die Vorherbestimmung*⟩ fast ausschließlich augustinische Einflüsse, die schärfste und nachhaltigste Betonung der absoluten und absolut unbeschränkten göttlichen Freiheit[90], die mit keiner wie immer gearteten Naturnotwendigkeit[91] verträglich ist[92]. Wir finden bei Johannes Scotus ⟨Eriugena⟩ jene Idee wieder ausgesprochen, daß Gottes freier und frei schöpferischer Wille sein tiefstes Wesen[93] ausdrücke[94], wir finden die Idee des absoluten Schöpfergottes wieder[95]. Auch beim Menschen betont Eriugena die Rolle des Willens und dessen Freiheit[96], Quelle des Bösen und der Sünde. Die Schöpfung ist für Eriugena wie für Descartes die einzig mögliche Beziehung zwischen Gott und Welt; nur als Schöpfer kann Gott zur Welt in Beziehung gesetzt werden, soweit er nicht als nicht-geschaffene und nicht-schaffende Natur die Rolle

87 ⟨Marin⟩ Mersenne, *Quaestiones celeberrimae in Genesim* I, 8 (161).
88 ⟨Jean de⟩ Silhon, *De l'immortalité de l'âme*, Paris 1634, 178 (162).
89 Die Werke des Johannes Scotus Eriugena wurden zum erstenmal im Jahre 1681 herausgegeben. Descartes konnte also keine Kenntnis von ihnen haben.
90 ⟨Johannes Scotus⟩ Eriugena, *De divisione naturae* V, 33. (163).
91 ⟨Johannes Scotus⟩ Eriugena, *De praedestinatione* II, 13. (164).
92 ⟨Ebd.⟩ II, 1 (165).
93 Diese voluntaristische Seite in der Lehre des Scotus Eriugena ist von ⟨Wilhelm⟩ Kahl⟨, Die Lehre vom Primat des Willens,⟩ betont worden.
94 ⟨*De praedestinatione*⟩ II, 6 (166).
95 *De divisione* ⟨*naturae*⟩ III, 13 (167).
96 *De praedestinatione* V, 4 (168).

des universalen Endziels spielt, und zwar im doppelten Sinne des Wortes, als Ziel, nach dem alle Dinge hinstreben und in das die Welt und alle Wesen eingehen werden.

Er ist vielleicht derjenige Denker des Mittelalters, der am klarsten und bestimmtesten behauptet, daß die ewigen Essenzen von Gott geschaffen und erzeugt seien. In dieser Bestimmtheit hat es niemand sonst gelehrt. Allerdings entfernt er sich sehr weit vom Cartesianismus, indem er ihnen selbst schöpferische Kraft zuspricht.

Die inneren Beziehungen, die wir feststellten, sind merkwürdig genug, aber sie berechtigen uns noch nicht, einen historischen Zusammenhang zu behaupten. Der Geist der Lehre Eriugenas ist von dem Descartes' zu verschieden; die Ideen, die einen Einfluß auf Descartes verraten könnten, stammen zumeist von Augustin. Die Doktrin von der Schöpfung der ewigen Essenzen ist bei den Denkern nach Eriugena nicht mehr zu finden und konnte Descartes nicht bekannt sein. Das *Cogito* brauchte er nicht bei ihm zu suchen, er konnte es direkt bei Augustin finden. Immerhin behält die Bemerkung Hauréaus eine gewisse Wichtigkeit, sie zeigt uns, daß die Theorie von der Evidenz der inneren Wahrnehmung während des Mittelalters niemals vergessen worden ist. Wir können hinzufügen, daß sie anscheinend sehr viel weiter verbreitet war, als man im allgemeinen annimmt. Wir finden sie nicht nur bei Scholastikern des XIV. Jahrhunderts, wie Pierre d'Ailly und Wilhelm von Occam, nicht nur bei Wilhelm von Auvergne und Hugo von St. Victor[97], sondern auch bei Thomas[98]. Zu einem gewissen Zeitpunkt scheint sie *opinio communis* ⟨allgemeine Meinung⟩ geworden zu sein; so spricht Gaunilo[99] in seiner Polemik gegen Anselm ⟨von Canterbury⟩ von der Unmöglichkeit, an seiner eignen Existenz zu zweifeln, wie von einer allgemein anerkannten Tatsache.

Im allgemeinen suchte die Scholastik die göttliche Trinität durch eine Analogie mit der menschlichen Seele zu erhellen oder durch ein Bild faßlicher zu machen; sie mußte darum von der inneren Wahrnehmung Gebrauch machen und ihre theologisch-metaphysischen Theorien auf eine psychologische Analyse aufbauen[100], und so konnte sie nicht umhin, eine unmittelbare Erkenntnis der Seele von sich selbst zuzugestehen. Man pflegt

[97] Vgl. die Stellen bei Überweg-Baumgärtner, ⟨Grundriß der Geschichte der Philosophie,⟩ II, ⟨Berlin⟩ 1915. ⟨Wilhelm von Ockham/Occam(1285–1349), englischer Franziskaner, Logiker und Kirchenpolitiker; Begründer des spätmittelalterlichen Nominalismus. Hauptwerk *Summa logicae*. – Wilhelm von Auvergne (1180–1249), Theologe, 1228 Bischof von Paris⟩.

[98] *S. th.* I, 87 (169).

[99] Gaunilo, *Liber pro insipiente* (170) ⟨Gaunilo (1000 – ?), ab 1044 Benediktiner in der Abtei Marmoutier (Maursmünster) bei Tours. In dem anonymen *Liber pro insipiente* suchte er den ontologischen Gottesbeweis des Anselm von Canterbury zu widerlegen⟩.

[100] *S. th.* I, q 93, 4 (171).

der cartesianischen Doctrin von der unmittelbaren Intuition des Geistes die Lehre des Thomas von der reflexiven Erkenntnis gegenüberzustellen. Tatsächlich erfaßt nach Thomas unsere Seele, unser Intellekt, von Natur aus die äußeren Objekte und ist ursprünglich der Welt und dem Sein zugewendet[101], und erst durch eine Rückwendung des Blicks, in einer Reflexion, kann er von sich selbst Kenntnis gewinnen. Der natürliche Akt des Intellekts ist die Erkenntnis der Außenwelt, der ursprüngliche und zugleich derjenige, der ihm als Grundlage für alle andern dient. Die reflexive Erkenntnis, vermöge deren die Seele sich selbst kennt, kann nur sekundär sein und setzt die ursprüngliche und natürliche Aktion des Verstandes voraus. Wir brauchen nur an die Polemik Bourdains gegen Descartes und die Antwort Descartes' zu denken: die Seele kenne sich selbst ebenso von Natur aus wie die Welt, diese Erkenntnis ihrer selbst sei nicht nur vollkommener und tiefer, sondern außerdem die einzige, die ihr eigen wäre. Sie setzt keinerlei Verstandestätigkeit voraus und hängt von ihr nicht ab, sie ist die ursprüngliche Erkenntnis der Seele und setzt auch die Erkenntnis der sinnlichen Welt nicht voraus, da wir die Erkenntnis unserer Seele in keinem Punkte zu modifizieren brauchten, wenn wir die Existenz der Welt aufgehoben denken. Anscheinend sind das die konträrsten, unvereinbarsten Gegensätze. Indessen, die Lehre des Thomas ist nicht immer identisch mit der Lehre der Epigonen der Scholastik. Sie nennen sich zwar Thomisten, aber oft genug modifizieren und verwässern sie die Ideen ihres großen Meisters. Die Lehre des Thomas ist zwar von der des Descartes grundverschieden, steht ihr aber – so scheint es uns – doch erheblich näher als die der Thomisten, seiner Zeitgenossen.

Thomas unterscheidet die aktuelle und die habituelle Selbsterkenntnis der Seele. Der Mensch wendet sich denkend, wollend, handelnd nach außen und nicht seinem eignen Sein zu, der Welt und nicht sich selbst; es bedarf daher einer besonderen Einstellung, wenn er sich selbst erkennen will. Wie das Auge die Welt und die äußeren Objekte sieht und nicht sich selbst, so ist es der Seele natürlicher, die äußere, die Körperwelt zu sehen als sich selbst. Diese Auffassung, die der thomistischen Lehre zugrundeliegt, ist alles in allem nur der Ausdruck der herkömmlichen Meinung, eine Trivialität. Thomas beschränkt sich nicht darauf, diese banale Wahrheit auszusprechen, er analysiert die Akte der Selbsterkenntnis und stellt eine höchst interessante Theorie der inneren Wahrnehmung und der psychologischen Erkenntnis auf. Die Seele hat notwendig eine Erkenntnis ihrer selbst[102], diese Erkenntnis begleitet alle ihre Akte, sie ist da, wann immer die Seele denkt, solange sie existiert. Das ist kein eigentlicher Verstandesakt, keine Erkenntnis durch Begriffe, durch die Idee, *per speciem*, es ist ein direktes und unmittelbares

[101] *Contra gentiles* III, 43 (172).
[102] *S. th.* I, q. 87, 1 (173).

Erfassen[103], intuitiv und unbezweifelbar. Dies Erfassen begleitet alle unsere Denkakte, in ihm werden wir unserer eignen Existenz inne, und niemand kann denken, ohne zugleich in absolut sicherer und unbezweifelbarer Weise seine eigne Existenz, sein eignes Denken zu denken und zu erkennen.

Wir nähern uns also geradewegs dem Cartesianismus. Unterscheidet nicht auch Descartes zwischen dem unmittelbaren Erfassen seiner selbst und der weniger direkten Erkenntnis durch Ideen[104], letztlich die allgemeine Idee des denkenden, zweifelnden, wollenden … und also existierenden Wesens? Sagt er nicht, daß alle unsere Akte begleitet sind von einem Erfassen unserer selbst, das evidentermaßen verschieden ist von den Akten, die es begleitet[105], und ist nicht die Idee, die wir von uns selbst haben, als Idee begleitet von diesem direkten Erfassen, von dem sie als notwendig verschieden ist? ⟨Nicolas⟩ Malebranche wird diese beiden Erkenntnisarten schärfer scheiden als es Descartes tut, auf Grund einer tiefgehenden Analyse kommt er auf die neuplatonische Lehre zurück, wonach sich die unmittelbare Erkenntnis der Seele ohne Ideen vollzieht – in ihr haben wir keine Idee von uns selbst.[106]

Seele ist für Thomas eine immaterielle Form und als solche an sich leichter zu erkennen als die Materie, denn durch die Form erkennt der Geist, und nur die Form ist wirklich erkennbar. Wenn die Seele sich nicht mit der größtmöglichen Vollkommenheit erkennt, wenn sie nur eine habituelle und keine aktuelle Erkenntnis von sich selbst besitzt, wenn sie, obwohl Erkennendes und Erkanntes hier ein und dasselbe sind, keine absolute Erkenntnis von sich selbst besitzt, so liegt das daran, daß sie – gefallen und in der Materie versunken, im Gefängnis des Leibes eingeschlossen – die habituelle Erkenntnis ihrer selbst nicht zum Akt erheben kann: sie besitzt sie von Natur aus, aber sie bleibt während ihres irdischen Lebens potenziell. Der reine Geist, der vom Leibe getrennt ist, und noch mehr die rein geistigen Wesen, die Engel und die Geister, die nicht oder nicht mehr unter der Herrschaft der Materie und des Leibes stehen, erkennen sich aktuell, direkt, unmittelbar und vollkommen. Sie haben nicht mehr eine bloß potenzielle und intermittierende Erkenntnis ihrer selbst.

Descartes bewahrt zwar die scholastische Lehre von der Zusammengesetztheit der menschlichen Natur[107], von der notwendigen und intimen Verbindung von Leib und Seele – eine Lehre, die in sein System so wenig wie möglich paßt –, dennoch kommt er letztlich auf die platonische Theorie von der Seele als selbständiger und in sich abgeschlossener Substanz zurück; sie

[103] *De veritate* X, a. 8, 1 (174).
[104] *S. th.* I, q. 87, 1 (175).
[105] Descartes, *An Arnauld*, 29. VI. 1648 (176).
[106] Vgl. *S. th.* I, q. 76; *Contra gentiles* II, 72 (177).
[107] Vgl. ⟨Octave⟩ Hamelin, ⟨*Le*⟩ *système de Descartes*. Paris 1911, 287.

ist mit dem Leibe vereint, wohnt in ihm, benützt und beherrscht ihn, ist aber keineswegs seine natürliche Form. Indem er Denken und Ausdehnung scharf voneinander scheidet, spirituelle und materielle Substanz (denkende und ausgedehnte), durchschneidet er die enge Verbindung zwischen Seele und Leib, die von der Scholastik behauptet wurde. So sah er sich, wenn nicht gezwungen, so doch begreiflicherweise dazu geführt, die Theorie des Thomas zu transponieren und die Qualitäten und Fähigkeiten, die der *Doctor angelicus* ⟨der engelgleiche Lehrer⟩ den rein geistigen Wesen zuschrieb, nämlich auch die volle und vollkommene Selbsterkenntnis, der menschlichen Seele beizulegen[108], die bei ihm eine individuelle geistige Substanz geworden war, selbständig, in sich abgeschlossen und für sich ablösbar.

Descartes identifiziert nicht etwa Menschen und Engel, er trägt den wesentlichen Unterschieden, die in der wurzelhaft unvollkommenen, durch die Sünde verderbten Menschennatur begründet sind, wohl Rechnung, er bildet die Lehre um, indem er sie übernimmt. Trotzdem ist es uns höchst wahrscheinlich, daß dieses Kapitel der Angelologie des Thomas Descartes als Quelle für seine Psychologie gedient hat.

5. Wir haben jetzt noch den möglichen Einfluß des Duns Scotus auf die Bildung der cartesianischen Lehre vom göttlichen und menschlichen Willen, auf seine Freiheitslehre zu prüfen.

Dieser Einfluß oder wenigstens eine weitgehende Analogie in der Lehre wurde schon von Secrétan behauptet und seitdem von allen Historikern bis einschließlich Hamelin angenommen, neuerdings aber durch Gilson in Zweifel gezogen. In der Tat erlauben uns die neuen Untersuchungen, vor allem die Arbeiten von Minges nicht mehr, Duns Scotus zu den absoluten Indeterministen zu zählen; erlauben uns ebenso nicht mehr, ihm eine Lehre zuzuschreiben, nach der die Essenz Gottes einzig und allein durch den Willen gebildet ist, nach der seine ganze Existenz auf dem Willen basiert usw.[109]. Es ist unbestreitbar, daß Duns Scotus zwar die absolute und unendliche Freiheit und Macht des göttlichen Willens und des Willens überhaupt behauptete[110], und daß er die moralischen Gesetze[111], die Vorschriften des Dekalogs, als einzig und allein im göttlichen Willensentscheid begründet[112]

[108] Descartes, *Resp*⟨onsiones⟩ *quartae*. VII, 246. Genau dasselbe gilt auch für seine Lehre vom *lumen naturale*, und die Theorie, die Thomas für Engel gelten läßt, ist ja nichts anderes als die Augustins.

[109] Vgl. ⟨Heinrich⟩ Ritter, *Geschichte* ⟨der Philosophie, Hamburg 1841,⟩ VIII, 390–393 (passim); ⟨Charles⟩ Secrétan, *La philosophie de la liberté*, IV und V (178); ⟨Reinhold⟩ Seeberg, *Realenzyclopaedie* V, 74; ⟨ders., Die⟩ *Theologie des Duns Scot*⟨us⟩. Eine dogmengeschichtliche Untersuchung, Leipzig 1900, 162; Parthenius Heinrich Minges, Joannis Duns Scoti doctrina philosophica et theologica, 2 Bde., Quaracchi 1930.⟩

[110] Duns Scotus, *Op*⟨us⟩ *ox*⟨oniense⟩ I, d. 39 q. un., 15 (179).

[111] ⟨Ebd.⟩ I, d. 44 n. 2; d. 39, 14 (180).

[112] ⟨Ebd.⟩ III, d. 19 q. un., 7 (181).

betrachtete, die Gott auch ändern könne, nie aber, daß Gott auch das Unmögliche hätte schaffen können. Er hält im Gegenteil absolut aufrecht, daß Gott, der die Quelle des Möglichen und des Wirklichen ist, des Möglichen als Möglichen und des Wirklichen als Wirklichen, das Unmögliche nicht schaffen kann. Gott kann es nicht unwahr machen, daß 2 + 3 = 5 sind, er kann nicht den Widerspruch realisieren, noch bewirken, daß etwas einmal Geschaffenes niemals existiert habe. Auch was die moralischen Gesetze betrifft, ist Gott nicht absolut indifferent, er kann zwar frei gewisse Vorschriften und Regeln ändern, die sich auf die Pflichten des Menschen gegen sich selbst und gegen seinesgleichen beziehen, er kann alle Kultusregeln und Vorschriften modifizieren, er hätte – seiner absoluten Macht gemäß die Welt und die Menschheit retten können, ohne auf die Inkarnation, die Erlösungstat und den Tod Christi zu rekurrieren; er kann – immer kraft seiner absoluten Allmacht – einen Sünder, auch einen nicht reuigen Sünder retten und selbst ohne ihm vorher die Gnade zuteilwerden zu lassen[113], aber er kann die Gesetze nicht ändern, die die Beziehungen des Menschen zu Gott regeln, die z.B. vorschreiben, daß man Gott anbeten soll. Er kann das Böse nicht verwirklichen, nicht täuschen[114], er kann die Vernichtung von irgendjemand oder irgendetwas nicht verwirklichen und nicht wollen; er kann nicht die Kreaturen unabhängig vom Schöpfer machen, er kann nicht sich selbst zerstören[115]. Er kann nicht *nicht* Gott sein – *necessitate, non voluntate est Deus* ⟨notwendig, nicht willentlich ist er Gott⟩[116].

So also wird die Notwendigkeit in bezug auf Gott behauptet, die göttliche Freiheit und Allmacht beschränkt. Es könnte scheinen, als ob der Abstand zwischen dem Voluntarismus des ⟨Johannes⟩ Duns Scotus und dem Intellektualismus von Thomas von Aquino nicht so sehr groß sei, daß im Gegenteil der, der den Scotismus vom Cartesianismus trennt, weit beträchtlicher sei. Dies ist bekanntlich die These Gilsons. Man hätte, so scheint es, eher bei den absoluten Indeterministen wie bei William ⟨von⟩ Occam und seinen Schülern die Quellen des cartesianischen Indeterminismus suchen sollen[117], und das um so mehr, als wir allen Grund zu der Voraussetzung haben, daß Descartes ihre Lehren gekannt hat. ⟨Francisco⟩ Suarez hat in seinem Traktat *De legibus* diesen Indeterminismus ausführlich behandelt[118]. Descartes allerdings zitiert ihn nicht, wir wissen aber, daß er Suarez kannte. Wir werden

113 ⟨Ebd.⟩ IV, d. 14 q. 1, 3 (182).
114 Duns Scotus, *Reportata Paris⟨iensia⟩* IV, d. 1 q. 5, 8 (183).
115 ⟨Ebd.⟩ III, d. 8 q. 2; *Quodlibet⟨um⟩* XVI, 7 (184).
116 *Op⟨us⟩ ox⟨oniense⟩* I, d. 38 q. un. 4 (185).
117 Oder sollte man bei Petrus Damiani und seinen Anhängern, bei denen wir die absolute unumschränkte Allmacht Gottes vertreten finden, die Quelle der Anschauungen Descartes' suchen? Vgl. ⟨Joseph Anton⟩ Endres, *P⟨etrus⟩ Damiani und die weltliche Wissenschaft*, ⟨Münster 1910,⟩ 26f.
118 Vgl. ⟨Francisco⟩ Suarez, *De legibus* II, 4, 6, Amstelodami 1613, 79 (186).

sehen, daß er nicht nur die *Disputationes metaphysicae* kannte, sondern daß er auch bei seinen Gottesbeweisen die Argumente und Einwände des berühmten Jesuiten in Betracht zieht und sie zu vermeiden versucht – immer ohne ihn zu nennen. Wir wissen andererseits, daß Descartes die Rechte studiert hatte; es ist sogar möglich, daß er es auf dem Kollegium von La Flèche getan hat, wo Rechtskurse existierten. Jedenfalls ist es äußerst unwahrscheinlich, daß er, der die Schule der Jesuiten verlassen hatte, noch durchtränkt von den Lehren, die man ihm dort beigebracht, wie von Ehrfurcht gegen seine Lehrer, nicht Kenntnis genommen hatte von dem berühmten Buch des berühmten Doktors des Jesuitenordens.

Hat Descartes unter dem Einfluß von Occam, ⟨Gabriel⟩ Biel und ihren Schülern gestanden? Es ist nicht unmöglich, daß ihre Ideen ihm als Ausgangspunkt gedient haben, als Wegweiser, als Beispiele, daß sie ihm den Gedanken eines absoluten Indeterminismus nahegebracht haben – trotzdem ist es unmöglich, Descartes zu einem Schüler von Occam zu machen. Alles Spezifische der occamistischen Lehre, ihr Relativismus widerstreiten einer solchen Angleichung, Übrigens hat selbst nach Occam Gott nicht die Freiheit, nach Belieben mathematische Wahrheiten aufzustellen und zu verändern. Absolut frei und indifferent ist er nur bezüglich der Existenzen, bezüglich auch der moralischen Gesetze, die frei von Gott ausgegebene Befehle sind – niemals hätte Occam die schöpferische Macht Gottes auf das Mögliche *als* Mögliches ausgedehnt: das ist und bleibt eine Duns Scotus eigentümliche Anschauung.

Gilson hat versucht, die Hauptpunkte vom System Descartes' und dem des Duns Scotus einander gegenüberzustellen, um die Unmöglichkeit eines scotistischen Einflusses auf Descartes zu zeigen. Scotus erscheint ihm im Vergleich zu Descartes zu deterministisch, wo es sich um Gott, zu indeterministisch, wo es sich um den Menschen handelt. Überdies behauptet Descartes wie Thomas die absolute Einfachheit des göttlichen Wesens, während Scotus formelle Unterschiede darin findet. Descartes stünde darum Thomas[119] weit näher als Duns Scotus.

Will man aber die Lehre von Gott, von der Einfachheit usw. in der scholastischen Philosophie begreifen, so muß man u. E. stets der wesentlichen Analogie zwischen Gott und der Seele Rechnung tragen, sozusagen die Theologie durch die Psychologie aufhellen. In unserm Fall läßt uns diese Analogie die Beziehungen zwischen Thomas und Duns Scotus in einem etwas andern Licht sehen. Thomas behauptet die absolute Einfachheit des göttlichen Wesens – Duns Scotus tut es gleichfalls. Das hat an sich noch nicht viel zu besagen. Wir haben schon gesehen, daß dies eine der traditio-

[119] Thomas ⟨von Aquin⟩, ⟨*Scriptum super libros*⟩ *sent*⟨*entiarum*⟩ I, 22 q. 1, 3 ad 3 (187).

nellen Behauptungen ist, die sich ausnahmslos bei allen Scholastikern wiederfinden. Erst wenn man sie mit dem Hilfsmittel der Analogie interpretiert, springen die Differenzen heraus und wird der eigentliche Sinn verständlich.

Betrachten wir noch einmal die Psychologie beider Philosophen. Für Thomas ist die Unterscheidung der Seelenvermögen eine reelle Unterschiedenheit[120]; trotz der wesenhaften Einheit der Seele sind ihre Eigenschaften und Fähigkeiten voneinander reell geschieden und unterschieden[121]. Für Scotus kann es sich nur um eine Differenz formeller Natur handeln, die keineswegs einen dinglichen Unterschied der Objekte besagt[122]. Der Wille ist kein *Ding (res)*, das von einem andern *Dinge* – Verstand – reell unterschieden wäre[123]. Die Seele ist hier keine Einheit aus verschiedenen Vermögen wie bei Thomas. Sie ist ganz und gar Wille und ganz und gar Verstand – *quoad rem* ⟨der Sache nach⟩ sind Wille und Verstand ein und dasselbe. Die formelle Unterscheidung impliziert nur eine gewisse Nicht-Identität, eine reale Trennung schließt sie gerade aus[124]. Ebenso nimmt Thomas, wo es sich um Gott handelt, nur eine *distinctio rationis* ⟨rationale Unterscheidung⟩ der Attribute und Vermögen Gottes an – sie scheint also in die begriffliche Sphäre verlegt –, fügt aber sogleich hinzu: *cum fundamento in re* ⟨mit einem Fundament in der Sache⟩, wodurch sie im Grunde wieder in den Schoß des göttlichen Wesens selbst zurückversetzt wird[125]. So kann Duns Scotus sehr wohl in seiner Deduktion der Attribute ihre formelle Nicht-Identität behaupten[126]; die Einfachheit und Einheit des göttlichen Wesens wird dadurch nicht angetastet. Thomas dagegen muß seine absolute Einfachheit *expressis verbis* betonen[127], um nicht eine reelle Unterschiedenheit hineinzubringen, durch die Gottes Freiheit und Macht beschränkt würde. Im Grunde kann er diese Schwierigkeit doch nicht ganz umgehen; in seiner spekulativen Theorie der göttlichen Dreieinigkeit muß er doch, indem er die verschiedenen Weisen der Prozession der göttlichen Personen darstellt (die des Sohnes und die des Heiligen Geistes), notwendigerweise eine *reale Distinctio* behaupten, ebenso real wie die Verschiedenheit der göttlichen Personen selbst[128], oder auch der seelischen Vermögen, da er die Prozession durch eine analogische Betrachtung erklärt. Duns Scotus scheint demgegenüber in einer günstigeren Lage zu sein, und seine Lehre von der *distinctio formalis* ⟨formalen Unterscheidung⟩ erlaubt es ihm, Einfachheit

[120] *S. th.* I, q. 77, 1 ad 5 (188).
[121] ⟨Thomas von Aquin⟩, *De anima*, a. 12 (189).
[122] ⟨Johannes Duns Scotus⟩, *De rerum principio* XI, 3 (190).
[123] ⟨Johannes Duns Scotus⟩, *Op⟨us⟩ ox⟨oniense⟩* II, d. 16 q. 1, 17 (191).
[124] ⟨Ebd.⟩ I, d. 8 q. 4 n. 21 (192).
[125] Thomas ⟨von Aquin⟩,⟨Scriptum super libros⟩ sent⟨entiarum⟩ I, d. 2 q. 1, 3 (193).
[126] *Op⟨us⟩ ox⟨oniense⟩* I, d. 8 q. 4 (194).
[127] Thomas ⟨von Aquin⟩, *Quaest⟨iones⟩ disput⟨atae⟩ de potentia* 7, a. 6 (195).
[128] ⟨Johannes Duns Scotus⟩, *Op⟨us⟩ ox⟨oniense⟩* I, d. 8 q. 4, 21 (196).

und Einheit des göttlichen Wesens[129] in weit höherem Grade zu wahren, als es die Theorie der *distinctio rationis* ⟨rationale Unterscheidung⟩ des heiligen Thomas[130] vermag.

Er ist demnach nicht so weit von Descartes, als es Gilson meinen will, und auf alle Fälle bietet seine Lehre bedeutend mehr Ähnlichkeit zu derjenigen von Descartes und des heiligen Augustin, ihrer beider Lehrer, als die von Thomas. Die so charakteristische Lehre des Duns Scotus über die Univozität der Seinsprädikation, was Gott und die Kreatur anbetrifft, erinnert an eine cartesianische Behauptung: das Sein ist eine Eigenschaft, die sowohl von Gott wie von den Dingen prädiziert werden kann, die beiden zukommt. Die Existenz kommt in der nämlichen Weise Gott wie den Dingen zu[131]; nur kommt sie Gott in einer notwendigen Weise zu, den Dingen dagegen bloß zufällig[132].

Eine sorgfältige Untersuchung hat uns schon gezeigt, daß wir Descartes weder einen absoluten Indeterminismus beisprechen können noch die Lehre von der absoluten, durch nichts und in keiner Weise umschränkten Allmacht Gottes. Wir haben wohl gesehen, daß Descartes im Grunde nur jegliche Notwendigkeit (im Sinne der Nötigung oder Naturnotwendigkeit) Gott absprechen will; er leugnet, daß sich irgendetwas seiner schöpferischen Tätigkeit in irgendeiner Weise widersetzen könnte; daß etwas – sei es ein reelles, sei es ein idelles Sein – in seinem ideellen oder wirklichen Sein, in seinem Sein wie in seinem Möglichsein, unabhängig von Gott, vor seiner freischöpferischen Macht bestehen könne. Die Unendlichkeit Gottes ist sein eigentliches Wesen, darum müssen wir alle Aufstellungen vermeiden, durch die die Idee einer Einschränkung seines Wesens nahegelegt werden könnte. Descartes aber trägt kein Bedenken, auf Gott das Prinzip der Vollkommenheit anzuwenden, zu erklären, Gott könne nicht lügen[133], nicht unvollkommen sein, nicht dies oder das tun, was ihm als Übel oder Unvollkommenheit erscheint, z. B. nicht seine Anordnungen ändern, und wir haben auch schon gesehen, daß er, durch ⟨Henry⟩ More gedrängt, schließlich behauptet, Gott könne nichts Schlechtes tun, er könne nicht das Unmögliche wollen, und dieses Unvermögen sei in Wahrheit nur ein schlechter Ausdruck für seine absolute Vollkommenheit.

Descartes' Unterscheidung der absolut freien und indifferenten Macht

[129] Ebd. I d. 2 q. 2 (197).

[130] *S. th.* I, q. 37, 3 ad 3 (198).

[131] Descartes, *Responsiones quintae.* VII, 383.

[132] Wir haben hier die Existenz bloß als Prädikat im Auge. Ontologisch betrachtet ist Gottes Sein mit demjenigen der Kreatur ebensowenig gleichzusetzen als sein Wesen mit dem endlichen kreatürlichen Wesen der Geschöpfe.

[133] Die Lehre von der göttlichen Wahrhaftigkeit ist ebenfalls eine von den Lehren der *sententia communis*, und der Satz: *Deus nec fallit nec fallitur* ⟨Gott täuscht weder noch wird er getäuscht⟩ läßt sich bis Plato zurückverfolgen.

Gottes – der vollkommen andere moralische Gesetze hätte aufstellen können, als er tatsächlich angeordnet hat, eine von der unsern absolut verschiedene Welt schaffen, ewige Wahrheiten, die den uns bekannten widersprechen, den Sünder ohne Kontrition und Reueakt erlösen usw., nachdem er aber alles dies einmal so geordnet hat, es vermöge der Vollkommenheit seiner Unveränderlichkeit nicht mehr abändern kann – erinnert stark an die bekannte Unterscheidung zwischen der *potentia Dei absoluta* und der *potentia Dei ordinata* ⟨absoluten und geordneten Macht Gottes⟩[134].

Descartes konnte Scotus kennen. Er hat ihn sicherlich nicht gründlich studiert, aber höchstwahrscheinlich[135] ist er ihm nicht unbekannt geblieben. Er erwähnt seinen Namen; Gibieuf, dessen mächtiger Einfluß auf Descartes von Kahl zuerst vermutet und von Gilson in mustergültiger Weise nachgewiesen worden ist, zitiert ihn ziemlich oft, Suarez ebenfalls. Überhaupt war die scotistische Lehre keineswegs tot[136]. Die Universitäten Coimbra und Salamanca besaßen Lehrstühle für scotistische wie für thomistische Philosophie; wahrscheinlich wird Descartes auch von seinen Lehrern, den Jesuiten, in die Diskussion der Thomisten und Scotisten eingeführt worden sein[137].

Wir haben gesehen, daß die Differenzen zwischen Descartes und Duns Scotus nicht so tiefgehend und nicht so ausgesprochen sind, wie man behauptet hat. Es gilt jetzt, die Philosophie des Duns Scotus zu analysieren und über den möglichen Einfluß der scotistischen Willenstheorie auf Descartes Klarheit zu gewinnen ⟨zu⟩ versuchen.

6. In der wohlbekannten Frage nach der relativen Vollkommenheit des Willens und des Verstandes[138] stellt sich Duns Scotus entschlossen auf die Seite der Voluntaristen[139]. Im übrigen hat die Tradition seines Ordens stets

[134] ⟨Duns Scotus⟩, *Op⟨us⟩ ox⟨oniense⟩* II, d. 37 q. 2 n. 17 (199). Vgl. Bonaventura, *Sent⟨entiarum⟩* II, d. 25.

[135] Vgl. ⟨Descartes⟩, *Responsiones primae.* VII, 120.

[136] Es ist ja die Zeit, wo die Ausgabe der Werke von Duns Scotus in Vorbereitung ist. 1639 erscheint sie ⟨durch Lucas Wadding in Lyon.⟩

[137] Sehr viel später, in der Mitte des 17. Jahrhunderts, bildeten diese Diskussionen den Mittelpunkt der philosophischen Schulbildung. Leibniz vertieft sich eifrig in die Subtilitäten dieser Frage ⟨Gottfried Wilhelm Leibniz (1646–1716), bedeutendster deutscher Universalgelehrter und Philosoph des Barock, beschäftigt sich mit Mathematik, Jurisprudenz, Geschichte, Technik, Theologie und Philosophie; Mitglied der Londoner Royal Society und der Pariser Académie des sciences; korrespondiert mit den namhaftesten Gelehrten seiner Zeit (Huygens, Colbert, Malebranche, Arnauld, Oldenburg, Bayle, Newton, Spinoza). Hauptwerk: *Système nouveau de la nature et de la communication des substances, aussi bien que de l'union qu'il y a entre l'âme et le corps*, 1695 (postum *Monadologie* 1720). „Monade", die autonome und individuelle „fensterlose" Substanz, ist gegen den doppelten Substanzbegriff Descartes' angesetzt⟩.

[138] Vgl. ⟨Pierre⟩ Rousselot, *L'intellectualisme de St. Thomas*, ⟨Paris 1908,⟩ XXIII.

[139] Vgl. ⟨Alfred⟩ Vacant, *Revue du Clergé Français*, XII, 293 (200).

nachhaltige Spuren der Ideen Augustins bewahrt und eine Anhänglichkeit an seine Lehre. Der Wille ist für ihn das vollkommenste seelische Vermögen[140], durch seine Essenz wie durch sein Objekt. Es ist sehr instruktiv, seine Gründe für diese Überlegenheit des Willens zu prüfen. Sie mögen abstrus erscheinen – scholastische Subtilitäten –, aber sie gestatten uns, tiefer in den Geist des *Doctor subtilis* sowie des *Doctor angelicus* einzudringen. Der Gegenstand des Willens, sein primärer und absoluter Gegenstand, ist Gott als das höchste Gut, die höchste Vollkommenheit – das natürliche und primäre Objekt des Verstandes ist Gott als die oberste Wahrheit. Für den Intellektualisten Thomas sind Sein und ontologische Wahrheit Bedingungen, notwendige Fundamente des Guten, der Vollkommenheit. Es muß etwas *sein*, um *gut* sein zu können, und die Vollkommenheit selbst ist für ihn nur der höchste Grad des Seins. Ganz anders bei Scotus – das Gute, die Vollkommenheit ist Basis und Seinsgrund für alles, was ist, Güte und Vollkommenheit sind die Essenz des höchsten Wesens selbst, Gottes. Wir sahen bereits und werden es noch weiter sehen, daß dies auch die Position Descartes' ist.

Außerdem ist der Wille für Duns Scotus der in sich vollkommenste Akt, der Seele sowohl wie Gottes[141]. Der Wille ist frei seinem eignen Wesen nach. Niemals ist mit mehr Nachdruck, Eindringlichkeit und Klarheit als von Duns Scotus die Überlegenheit des freien Aktes, seine Unvergleichbarkeit mit jedem andern Akt oder Prozeß in der physischen oder psychischen Natur zum Ausdruck gebracht worden. Der Intellekt, der Verstand ist ein natürliches Vermögen, er handelt von Natur aus und mit Naturnotwendigkeit[142]. Mag diese Notwendigkeit ihm immanent und nicht von außen aufgezwungen sein, mag sie seine eigene Natur sein, das ändert die Sachlage nicht[143]. Die Unterscheidung: frei und nicht-frei ist nicht identisch mit der Unterscheidung: notwendig und nicht-notwendig, da der freie Akt selbst mit einer von der Naturnotwendigkeit freilich sehr verschiedenen Notwendigkeit verträglich ist[144]. Der freie Wille ist ein Vermögen, das nicht der „Natur" angehört, nicht von „Natur" aus handelt, keine „Natur" hat und ist. Der wahrhaft freie Akt ist eben als solcher jedem Akt der Natur überlegen[145]. Er kann einen solchen Akt zum Fundament haben, er kann seiner als einer notwendigen Bedingung seiner Realisation bedürfen – niemals kann er durch einen Akt der Natur von einem Naturgrund oder einer Naturursache

[140] Vgl. H. Siebeck, ⟨Die⟩ *Willenslehre bei Duns Scotus* ⟨und seinen Nachfolgern, in:⟩. Z⟨eitschift für⟩ P⟨hilosophie und⟩ ph⟨ilosophische⟩ Kr⟨itik (1898)⟩, 112, 182.
[141] Duns Scotus, *Reportata Parisiensia* I, d. 45 q. 2, 7 (201).
[142] Duns Scotus, *Op⟨us⟩ ox⟨oniense⟩* I, d. 1 q. 2, 9 (202).
[143] *Reportata Paris⟨iensia⟩* I, d. 8 q. 1 (203).
[144] *Op⟨us⟩ ox⟨oniense⟩* I, d. 39 q. un. 21 (204).
[145] Duns Scotus, *Quodlibet⟨um⟩* XVI, 15 (205).

erzeugt oder determiniert werden. Die Wirkungen von Naturursachen können nur Gelegenheit geben zu einem freien Willensakt; der Wille ist wahrhaft schöpferisch, unendlich seinem Wesen nach, er macht uns Gott ähnlich, er bildet das tiefste Wesen der Göttlichkeit, und durch ihn allein, nicht durch den Verstand können wir darum zu Gott gelangen.

Gott ist keine Natur, er handelt nicht mit Naturnotwendigkeit[146], sondern mit der Notwendigkeit seines freien und allmächtigen Willens. Jedoch trotz seiner wesenhaften Vollkommenheit ist der Wille nicht selbstgenügsam, er bedarf des Verstandes[147], er bedient[148] sich seiner, befiehlt[149] ihm, wie er seinerseits sich von ihm leiten läßt. Niemals aber vermag der Verstand etwas anderes als einen freien und spontanen Akt des Willens nahezulegen oder auszulösen[150]. Durch „frei und spontan" muß man den scotistischen Ausdruck „nicht natürlich" in moderner Sprache wiedergeben[151]. Die Natur ist nicht spontan im eigentlichen und strengen Sinne des Wortes. Sie ist immer fixiert, beschränkt, bestimmt und gebunden – nur der Wille erhebt sich über alle Schranken und Grenzen, nur er vermag einen absoluten Anfang zu setzen und darum einen absoluten Wert zu haben. Nur der Wille kann die Grenzen der Natur durchbrechen – und deshalb nur der Wille in das Übernatürliche gelangen und sich über die Natur erheben. Der freie Wille ist selbst übernatürlich. Er braucht den Verstand, denn nichts kann Objekt des Willens sein, was dem Verstand nicht gegenwärtig ist, aber anstatt den Willen aus dem Faktum des Intellekts abzuleiten als eine Folge des Verstandes, als eine natürliche Neigung (der Natur), einen Affekt – so wie Thomas –, leitet Scotus den Verstand oder genauer gesagt sein Vorhandensein im Geiste aus dem konstitutiven und primären Faktum der Freiheit ab. Die Freiheit ist ein unbezweifelbares und unleugbares Faktum[152] (Descartes wird es nicht anders sagen), man kann versuchen, es zu erklären[153], es aufzuhellen, leugnen kann man es nicht, es ist vor aller Erklärung und aller metaphysischen Theorie gegeben. Scotus will mit denen nicht diskutieren, die keine Freiheit, keine Kontingenz in der Welt zugeben, nicht mit denen, die nichts in der Welt zulassen als die Natur[154]. Wie später Descartes, so scheinen auch ihm diese Menschen den Menschennamen gar nicht zu verdienen, es sind Tiere, denn sie verzichten auf das höchste und vollkommenste seelische Vermögen, das einzige, das eine unübersteigbare Schranke zwischen Mensch und Tier

[146] *Op*⟨*us*⟩ *ox*⟨*oniense*⟩ II, d. I q. 2, 9 (205).
[147] Ebd. IV, d. 46 q. 1, 10 (206).
[148] Ebd. IV, d. 49, q. 4 (207).
[149] Ebd. I, d. 3, q. 1, 16.
[150] Duns Scotus, *Coll*⟨ectanea⟩ XVI (209).
[151] ⟨Duns Scotus⟩, *Quodlibet*⟨*um*⟩ XIV, 14 (219).
[152] ⟨Duns Scotus, *Tractatus*⟩ *de primo principo* IV, 5 (211).
[153] *Op*⟨*us*⟩ *ox*⟨*oniense* ⟩ I, d. 29 q. 5, 24 (212).
[154] Ebd. I, d. 39, 13 (213).

errichtet. Ebensowenig sucht Scotus durch eine Deduktion das Vorhandensein des Willens in Gott zu beweisen, sondern durch eine Analogie, eine Art transzendenter Induktion, die ähnlich der Begründung Descartes' sich auf das *principium perfectionis* ⟨Prinzip der Vollkommenheit⟩ stützt[155]. Die Freiheit, die Kontingenz ist ein Faktum. Wir können daran nicht zweifeln, denn nichts hat so wenig mit Naturnotwendigkeit zu tun wie der Wille. Wenn es Freiheit in der Welt gibt, so muß sie auch in ihrem Urheber vorhanden sein, denn notwendig oder nach Naturgesetzen wirkende Ursachen können nur Notwendiges erzeugen. Das einzige Vermögen, das mit Freiheit verträglich ist, ist der Wille, und da Gott frei ist, besitzt er notwendig Willen. Gäbe es in Gott keine Freiheit[156], so könnte es auch in der Welt keine geben[157]. Hätte Gott nicht Freiheit und Willen, so könnte er nicht Schöpfer sein, nicht Gott sein. Die Freiheit ist die Grundlage für alles, für Notwendiges wie für Kontingentes. Der freie Wille kann die Natur schaffen, eine Notwendigkeit setzen, aber niemals könnte die Natur aus sich die Freiheit erzeugen, die sie selbst aufhebt. Alle diese Betrachtungen führen dazu, Freiheit und Willen als tiefste und adäquateste Offenbarungen des unendlichen Wesens und der schöpferischen Aktion Gottes aufzufassen.

Es hat sich uns herausgestellt: die Natur kann erzeugen, aber nicht schaffen. Gott dagegen ist wesenhaft Schöpfer; die Natur ist eine Schranke, eine Begrenzung, eine Bestimmung, Gott ist unendlich; er ist ihr demnach notwendig überlegen. Scotus will jedoch in Gott Verstand und Willen keineswegs scheiden, er hält fest an der Einheit und Einfachheit des göttlichen Wesens; der göttliche Wille lenkt alle Akte Gottes, aber der Anteil des Verstandes ist nicht geringer oder weniger wichtig. Gott ist nicht bloß Wille, sondern Sein und Intellekt, absolutes Sein und unendlicher Intellekt[158]. Zwischen den Vermögen und Attributen Gottes besteht kein Mißklang, sondern tiefste Einheit: Gott ist, er ist notwendig, aber er ist nicht durch eine Naturnotwendigkeit, es gibt für ihn keine „*ratio*" ⟨Begründung⟩[159]. Er ist durch die Notwendigkeit seiner Vollkommenheit und Freiheit, er ist, weil seine Allmacht selbst ihm das Sein nicht rauben kann, das er sich frei gibt; er ist und will sein, oder er will sein und ist zugleich.

Gott ist notwendig Intellekt, aber er will Intellekt sein und will seinen Intellekt[160]. Er denkt, er denkt selbst seinen Willen, aber er will denken, oder vielmehr, er will denken und er denkt, und er will seinen Willen denken – beide Akte entspringen seinem Wesen[161], durchdringen und verschmelzen

155 Ebd. I, d. 8 q. 4 (214).
156 Ebd. I, d. 39, 5 (215).
157 Ebd. I, d. 2, q. 2 (216).
158 Ebd. IV, d. 12 q. 2, 10 (217).
159 ⟨Duns Scotus,⟩ *Quodlibet⟨um⟩* XVI, 8 (218).
160 Ebd. XVI, 18 (219).
161 ⟨Duns Scotus,⟩ *Op⟨us⟩ ox⟨oniense⟩* III, d. 32.

sich. Sie bilden eine Art Harmonie, nicht eine prästabilierte, sondern eine wesenhafte Harmonie. Gott kann nichts wollen, was er nicht denkt, aber er kann auch nichts denken, was er nicht will, was er nicht denken will.

Gott ist die einzige Quelle, in der alles Wirkliche und alles Mögliche begründet ist[162]. Der göttliche Verstand, der alle Ideen ewig in sich hat[163], erzeugt alles Mögliche als solches, und er verfährt dabei als Natur, aber er erzeugt sie nur, weil es Gott will, daß er sie erzeugt. Der göttliche Verstand und der göttliche Wille spielen eine gleich wichtige, obwohl verschiedene Rolle bei der Erzeugung des Möglichen, und darum sagt Scotus: Gott *erfindet* das Mögliche[164]. Er erfindet es sowie die möglichen Kombinationen von Essenzen, die Gruppen des Kompossiblen[165] – es ist eine Erfindertätigkeit und nicht eine bloße Feststellung und Berechnung. Erst nach der Erfindung kommt der Verstand für sich allein hinzu und erkennt die Möglichkeiten als solche, und der göttliche Wille wählt frei und realisiert[166] und schafft, im eigentlichen Sinne des Wortes, irgendeine der möglichen Welten, eine aus den Gruppen von Kompossibilitäten, die der Verstand ihm darbietet, und danach nimmt der Verstand in einem neuen Akt Kenntnis von der wirklichen Welt. Überall, in jedem Moment des göttlichen Lebens und Wirkens, sucht Scotus diesen wechselnden Rythmus, dieses Zusammenwirken, diese Harmonie von Willen und Verstand. Nichts kann geschehen, was nicht von Gott gewollt ist[167], nichts kann von Gott gewollt sein, ohne zugleich von ihm gedacht, begriffen, erkannt zu sein[168]. Das aktive und das rezeptive Vermögen, das schöpferische und das naturhafte, verschmelzen sich, durchdringen sich, halten sich das Gleichgewicht[169]. Gott will sein Sein und erkennt es. Er will sein dreieiniges Sein – nicht nur wie in den traditionellen Theorien der göttliche Wille oder die göttliche Liebe der Ausströmung des Geistes zugrundeliegt – Gott will die Geburt des Sohnes[170] und die Ausströmung des Geistes. Aber zugleich registriert und erkennt der Intellekt durch eine gleichfalls gewollte Aktion die göttlichen Willensakte. Der göttliche Wille ist supraintelligibel und suprarational; er ist nicht irrational[171] und nicht in Widerspruch zum Intellekt[172]; darum findet die Frage, die Descartes so sehr beschäftigt hat, die Frage nach dem

[162] Vgl. Pluzansky, *La Philosophie de Duns Scot* (221).
[163] *Op⟨us⟩ ox⟨oniense⟩* I, d. 35 q. un. 12 (222).
[164] ⟨Ebd.⟩ I, d. 43 q. un. 5 (223).
[165] Ebd. 6 (224).
[166] ⟨Duns Scotus,⟩ *Reportata Paris⟨iensia⟩* I, d. 36 q. 4, 7 (225).
[167] ⟨Ebd.⟩ I, d. 17 q. 2, 4 (226).
[168] *Op⟨us⟩ ox⟨oniense⟩* I, d. 35 (227).
[169] *Reportata Paris⟨iensia⟩* IV, d. 49 q. 2 (228).
[170] *Op⟨us⟩ ox⟨oniense⟩* I, d. 6 q. un. 5 (229).
[171] ⟨Ebd.⟩ II, d. 6 q. 2, 6 (230).
[172] Vgl. ⟨Josef⟩ Klein, ⟨Der Gottesbegriff⟩ *des J⟨ohannes⟩ D⟨uns⟩ Scot*⟨us, vor allem nach seiner ethischen Seite betrachtet, Würzburg 1913⟩, 100.

Verhältnis von ewigen Wahrheiten und göttlicher Freiheit[173], von Gott und dem Guten[174] bei Duns Scotus eine so vollkommene Lösung, wie sie in diesen für den menschlichen Geist fast unzugänglichen Regionen nur überhaupt möglich ist[175].

Gott kann das Unmögliche nicht wollen[176], nicht weil die Essenzen ihn durch Bedingungen ihrer Existenz und Nichtexistenz einschränkten – wovor Descartes zurückschreckt –, sondern eben darum, weil Gott nur das Mögliche erfindet, weil Erfindertätigkeit das Mögliche mit seiner Möglichkeit schafft, weil der göttliche Wille suprarational ist und das Unmögliche zu erfinden ihm unmöglich ist, weil das Schlechte wollen eine Unvollkommenheit ist, weil durch eine solche Möglichkeit die göttliche Aktion in ihrem Sinn zerstört würde. So behauptet diese auf den ersten Blick paradoxe Theorie den Unterschied von *potentia Dei absoluta* und *potentia Dei ordinata* ⟨absoluter und geordneter Macht Gottes⟩, die absolut unumschränkte Machtvollkommenheit Gottes und zugleich die Unmöglichkeit, daß Gott etwas auf andere Weise als durch einen ordinierten Willensakt wollen könnte. Dies impliziert keine Beschränkung seiner Macht – im Gegenteil, so groß ist sie und so vollkommen, daß sein ewiger und unveränderlicher Akt, absolut in seinem Wesen, notwendig ein geregeltes System hervorbringt, daß die göttliche Macht sich einzig und allein in der Form der Ordnung, der vollkommenen, göttlichen Ordnung verwirklichen kann. Gott hätte einen anderen regulären Willen haben, andere moralische Normen vorschreiben, andere Gesetze geben können, seinen Willen oder seine Allmacht auf ganz andere Weise realisieren oder offenbaren, aber sein Wille wäre nicht weniger geregelt, nicht weniger gut geregelt. Das einzige, was er nicht könnte, wäre, einen ungeregelten Willen zu haben, und zwar darum nicht, weil das keinen *Sinn* hätte, so wenig wie eine falsche Wahrheit[177].

Es ist ein weiter Weg von der tiefsinnigen und bis in die feinsten Einzelheiten präzis ausgearbeiteten Theorie des Duns Scotus zu der vielleicht nicht weniger tiefen, aber dunklen und verworrenen Lehre Descartes'. Indessen dürfen die betonten Differenzen uns die innere Verwandtschaft beider Systeme nicht übersehen lassen[178] – für Descartes wie für Scotus handelt es sich vor allem darum, den etwas engen Intellektualismus des Thomas zu überwinden; beide wollen Notwendigkeit und Natur aus der Freiheit eines dem

[173] *Op⟨us⟩ ox⟨oniense⟩* III, d. 37 q. 11 (231).
[174] ⟨Ebd.⟩ I, d. 39 q. un. 21 (232).
[175] *Reportata Paris⟨iensia⟩* I, d. 41 q. un. 7 (233).
[176] *Op⟨us⟩ ox⟨oniense⟩* I, d. 44.
[177] Vgl. Pluzansky, ⟨*La Philosophie de Duns Scot,*⟩ 169. Vgl. auch Bonaventura ⟨ ,*Itinerarium*⟩.
[178] Vgl. Siebeck, ⟨*Willenslehre des Duns Scotus,*⟩ Zeitschrift für Phil⟨osophie und⟩ ph⟨ilosophische⟩ Kr⟨itik (1898)⟩, 186–187.

Begriff der Natur selbst überlegenen Vermögens ableiten[179]; für beide steht die Vollkommenheit höher als das Sein, begründet es und erklärt es.

Hat Descartes Duns Scotus gekannt? Augenscheinlich hat er ihn nicht gründlich studiert – für ein solches Studium wüßten wir in keinem Abschnitt seines Lebens Belege zu finden –, aber ebenso augenscheinlich kann ihm der Name des großen Antithomisten nicht unbekannt geblieben sein, und aller Wahrscheinlichkeit nach hat er die Grundzüge der berühmten Kontroverse gekannt. Dieses Faktum der Bekanntschaft mit Scotus, wenn auch nur oberflächlich und aus zweiter Hand, scheint uns hinreichend, um sowohl den Einfluß als ⟨auch⟩ die Differenzen, die wir feststellten, zu erklären. Tatsächlich ist es ziemlich schwierig, die Ideen des Duns Scotus richtig kennenzulernen; man muß sie durch das Labyrinth der mannigfachen Polemik seines großen Kommentars hindurch verfolgen. Man kann sich sehr leicht über die Tragweite seiner Behauptungen täuschen und ihm auf Grund eines unvollständigen Materials einen übertriebenen Indeterminismus zuschreiben[180]; begreiflicherweise haben auch die Gegner seiner Lehre nicht verfehlt, ihr diese Deutung zu geben, so daß sie den cartesianischen Ideen, wenigstens aus seiner ersten Periode, noch näher zu stehen scheint als die wirkliche Lehre des *Doctor subtilis*. Die früher angeführten Ansichten der modernen Autoren sowie die, welche wir hier zitieren, zeigen zur Genüge, wie nachhaltig diese Interpretation gewirkt hat[181], wie einleuchtend sie auch für alle die sein muß, die die scholastischen *termini* nicht in dem oft ganz speziellen Sinne nehmen, den ihnen Scotus gibt. Wenn Descartes Scotus gekannt hat, so muß ihn wohl die beherrschende und zentrale Unterscheidung zwischen dem Verstand als dem passiven Vermögen von naturhaftem Wirken und dem nicht naturhaft, sondern spontan und frei agierenden Willen[182] vor allem frappiert haben[183].

Einige Überlegungen und Textvergleichungen legen die Vermutung nahe, daß Descartes sich nicht mit der Kenntnis aus zweiter Hand begnügt hat, die er aus den Handbüchern und dem Unterricht von La Flèche gewinnen konnte; anscheinend hat er direkt Kenntnis genommen, wenn auch nicht genau studiert. So entwickelt Descartes in genauer Übereinstimmung mit Duns Scotus die beiden Formen, in denen der Wille auf den Verstand einwirken kann:

1. direkt[184], indem er unsere Ideen auf dieses oder jenes Objekt hinlenkt[185],

[179] *Op⟨us⟩ ox⟨oniense⟩* I, d. 8 q. 5 (235).
[180] ⟨Ebd.⟩ III, d. 22 q. 1 n. 6; Vgl. Vacant, *Revue du Clergé Français* (236).
[181] Vgl. F⟨erdinand⟩ Christ⟨ian⟩ Baur, *Die christliche Lehre von der Dreieinigkeit und der Menschwerdung*, 1842, II, 642–656.
[182] ⟨ Duns Scotus,⟩ *Quodlibet⟨ae⟩* XVI, n. 14 (237).
[183] Vgl. Vacant, *Revue du Clergé Français* (238).
[184] ⟨Duns Scotus,⟩ *Op⟨us⟩ ox⟨oniense⟩* II, d. 42 n. 10 (239).
[185] Duns Scot⟨us⟩, In Met. expos. IX, 1, 5 (240).

es zu erkennen sucht und durch die Hinwendung unsere Ideen klarer und deutlicher macht;

2. indirekt, indem er die Aufmerksamkeit abschwächt und den Geist von der Betrachtung der klaren Ideen, der ewigen Wahrheiten ablenkt, die der Verstand, sich selbst überlassen, beständig betrachten würde, ohne sich von sich aus jemals abwenden zu können[186]. Das ist eine scotistische Reminiszenz ebenso wie der Vergleich Gottes mit dem König[187], der frei die Gesetze seines Reiches aufstellt, und manchmal übersetzt Descartes wörtlich einen scotistischen Ausdruck: z. B. *princeps* mit *prince*, wovon schon oben die Rede war.

Um noch auf ein Beispiel von geringerer sachlicher Wichtigkeit hinzuweisen – von Duns Scotus hat Descartes auch das berühmte Wachsbeispiel entlehnt.

Das dürfte genügen. Einige ergänzende Betrachtungen werden unsere Ansicht noch bestätigen. Gibieuf kennt Duns Scotus, er zitiert ihn. Die Verwandtschaft seiner Lehre – also auch der Descartes' – mit den Ideen des Franziskaners ist dem gelehrten Oratorianer nicht entgangen. Auch er hat wahrscheinlich von daher, wie von Bonaventura, Einflüsse empfangen. Höchstwahrscheinlich wird er den jungen Philosophen, dessen Ideen sich damals im geistigen Verkehr mit den Vätern des *Oratoire* entfalteten, auf diese beiden großen Doktoren hingewiesen haben, unter deren Patronat er selbst sein Buch gestellt hat[188]. Nur weil sie keine so unbestrittene Autorität besaßen wie der *Doctor gratiae* ⟨Lehrer der Gnade, Augustinus⟩ oder der Engel der Schule ⟨Thomas⟩, weil sie ihm nicht so gut als Deckung für seine ihm selbst neu und gefährlich erscheinenden Ansichten dienen konnten, zitiert er sie weniger oft als Augustin und Thomas. Duns Scotus, der Hauptgegner des Thomas, konnte ihm nur schaden und ihn verdächtig machen.

In die Zeit seines zweiten Pariser Aufenthalts – 1626 bis 1629 –, in die entscheidende Epoche seines Lebens und Denkens, in der sich seine großen Konzeptionen bildeten, müssen wir demnach wohl Descartes' Scotus-Lektüre verlegen. Gerade in dieser Zeit hat er seinen Einfluß erfahren, und, die Einwirkung Augustins verstärkend und erläuternd, ist er in ihm fruchtbar geworden.[189]

[186] *Op⟨us⟩ ox⟨oniense⟩* II, d. 42 q. 4, 5 (241).

[187] ⟨Duns Scotus, *Tractatus*⟩ *de* ⟨primo⟩ *principio* (242).

[188] Vgl. „De libertate Dei et creaturis libri duo in quibus status et actus tam divinae quam creatae libertatis, Motio causae secundae a Prima, Scientiae mediae necessitas nulla, depravatae libertatis origo, Ortus et natura mali, consummatio libertatis et servitutis, aliaque complura explicantur. Juxta doctrinam D. Augustini, D. Thomae, D. Bonaventurae, Scoti, Gandavensis Durandi aliorumque veterum theologorum". Auctore P. Guillielmo Gibieuf, Parisiis 1630.

[189] Vgl. Blanchet, *Les antécédents* (243).

Die Gottesbeweise

1. Wir können jetzt zur Prüfung der cartesianischen Gottesbeweise übergehen – nach den Ergebnissen unserer bisherigen Analysen werden wir nicht erstaunt sein, wenn wir wiederum auf scholastische Ideen und Doktrinen stoßen.

Hier wie in seiner Metaphysik zeigt sich Descartes als Schüler Augustins und Plotins, entfernt sich von den klassischen thomistischen Beweisen und greift auf die Gedanken Augustins, Anselms und Bonaventuras zurück.

Ehe wir im einzelnen auf eine Prüfung eingehen, müssen wir uns eine allgemeine Frage stellen: welchen Sinn haben diese Beweise im System Descartes', welchen können sie darin haben? Wenn wirklich gemäß unserer Interpretation für Descartes wie für Augustin, für Bonaventura und die Mystiker Gott Gegenstand einer Intuition ist, wenn die Gottesidee klarer ist als irgendeine andere, seine Existenz sicherer als irgendetwas anderes, selbst als unsere eigene Existenz, wenn andererseits in Gott allein, in der unendlichen Vollkommenheit seines Wesens und seiner Schöpfertätigkeit das wahre und einzige Fundament, Kriterium und Rechtsgrund all unserer Erkenntnis, auch der klaren und deutlichen ist – was soll dann der Versuch, seine Existenz durch eine rationale Deduktion zu beweisen, wozu sollte sie gut sein? Was kann sie uns anderes und mehr geben als die Intuition, und was kann uns ihren Wert verbürgen, wenn wir nicht schon vorher wissen, daß Gott existiert? Dieses Problem pflegt man mit dem Namen „cartesianischer Zirkel" zu bezeichnen, aber wir glauben, in der Formulierung: die klaren Ideen haben ihren Rechtsgrund in Gott, Gott wird durch die klaren Ideen bewiesen, d.h. seine Existenz wird durch ihre Gültigkeit verbürgt[1], beschränkt man seine Tragweite. Der Zirkel scheint offenbar, er ist es auch, doch scheint es uns nicht berechtigt, ihn als *circulus vitiosus* zu bezeichnen. Der Zirkel der

[1] So gefaßt wäre die Schwierigkeit in der Tat unlösbar. Wir können hier nicht auf alle Interpretationen eingehen, die man dem cartesianischen Zirkel gegeben hat; die wahre Lösung gibt u. E. die Scheidung zwischen dem *Erkenntnis*wert und der *ontologischen* Bedeutung der klaren Ideen – darauf kommt letztlich auch ⟨Octave⟩ Hamelins Kommentar hinaus ⟨*Le système de Descartes*⟩. Sie wird nur dadurch erschwert, daß man von den klaren Ideen oder – wie Hamelin – vom Menschen und von Gott zugleich ausgeht. Geht man von Gott oder von der untrennbaren Intuition der Seele in Gott und Gottes in der Seele aus, so erscheint der Zirkel als vollkommen notwendig und berechtigt.

cartesianischen Doktrin ist ein notwendiger und legitimer. Descartes würde ihn vielleicht als einen neuen Beweis für die Richtigkeit seiner Doktrin in Anspruch nehmen. Der Zirkel ist notwendig und – so scheint es uns – nicht der cartesianischen Theorie allein eigen; wir finden ihn in jeder Erkenntnistheorie wieder, denn jede behauptet, die Erkenntnis zu analysieren und eine Antwort auf die Frage nach ihrem objektiven Wert mit den Mitteln der Erkenntnis selbst zu finden. Er ist in dem Akt selbst enthalten, der die Erkenntnis zu einem Objekt ihrer selbst werden läßt. Und gerade in der Möglichkeit einer solchen Umwendung liegt der Grund für ihren objektiven Wert. In dieser Rückwendung auf sich selbst berührt sie das Absolute. Das scheint legitim oder kann es doch sein. Der Zirkel aller Logik – daß sie die Gesetze, die sie für Behauptungen, Schlüsse und Wahrheiten im allgemeinen aufstellt, auf ihre eignen Schlüsse, Behauptungen und Wahrheiten anwendet – hat noch nie zur Verdammung der formalen Logik Veranlassung gegeben – im Gegenteil, gerade in dieser Möglichkeit sehen wir den Ausdruck ihres absoluten Charakters. Und in der vollen Erkenntnis der Notwendigkeit und Legitimität dieses Zirkels fand Spinoza die lapidare Formel: *veritas signum sui ipsius est et falsi* ⟨Die Wahrheit ist ein Anzeichen ihrer selbst und des Falschen⟩. Ist Gott die Wahrheit, so ist er Rechtsgrund seiner selbst, sein eignes „*signum*“ oder Kriterium und zugleich Fundament und Rechtsgrund der einzelnen Wahrheiten, der klaren und deutlichen Ideen. Die absolute Erkenntnis begründet und rechtfertigt jede Erkenntnis, und die absolute Vollkommenheit ist hier wie überall notwendiges und hinreichendes Fundament für jede Vollkommenheit. Weil Gott sie geschaffen hat, sind die Ideen klar[2], und weil Gott vollkommen ist, haben die klaren Ideen einen objektiven Wert. Wenn sie so beschaffen sind – und nur dann –, können sie uns evidentermaßen zur Erkenntnis Gottes führen. Wie kommt man aber zu diesem Standort? Mit welchem Recht betrachten wir den Zirkel von oben und von außen? Wir dürfen es, weil die direkte Intuition es uns erlaubt, sie erreicht Gott und befreit uns von dem Zirkel, läßt ihn uns im Ganzen überschauen, uns in Gott die höchste Einheit von Sein und Erkenntnis sehen, die absolute Rechtfertigung seiner selbst, der Erkenntnis, der Klarheit und Wahrheit.

Durch unsere Interpretation, die die cartesianische Doktrin mystischen Theorien annähert, scheinen die Schwierigkeiten des cartesianischen Zirkels hinreichend erklärt. Aber wir haben noch einem Einwand zu begegnen. Welche Rolle spielen die Beweise, und wozu dienen sie? Hat man nicht genug an der primären Intuition? Auch diese Schwierigkeit ist dem Cartesianismus nicht allein eigen. Sie findet sich in allen Systemen, die auf mystische Intuition aufgebaut sind, von Plotin bis zu Bonaventura und bis auf unsere

[2] Vgl. Descartes, *Discours* VI, 38.

Tage, und dieselben Gründe, die die Position Descartes' bestimmen, zwingen auch die mystischen Philosophen, rationale Beweise für die Existenz Gottes anzuhäufen, Beweise, die die Intuition weder ersetzen noch verstärken und erleuchten. Die Intuition ist ein seltenes Geschenk, sie steht uns nicht immer zu Gebote, und obwohl auf dem Grunde all unserer Wahrnehmungen und Gedanken verborgen, ist die Erfassung Gottes undeutlich. Man muß sie befreien, herauslösen und ihre reale Bedeutung erweisen. Man muß auch der rationalen Kritik der Ungläubigen gleich rationale Beweise entgegenstellen, man muß ihnen Gott durch die Vernunft nahebringen, um ihnen sein Wesen begreiflich zu machen, um sie sich selbst begreiflich zu machen, um ihnen die Augen zu öffnen für seine allzu blendende und überströmende Klarheit. Die Intuition ist klar, aber sie ist undeutlich. Die Beweise machen durch die rationale Deduktion seiner Existenz zugleich die Idee Gottes deutlicher[3], sie vermitteln uns eine wahre Vernunftidee, sie ermöglichen uns, seine Attribute abzuleiten, sie geben uns eine rationale Erkenntnis, die das einzig mögliche Fundament für eine philosophische Analyse ist. Die direkte Intuition ist in sich selbst letzte Basis aller Philosophie; sie ist noch nicht selbst Philosophie. Vollkommen ihrer Natur nach, ist sie unvollkommen und fragmentarisch dem Grad nach, und erst in der himmlischen, der übernatürlichen Schau wird sie ihre Vollkommenheit erreichen und der Vernunftgründe und logischen Hilfsmittel entbehren können, die ihr Stütze und Rückhalt geben, die auf diskursivem Wege fixieren, was in der Intuition nur implizite und undeutlich gegeben war.

Hinsichtlich der Gottesbeweise brachte Descartes nichts absolut Neues. Alle seine Beweise sind vor ihm gefunden worden, er nimmt sie nur auf. Aber er nimmt sie nicht einfach auf, er übersetzt sie, er haucht ihnen neues Leben ein. So beginnt er mit der bescheidenen Bemerkung, er wolle aus den zahlreichen Beweisen für die Existenz Gottes, die man versucht habe, nur die besten heraussuchen, aber es ist eine geheuchelte Bescheidenheit, und sie verhindert ihn keineswegs, seine Urheberrechte hartnäckig, ja erbittert zu verteidigen.

Es scheint uns nützlich, kurz an die Beweise zu erinnern, die zu Descartes' Zeit üblich waren. Wir suchen zu verstehen, warum er sie nicht annehmen konnte, und wir werden dabei die allgemeine Idee bestätigt finden, die wir uns von der Philosophie Descartes' gebildet haben – der Philosophie von der unendlichen Vollkommenheit des Unendlichen –, und wir werden auch sehen, warum die drei Beweise, die er annimmt, Gnade vor seinen Augen gefunden haben. Wir werden sehen, wie sich das leitende Prinzip aller seiner Demonstrationen heraushebt.

Wir können nicht alle Beweise durchgehen, die zu seiner Zeit bekannt

[3] Vgl. ⟨Descartes,⟩ *Responsiones quintae.* VII, 371.

waren. P⟨ater Marin⟩ Mersenne, dessen umfangreiches Buch eine Art Enzyklopädie *de omni re scibili et de quibusdam aliis* ⟨über jede wissenswerte Sache und einige andere⟩ ist, führt deren über 80 an. Er beweist Gottes Dasein durch die Musik, durch die Mathematik, die Physik, die Medizin usw. Das konnte Descartes nicht ernstnehmen. Von weit größerem Interesse sind für ihn die fünf thomistischen Beweise. Sie waren allgemein anerkannt, und sie mußte Descartes – er hatte sie in La Flèche studiert – vor allem prüfen; sie mußte er zu ersetzen suchen. Wir brauchen nicht auf die Einzelheiten der thomistischen Beweise einzugehen[4] – das wäre für uns nicht von Bedeutung –; übrigens lassen sie verschiedene Interpretationen zu. Wir wollen sie nur aufzählen und die gemeinsamen Prinzipien zur Abhebung bringen, die sie für Descartes unannehmbar machen mußten. Man kann diese Beweise in zwei Gruppen einteilen. Die eine stützt sich auf das physikotheologische Argument: die schöne Ordnung der Welt wäre nicht verständlich ohne einen höchsten Leiter, der sie seinen Zwecken entsprechend eingerichtet hat; darin liegt der Beweis für das Dasein Gottes. Wir brauchen dabei nicht zu verweilen; Descartes als geschworener Feind der *causae finales* ⟨Zielursachen⟩, der die Finalität ganz aus der Physik verbannen wollte und als Erklärungsprinzipien nur *causae efficientes* ⟨Wirkursachen⟩ zulassen, konnte diese Art der Demonstration augenscheinlich nicht annehmen. Die vier anderen Beweise – der des ersten Bewegers *(per primum movens)*, der *causae efficientes (per causas efficientes)*, des Notwendigen und des Kontingenten wie der Stufen der Vollkommenheit – haben alle eine gemeinsame Prämisse – das berühmte Prinzip der Unmöglichkeit eines *regressus in infinitum* ⟨Rückschritts ins Unendliche⟩, das ανάγχη στηναι des Aristoteles, und gerade diese Prämisse konnte Descartes sich nicht zu eigen machen. Das sind sozusagen formelle Gründe – aber es gibt für Descartes einen noch tieferen Grund, die thomistischen Gottesbeweise zu verwerfen. In der Tat – sie stützen sich ja alle auf eine Wahrnehmung, auf eine Erkenntnis der sinnlichen Außenwelt, die als gegeben, und zwar als mit und in ihrer Existenz gegeben die gemeinsame Grundlage der ganzen Beweisführung bildet. Für Descartes ist diese ja gerade problematisch – er kann sich nur auf eine ideelle oder auch eine geistige Gegebenheit stützen, und es wäre von seinem Standpunkte aus ein wirklicher Zirkelschluß, wenn er die Existenz und Erkenntnis der Außenwelt als gegeben annehmen würde, bevor er derjenigen Gottes versichert wäre[5].

[4] Wir verweisen auf die bekannten Darstellungen. Eine kurze Zusammenfassung findet man bei ⟨Albert⟩ Stöckl, ⟨*Geschichte der Philosophie des Mittelalters, Mainz 1865*⟩, und neuerdings bei Gilson, *Le Thomisme*, Straßburg 1919.

[5] Den klassischen augustinisch-anselmischen Beweis aus der Idee der Wahrheit hat Descartes genau aus demselben Grunde verwerfen müssen, aus welchem ihn auch die Scholastik, auch Scotus und Occam, verworfen haben: die Ewigkeit der Wahrheit (im Sinne von

Wir haben schon bei verschiedenen Gelegenheiten darauf hingewiesen, welche wichtige Rolle die Idee des Unendlichen bei Descartes spielt – nicht als ob er sie als erster in die Philosophie eingeführt hätte[6] –; die Unendlichkeit Gottes ist seit Philo Tradition. Die Ewigkeit der Welt, ihre Unendlichkeit in der Zeit wurde lange vor Descartes behauptet, ebenso wie die räumliche Unendlichkeit der Welt schon einige Zeit vor Descartes gelehrt wurde – von den Denkern der Renaissance: Cusanus[7], dessen Gedanken zu der Theorie Descartes' in einer weit engeren Beziehung stehen, als er es selbst zugibt, ⟨Tommaso⟩ Campanella, ⟨Giordano⟩ Bruno – Denkern, die ihm keineswegs unbekannt waren[8]. Aber niemand hatte sich eine wirklich klare Vorstellung vom Unendlichen bilden können, niemand hatte diese Idee von ihrem theologischen Sinn ablösen können, in einem Wort, niemand vor Descartes hatte mit solch einer Klarheit und Entschiedenheit die Möglichkeit eines aktuellen Unendlichen, einer unendlichen Zahl behauptet[9]. Niemand hatte auch diesen Unterschied ganz begriffen, den unendlichen Abstand zwischen allem Endlichen und dem Unendlichen. Pseudo–Dionysius hält die Zahl der Engel für unendlich, Augustin die Zahl der Ideen und der Seelen, Duns Scotus die der Möglichkeiten (der Ideen), Bonaventura stützt auf den Begriff des Unendlichen einen Beweis, den wir bei Descartes wiederfinden werden; Thomas gesteht die Möglichkeit einer ewigen Welt und eines sukzessiven Unendlichen zu, und durch seine scharfsinnige Unterscheidung eines absolut unbegrenzten und eines begrenzten Unendlichen[10] (eine Linie, die von einem Punkt A aus ins Unendliche läuft) gewinnt er einen Vorsprung vor seinen Zeitgenossen, er begreift die Möglichkeit, eine Zahl durch sukzessive Hinzufügung ins Unendliche zu vergrößern – *sub ratione finiti* ⟨unter der Hinsicht des Endlichen⟩ –; aber keiner der Scholastiker, die mit solchem Nachdruck die Idee des Unendlichen betonen, vermag aus diesem Begriff alle darin enthaltenen Konsequenzen zu entwickeln. Man hat immer den Eindruck, daß die unendliche Anzahl der Ideen[11] oder der Seelen nur den Anschein beseitigen soll, als würden der Allmacht Gottes Schranken ge-

Einzelwahrheiten) stellte sie ja als *per se* ewig Gott gegenüber; ihre Ewigkeit als an sich bestehend war Erkenntnisgrund der sie ontologisch stützenden Ewigkeit Gottes. Wir brauchen bloß an unsere Analyse des Voluntarismus zu erinnern, um die Unannehmbarkeit dieser Beweisart sofort zu erkennen.

[6] Vgl. oben S. XXX.

[7] Vgl. Descartes, *An Chanut*, 6.VI.1647. (244). ⟨Hector-Pierre Chanut (1601–1662), Freund von Descartes während der Krankheit und Nachlaßverwalter⟩.

[8] Wir unterlassen es, in der Antike und auch bei Augustin entsprechende Stellen herauszuheben. Was den letztern anbetrifft, haben wir schon auf ihn hingewiesen.

[9] Vgl. ⟨Descartes,⟩ *An Mersenne*, 28.I.1641. III, 293; *An Mersenne*, 15.IV.1630 (245).

[10] Vgl. Thomas ⟨von Aquin,⟩ *Contra gent⟨iles⟩* II, 92; *De ver⟨itate⟩* II, 9 c.

[11] Man findet diese Idee auch bei Descartes. Vgl. *An Clersellier*, 29.IV.1649.

setzt[12], ohne diese übernatürliche Stütze wäre das Unendliche widerspruchsvoll. Das Unendliche wird häufig mit dem Absoluten konfundiert – so sind für Augustin die absolute Schönheit, die absolute Güte als solche unendlich. Das Unendliche wird andererseits dem Größten angenähert. Aus dem Faktum, daß jede unendliche Größe notwendig größer ist als jede endliche, scheinen die christlichen Doktoren den Schluß zu ziehen, daß hier die größte der Größen sei[13], und merken nicht, daß sie eben damit wieder in die Reihe der endlichen Größen eingeordnet wird. Vermöge eines überraschenden Widerspruchs sind alle Demonstrationen und Deduktionen, mit deren Hilfe sie das Unendliche zu fassen und zu beweisen suchen, auf die Betrachtung endlicher Größen aufgebaut, auf die Unmöglichkeit einer unendlichen Reihe. Diese Verwirrung ist offenbar bei Thomas und noch mehr bei Anselm, von dem Thomas den Gottesbeweis aus den Stufen des Seins entlehnt; wenigstens übernimmt er von ihm die besondere Form, die er diesem augustinischen Beweis gegeben hat. Die verschiedenen Stufen des Seins und der Vollkommenheit können nicht ohne die *Vollkommenheit* bestehen; die absolute Vollkommenheit = die unendliche Vollkommenheit – dies ist Augustins Beweis. Es kann keine unendliche Anzahl von Stufen, es muß eine oberste geben, und sie muß demnach die absolute Vollkommenheit, die unendliche, Gott sein – dies ist der Gedankengang von Anselm und Thomas.

Descartes konnte dieser naiven Beweisführung nicht zustimmen[14]. Sein mathematisch geschulter Geist (uns scheint Descartes' mathematische Glanzleistung die Entdeckung der Kontinuität der Zahlen zu sein; er brachte die diskrete Zahl in Übereinstimmung mit den Linien und Größen und führte dabei Kontinuität und Unendlichkeit ins Gebiet der endlichen Zahlen ein) war sich der Tragweite der Idee des Unendlichen vollkommen bewußt – für ihn ist es eine positive Idee, und er erkannte, daß der Abstand von Endlichem und Unendlichem selbst unendlich ist; daß er sich nicht verringern läßt, sondern bei jeder endlichen Vergrößerung endlicher Zahlen unendlich bleibt, daß unendliche Mengen keineswegs widerspruchsvoll sind[15] und eine Reihe kein letztes Glied erfordert; daß ebensowenig als die Zahlenreihe keine größte Zahl enthält, oder die Reihe der verschiedenen möglichen Geschwin-

[12] Diese Unendlichkeit ist bloß eine Folge und ein Abglanz der göttlichen Allmacht, die grenzenlos schaffen und die Anzahl der Ideen, Seelen, Dinge vermehren kann.
[13] Vgl. *S. th.* I, 2, 3 (146).
[14] Vgl. Descartes, *An Mersenne*, 11. XI. 1640. III, 234.
[15] ⟨Descartes,⟩ *An Clersellier* 1646. IV, 445–446: „L'Achille de Zénon ne sera pas difficile à soudre si on prend garde que, si à la dixième partie de quelque quantité on adjoute la dixième de cette dixième, qui est une centième, et encore la dixième de cette dernière qui n'est qu'une millième de la première et ainsi a l'infiny, toutes ces dixièmes jointes ensemble, quoy qu'elles soient supposées réellement infinies ne composent toutefois qu'une quantité finie … Mais si l'en suppose que cela ait esté fait un nombre de fois actuellement infiny, alors il ne restera plus rien entre les deux dernières lignes qui auront ainsi esté ostées …"

digkeiten keinen Schluß auf eine größte Geschwindigkeit zuläßt, die Stufen des Seins oder der Vollkommenheit oder die Vielheit der Ursachen es nicht erlaubt, dem Vorwärts- oder Rückwärtsschreiten eine Schranke zu setzen, die Existenz eines höchsten Wesens zu behaupten, und daß obendrein dies höchste Wesen, als letztes Glied einer solchen Reihe angesetzt, niemals unendlich sein könnte. Der Abgrund, der sich für Descartes zwischen dem Endlichen und dem Unendlichen auftat, kann nicht – wie es die Scholastiker wollten – durch eine endliche Reihe ausgefüllt werden, es ist hier keine Brükke möglich. Dennoch muß man hinüberkommen können, denn der Sinn aller Ableitungen der Existenz wie der Attribute Gottes besteht gerade in dieser transzendenten Induktion, im Übergang vom Endlichen zum Unendlichen. Man muß also einen andern Ausweg finden, und wie so oft bei Descartes enthält das Übel selbst das Heilmittel. Durch eine Reihe von Zwischenstufen kann man nicht vom Endlichen zum Unendlichen gelangen, aber man kann es direkt, denn das wahrhaft Positive ist nicht das Endliche, sondern das Unendliche; das Endliche ist nur seine Negation; das Endliche enthält das Unendliche in sich, man braucht es nur davon abzulösen.

2. Der Ausgangspunkt der cartesianischen Philosophie ist die unmittelbare, aber undeutliche Intuition des *Cogito*, des Ich – eine Anschauung, in der Gott und Ich in einem und demselben Akt gegeben sind. Indem wir uns als denkendes, unvollkommenes Wesen, als Abbild Gottes erkennen, gelangen wir zur Erkenntnis des Wahren, rühren wir an die Realität, erfassen wir mit unzweifelbarer Gewißheit das Reale. Indem wir Gott zugleich mit uns selbst erkennen, Gott durch uns und uns durch und in Gott erkennen, finden wir eine Erkenntnis, die sich selbst erleuchtet und rechtfertigt. Die Explikation und Analyse dieser ursprünglichen Gegebenheit, die Scheidung dieser beiden Momente, der Erfassung Gottes und der Erfassung des Ich, der Übergang von der Idee des Ich zur korrelativen Idee Gottes, der Versuch, die Beziehungen zwischen beiden herzustellen und zu zeigen, daß Idee und Erfassung des Ich Idee und Erfassung Gottes einschließen, die Idee Gottes aber seine Existenz notwendig impliziert, so wie auch die Idee Gottes in uns seine reale Existenz impliziert – dies ist die Demonstration Descartes'.

Im Grunde will er zeigen, daß jede Idee, jede Wahrnehmung, selbst die sinnliche Wahrnehmung, die Idee und Erfassung Gottes implizite in sich enthält[16]. Jeder Akt des geistigen Lebens ist vom *Cogito* begleitet, von der Selbsterfassung, und impliziert eben damit die Idee und Erfassung Gottes. Gott erscheint als Hintergrund und Fundament aller Erkenntnis – seine Existenz beweisen heißt nur, diese implizite Beziehung explizit hervortreten lassen.

a) Die Auffassung, nach der die Erfassung Gottes implizite in jeder andern

[16] Ms. von Göttingen. V, 153 (248).

Wahrnehmung enthalten ist, ist fast traditionell in der Scholastik. Es ist nur die Frage, wie diese Implikation aufzufassen ist. Wir finden sie vor allem bei den Denkern mystischer Richtung – Augustin und Bonaventura, deren Einfluß sich uns so oft beim Studium cartesianischer Doktrinen aufgedrängt hat. Nach Augustin sehen wir die Welt in Gott. Nicht nur die ewigen Ideen sind uns in der göttlichen Klarheit gegeben und durch sie, sondern auch die reale Welt, die sichtbare Welt – wenn wir nur auf alles achten, was in der Wahrnehmung enthalten ist – ruft uns den Namen ihres Schöpfers zu, zeigt uns Gott zugleich mit sich selbst[17]. Wir können uns selbst nicht erkennen, ohne zugleich und im selben Akt Gott zu erkennen. Sein Licht ist die Grundlage aller Erkenntnis, und wenn wir ihn auch nicht selbst sehen, sondern nur dieses Licht, diesen Abglanz, oder auch nicht dieses Licht selbst, sondern in diesem Lichte, so wie wir nicht das Licht der Sonne selbst, sondern in diesem Lichte alles andere sehen, so genügt das doch vollkommen – freilich nicht um Gott und seine Natur zu erkennen, aber doch, um seine Existenz und Gegenwart mit ebenso großer, ja mit größerer Sicherheit zu erfassen als die Existenz der Welt und unsere eigene. Besonders in der Selbsterkenntnis wird diese Implikation offenbar; und sie ist nach Augustin so unlösbar, daß eine vollkommene Erkenntnis der Seele notwendig eine Gotteserkenntnis einschließen müßte. Tatsächlich hat die menschliche Seele nicht wie alle andern Wesen, Essenzen und Qualitäten eine Idee, ein Urbild im göttlichen Geist; Gott selbst ist ihr Urbild, sie ist sein Ebenbild. Darum enthält jede Erkenntnis des Abbilds als solchen, des Analogons als solchen die Erkenntnis des Urbilds, Gottes in sich[18].

b) Bonaventura hat aus dieser augustinischen Idee alles geholt, was darin beschlossen war: Gott ist allgegenwärtig, als der Grund aller Dinge in jeder Wahrnehmung, in jeder Idee mehr oder minder unterscheidbar, klar und vollkommen, enthalten[19]. Der Weg des Verstandes zu Gott, der Erkenntnis zu Gott besteht in der Ablösung, in der Explikation dessen, was implizite und undeutlich in der Wahrnehmung der Welt und unserer selbst enthalten ist[20]. Ausgehend von der Welt, in der wir nur eine Spur[21] Gottes finden, von der Erkenntnis *per vestigium et in vestigio* ⟨durch eine Spur und in der Spur⟩, steigen wir auf zur Erkenntnis unserer selbst, und dort im Analogon und durch die Analogie erkennen wir Gott – doch erst wenn wir auf dem Grunde unserer Seele angelangt sind, bei der letzten Erkenntnis unseres Wesens erfassen wir *per imaginem et in imagine* ⟨durch ein Bild und im Bild⟩ uns selbst

[17] Eine alte, biblische Idee: *Coelum et terra cantant gloriam Dei*, sagt der Psalmist. ⟨Himmel und Erde singen die Herrlichkeit Gottes; Ps 19,1⟩.
[18] Vgl. Descartes, März 1637. I, 353 (249).
[19] Bonaventura, *Itinerarium* ⟨*mentis in Deum*⟩ III, § 3 (250).
[20] Ebd. V, 3 (251).
[21] Auch bei Thomas findet sich diese Unterscheidung. Vgl. *S. th.* 93, 6 (252).

und Gott, dessen Ebenbild wir sind. Die Idee Gottes ist in jeder Idee impliziert; kein wahrhaft klarer und deutlicher Begriff, keine vollständige Definition ist möglich, wenn man nicht die Idee Gottes zur Abhebung bringt, die darin enthalten ist. Gott ist der Grund, auf dem uns die Dinge entgegentreten, er ist das Licht, das sie sichtbar macht; er ist das *primum cognitum* ⟨das Erst-Erkannte⟩[22], das konstitutive Element des Geistes, und nur die Unvollkommenheit unseres Geistes hindert uns, seine Gegenwart zu bemerken und das göttliche Wesen überall gegenwärtig zu sehen. Wir täuschen uns und suchen Gott, ohne ihn finden zu können, weil wir nicht wissen, wo er zu finden ist, weil er selbst – obwohl oder vielmehr weil allgegenwärtig – sich unserm Blick, unserer bewußten Erkenntnis entzieht. Aber es genügt, bei sich einzukehren, sich wahrhaft zu sehen, um ihn in uns zu finden, zugleich mit uns selbst[23], und den Grund zu legen für eine letzte Analyse, die uns zu einer sicheren und unerschütterlichen Erkenntnis seines unendlichen Wesens führen kann.

[22] Bonaventura, *De decem praeceptis* II, 3. *De mysterio trinitatis* q. 1 a. 1 (253).
[23] *De mysterio trin⟨itatis⟩* q. 1 a. 1, 10 (254).

II. Die Idee Gottes: infinitum et indefinitum

1. Um von der direkten, aber undeutlichen Intuition zu einem Beweis für die Existenz Gottes zu kommen, stellt Descartes zunächst fest, daß wir eine Idee Gottes haben. Tatsächlich verdoppelt sich die gewissermaßen ursprüngliche Intuition: beim Aufsteigen in die eigentlich intellektuelle Sphäre erhalten wir gleichzeitig eine Idee von uns selbst[1] und von Gott. Man muß es beweisen oder vielmehr sichtbar machen, daß wir wirklich eine Idee Gottes haben[2], einmal weil die Ungläubigen beharrlich ihre Kritik auf die angebliche Unbegreiflichkeit dieser Idee gründen: sie übertreiben nicht bloß die herkömmliche Doktrin von der Unbegreiflichkeit Gottes, der Unmöglichkeit, ihn zu erkennen, sie behaupten, gar nicht verstehen zu können, was das überhaupt heißen soll: *Gott*, gar eine Idee Gottes zu besitzen; dann aber, weil diese Idee die unerläßliche Grundlage für jeden Existenzbeweis ist. Denn wie sollte man die Existenz von etwas beweisen, was einem völlig unbekannt ist? Nicht nur der ontologische Beweis, sondern auch alle andern cartesianischen Beweise, ja man kann wohl sagen alle möglichen Beweise überhaupt sind für Descartes auf die Gottesidee aufgebaut. Wir müssen also zeigen, daß wir eine Gottesidee haben[3], daß Gott – wenigstens seiner Idee nach – eine einfache und unveränderliche Essenz ist (nach seiner Existenz fragen wir noch nicht, noch nach den Mitteln, sie zu erkennen), und als solche uns durch eine klare Idee gegeben. Man muß außerdem die Legitimität dieser Idee beweisen oder aufweisen; um sie in unsern Beweisgängen und Demonstrationen benützen zu dürfen, müssen wir zeigen, daß diese Idee, die Idee eines unendlichen, absolut vollkommenen Wesens, keinen Widerspruch enthält, nicht aus unvereinbaren Elementen zusammengesetzt ist, die sich gegenseitig aufheben. So wird Descartes vorgehen – die ursprüngliche Intuition analysieren, Gott und Ich trennen, diese beiden Ideen eine durch die andere definieren, oder vielmehr die eine, das Ich, als Funktion der andern, Gottes.

Wenn wir unsere Ideen nach ihrem Gehalt prüfen – so sagt Descartes –, so finden wir die eines unendlichen, allmächtigen, ewigen Wesens, eines unend-

1 ⟨Descartes,⟩ *Meditationes*, Synopsis. VII, 13.
2 Vgl. Hannequin, *Essais* II, 242 (255).
3 ⟨Descartes,⟩ *Contra Hyperaspistem* VIII, 1641. III, 429, 480 (256).

lichen und unendlich vollkommenen Wesens. Wir fragen noch nicht, wie und auf welche Weise wir diese Idee erworben haben. Wir wollen uns darauf beschränken, sie in sich selbst zu betrachten. Wir können nicht verkennen, daß dies die klarste von allen unsern Ideen[4] ist. Klar nennen wir eine Idee, deren Natur wir klar erkennen, deren Elemente wir erfassen, die wir von allen benachbarten Ideen deutlich unterscheiden können. Offenbar unterscheidet sich Gott als das unendliche Wesen, durch seine Unendlichkeit selbst, radikal und absolut von allen endlichen Wesen; offenbar erkennen wir mit höchster Vollkommenheit und Klarheit, daß seine absolute Vollkommenheit den Besitz jeglicher Vollkommenheit setzt und den jeder Unvollkommenheit ausschließt. Wir können ihm also Attribute beilegen, wir können eine große Anzahl von Wahrheiten, die Gott betreffen, erkennen – diese Wahrheiten folgen ebenso streng aus der Idee Gottes wie irgendeine geometrische Wahrheit aus der Idee des Dreiecks oder Quadrats. Wir hätten diese Schlüsse offenbar nicht ziehen können, wenn wir nicht eine klare Idee von Gott hätten, denn nur eine klare Idee kann uns klare Erkenntnis verschaffen.

Man könnte einwenden, wir hätten keine klare Idee von Gott und könnten keine haben. Wir können sie nicht haben, denn kein endliches Wesen kann das Unendliche begreifen[5], der Mensch kann zur Betrachtung Gottes erst in der himmlischen, der überirdischen Schau gelangen. Wir haben sie nicht, denn wenn wir eine klare und deutliche Idee von Gott hätten[6], brauchten wir uns nicht hinter seine Unbegreiflichkeit zu verschanzen, wie es alle Theologen und auch Descartes selbst tun. Aber, sagt Descartes, dies ist ganz und gar falsch, und es ist nur eine beklagenswerte Verwirrung – man muß zwischen klarer und deutlicher Idee unterscheiden. Deutlich ist eine Idee, wenn wir ihre Teile klar unterscheiden und aufzählen können, oder vielmehr die Teile ihres Objekts – die Idee Gottes ist durchaus nicht deutlich, denn wir kennen keineswegs *alle* Attribute des göttlichen Wesens, wir können seine unzähligen Vollkommenheiten offenbar nicht *alle* erkennen, unterscheiden und aufzählen. Aber die Idee ist klar, da wir sie von jeder andern unterscheiden können, und unter diesem Gesichtspunkt ist die Gottesidee die allerklarste, die wir besitzen. Gewiß können wir Gott nicht begreifen – das Endliche vermag das Unendliche nicht zu fassen und zu umspannen, und in diesem Sinn ist Gott gewiß unerkennbar und unbegreiflich[7]. Aber heißt denn das, daß er absolut unzugänglich ist?[8] Muß man einen Berg umfassen können, wenn man ihn berühren will[9]? Muß man das Meer im

[4] *Meditationes* III. VII, 46.
[5] ⟨Descartes,⟩ *An Clersellier.* IX, 209–210 (258).
[6] ⟨Descartes,⟩ *Resp⟨onsiones⟩ quintae.* VII, 368.
[7] ⟨Descartes,⟩ *Resp⟨onsiones⟩ sec⟨undae⟩*. VII, 140.
[8] ⟨Descartes,⟩ *An Clersellier.* IX, 210 (259).
[9] ⟨Descartes,⟩ *Ms. von Göttingen*, 16. IV. 1648. V, 154 (257).

ganzen übersehen, um es zu Gesicht zu bekommen? Genügt es nicht, sie mit Blick oder Hand zu erreichen, wenn man auch dabei zugleich erkennt, daß man sie mit seinen Augen oder Armen nicht umspannen kann? Vielleicht wird man einwenden, es sei im allgemeinen unmöglich, das Unendliche zu begreifen, und überdies könnte das absolut Unendliche weder gedacht noch vorgestellt werden. Wenn das nicht in sich selbst unmöglich ist – wenigstens für Gott –, so haben wir doch davon nur eine rein negative Idee als von etwas nicht Endlichem, etwas, was kein Ende, keine Grenze hat, was unabgeschlossen ist. Mit Hilfe dieser negativen Idee glauben wir, uns eine Idee vom Unendlichen bilden zu können, indem wir eine oder mehrere endliche Größen betrachten und sehen, daß wir zu jeder endlichen Größe eine andere endliche Größe hinzufügen können, und das immer wieder – ohne Grenze. Alles in allem wäre das nur eine abgeleitete Idee, aus der Negation geboren, aus dem Begriff einer möglichen unaufhörlichen Addition und Vermehrung.

Descartes widersetzt sich dieser rein formalen Betrachtungsweise: wir haben nach seiner Meinung eine positive Idee von Gott, denn wir können ihn klar sehen[10]; daß man zugleich alle seine Attribute und Qualitäten unterscheiden müßte, ist durchaus nicht erforderlich. Die Idee des Unendlichen ist nicht nur keine negative, sie ist sogar die positivste, die wir besitzen, so wie das unendliche Wesen das positivste, das realste aller Wesen ist[11]. Man muß sorgfältig zwischen zwei Begriffen des Unendlichen unterscheiden: das eine ist nur das Unbegrenzte, das andere das Unendliche im eigentlichen Sinne[12]. Wenn es sich um eine Reihe von Zahlen, Größen, Abständen oder Raumstücken handelt, dann können wir augenscheinlich die Zahl, die Größe usw. beliebig vergrößern – in diesem Fall sprechen wir von Unbegrenztheit. So sehen wir, daß es keinen Grund gibt, dem Raum eine Grenze zu setzen[13], daß man über jede angenommene Schranke weiter hinausgehen kann; daß es bei einer Bewegung, die einmal angefangen hat, keinen Grund gibt, weswegen sie aufhören sollte – auch da haben wir eine Unbegrenztheit. Etwas ganz anderes ist der Begriff der Unendlichkeit, die Unendlichkeit Gottes. Hier handelt es sich nicht um das Fehlen einer Grenze oder gar um unsere Unkenntnis der möglichen Existenz von Grenzen – im Gegenteil, wir sehen ganz deutlich, daß das Unendliche, die unendliche Größe positiv alle Grenzen, Schranken, Endpunkte überschreitet[14]. Weil das absolut Unendliche positiv unendlich ist, erkennen wir die Unmöglichkeit, es irgendwie zu begrenzen, es zu erreichen, es durch Hinzufügung einer endlichen

[10] *Resp⟨onsiones⟩ primae.* VII, 114.
[11] *Meditationes* III. VII, 47.
[12] *Resp⟨onsiones⟩ primae.* VII, 112–113.
[13] *An H⟨enricus⟩ Morus*, 15. VIII. 1649. V, 344–345 (260).
[14] *An Clersellier*, 23. IV. 1649. V, 356 (261).

Größe zu vermehren[15]. Nicht bloß positiv ist die Idee des Unendlichen, sie ist positiver als die des Endlichen; in der Tat, wenn wir die Größe oder die Vollkommenheit in sich selbst denken, ohne sie vorher als endlich oder unendlich anzusetzen, so können wir nichts anderes als das Unendliche denken. Nur durch Einschränkung, durch Begrenzung des Unendlichen, durch Leugnung der Unendlichkeit gelangen wir zum Begriff des Endlichen.[16] Also nicht der Begriff des Unendlichen ist negativ, aus dem des Endlichen gewonnen, sondern im Gegenteil, gerade dieser letzte enthält notwendig ein negatives Element in sich, und wir können es nicht denken, ohne zugleich den Begriff des Unendlichen zu denken, der darin vorausgesetzt und impliziert ist[17]. Nur der sprachliche Ausdruck verführt uns, er suggeriert uns durch seine Form eine falsche Auffassung[18] der Beziehungen zwischen Endlichem und Unendlichem[19].

Betrachten wir eine der wichtigsten Ideen, die wir in uns finden, die der Unvollkommenheit. Wir finden uns selbst unvollkommen, beschränkt, abhängig – es ist klar, daß die Idee der Unvollkommenheit die der Vollkommenheit, deren Negation sie ist, voraussetzt[20]; da Vollkommenheit und Unendlichkeit nur verschiedene Ausdrücke für dieselbe Sache sind, setzt die Idee des Endlichen die des Unendlichen voraus; die Idee eines abhängigen Wesens die des unabhängigen, des absoluten Wesens.

So findet sich die Idee des Unendlichen notwendig in unserm Geiste; sie muß sich darin finden als Korrelat der Ideen, deren Vorhandensein und Möglichkeit keinen Zweifel zulassen, sie ist evidentermaßen durch alle andern Ideen vorausgesetzt, so wie die Negation die Position voraussetzt und impliziert; es ist unmöglich, irgendetwas zu denken, ohne Gott und das Unendliche zu denken, unmöglich, eine klare Idee von irgendetwas zu haben, ohne eine klare Idee von Gott zu haben. Die Analyse jeder beliebigen Idee, jeder Wahrnehmung führt uns auf die Idee Gottes; je besser und klarer wir die Welt begreifen, desto klarer und besser begreifen wir Gott.

Wir müssen noch einmal die Beziehungen von *Indefinitem* ⟨Unbegrenztem⟩ und *Infinitem* ⟨Unendlichem⟩ ins Auge fassen. Besonders im Hinblick

[15] *Ms. von Göttingen.* V, 167 (262).
[16] *Resp⟨onsiones⟩ primae.* VII, 364–6.
[17] ⟨Descartes,⟩ *Meditationes* III. VII, 45–46.
[18] ⟨Descartes,⟩ *Contra Hyperaspistem,* August 1641. III, 427 (263).
[19] Es ist interessant zu bemerken, wie Descartes noch in den *Regulae* den gleicherweise einfachen Charakter der positiven und der negativen Ideen behauptet: „inter has naturas simplices placet etiam enumerare earundem privationes et negationes quatenus a nobis intelligentur; quia non minus vera cognitio est, per quam intueor quid sit nihil, vel instans, vel quies, quam illa per quam intelligo quid sit existentia vel duratio vel motus". *Regulae ad directionem ingenii* X, 12, 420. Später unter dem Einfluß Bonaventuras ändert er seinen Standpunkt.
[20] *Ms. von Göttingen.* V, 162 (264).

auf seine Raumtheorie hatte Descartes diesen Gegensatz fixiert, und vermutlich wurde ihm, wenn nicht der Gegensatz selbst, welcher auf einem reellen Unterschied beruht und von N⟨ikolaus⟩ v⟨on⟩ Kues, ja schon von Thomas u. a. bereits formuliert war, so doch der Gebrauch, den er davon machte, durch den Wunsch eingegeben, um die Behauptung der Unendlichkeit der Welt herumzukommen. Augenscheinlich wollte er dadurch die Möglichkeit gewinnen, die Finitheit der Welt zu leugnen, ohne ihre Infinitheit behaupten zu müssen. Er merkt sehr wohl, daß sein Ausweg nicht allzu glücklich ist, und obwohl er behauptet, ganz etwas anderes zu lehren, sucht er doch Dekkung hinter der Autorität des Cusanus. Descartes macht in etwas gekünstelter Weise von diesem Gegensatz Gebrauch. Tatsächlich besteht mehr ein Unterschied der Worte als der Sachen zwischen der Einsicht, daß es kein Ende gibt (Unendliches, Gott), und der Einsicht, daß es keinen Grund gibt, ein Ende zu behaupten (Unbegrenztes, Raum). Die Betrachtung über unsere Endlichkeit und die unendliche Macht Gottes, die den Raum begrenzen könnte, auch wenn wir die Möglichkeit einer solchen Grenze nicht begreifen können, da Gottes Allmacht nicht beschränkt ist auf die Schöpfung von Sachen, die uns möglich scheinen und begreiflich sind – diese Betrachtung ist offenbar nicht aufrichtig[21]. Descartes ist so durchdrungen von der Idee des Unendlichen, von der Überzeugung, daß das Unendliche auf dem Grunde alles Unbegrenzten zu finden ist, daß er schließlich seine eigenen Formeln vergißt. So sagt er von der Bewegung: wir sehen wohl, daß eine Bewegung, die einmal angefangen hat, keinen Grund hat aufzuhören – und nicht: wir sehen keinen Grund, daß sie aufhöre.

Dennoch ist der Gegensatz in sich selbst höchst wichtig und interessant; er ist heute allgemein anerkannt, und es ist nur zu bedauern, daß Descartes keine bestimmten Ausdrücke gebraucht hat, um den Unterschied zwischen der intensiven Unendlichkeit Gottes (der Überfülle seines Wesens) und der extensiven Unendlichkeit, zwischen absoluter Unendlichkeit und Unbegrenztheit im prägnanten Sinne zu fixieren[22]. Vielleicht wollte er eben dadurch die besondere Art sukzessiver Vielfältigkeit deutlich machen, die sich im extensiven Unendlichen findet, eine Vielfältigkeit, die ein unbegrenztes Fortschreiten gestattet ins Unendliche, in ein unendliches Gebiet, dem gegenüber die einfache, intensive Unendlichkeit Gottes[23] steht, in der es keine Teile und keine Vielfältigkeit gibt. Jedenfalls konnte man den Begriff des Unendlichen nicht aus dem des Unbegrenzten ableiten, wenn gemäß Descartes' Ansicht der Begriff der endlichen Größe schon den des Unendlichen voraussetzt. Im Gegenteil, das Unbegrenzte, die Möglichkeit immer weiter-

[21] Vgl. ⟨Descartes,⟩ *An Clersellier*, 29. IV. 1649. V, 355.
[22] ⟨Descartes,⟩ *An H⟨enricus⟩ Morus*, 5. II. 1649. V, 274 f. (265).
[23] ⟨Descartes,⟩ *Principes* I, § 24, 26.

zugehen, sich immer höher zu erheben, setzt die Idee des Unendlichen voraus. So setzt die Betrachtung der verschiedenen Vollkommenheitsstufen die Gottesidee voraus – nicht weil ein unbegrenztes Fortschreiten unmöglich wäre, wie Thomas meinte, sondern gerade weil ein solcher Fortschritt möglich ist. Die Gottesidee ebenso wie die des Unendlichen ist etwas Ursprüngliches, sie ist nicht aus mehreren Ideen zusammengesetzt, deren jede eine unterschiedene unendliche „Vollkommenheit" vorstellte, sie ist eine einfache Idee. Die Idee Gottes, der unendlichen Vollkommenheit, enthält notwendig neben allen andern Vollkommenheiten die absolute Einfachheit[24]. Gott ist nicht nur Subjekt irgendwelcher unendlichen Attribute, irgendwelcher unendlichen Vollkommenheiten, er ist unendlich einfach wie unendlich vollkommen, und weil die unendliche Vollkommenheit den Besitz einer Unendlichkeit von unendlichen Vollkommenheiten einschließt, ist Gott durch seine Einfachheit und in ihr unendlich unendlich.

Damit können wir zur Frage nach der Möglichkeit Gottes, d.h. nach der Vereinbarkeit der Vollkommenheiten, der Elemente der Gottesidee miteinander, zurückkommen und sie endgültig beantworten. Die Gottesidee kann nicht widerspruchsvoll sein, sie kann keine unvereinbaren Elemente enthalten, und das aus mehreren Gründen: sie ist eine klare Idee und kann als solche keinen Widerspruch bergen; sie ist eine *einfache* Idee und darum gar nicht aus verschiedenen konstitutiven Elementen aufgebaut, die miteinander nicht in Einklang stehen könnten. Sie ist die Idee aller Vollkommenheiten und nur der Vollkommenheiten, folglich kann diese Idee, die keinerlei Negation in sich enthält, unmöglich für einen Widerspruch Raum haben[25]. Die Gottesidee ist die realste, weil sie die reichste und vollkommenste ist. Sie ist keine künstlich gebildete Idee, *a me ipso facta* ⟨von mir selbst gemacht⟩, nicht zusammengesetzt, sondern angeboren[26] und einfach[27].

2. Prüfen wir die Quellen der soeben dargelegten cartesianischen Theorie von der Gottesidee und der Idee des Unendlichen, so finden wir eine überraschende Verwandtschaft mit den Lehren Bonaventuras.

Für den *Doctor Seraphicus* ⟨Bonaventura⟩ ist die Gottesidee als die einfachste Idee die absolute Idee des Seins und in allen andern vorausgesetzt oder vielmehr implizite enthalten. Es ist eine einfache, unzusammengesetzte Idee; durch Analyse, nicht durch Rekonstruktion ihres Inhalts gelangt man zur Erkenntnis der unendlichen Vollkommenheiten Gottes. Die Idee Gottes, des unendlichen Wesens, ist eine eminent und absolut positive Idee[28]; das

[24] ⟨Descartes,⟩ *Meditationes* III. VII, 50.
[25] *Resp*⟨*onsiones*⟩ *secundae*. VII, 152.
[26] *Meditationes* III. VII, 51.
[27] Wir werden sehen, daß Descartes großen Wert auf diesen Charakter der Gottesidee legt. Sein ontologischer Beweis macht reichlich davon Gebrauch.
[28] Bonaventura, *De mysterio trinitatis* IV, a. 1 (266).

Unendliche ist nur dem Namen nach negativ, nicht in Wirklichkeit[29]. In Wirklichkeit ist das Endliche, Unvollkommene negativ, und wenn die Sprache sich hier nicht nach den Sachen richtet und das positiv nennt, was es gar nicht ist, so liegt das nur an unserer Gewohnheit, den wohlbekannten Sachen den Vorzug zu geben. Dadurch dürfen wir uns nicht über die Natur der Ideen selbst täuschen lassen[30].

Das Endliche, das Unvollkommene, das Abhängige, das Kontingente sind negativ; wir können sie nur vollkommen begreifen, wenn wir die von ihnen vorausgesetzten Ideen des Vollkommenen und Unendlichen begriffen haben. Wir können das Negative nicht begreifen ohne das Positive, dessen Negation es ist. Will man dagegen das Unendliche mit Hilfe des Endlichen definieren, sagt man z. B., das Unendliche sei größer als jede endliche Größe, es könne nicht durch Hinzufügung einer endlichen Größe vermehrt werden etc., glaubt man den Begriff des Unendlichen durch Aufhebung der Begrenzung der endlichen und unvollkommenen Wesen zu erhalten und übersieht dabei, daß man auf diese Weise nicht einen negativen, sondern einen positiven Begriff bekommt, so verfällt man notwendig in Irrtum. Das Endliche, das Begrenzte ist selbst nur eine Negation; hebt man sie auf, so gelangt man gerade zum reinen Positiven, und das ist das Unendliche.

Denken wir das Sein[31], das ursprüngliche Sein, das Sein im allgemeinen, so denken wir es notwendig als das unendliche, das göttliche Sein. Wir steigen nicht auf von den endlichen Dingen zum unendlichen Gott, im Gegenteil, wir steigen herab vom göttlichen Sein zu den Geschöpfen. Aber obwohl nach der Ordnung der Dinge die erste, obwohl von jeder Wahrnehmung unserer selbst und der Dinge als endlicher, unvollkommener Wesen vorausgesetzt – bleibt uns die Gottesidee doch verborgen, weil die sinnliche Wahrnehmung dieses notwendig in ihr enthaltene Element in eigentümlicher Weise verdeckt[32]. Die ganze Arbeit der Theologen besteht darin, diese Idee aus allen Komplikationen und Verbindungen, die sie eingehen kann, loszulösen, sie in ihrer Reinheit zu fassen.

Erstaunlicherweise kommt Bonaventura, nachdem er die soeben dargelegte Theorie entwickelt hat, nachdem er klarer als irgendein anderer die Idee des Unendlichen begriffen hat und Descartes zuvorgekommen ist, auf die traditionellen Lehren, auf die traditionellen Formen der Gottesbeweise zurück. Er hat die wunderbaren Stellen über den Abgrund zwischen dem Endlichen und dem Unendlichen geschrieben, er hat es vor Descartes gewagt, den positiven Charakter dieser Idee schlechthin zu behaupten, er hat ein Mittel gewonnen, um mit einem Sprung über den Abgrund zwischen

29 Ebd. (267).
30 Bonaventura, *Itinerarium* III, § 3 (268).
31 ⟨Ebd.⟩ III, § 3 (169).
32 Ebd. V, § 4 (270).

Gott und Welt hinwegzukommen, Gott in der Welt zu sehen, er handhabt die neue Methode mit bewundernswerter Gewandtheit – und doch nimmt er die alten Demonstrationen von Augustin und Anselm wieder auf[33], die Beweise, die sich auf die Unmöglichkeit des Unendlichen stützen, beweist die Schöpfung in der Zeit, zieht die Unmöglichkeit einer unendlichen Reihe zur Begründung heran … Also selbst bei Bonaventura, der vor Descartes die Prinzipien für eine Theorie des Unendlichen formulierte, war diese Idee noch nicht soweit geklärt, um alle Konsequenzen daraus zu ziehen. Sie war noch zu theologisch; Bonaventura sieht das Unendliche *sub specie divinitatis* ⟨im Blick auf die Göttlichkeit⟩[34], Descartes wird Gott *sub specie infinitatis* ⟨im Blick auf die Unendlichkeit⟩ sehen.

Noch an einen andern Denker wird man bei der Theorie des Unendlichen erinnert – an Duns Scotus. Aber er hat hier wohl keine bestimmende, entscheidende Rolle gespielt. Er geht nicht weiter als Bonaventura[35], obwohl er doch vom Wesen des Unendlichen eine klarere Idee zu haben scheint und die Beweise der zeitlichen Schöpfung nicht annimmt. Doch nimmt er denjenigen des *Primum Movens* ⟨Ersten Bewegers⟩ an! Er betont, Spuren des *Doctor Seraphicus* folgend, die positive Natur des Begriffs des Unendlichen[36], er nennt es die vollständigste und vollkommenste Idee, die wir *in statu viae* gewinnen können[37]. Er erkennt, daß die Idee des Unendlichen uns die beste Vorstellung von Gott vermittelt, die in dieser Welt erreichbar ist[38]. Die Erkenntnis Gottes *sub ratione infiniti* ist nur zu übertreffen durch die Erkenntnis *sub ratione divinitatis*, die Erkenntnis, die erst den Seligen im Paradies als Belohnung geschenkt wird. Auch er betrachtet das Sein als das erste und einfachste Objekt des Geistes, das *primum cognitum* ⟨Erst-Erkannte⟩[39]. Er leugnet allerdings für uns die Möglichkeit, einen einfach einfachen Begriff *(simpliciter simplex)* von Gott zu gewinnen, aber er gibt doch zu, daß der Begriff an sich einfach ist. Er scheint uns keinen wesentlichen Einfluß auf Descartes' Theorie des Unendlichen gehabt zu haben, sie ist ganz durchtränkt vom Geist des *Doctor Seraphicus.* Jedoch konnte die Rolle, die das Unendliche im Gottesbegriff des Scotus spielt[40], seine Ideen Descartes annehmbarer machen[41], er konnte dadurch auch indirekt auf die Entwicklung von Descartes' Gedankensystem Einfluß gewinnen.

33 Ebd. III, §4 (171).
34 Ebd. V, §7 (272).
35 D⟨uns⟩ Scot⟨us⟩, *Op⟨us⟩ ox⟨oniense⟩* I, d. 2 q. 2 (273).
36 D⟨uns⟩ Scot⟨us⟩, *Miscellanea* qu⟨aedam⟩ 5, 20 (274).
37 ⟨Ebd.⟩ 5 (275).
38 *Op⟨us⟩ ox⟨oniense⟩* I, d. 3 q. 2 (276).
39 Ebd. q. 2, 21 (277).
40 D⟨uns⟩ Scot⟨us⟩, *De primo principio* IV, 23 (278).
41 *Op⟨us⟩ ox⟨oniense⟩* I, d. 2 q. 2, 32 (279).

III. Beweise für die Existenz Gottes

A. Durch die Idee des Unendlichen

1. Die Analyse der Idee des Unendlichen ermöglicht einen direkten Beweis der Existenz eines unendlichen Wesens. Wir sahen bereits, daß die Idee des Unendlichen, des unendlichen Wesens, einfach und unzusammengesetzt ist, ursprünglich und nicht aus anderm abgeleitet – in der Sprache Descartes': daß sie die Idee einer wahren, unveränderlichen Essenz ist. Die vorangehenden Betrachtungen waren ausreichend, um die ideelle Existenz Gottes zu beweisen; wir dürfen behaupten, daß diese Idee widerspruchsfrei, daß sie möglich ist; jetzt gilt es den Beweis zu erbringen, daß sie nicht nur eine wahre und unveränderliche Natur besitzt, sondern darüber hinaus reale Existenz. Zwei Wege stehen Descartes offen – er kann eine Analyse dieser Idee vornehmen, dieser wahren Natur als solcher, als idealer Gedankeninhalt verstanden; er kann auch von der Gottesidee als realem Faktum ausgehen oder, wenn man es so lieber will, vom Ich, das diese Idee hat[1]. Die Idee oder richtiger die Essenz Gottes, in sich selbst analysiert und betrachtet, liefert den ontologischen Gottesbeweis. Die in mir realisierte Idee Gottes, oder ich im Besitz dieser Idee, oder noch präziser gefaßt: das Faktum, daß ich diese Idee besitze – das ist die Grundlage für die Demonstrationen[2] der III. und IV. *Meditation.*

a) Tatsächlich ist es ein nunmehr unleugbares Faktum: wir endlichen und beschränkten Wesen besitzen eine Idee und Erkenntnis von Gott[3]. Wie ist dies Faktum zu erklären? Descartes' Antwort ist klar: die Idee Gottes kommt von Gott selbst; die in uns realisierte Idee Gottes impliziert die Existenz Gottes, die ihre Quelle ist. *Deus cogitatur – ergo Deus est* ⟨Gott wird gedacht – also ist Gott⟩; das ist – von allem unwesentlichen Beiwerk befreit – der Sinn des cartesianischen Arguments. Unser Geist könnte niemals in den Besitz der Gottesidee gelangen, wenn er sie nicht von Gott selbst empfinge. Niemals könnte er zu Gott gelangen, wenn er nur von sich selbst oder von der geschaffenen Welt ausginge, ohne diese Idee direkt von Gott zu haben, und

[1] ⟨Descartes,⟩ *Responsiones primae.* VII, 107.
[2] ⟨Descartes,⟩ *Discours de la méthode* VI, 34.
[3] *Responsiones primae.* VII, 107–108.

dies umso mehr, weil wir nicht einmal an den Ausgangspunkt dieser Induktion gelangen könnten, ohne bereits die Idee eines vollkommenen und unendlichen Wesens zu haben – nach Descartes wie nach Bonaventura braucht man die Erkenntnis Gottes schon, um sich selbst zu erkennen; um die Idee des endlichen und unvollkommenen Wesens als Ausgangspunkt zu haben, muß man schon im Besitz der Erkenntnis des unendlichen und vollkommenen Wesens sein. Das ist ganz klar und stimmt durchaus mit den Lehren Augustins und Bonaventuras überein. Leider ist Descartes' Auseinandersetzung keineswegs so einfach und so kurz. Erst in den Antworten und den Briefen, wo er sich gezwungen sieht, Mißverständnisse, die er durch seine Ausführungen hervorgerufen hat, zu bekämpfen und richtigzustellen, entschließt er sich, seine These in der nacktesten, schlichtesten Form auszusprechen, und läßt uns ihren wahren Sinn erkennen.

Descartes vergaß es niemals, daß seine *Meditationen* für Theologen, für Scholastiker geschrieben waren – trotz des Anspruchs auf absolute Originalität, trotzdem er in der Rolle des Autodidakten auftritt, ist er sehr bewandert in den Gepflogenheiten und Diskussionen der Scholastik. Das beweist seine Darlegung; sie ist einerseits darauf angelegt, gewissen Einwänden zuvorzukommen und sie abzuschneiden, denen speziell, die Suarez in seinen *Disputationes Metaphysicae* über die Gottesidee und das ontologische Argument formuliert hatte. Andererseits wurde von allen Scholastikern zugegeben, daß die Existenz Gottes sich am besten *secundum rationem causae efficientis* ⟨gemäß der Begründung durch die Wirkursache⟩ demonstrieren lasse; als schöpferische Ursache tritt Gott in Beziehung zur Welt; dadurch muß man seine Existenz beweisen. Descartes, der den Begriff der schöpferischen Macht ständig betont, wollte auf einen guten Beweis *ratione quia* ⟨aufgrund, weil⟩ nicht verzichten. Er wollte die traditionellen thomistischen Beweise ersetzen – sie waren aber alle oder doch fast alle auf Betrachtungen *quia*, auf Betrachtungen *de causa efficiente* ⟨der Wirkursache⟩ aufgebaut. Descartes wollte nicht ins Hintertreffen kommen – daher die hyperscholastische Einkleidung seiner Demonstration. Die traditionellen Beweise waren aber auf die vermeintliche Unmöglichkeit einer unendlichen Reihe begründet. Wollte Descartes den seinen annehmbar machen, so mußte er entweder zeigen, daß gerade die Möglichkeit eines Fortschreitens ins Unendliche für den Schluß erforderlich ist, oder daß der an sich mögliche Rückgang ins Unendliche niemals zu dem gesuchten Ziel führen kann. Er konnte darum nicht irgendein Faktum der Natur benützen, sondern nur ein Faktum, das direkt auf Gott als seinen notwendigen Urheber hinweist, nur ein Faktum, mit dessen Hilfe der unendliche Abstand in einem Sprunge zu überwinden war. Dieses Faktum ist die Existenz der Gottesidee in unserm Geiste.

Descartes unterscheidet drei Arten oder Klassen von Ideen; *ideae adventitiae* ⟨von außen hinzugekommene Ideen⟩, *ideae a me ipso factae* ⟨von mir selbst erzeugte Ideen⟩ und *ideae innatae* ⟨angeborene Ideen⟩[4]. Diese Unterscheidung ist freilich keineswegs klar und eindeutig, und zu verschiedenen Zeiten und in verschiedenen Schriften hat Descartes sich sehr verschieden darüber geäußert. So hat er seine Meinung über die *ideae innatae* häufig geändert. Anfangs wenig zahlreich, dehnt sich ihr Bereich mehr und mehr aus, und sie nehmen schließlich unsern Geist fast ganz für sich in Anspruch. Später werden wir Descartes' Theorie vom Angeborensein untersuchen; im Augenblick halten wir uns an die Fassung der *Meditationen*. Die *ideae adventitiae* sind Sinneseindrücke, sie sind unserm geistigen Wesen fremd, sie kommen von außen. Sie enthalten kein Problem – ihre Ursache ist augenscheinlich, sie sind von den Objekten, die sie repräsentieren, verursacht. Vielleicht täuschen wir uns übrigens, wenn wir diese Ideen als durch die äußeren Objekte verursacht ansehen; vielleicht sind sie von uns selbst erzeugt, nicht bewußtermaßen wie die *ideae a me ipso factae*, sondern vermöge einer unbekannten Kraft unserer Natur[5].

Metaphysisch spricht nichts dagegen, denn wir sind vollkommener als die Objekte der sinnlichen Wahrnehmung, die Gegenstände der *ideae adventitiae* – sie könnten von uns hervorgebracht und sogar geschaffen sein. Vielleicht sind sie uns angeboren – d.h. unserm denkenden Wesen eigen. Jedenfalls haben sie im Augenblick kein Interesse für uns – offenbar ist die Gottesidee keine sinnlich vermittelte, keine, die uns in dieser Weise „von außen kommt". Wir haben also zwei Gruppen von Ideen noch zu prüfen – die von uns hervorgebrachten und die angeborenen. Die ersten sind eigentlich nicht Ideen, sondern Kombinationen von Ideen; es sind Anhäufungen, Aneinanderreihungen von Ideen, die unser Geist nach Belieben ordnet, kombiniert und formt, nachdem er sie von anderswoher empfangen hat. So gestalten wir frei die Ideen unserer Phantasie, durch Kombination[6] verschiedener Elemente bilden wir uns Ideen von Chimären, Drachen usw. … In der gleichen Weise können wir, indem wir nunmehr nicht mehr sinnliche, sondern intelligible Ideen kombinieren, uns zusammengesetzte Ideen bilden, z.B. von mathematischen Objekten, Figuren usw. Ebenso können wir uns mit Hilfe der Gottesidee und der Idee des Menschen die Idee des Engels bilden als eines geistigen Wesens, das höher steht als der Mensch und tiefer als Gott. Aber es gibt ein untrügliches Kennzeichen all dieser Ideen: sie können vom Geist analysiert werden, sie lassen sich in die Elemente zerlegen, aus denen wir sie gebildet haben. Die Gottesidee dagegen läßt das nicht zu. Wir können wohl den Begriff Gottes analysieren, d.h. die Natur Gottes, die

[4] Vgl. *Medit⟨ationes⟩* III. VII, 38.
[5] Diese Behauptung Descartes' braucht unserer Auffassung nach nicht als Ausdruck einer realen Möglichkeit angesehen zu werden; für ihn gibt es nichts prinzipiell Unbekanntes oder doch Unerkennbares in unserer Seele.
[6] Vgl. *Meditationes* I. VII, 20.

wir uns vorstellen, wir können gewisse Attribute, gewisse Seiten, gewisse Eigenschaften darin zur Abhebung bringen, aber wir können sie niemals in eine bestimmte Anzahl ursprünglicher Elemente zerlegen. Die Gottesidee ist nicht zusammengesetzt, darum ist sie nicht, kann sie nicht eine *idea a me ipso facta* sein[7].

Die Gottesidee ist eine angeborene Idee, das heißt für Descartes, sie ist eine primitive Idee des Geistes, eine einfache und klare Idee. Die eingeborenen ⟨!⟩ Ideen sind keineswegs subjektiv; im Gegenteil, das Angeborensein ist ein Beweis für ihre objektive Gültigkeit. Der cartesianische Nativismus ist kein Subjektivismus; er ist Idealismus, aber ein objektiver Idealismus. Die angeborenen Ideen sind keine feste Ausstattung *unserer* intellektuellen Natur, sie sind ihr nur eingeboren, sofern sie *intellektuell* ist. Sie sind nicht notwendig aktuell, sie brauchen nicht wirklich von uns gedacht zu werden. Wie wir wissen, ist für Descartes der Verstand wesenhaft passiv, er schafft nicht und formt nicht die Ideen, die angeborenen so wenig wie die durch die Sinne zugeführten. Wir können sie bilden – d. h. nichts weiter als daß wir die Fähigkeit besitzen, sie denken zu können, und da die hauptsächliche Rolle der Idee ihre repräsentative Funktion ist, heißt es, daß wir ewige Naturen vorstellen können, die als intellektuelle, als Ideen im platonischen oder scholastischen Sinne (Descartes braucht das Wort ziemlich oft in diesem Sinn, abwechselnd mit „Natur") dem Intellekt zugänglich, mit ihm von gleichem Wesen sind. Im natürlichen Licht sind uns durch die angeborenen Ideen die ewigen Naturen gegeben, und eben diese enge Beziehung der angeborenen Ideen zum natürlichen Licht begründet ihren objektiven Wert. Die angeborenen Ideen sind objektive Ideen, sie stellen uns wahre und unveränderliche Wesen dar. Alle Ideen, die uns wahre und unveränderliche Wesen darstellen, sind angeboren. Die Gottesidee ist darum die Idee eines wahren und unveränderlichen Wesens. Als Idee ist sie klar und legitim.

Wir sahen, wie Descartes sich bemüht, die Widerspruchsfreiheit der Gottesidee, ihren einfachen und ursprünglichen Charakter zu beweisen. Er brauchte sie für alle seine Demonstrationen, besonders für den ontologischen Beweis. Er sucht alle Einwände zu beseitigen, die man seinen Vorläufern gemacht hat – Anselm, Bonaventura, ⟨Duns⟩ Scotus. Immer stehen ihm die Einwände des Suarez vor Augen[8] – er kommt noch darauf zurück. Wir können jetzt schon die Berechtigung der Einwände, die ihm Leibniz machte, beurteilen, sowie die Vervollkommnungen, die er seiner eignen Darlegung nachrühmte. Leibniz hat nur Scotus kopiert, Descartes gibt dagegen eine originelle Demonstration. Der Existenz Gottes als Natur sind wir jetzt versichert – um zu seiner realen Existenz überzugehen, müssen wir sie unter

[7] *Respons⟨iones⟩ primae.* VII, 117.
[8] Vgl. ⟨Descartes,⟩ *An Clersellier,* 23. IV. 1649 (280).

einem andern Gesichtspunkt betrachten, wir müssen auf die Idee der Vollkommenheit zurückgreifen.

b) Alle unsere Ideen können auf doppelte Weise betrachtet werden – als Fakta unseres psychischen Lebens sind sie alle äquivalent, haben sie alle dieselbe Realität und dieselbe Vollkommenheit – das ist, in scholastisch-cartesianischer Terminologie, ihre formale Realität[9]. Aber das Wesentliche an der Idee, was ihre Eigentümlichkeit als Idee ausmacht, ist ihre repräsentative Funktion. Diese Funktion, die von den Scholastikern als *intentio* bezeichnet wurde, nennt Descartes Repräsentation. Die Idee ist Idee von etwas, und die Ideen unterscheiden sich nach den Objekten, die sie vorstellen[10]. Die Qualität, die Vollkommenheit, die nicht zur Idee als solcher gehört, sondern ihr von ihrem Objekt her zuwächst, in *dessen* Wesen oder Natur gründet, nennt Descartes ihre objektive Realität. Es muß – so denkt Descartes – eine enge Beziehung zwischen der formalen Realität einer Idee und ihrem Subjekt, ihrer objektiven Realität und der formalen Realität des Objektes geben[11].

Etwas Vollkommenes vorzustellen, darin liegt selbst wieder eine Vollkommenheit. Und die Realität oder objektive Vollkommenheit der Idee wächst mit der Realität oder formalen Vollkommenheit ihres Objekts. Diese Vollkommenheit ist nicht Nichts, und da sie Etwas ist, muß man sie auf einen Grund oder eine Ursache zurückführen können. Ihr Grund oder ihre Ursache kann offenbar nicht weniger an formaler Realität haben als die Idee, deren Ursache sie ist, an objektiver. Die erworbenen Ideen setzen uns nicht in Verlegenheit, ihre Vollkommenheit übertrifft die unsere nicht[12]; die *ideae a me ipso factae* haben offenbar ihre Realität oder objektive Vollkommenheit, ihren Seinsgrund in mir selbst. Ganz anders steht es mit der Gottesidee, denn ihre Vollkommenheit ist unendlich. Darum kann unsere formale Vollkommenheit, die endlich ist, nicht ihre Ursache sein, darum können *wir* nicht Seinsgrund dieser Idee sein. Die Existenz dieser Idee kann nur in der Existenz Gottes begründet und durch sie verursacht sein. Vielleicht wendet man ein, es gebe andere Ideen, deren objektive Vollkommenheit der unsern überlegen sei – z.B. die Idee des Engels. Aber, sagt Descartes, es ist nicht schwer, diese Idee zu bilden, wenn man die Gottesidee hat. Es ist eine zusammengesetzte, keine einfache Idee. Die hyperscholastische Art, in der Descartes hier argumentiert, mag überraschen. Wir haben schon angeführt, was ihn dazu bewog, seinen Beweis auf den Begriff der Kausalität zu stützen. Aus seinen Einwänden und Erwiderungen merkt man deutlich, daß dies nur eine *façon de parler* ⟨Art zu sprechen⟩ ist und die eigentliche Grundlage des Arguments eine ganz andere, einfachere und tieferliegende. Man wendet

9 Vgl. *Meditationes* III. VII, 40–41.
10 Vgl. ⟨Descartes,⟩ *An Regius,* Juni 1642 (281).
11 Vgl. *Meditationes* III, 41.
12 Vgl. *Meditationes* III, 45.

gegen Descartes ein, der Begriff der Kausalität dürfe nicht auf die objektive Realität einer Idee angewendet werden. Aber eigentlich sucht Descartes gar keine wirkliche Ursache. Er will nur ganz einfach die Frage stellen: Wie ist das Faktum zu erklären, daß wir die Idee des absolut vollkommenen Wesens haben (eine Idee, deren objektive Vollkommenheit unendlich ist[13])? Es ist ein so augenfälliges Mißverhältnis zwischen dieser Idee und uns – sie aus unserer Natur ableiten zu wollen, zu behaupten, daß wir sie selbst gebildet hätten, das wäre ebenso, als wollte man die Idee einer äußerst genial konstruierten Maschine aus der Unwissenheit ihres Erfinders erklären[14] und nicht aus seiner Kenntnis der Mechanik. Die Bildung dieser Idee übersteigt unsere Kräfte. Nur auf zwei Wegen können wir zur Idee jener kunstvollen Maschine gelangen: entweder waren wir imstande, sie selbst zu erzeugen, d. h. wir sind genügend mit mathematischen und physikalischen Kenntnissen ausgerüstet, oder wir haben irgendwo eine solche Maschine gesehen. Besitzen wir keine ausreichenden Kenntnisse, so bleibt nur der zweite Weg. Die Quelle der objektiven Realität liegt in uns oder in der formellen Vollkommenheit der Maschine. Die Gottesidee übersteigt so sehr unsere Kräfte, daß sie nicht unsere Erfindung sein kann. Ihre Quelle ist demnach allein in der formalen Realität des unendlichen Wesens zu sehen, welche Grund und Ursache dieser Idee ist, wie des Faktums, daß wir sie besitzen[15]. Aber übersteigt denn wirklich diese Idee so sehr alle Kräfte unserer Natur und jeglicher endlichen Natur überhaupt? Vielleicht haben wir sie uns gebildet, indem wir alle Vollkommenheiten, die wir in uns finden, unendlich gesteigert dachten? Nach Descartes kann man durch eine solche Operation niemals das Unendliche erreichen: höchstens kann man von der Möglichkeit einer solchen Steigerung her auf das Unendliche, das sie voraussetzt[16], zurückgeführt werden und auf eine Fähigkeit in uns, die sie voraussetzt, auf ein Vermögen, das nur durch das Unendliche selber zu erklären ist. Ohne Gottes Hilfe wären wir zu dieser Operation der unendlichen Steigerung nicht imstande. Hätten wir in uns selbst ausreichende Kräfte, vermöchten wir eine solche Idee zu schaffen, so müßte unsere eigne formale Vollkommenheit unendlich sein, und wir wären Gott – und ebenso jedes Wesen, das wahrhaft Quelle der Idee des Unendlichen sein könnte. Die Existenz der Gottesidee in uns erlaubt uns also den Schluß auf seine reale Existenz[17].

Noch ein Einwand ist möglich: so wenig man von der Idee eines Dreiecks oder irgendeiner andern Natur auf die reale Existenz ihres Objekts schließen

[13] Vgl. ebd. III, 42–45.
[14] Vgl. *Resp*⟨onsiones⟩ *primae*. VII, 104.
[15] Vgl. ebd. 105–106.
[16] Vgl. *Resp*⟨onsiones⟩ *quintae*. VII, 365.
[17] Vgl. *Principes* I § 9.

dürfe, wäre das auch für Gott möglich – die unendliche Vollkommenheit des göttlichen Wesens als bloße Wesenheit betrachtet reiche völlig aus zur Erklärung und Begründung der objektiven Vollkommenheit seiner Idee. Descartes glaubte das nicht – für ihn sind Essenz und Existenz in Gott untrennbar verbunden. Die Kausalbetrachtung verbarg ihm diesen Einwand oder doch seine Bedeutung. In jedem Fall hat er noch zwei andere Beweise aufgestellt, durch die die Lücke ausgefüllt wird – den ontologischen Beweis und den Beweis aus der Kontinuität der Schöpfung.

Man könnte ⟨gegen⟩ Descartes einwenden – und es ist erstaunlich, daß seine Gegner es nicht getan haben –, wir hätten es gar nicht nötig, die Quelle für die Idee des Unendlichen in einem *realiter* unendlichen Wesen zu suchen, wir besäßen ja ein Vermögen, das in uns ebenso unendlich sei wie in Gott selbst – den freien Willen. Descartes hätte vermutlich geantwortet, es genüge keineswegs, die Idee des Unendlichen *secundum quid* ⟨an sich⟩ zu besitzen, um zur Gottesidee zu gelangen. Wir könnten verschiedene Ideen von verschiedenen unendlichen Vollkommenheiten bilden, aber niemals könnte man als Summe von Unendlichkeiten *secundum quid* die einfache Idee der absoluten Unendlichkeit Gottes erhalten. Descartes stellt *implicite* die Basis für diesen Einwand und für seine Beantwortung selbst hin.

c) Es gibt mehrere Interpretationen der cartesianischen Demonstration. Wir heben nur zwei heraus: die von ⟨Louis⟩ Liard und die von ⟨Octave⟩ Hamelin. Nach Liard beruht die cartesianische Demonstration „auf dem vermeintlichen Prinzip, daß jeder Idee ein *Ideatum* korrespondiere". Die Existenz der Gottesidee in uns würde sich aus unserer Erfassung Gottes erklären. Doch spricht er Descartes das Recht ab, von diesem Prinzip Gebrauch zu machen; es sei selbst auf die Erkenntnis der Existenz Gottes und der göttlichen Wahrhaftigkeit begründet und dürfe erst später erwähnt werden. Hamelin nimmt Descartes gegen diese Kritik in Schutz. Nach seiner Auffassung ist das Kausalprinzip das einzige Fundament der cartesianischen Demonstration. Wir glauben, daß beide etwas Richtiges gesehen haben, und daß beide in dem unrechthaben, was ihren Thesen einseitig eigen ist. Liard hat richtig durchschaut, worauf die Argumentation letztlich ruht. Hamelin hat die Form des Beweises zur Abhebung gebracht. Aber Hamelins Verteidigung scheint uns wenig geglückt, und wir halten es für keine Verbesserung, wenn man das Kausalprinzip, trotz des universalen Zweifels, als *a priori* gegeben annimmt. Dürften wir dieses Prinzip und ähnliche aufstellen, dann verlöre der methodische Zweifel seine Bedeutung und jedenfalls seine Universalität. Es ist gleichfalls unberechtigt, wenn Liard Descartes verbieten will, die Beziehung der Idee zu ihrem Gegenstand in Betracht zu ziehen. Eine Idee, die nicht Idee von etwas wäre, wäre das überhaupt noch eine Idee?

Nach unserer Ansicht darf man diese beiden Prinzipien, diese beiden Betrachtungsweisen nicht trennen. Für Descartes sind sie eins. Die Wirkung, durch die das Objekt in uns seine Idee erzeugt, fällt zusammen mit der Wahrnehmung dieses Objekts[18]. Sagt man, die Gottesidee werde durch Gott in uns erzeugt, so heißt das zugleich, ihre Quelle ist die Wahrnehmung Gottes.

2. Die besondere Form, die scholastische Einkleidung der cartesianischen Demonstration, dient dazu, ihre Beziehung zu sehr alten Ideen, denen Augustins, zu verbergen. Wir lernten schon die engen Beziehungen zwischen Descartes' Methode, die Gottesidee und die Idee des Unendlichen abzuleiten, und den Lehren Bonaventuras in seinem *Itinerarium mentis in Deum* kennen. Entfernen wir das seltsame Gewand, die Betrachtungen über die objektive und formale Realität, was bleibt dann übrig? Die einfache und tiefe Idee, daß die Existenz der Gottesidee in uns, das Faktum, daß wir Gott denken, sich nur aus Gott selbst erklären läßt. Wir erinnern an die schöne Formel: *Nec sol sine sole, nec Deus sine Deo cognoscitur* ⟨Weder wird die Sonne ohne Sonne erkannt, noch Gott ohne Gott⟩. Nicht wir bilden diese Idee, Gott selbst wirkt sie in uns, wie immer man das erklären mag[19]. Wir könnten diese Idee nicht bilden, wir könnten sie nicht aufsuchen, wenn wir sie nicht schon besäßen, wenn sie unserm Geist nicht eingeboren, uns nicht von Gott geschenkt wäre. Das ist der Gedanke Augustins[20]: er sucht Gott, er findet seine Idee in seinem Bewußtsein, er findet ihn in seiner Seele, in seinem Gedächtnis und ruft aus: O Gott, ich hätte dich nicht gesucht, wenn ich dich nicht schon besessen hätte; niemals hätte ich danach gestrebt, dich zu erkennen, wenn ich nicht von dir geschaffen wäre, wenn du nicht selbst schon in mir wärest, wenn du mich nicht zu dir gerufen hättest. Du selbst bist in meiner Seele, in deinem Licht bloß kann ich dich sehen, ich wäre nichts ohne dich, ich wäre nie zu dir gekommen, wenn du dich mir nicht offenbart hättest, nicht deinen Sitz in meinem Inneren erwählt hättest[21]. Die Gottesidee ist für Augustin ebenso wie für Bonaventura der direkte Beweis für die Existenz Gottes. Sind wir gewiß, diese Idee zu besitzen, sehen wir klar, daß sie nicht von uns selbst gebildet sein kann, daß im Gegenteil alle andern sie implizieren – dann kann sie einzig und allein von Gott selbst stammen. Die Idee Gottes stellt Gott gegenwärtig vor uns hin – und wenn es zugegeben oder bewiesen ist, daß es eine wahre Idee ist, so existiert Gott, weil er uns in seiner Idee selbst erscheint. Descartes trennt die Gottesidee von Gott selbst, er umkleidet die einfache und tiefe Idee Augustins mit allerlei subtilen Argumenten. Eine Verbesserung scheint uns damit nicht ge-

18 ⟨*Ebd.*⟩ I § 9, 10.
19 ⟨Descartes,⟩ *An Regius*, 24. V. 1640 (282).
20 ⟨Augustinus,⟩ *Confess⟨iones⟩* X, 26. (283).
21 ⟨Descartes,⟩ *An Mesland*, 2. V. 1644. IV, 142. (284).

wonnen[22]. Das Prinzip der wirkenden Ursachen scheint uns hier keineswegs am Platze, es ist unserer Ansicht nach nur eine unnütze Komplikation.

3. Das Argument, das als Beweis aus der Kontinuität der Schöpfung bekannt ist[23], scheint uns bisher noch nicht richtig gewürdigt zu sein. Manche Historiker Descartes' – z. B. Hannequin in seiner schönen Studie über das ontologische Argument – wollen es nicht einmal als ein besonderes Argument gelten lassen[24]. Es ist ihrer Ansicht nach einfach der scholastischen Theologie entnommen oder wiederholt nur die Argumente aus der III. *Meditation.* Das glauben wir nicht. Das Argument hat eine ganz bestimmte Funktion. Es ist ein Beweis nach dem Prinzip *ab ente contingente ad ens necessarium* ⟨vom kontingenten Seienden zum notwendigen Seienden⟩, und zugleich eine Widerlegung der Einwände, die man gegen die Gottesidee in der Fassung Descartes' vorbringen konnte. Diese Widerlegung ist allerdings *implicite* schon in der III. *Meditation* enthalten, aber es ist gerade für die Analyse der Quellen Descartes' höchst interessant, daß er sich nicht damit begnügt, sondern Beweis auf Beweis häuft.

Wir sind – so sagt Descartes – endliche und beschränkte Wesen, unvollkommen, aber im Besitz der Idee der Vollkommenheit. Solche Wesen können nur von Gott geschaffen sein, dem unendlichen und unendlich vollkommenen Wesen. Tatsächlich durchschauen wir unsere eigne Unvollkommenheit, wenn wir unsre Natur betrachten; so unvollkommen sind wir, daß wir von einem gegebenen Moment unserer Existenz niemals auf den folgenden schließen können. Nichts in uns kann uns diese Kontinuität, dies Beharren des Seins in der Zeit verbürgen. Wir können uns nicht selbst erhalten. Es muß also eine Kraft, ein von uns selbst unterschiedenes Prinzip geben, das uns erhält[25]. Da andererseits die Momente der Zeit absolut getrennt und unabhängig voneinander sind, muß uns dieselbe Kraft im Dasein erhalten, die es uns verleiht. Es gibt keinen wesentlichen Unterschied zwischen der konservativen und der schöpferischen Aktion, der, die das Dasein erhält, und der, die es zum erstenmal verleiht. Daraus folgt, daß wir, die wir uns nicht selbst erhalten können, uns auch nicht selbst schaffen können. Wir sind nicht durch uns selbst, weder *a se* ⟨von sich⟩ noch *per se* ⟨durch sich⟩,

[22] Pascal hat bekanntlich alle diese Komplikationen verworfen und ist zu der reinen augustinischen Idee zurückgekehrt.

[23] Es gibt bei Descartes eigentlich zwei Beweise, die man gewöhnlich unter dem Namen Beweis aus der Kontinuität der Schöpfung zusammenfaßt. Der eine, den wir später untersuchen, ist ein speziell cartesianischer Beweis; er geht von unserer eignen Existenz und der Existenz der Gottesidee in uns aus. Der andere geht von der Existenz der geschaffenen Welt aus und steigt direkt auf zu ihrem Schöpfer, der sie im Dasein erhält. Descartes hatte ihn nicht anwenden dürfen, weil die Existenz der Welt selbst nur aus der Existenz Gottes zu beweisen ist; er ist sichtlich aus der Demonstration Bonaventuras entlehnt.

[24] Vgl. Hannequin, ⟨*Essais*⟩.

[25] *Meditationes* III, 48–49.

sondern durch ein höheres Wesen[26] geschaffen und erhalten. Im übrigen folgt es aus dem Faktum unserer Unvollkommenheit selbst – hätten wir selbst und nicht ein höheres Wesen uns das Dasein gegeben, so hätten wir uns keinesfalls so unvollkommen geschaffen; da wir die Idee der höchsten Vollkommenheit besitzen, so hätten wir sie uns verliehen; denn es ist nicht schwerer, eine Qualität als ein Sein zu schaffen, und waren wir imstande, eine Substanz zu schaffen – uns selbst –, so konnten wir uns so weise, so mächtig, so vollkommen schaffen als es uns immer gefiel. Wir hätten uns als Gott geschaffen.

Daraus folgt, daß wir durch ein anderes Wesen geschaffen sind, und wir werden jetzt zeigen, daß dieses Wesen Gott ist. Geschähe es durch ein Zwischenwesen, so müßten wir fragen, woher wir die Idee der Vollkommenheit haben. Ein endliches und unvollkommenes Wesen, mag es uns auch noch so überlegen sein, könnte sie uns niemals einpflanzen; außerdem müßten wir für jenes wiederum dieselbe Frage stellen wie für uns. Entweder hat es die Idee des vollkommenen Wesens, und dann ist es nicht *a se* ⟨von sich aus⟩ – mindestens was diese Idee angeht –, oder es hat sie nicht, dann können wir sie nicht von ihm haben[27]. Wenn es sie nicht hat, dann ist es noch unvollkommener als wir, da es kein Bewußtsein von seiner eignen Unvollkommenheit und keine Idee Gottes hat.

Wir können diesen Regress beliebig weit verfolgen – bis ins Unendliche –, niemals können wir zum Ziel kommen; denn wir mögen so weit oder so hoch hinaufgehen, wie wir wollen – der Abstand zwischen dem Wesen, auf das er schließlich hinausläuft, und dem, dessen wir bedürfen, um die Anwesenheit der Gottesidee in uns zu erklären, bleibt unendlich, und jedes unvollkommene Wesen als solches kann und muß für sich selbst die Frage stellen, die wir für uns stellen: wer ist sein Urheber, wem verdankt es die Vollkommenheiten, die es besitzt, und die höchste von allen, die Fähigkeit, Gott, die Gottesidee fassen zu können? Sagt man, wir hätten das Sein von unsern Eltern empfangen, sie von den ihren[28] usf., so kommen wir auf einen unendlichen Regress, und es bleibt doch etwas, was wir nicht von unsern Eltern haben können – die Gottesidee, die Möglichkeit, die Fähigkeit, Gott zu fassen. Diese Vollkommenheit konnten sie uns nicht mitgeben, denn sie sind so wenig wie wir imstande, sie sich zu verschaffen. Für sie wie für uns besteht unverändert dasselbe Problem. Der *regressus in infinitum* ist nicht in jedem Fall fehlerhaft. So ist z. B. eine unendliche Reihe von Ursachen, sei es in der Zeit, sei es im gegenwärtigen Moment, keineswegs unmöglich; nicht darauf gründet Descartes seinen Beweis. Aber in unserm Fall handelt es sich

26 Ebd. IV, 53.
27 Vgl. ⟨ebd.⟩ III, 49–50.
28 Vgl. ⟨Francisco⟩ Suarez, *Disputationes metaphysicae* XXIX, 36 (285).

nicht um eine Reihe von Ursachen[29] von gleicher Vollkommenheitsstufe, es handelt sich darum, als Ursache für eine bekannte Wirkung ein Wesen zu entdecken, dessen Vollkommenheit unendlich sein muß[30]. Keine endliche Ursache und keine Anhäufung, auch keine endlose Anhäufung von endlichen Ursachen kann den Abgrund ausfüllen, der sich zwischen jeder endlichen und unvollkommenen Ursache und der Wirkung auftut, die wir erklären sollen: der Möglichkeit, Gott zu erkennen und zu begreifen. In diesem besonderen Fall wären Ursache und Wirkung inkommensurabel. Es handelt sich nicht etwa um eine beliebige Wirkung, von der aus man zu einer unendlichen Ursache aufzusteigen sucht, es ist eine ganz bestimmte Wirkung und in sich so geartet, daß keine endliche Ursache sie hervorbringen könnte. Der Regress ist also unstatthaft, er ist möglich, aber er führt zu keiner Lösung des Problems. Dazu muß man direkt vom unvollkommenen zum vollkommenen Wesen aufsteigen, vom Menschen zu Gott. Wir sprachen von der Möglichkeit, Gott zu erkennen und zu denken und nicht so sehr von der Idee Gottes – Descartes macht gar keinen Unterschied zwischen dem einen und dem andern. Für ihn ist es ein und dasselbe, besonders wenn es sich um angeborene Ideen handelt, eine Idee zu besitzen und die Fähigkeit zu haben, sie zu bilden oder vielmehr sie zu denken. An dieses Vermögen vor allem – als reales und *realiter* existierendes, mit einer unendlichen Vollkommenheit ausgestattet – denkt er, wenn er das Kausalprinzip auf die Idee Gottes anwendet. So ist nach unserer Ansicht der zweite cartesianische Beweis zu verstehen. Tatsächlich erfordert die fertige Idee, die Idee auf ihren logischen Gehalt hin betrachtet, zur Rechtfertigung ihrer unendlichen Vollkommenheit (ihrer unendlichen objektiven Realität) nur die Existenz einer unendlichen und unendlich vollkommenen Wesenheit, die als Wesenheit und nicht *realiter* existieren muß. Die Möglichkeit, Gott zu denken, als Vollkommenheit unseres Seins betrachtet, nimmt selbst an der Natur des Unendlichen teil – sie kann nur durch ein *realiter* existierendes Unendliches erklärt werden. Descartes unterscheidet diese beiden Fälle nicht oder vielmehr, sie fallen für ihn zusammen. Letztlich hat er recht, aber es ist deutlich zu sehen, wie durch diese Identifikation Verwirrung in seine Argumentation hineinkommt.

So verstanden, scheint uns der Beweis vollkommen exakt. Wenn tatsächlich unsere Eltern uns die Gottesidee vermittelt haben, wenn sie durch eine alte Tradition auf uns gekommen ist, so ist das kein Einwand, denn so wenig wie wir kann irgendeine endliche Ursache, irgendein unvollkommenes We-

[29] Vgl. ⟨Descartes,⟩ *Respons⟨iones⟩ primae*, 106–107.

[30] *Secundum quid.* Es handelt sich darum, den Abstand zwischen uns als dem Endlichen und dem Unendlichen, der Idee Gottes, die wir besitzen, zu überbrücken. Kein unendlicher Regress, keine Anhäufung endlicher Ursachen kann diesen Abgrund ausfüllen.

sen sie erfinden. Wenn die Gottesidee nicht *a me ipso facta* ist, kann sie auch nicht durch eine Tradition, von meinen Eltern oder irgendeinem endlichen Wesen gebildet sein. Ein Wesen, das die Idee Gottes besitzt, kann also nur Gott selbst oder von Gott geschaffen sein.

Descartes' Schluß ist sehr einfach – wir haben schon darauf aufmerksam gemacht. Nach Ausschaltung jeder endlichen Ursache schließt er direkt vom unvollkommenen auf das vollkommene Wesen, vom Menschen auf Gott. Der Schluß, den wir aus der Sphäre der Ideen kennen, überträgt sich auf das Gebiet des Realen. Die Erkenntnis des unvollkommenen Wesens als solchen implizierte die des vollkommenen Wesens; die Existenz des unvollkommenen Wesens, das sich als solches erkennt, impliziert die des vollkommenen Wesens. Hier wie dort geschieht der Übergang vom Endlichen zum Unendlichen unmittelbar, ohne Zwischenstufen.

4. A. Jourdain hat Descartes' Beweis aus der Kontinuität der Schöpfung mit dem des Thomas in Verbindung gebracht. Nicht mit Recht. Die Doktrin von der Kontinuität der Schöpfung ist, wie schon erwähnt, ein traditionelles Dogma. Sie gehört so wenig Thomas wie irgendeinem andern speziell an. Der Beweis selbst dagegen zeigt Thomas gegenüber unverkennbare Unterschiede. Durch den *regressus in infinitum* oder vielmehr auf Grund der Unmöglichkeit eines solchen Regresses kommt Thomas zur letzten Ursache, zu Gott. Descartes gibt die Möglichkeit eines solchen Regresses zu, er zeigt nur, daß er in unserm Fall keinen Wert hätte, und auf einem ganz andern, einem direkten Wege vollzieht er den Übergang vom Menschen zu Gott. Nicht bei Thomas, sondern wieder einmal bei Bonaventura finden wir die leitende Idee des Beweises. Bei Bonaventura wie bei Descartes wird unmittelbar vom Endlichen auf das Unendliche geschlossen[31]. Descartes brauchte nur den möglichen Einwand vom unendlichen Regress her abzuschneiden, und der Beweis war vollständig. Für den *Doctor seraphicus* was das nicht nötig – für ihn verurteilte der unendliche Regress sich selbst, sofern er eine unendliche Reihe einschloß. Wir haben diese Inkonsequenz schon erwähnt – Descartes konnte das Argument deshalb nicht unverändert übernehmen. Andererseits mußte er weitere Änderungen anbringen und gegen den Versuch, die Idee Gottes an eine Tradition anzuknüpfen, ins Feld ziehen, da die Idee Gottes dadurch in eine Reihe mit den künstlich gebildeten Ideen gestellt wäre und damit die Basis des ontologischen Arguments verloren würde. Bekanntlich hat Suarez diesen Einwand gerade gegen den ontologischen Beweis erhoben. Gilson hat schon auf die Bedeutung Suarez' für die Vorbereitung der cartesianischen Theorie vom Angeborensein der Gottesidee hingewiesen. Nach unserer Auffassung hat er eine noch größere Rolle gespielt. Suarez sucht eine Synthese der Scholastik, er will die thomistischen und die

[31] Vgl. ⟨Bonaventura,⟩ *Itinerarium, De mysterio trinitatis* (286).

scotistischen Lehren in eins verschmelzen[32], bezüglich des ontologischen Arguments nimmt er eine Mittelstellung ein zwischen ⟨Duns⟩ Scotus, der es annimmt, und Thomas, der es verwirft. Für Suarez besteht natürlich so wenig wie für Thomas ein Zweifel daran, daß Gott *per se* existiert. Es ist nur die Frage, ob die Existenz Gottes *per se nota* ⟨selbstevident⟩ ist, und *per se nota quoad nos* ⟨selbstevident für uns⟩ – auf diese Formel bringt Thomas das ontologische Argument. Suarez ist dieser Meinung nicht abgeneigt[33] – er kann Autoritäten und Gründe dafür anführen. Bonaventura[34] hatte bereits den Glauben an Gott als angeboren in Anspruch genommen, und wenn wir die Gottesidee betrachten, so ist es kaum vollziehbar, daß Gott nicht existieren sollte. Eine letzte logische Evidenz haben wir vielleicht nicht dafür, aber die moralische Evidenz ist stark genug, um unsere Zustimmung zu erzwingen[35]. Der Schluß wäre gültig, wenn es absolut feststünde, daß die Gottesidee angeboren ist[36]. Aber der vorsichtige Jesuit kann es nicht verbergen, daß ihm immerhin ein letzter Zweifel geblieben ist – sollte es nicht am Ende doch möglich sein, daß wir diese Idee erworben haben und daß sie auf dem Wege der Tradition zu uns gekommen ist? Dann wäre der Schluß keineswegs gültig, man holte nur aus ihr heraus, was man zuvor hineingelegt hat. Vergleicht man die Ausführungen Descartes' mit den Texten von Suarez, so erscheint es unzweifelhaft, daß Descartes seine Polemik gegen ihn richtet, wenn er ihn auch nicht nennt. Um dieser Kritik zu entgehen, sucht er mit allen Mitteln das Angeborensein, die Einfachheit, die Ursprünglichkeit der Gottesidee zu beweisen. Und das ist uns ein neuer Beweis dafür, daß Descartes Suarez gekannt hat, und daß ihm das ontologische Argument sowie der Autor desselben vertraut waren.

B. Das ontologische Argument

1. Es ist behauptet worden[37], dieses Argument, das Descartes mehrfach und in verschiedenen Formen vorbringt, habe nicht immer dieselbe Rolle bei

[32] Auch in der Urteils- und Willenslehre nimmt er eine Mittelstellung ein: „quoad exercitium vero propria causa est voluntas ipsius hominis iudicantis, quod universale est in omni iudicio falso". ⟨Francisco⟩ Suarez, *Disp⟨utationes⟩ metaph⟨ysicae⟩* IX, 2, 4. Der Wille spielt zwar schon eine Rolle im Urteil, aber offenbar nur als Quelle des Irrtums.
[33] Suarez, *Disp⟨utationes⟩ metaph⟨ysicae⟩* XXIX, 35. (287).
[34] Augustin, Johannes von Damascus und Maximus der Bekenner haben es schon vor ihm getan. Auch lassen sich Schriftstellen für diese Auffassung anführen, und Suarez versäumt es nicht, sich auf diese Autoritäten zu stützen.
[35] Suarez, *Disp⟨utationes⟩ metaph⟨ysicae⟩* XXIX, 34 (288).
[36] Für Suarez wie für Descartes ist angeborene Idee synonym mit einfacher, nicht zusammengesetzter Idee.
[37] Vgl. Adam, *Vie de Descartes.*

ihm gespielt; anfangs sei es als eins unter andern aufgetreten, nach und nach sei es das Hauptargument geworden. In den *Meditationen* freut er sich allerdings schon, ein völlig zwingendes, absolut unbezweifelbares Argument gefunden zu haben, das es an Exaktheit mit den Beweisen der Mathematik aufnehmen könne. Er glaubt sogar, daß seine Demonstration ihnen an Klarheit und Evidenz noch überlegen sei. Aber offenbar legt er zwei anderen Beweisen denselben Wert bei: der Demonstration aus der Gottesidee und der aus der Kontinuität der Schöpfung. Die Demonstration *a priori* erscheint nur als eine Art Ergänzung in einem Werk, in dem sie sehr wohl entbehrlich wäre. Er fügt sie um ihrer großen Bedeutung willen hinzu. Er meint, daß ihre Evidenz die ärgsten Skeptiker entwaffnen und überzeugen muß, aber für ihn ist es nicht das Hauptargument. In den *Meditationen* kommt es erst an dritter Stelle, in den *Prinzipien* rückt es an die erste, und darin sah Adam einen Hinweis dafür, daß Descartes der Demonstration *a priori* zu verschiedenen Zeiten einen verschiedenen Wert beigelegt habe.

Diese Betrachtungsweise scheint uns nicht hinreichend begründet.

Es ist durchaus unbewiesen, daß Descartes bei der Abfassung seiner *Meditationen* seiner Demonstration einen geringeren Wert beimaß als in den *Prinzipien*. Sie kommt an letzter Stelle, doch *last not least*.

Wenn Descartes es für nötig fand, diese Demonstration zu den beiden andern hinzuzufügen und sie sogar auseinanderzusetzen, nachdem er die beiden andern schon dargelegt hatte, so fand er sie offenbar besser als die beiden andern. Die verschiedene Stellung des ontologischen Beweises in den *Meditationen* und in den *Prinzipien* scheint uns gerade in der hohen Achtung, die Descartes für dieses Argument hatte, ihre natürlichste Erklärung zu finden. Tatsächlich mußte der Gang des Beweises in den *Meditationen* – der Gesamtanordnung entsprechend – gerade umgekehrt sein wie in den *Prinzipien*. Bevor er seinen Beweis darlegen konnte, mußte Descartes die Grundlagen dafür und auch den Geist seiner Leser vorbereiten. Er mußte die Existenz der Gottesidee nachweisen und einige ihrer Attribute festlegen, ehe er den Beweis aus der Analyse des göttlichen Wesens versuchen konnte. In den *Meditationen* geht er synthetisch vor, in den *Prinzipien* analytisch. In den *Meditationen* steigt er zu den Prinzipien auf, in dem späteren Werk geht er davon aus und entwickelt sie, er wahrt eine rein systematische Ordnung, in dem Wunsch, sein Werk den in den Schulen üblichen Traktaten an die Seite stellen zu können. Der Wortlaut des Beweises ist in den *Meditationen* und in den *Prinzipien* nicht merklich verschieden – in den *Responsiones* aber weicht er ganz erheblich davon ab. Es geht Descartes oft so, daß seine Gedanken sich im Verlauf der Polemik präzisieren und vervollständigen. Auch daß sie entstellt werden. Unser Argument ist ein Beispiel dafür. Wir müssen es in seinen verschiedenen Formen analysieren und ebenso die Polemik, die nach dem Erscheinen der *Meditationen* einsetzte, denn wir finden hier die

Einwände, die man Kant zuzuschreiben pflegt, nicht nur genau präzisiert, sondern überdies vollkommen widerlegt[38]. Die Differenzen, die wir zwischen der Fassung des Arguments in den *Meditationen* und im *Proslogion* aufweisen werden, erklären sich sehr einfach, wenn wir an den Unterschied zwischen Descartes und Anselm denken, an die Verschiedenheit der Zeit, in der sie schrieben, des Leserkreises, an den sie sich wandten, des Zwecks, den die Autoren verfolgten. Es spricht hier nicht ein Mönch zu Mönchen, sondern ein Philosoph zu Menschen, die in der Welt leben. Er will nicht Dogmen erläutern, nicht Waffen gegen den Unglauben schmieden, er soll philosophische Wahrheiten etablieren, sie beweisen und mit ihrer Hilfe die Skeptiker mit ihren eignen Waffen schlagen. Er kann nicht an den Glauben appellieren; es gilt ja gerade den Glauben zu verteidigen. Es genügt ihm nicht, den Zweifel aus dem Weg zu räumen, er will positive Beweise für die Existenz Gottes erbringen. Der indirekte Beweis Anselms wird durch einen direkten Beweis ersetzt. Der Untersatz des Beweises, die Demonstration der Möglichkeit Gottes, wird gleichfalls anders begründet als bei Anselm.

Gott ist das absolut vollkommene Wesen – *ens perfectissimum* –, und es folgt daraus mit aller Klarheit, meint Descartes, daß Gott existiert[39]. Manchmal sagt Descartes: es wäre ein Widerspruch, sich das vollkommenste Wesen als nicht existierend, das heißt das absolut Vollkommene als einer Vollkommenheit ermangelnd – kurz als unvollkommen zu denken. Aber meistens scheint ihm dieser Umweg ziemlich überflüssig, er zieht die direkte Schlußweise vor. Analysieren wir die Gottesidee, nicht die subjektive Idee, die wir haben, sondern die objektive Idee, seine einfache und unveränderliche Natur, so sehen wir, daß seine Existenz in seiner Natur ebenso impliziert ist, wie es in der Natur des Dreiecks impliziert ist, daß seine Winkelsumme gleich 2 R⟨echten⟩ ist[40].

Wir haben das Recht – das ist das eigentliche erkenntnistheoretische Prinzip Descartes' –, alles, was wir klar und deutlich als zum Wesen des Dinges gehörig wahrnehmen, dem Ding selbst zuzusprechen[41]. Danach haben wir das unbestreitbare Recht, die Existenz Gottes zu behaupten. Die Analyse ist sehr charakteristisch; die Demonstration gleicht in allen Punkten einer mathematischen[42]; er analysiert die Natur Gottes wie die des Dreiecks. Er hat eine klare Idee davon – für Anselm war diese Idee ein verhülltes Mysterium. Es ist eine ontologische Demonstration, das Wesen oder die Natur Gottes dient als Grundlage, nicht der bloße Begriff wie bei Anselm.

Descartes macht von vornherein die Einwände seiner Gegner zunichte

[38] Vgl. ⟨Descartes,⟩ *Resp⟨onsiones⟩ primae.* VII, 118; *Resp⟨onsiones⟩* secundae. VII, 138.
[39] ⟨Descartes,⟩ *Medit⟨ationes⟩* V, 65.
[40] *Discours* VI, 36.
[41] *Resp⟨onsiones⟩* secundae. VII, 150. *An Mersenne,* 19. I. 1642 (289).
[42] *Principes* I § 14.

und zugleich auch die Einwände, die später von Kant[43] erhoben wurden. Er betont die Einzigartigkeit der Demonstration, ihre Unanwendbarkeit auf ein anderes Objekt als Gott[44]. Nur für Gott kann man auf diese Weise einen Existenzbeweis führen. Denn wenn auch die Existenz die natürliche Form ist, in der wir die Dinge denken, so besteht doch eine tiefe Kluft zwischen der Gottesidee und der aller andern Objekte unseres Denkens. Die Natur der endlichen und geschaffenen Dinge schließt nur eine kontingente und mögliche Existenz ein, die Natur Gottes dagegen die absolute und notwendige Existenz[45]. Nichts ist leichter, als Gott zu erkennen und seine Existenz als in der göttlichen Natur begründet zu sehen[46]; es geschieht vermöge eines unmittelbaren und direkten Schlusses, so unmittelbar und direkt, daß man eigentlich gar nicht von einem Beweis sprechen sollte, sondern es fast eine unmittelbare Intuition Gottes in seiner Existenz nennen könnte[47]. Aber ist denn Gott möglich? Descartes' ganze Philosophie gibt uns die Antwort darauf. Ist Gott eine wahre Natur? Schließt der Gottesbegriff nicht eine Unmöglichkeit, einen Widerspruch in sich, ist er kein leerer Begriff, keine gegenstandslose Phantasievorstellung[48]? Descartes erkennt die Tragweite dieser Frage vollkommen. Er sieht die Einwände, die man an diesem Punkte machen wird, die Schwierigkeiten, die sich erheben werden, so genau voraus, daß er Beweise anhäuft und fast mehr als nötig vorbringt. Allerdings hat dieser Überfluß seine Widersacher nicht gehindert, auf alle Schwierigkeiten hinzuweisen, für die er schon im voraus eine Lösung gegeben hatte.

Wir haben schon gesehen, wie meisterhaft Descartes die Idee Gottes und die ihr korrelative des Unendlichen analysiert. Darauf gehen wir nicht noch einmal ein.

Der Obersatz in dem Argument Descartes' ist – kantisch gesprochen – eine synthetische, keine analytische Wahrheit. Dies ist von großer Wichtigkeit. Es sichert das Argument gegen alle Einwände, die Kant dagegen erhebt, und es lohnt sich, ein wenig dabei zu verweilen.

Man hat häufig die Argumentation Descartes' so gedeutet, als müßte danach die Existenz als eine Vollkommenheit notwendig in der Natur Gottes zu finden sein, da alle Vollkommenheiten in eminenter Weise darin enthalten sind. So hat es Kant verstanden. Aber diese Auffassung scheint uns Descartes' Standpunkt nicht genau zu treffen. Die Beziehung zwischen Sein und Vollkommenheit ist – nach Descartes – nicht logisches Enthaltensein, son-

[43] ⟨Immanuel Kant (1724–1804), deutscher Philosoph der Aufklärung in Königsberg; Studien auch in Mathematik und Theologie. Hauptwerke: *Kritik der reinen Vernunft* (1781), *Kritik der praktischen Vernunft* (1788), *Kritik der Urteilskraft* (1790).⟩
[44] *Meditationes* V, 66–67. *Resp⟨onsiones⟩ secundae* VII, 163–164.
[45] *Medit⟨ationes⟩* V, 69.
[46] *An Mersenne*, VII. 1641. (290).
[47] Vgl. Hamelin, ⟨*Essais*,⟩ 113 (291).
[48] Vgl. *Principes* I § 15.

dern Zugehörigsein[49]. Keine analytische Beziehung zwischen *genus* und *species*, sondern eine synthetische Beziehung (*relation of ideas* im Sinne ⟨David⟩ Humes[50]) zwischen zwei *genera* oder vielmehr zwei verschiedenen Naturen. Auch das „Enthaltensein" ist keine bloß formal-logische Beziehung, sondern eine im Wesen der betreffenden Naturen selbst gründende – eine synthetische und keine analytische.

Descartes spricht allerdings manchmal von der Existenz als von einer Vollkommenheit[51]. Jedoch bildet für ihn vielmehr die Vollkommenheit die Grundlage für die Existenz[52] und ist ihrerseits davon unabhängig. Realität und Vollkommenheit stehen in Korrelation, aber fallen nicht zusammen[53]. Descartes nennt sie sehr oft zusammen – aber es scheint uns durchaus unberechtigt, sie zu identifizieren. Mehrfach wird das Wort *pertinere* ⟨zugehören⟩ gebraucht, um ihre wechselseitige Beziehung zu bezeichnen.

Außerdem erhebt Descartes ausdrücklich Einspruch dagegen, daß man sein Argument auf eine Tautologie zurückführt. Es ist eine neue Wahrheit, eine Entdeckung, ein vollgültiger Beweis, und nicht die Versicherung einer Trivialität wie: was existiert, existiert; Gott, als existierend, existiert. Es ist so wenig eine Tautologie wie irgendeine mathematische Wahrheit[54]. Der Begriff von 2 R ist nicht analytisch in dem des Dreiecks enthalten, und dennoch finden wir die Gleichheit der Winkelsumme mit 2 R, wenn wir die Natur des Dreiecks betrachten. Geradeso ist es in der Idee Gottes eingeschlossen, daß er notwendig existiert.

Das cartesianische Argument stützt sich auf die Betrachtung der Natur Gottes[55]; seinen Nerv bildet eine intuitive Erfassung der Beziehung zwischen der unveränderlichen Natur und der Existenz, nicht eine logische Analyse eines Begriffs, wie Kant meinte. Das spricht Descartes mit aller wünschenswerten Klarheit aus. Um der kardinalen Wichtigkeit dieses Punktes willen – für die Erkenntnis von Descartes' System wie seiner Beziehungen zu Anselm – lassen wir ihn hier ausführlich zu Wort kommen. Descartes unterscheidet sein Argument sorgfältig von dem bei Thomas dargelegten und zurückgewiesenen, das man ihm entgegenhält. Dieses Argument ist rein begrifflich (analytisch), für Descartes tautologisch. Die Bedeutung des *Wortes* „Gott" wird einfach analysiert; man findet, daß ein existierendes Wesen damit ge-

[49] Vgl. Hannequin, *Essais* II, der die beste Darstellung des Beweises gegeben hat.
[50] ⟨David Hume (1711–1776) schottischer Philosoph mit gesellschaftstheoretischen Studien in Frankreich (1734–1737). Hauptwerke: *A Treatise on Human Nature* (1739), *Of Morals* (1740), *Essays Concerning Human Understanding* (1748).⟩
[51] Vgl. *Meditationes* V, 65, 66, 68. VII, 166, Axiom IV (292).
[52] Vgl. Adam, ⟨*Vie de Descartes,*⟩ 138 (293).
[53] Vgl. Hannequin, *Essais* II, 260 (294).
[54] Vgl. ⟨Descartes,⟩ *Responsiones primae*. VII, 114, 115, 118 (295). *Resp*⟨*onsiones*⟩ *quintae*. VII, 384.
[55] *Resp*⟨*onsiones*⟩ *sec*⟨*undae*⟩. VII, 167.

meint ist. Man kann darum nicht schließen, daß das *Wort Gott* etwas *realiter* Existierendes bezeichne, sondern nur, daß wir an ein existierendes Wesen denken müssen, wenn wir dieses Wort gebrauchen.

Folgende Fehler glaubt Descartes in dieser Demonstration zu finden und rühmt sich, sie seinerseits vermieden zu haben (damit ist auch Leibnizens Kritik und „Verbesserung" des Beweises vorweggenommen. Leibniz hat ihn gerade zu einem analytischen gemacht):

a) es ist nicht bewiesen, daß das Wort Gott etwas Mögliches bezeichnet und nicht eine Absurdität wie der größte Kreis oder dgl.;

b) es handelt sich hier um eine willkürliche Definition, einen zusammengesetzten Begriff, eine Idee *a me ipso facta*.

Aus diesem rein subjektiven Begriff können wir natürlich gar nichts Objektives entnehmen. Gerade auf diese Vermengung ist Kants ganze Kritik aufgebaut. Descartes' Argument ist ganz anderer Art: bei ihm bildet eine einfache und unveränderliche Natur den Ausgangspunkt: die Idee ist angeboren[56], nicht *a me ipso facta*, sie ist einfach, nicht zusammengesetzt[57]. Eben dadurch ist die Möglichkeit dieser Idee bewiesen[58]. Ich entnehme der Idee nicht in der Analyse, was ich vorher hineingelegt habe, sondern ich finde eine synthetische Beziehung, eine neue Wahrheit.

Anselms Argument zeigt keinen der Mängel, die ihm Descartes vorwirft – es kommt übrigens gar nicht das Argument des *Proslogion* in Frage, sondern das von Thomas am Beginn der *Summa theologiae* angeführte und widerlegte, und zwar in der nominalistischen Fassung Descartes'. Die Möglichkeit, die Objektivität, die Einfachheit der Gottesidee wird von Anselm ebensogut dargelegt wie von Descartes selbst. Es weist einen Unterschied auf, den wir schon einmal erwähnt haben – unserer Auffassung nach keinen nachteiligen. Anselm begnügt sich vollkommen mit einem rein begrifflichen Argument, aber nicht mit einem analytischen. Durch einen genialen Kunstgriff entgeht er der Notwendigkeit, die göttliche Natur analysieren zu müssen; er besitzt keine klare und deutliche Idee von Gott; er hat zuviel Ehrfurcht vor der göttlichen Majestät. Wir müssen Gott als existierend denken (wir befinden uns in der Sphäre des reinen Denkens)[59]; wir können ihn also nicht als nicht existierend denken; jede Behauptung dieser Art ist nichtig; jeder Satz, der die Existenz Gottes leugnet, ist absurd und falsch. Folglich ist das Gegenteil wahr, und so gelangen wir, dank dem Prinzip des Widerspruchs, aus dem Bereich des Subjektiven in den des Objektiven. Descartes bedient sich nicht

[56] *Med⟨itationes⟩* V, 68. *An Elisabeth*, 15. IX. 1645 (296) ⟨Elisabeth von der Pfalz (1618–1680), Tochter Friedrichs V. von Böhmen, korrespondierte mit Descartes über philosophische Probleme⟩.

[57] *Resp⟨onsiones⟩ primae*. VII, 117 (297).

[58] *Resp⟨onsiones⟩ sec⟨undae⟩*. VII, 150 (298).

[59] Er begegnet damit dem Einwand des Caterus.

dieses Umwegs; auch nicht des Satzes vom Widerspruch. Er behauptet, direkt in das Reich des Seins vordringen zu können, direkt und unmittelbar von der Essenz zur Existenz zu gelangen. Der Weg ist kürzer vielleicht, aber beschwerlicher, weniger gangbar.

Im Verlauf der Polemik modifiziert sich der Gedankengang Descartes' mehrfach und paßt sich den verschiedenen Deutungen seines Beweises an; wir sehen hier gewissermaßen die Skizzen der Beweise, die später von ⟨Nicolas⟩ Malebranche und ⟨Baruch de⟩ Spinoza[60] entwickelt werden.

Wie schon erwähnt, will Descartes seinen Beweis nicht als einen analytischen aufgefaßt wissen[61], er behauptet zugleich die absolute Evidenz des Beweises, seinen intuitiven Charakter. In der Polemik gegen ⟨Antoine⟩ Arnauld legt er sich schließlich so sehr auf das Intuitive und Unmittelbare fest, daß der Beweis unversehens ganz verschwindet. Es handelt sich gar nicht mehr um einen Beweis für das Dasein Gottes. Tatsächlich nehmen wir die Existenz Gottes in seiner Natur, seinem Wesen unmittelbar und direkt wahr. Es handelt sich nicht mehr um eine rein ideale Beziehung zwischen zwei Wesenheiten, nicht um ein Prädikat, das in der Natur Gottes enthalten ist und von Gott selbst ausgesagt werden kann. Jetzt nehmen wir in seinem Wesen seine Existenz direkt wahr, und jeder Beweis wird überflüssig. Doch sucht Descartes immer die Möglichkeit mindestens beizubehalten, den Beweis als Beweis aufzufassen – siehe *loc. cit.*

Man hat oft behauptet, daß in den *Responsiones* an Arnauld die Grundgedanken Descartes' am klarsten und prägnantesten auseinandergelegt sind, daß man von dieser Formulierung auszugehen habe. Selbst Hannequin, bei dem man die beste Interpretation von Descartes' ontologischem Argument findet, ist in diesen Irrtum verfallen. Es ist ein Irrtum, denn in denselben *Responsiones* finden wir das Argument in die strenge Form einer syllogistischen Deduktion gekleidet – *more geometrico*, und, was noch wichtiger ist, in den *Prinzipien* kehrt die Darstellung der *Meditationen* wieder und nicht die der Antwort an Arnauld. Das Argument ist eine richtige Demonstration und nicht eine bloße Behauptung einer intuitiven Gegebenheit. Die Intuition, um die es sich hier handelt, ist eine intellektuelle und keine mystische.

Die *Responsiones* enthalten noch eine andere Form des Arguments, die

[60] ⟨Baruch de Spinoza (1632–1677), niederländischer Philosoph portugiesisch-jüdischer Herkunft; wegen Kritik an der jüdischen Gottesvorstellung 1656 aus der jüdischen Gemeinde exkommuniziert. *Werke: Einführung in die Philosophie Descartes'* (1663), *Tractatus Theologico-Politicus* (1670, 1674 verboten).⟩

[61] Descartes zeigt eine große Verachtung für rein analytische Beweisführungen. Der Syllogismus gibt keine neue Wahrheit und gilt ihm daher nur als ein Mittel der Darstellung, nicht eigentlich als Demonstration. Sein Beweis ist etwas ganz anderes – er stellt ihn den mathematischen Demonstrationen an die Seite, denn obwohl er sich des Syllogismus bedient, um ihn darzulegen, stammt seine Beweiskraft aus einer synthetischen Beziehung zwischen den Ideen, den einfachen und unveränderlichen Naturen.

ebenfalls von der der *Meditationen* abweicht. Hier wird die Formel *causa sui* ⟨Selbstursache⟩ auf Gott angewendet, nicht in negativem, sondern in positivem Sinne[62]. Descartes nimmt die Formel auf, die man ihm entgegenhält[63]; er will sie als metaphysisch exakte benützen, und zwar in einem positiven Sinne. Offenbar kann von einer realen Verursachung bei Gott keine Rede sein[64]. Gott ist keine Wirkung, aber es gibt doch etwas, das man mit diesem Terminus *causa sui* bezeichnen kann und muß. Er bezeichnet hier nicht nur das Fehlen jeder Ursache wie bei Anselm. Gott ist Seinsgrund seiner selbst. Nicht nur *a se* ⟨von sich selbst⟩, sondern *per se* ⟨durch sich selbst⟩[65]. Er ist Seinsgrund seiner selbst – oder es ist vielmehr seine Vollkommenheit, die seinen Seinsgrund bildet, seine unendliche Vollkommenheit, die sich in seiner Unendlichkeit und unendlichen Macht, seiner Allmacht am besten offenbart. Nach Descartes verleiht sich Gott wirklich Sein und Existenz. Er gründet sozusagen seine Existenz auf die Allmacht seines Willens[66]. Gott vermag alles. Er kann sich Existenz verleihen und er tut es. Es gibt in der göttlichen Natur eine gewisse innere Kraft, eine Macht, die die Kluft zwischen Nichtsein und Sein überbrückt. Die göttliche Natur ist kraft ihres eignen Vermögens[67].

Man könnte ebensogut sagen, sie besteht kraft ihrer eignen Vollkommenheit, denn Macht oder Vermögen ist nichts anderes als Vollkommenheit, und als absolut vollkommen besitzt sie die absolute Macht. Nicht nur in Gott, sondern in jeder Natur steckt eine gewisse Tendenz zum Sein. Die Naturen gehen sozusagen heraus aus dem Zustand des Unvermögens, sie hören auf, reine Ideen zu sein, platonische Ideen, um Ursachen zu werden, Kräfte, plotinische Ideen. Sie haben alle die Tendenz, sich zu realisieren, und diese Tendenz ist um so stärker, die Kraft ist um so größer, je größer die Vollkommenheit der betreffenden Natur ist. Gott besitzt die absolute Unendlichkeit, die unendliche Vollkommenheit, er tritt ins Sein vermöge der überströmenden Fülle seines Wesens, der Unendlichkeit seiner Macht. Wenn man ihn als Ursache seines Seins betrachtet, so ist er vermöge seines absoluten Willens, der seine absolute und unendliche Vollkommenheit realisiert. In dem veränderten Standpunkt Descartes' macht sich sein Voluntarismus geltend; denselben Voluntarismus fanden wir auch bei Scotus, in ihm tritt die Verwandtschaft beider Denker noch deutlicher hervor.

Das ontologische Argument in der Fassung Descartes' ist gleich von An-

62 *Responsiones primae*. VII, 108–109 (299).
63 Ebd. 110–111 (300).
64 *Resp*⟨onsiones⟩ *quartae*. VII, 238–243 (301).
65 ⟨Ebd.⟩ VII, 240.
66 *Resp*⟨onsiones⟩ *primae*. VII, 112 (302).
67 *Resp*⟨onsiones⟩ *quartae*. VII, 235–237. Selbstverständlich handelt es sich nicht um einen wirklichen Übergang vom Nichtsein zum Sein, um einen Prozess oder ein Geschehen.

fang an mit dem Anselms zusammengestellt und identifiziert worden. Die historische Frage wird im nächsten Kapitel behandelt. Hier haben wir uns darauf beschränkt, das cartesianische Argument mit dem seines Vorläufers zu vergleichen – nicht der Übereinstimmungen wegen, die längst bekannt sind, sondern um die Abweichungen hervorzuheben. Für eine tiefere Analyse des anselmischen Arguments müssen wir auf unsere Arbeit über Anselm verweisen[68].

2. Die Quellen von Descartes' ontologischem Argument sind schon oft historisch untersucht worden. Wir haben früher schon einiges darüber gesagt, wir kehren jetzt dazu zurück und werden in aller Kürze den Stand der Frage darzulegen versuchen[69]. Die Analogie seines Arguments mit dem Anselms ist seinen Zeitgenossen nicht entgangen. ⟨Marin⟩ Mersenne macht ihn darauf aufmerksam, und Caterus erhebt den Vorwurf, er habe ein Argument benützt, das schon von Thomas widerlegt sei. Descartes verteidigt beharrlich seine Originalität. Mersenne antwortet er, er wolle sogleich in Anselms Buch nachsehen; er dankt ihm dafür, daß er ihn auf die Stelle hingewiesen hat; dann ist nicht mehr davon die Rede. Caterus erwidert er mit einer sehr feinen Unterscheidung zwischen seinem Argument und dem des Thomas. Wir sprachen schon davon, und Descartes schien uns nicht mit Unrecht diesen Unterschied zu machen. Man könnte demnach geneigt sein, an Descartes' Aufrichtigkeit zu glauben, zu meinen, daß er ehrlich überzeugt war, selbst ein Argument gefunden zu haben, während er es in Wirklichkeit bloß modifiziert hatte. Seine neuesten Historiker, Hamelin und Adam, wollen keine bewußte Entlehnung annehmen; sie bezweifeln anscheinend sogar, daß er das Argument vorher gekannt hat. Wir können uns ihnen nicht anschließen. Unmöglich können Descartes, dem Jesuitenzögling von La Flèche, die Ausführungen des Thomas[70] über die Frage: *Utrum Deum esse sit per se notum* ⟨Ob es evident sei, daß Gott sei⟩ unbekannt geblieben sein – wir haben schon oft darauf hingewiesen, wie genau Descartes mit Thomas bekannt war. Wenn es noch eines Beweises bedürfte, so würde die Antwort an Caterus allein hinreichen, um zu zeigen, wie bewandert Descartes in der Frage war. Wir sahen auch bereits, daß er Suarez kannte, der seinerseits Anselms Beweis genau und mit Angabe des Autors widergibt – was Thomas an der von Descartes angeführten Stelle nicht tut. Wir glaubten auch zu bemerken, daß Descartes in seinen Ausführungen ständig bemüht ist, den Einwänden des gelehrten Jesuiten zu begegnen. Das ist noch nicht alles: der ontologische Beweis war damals keineswegs unbekannt. Selbst der geistig bewegliche, aber keineswegs originelle und allseitig gebildete ⟨Jean⟩ Silhon

[68] ⟨Alexandre Koyré, L'idée de Dieu dans la philosophie de saint Anselme, Paris 1923.⟩
[69] Vgl. die zitierten Werke von Espinas ⟨*L'idee initiale*⟩, Gilson ⟨*La liberté*⟩, Blanchet ⟨*Les antécédents*⟩ und Adam ⟨*La vie de Descartes*⟩.
[70] *S. th.* I, q. 2, 1. *Contra gentiles* I, X (303).

kennt und benützt ihn – schon daraus können wir sehen, wie bekannt das fragliche Argument war. Ob Silhon als Quelle Descartes' in Frage kommt, kann bezweifelt werden – andererseits ist es ziemlich unwahrscheinlich, daß Silhon seine Kenntnis Descartes verdankte. Wie wir ihn kennen, verzichtet Descartes nicht einem andern zuliebe auf einen Beweis, an dem er so nachdrücklich sein Eigentumsrecht geltend macht. Nicht Einspruch zu erheben, wenn er nicht zitiert wird – das sähe ihm wenig ähnlich. Silhon ist aber nicht die einzige Quelle, der Descartes die Idee seines Arguments entnehmen konnte. Mersenne hatte es schon in seinem gelehrten lateinischen Werk über die Genesis, das 1624 erschienen war, verwendet; ferner in seinem französischen Buche *Verteidigung der Wissenschaft gegen die Atheisten.* Es ist bemerkenswert, daß Anselm in beiden Büchern namentlich erwähnt wird. Hauréau hat zuerst auf diese seiner Ansicht nach sichere Quelle hingewiesen; Picavet hat sich ihm angeschlossen, und wir tun es gleichfalls, denn es ist ganz unmöglich, daß Descartes keins von den Büchern seines besten Freundes gelesen haben sollte[71]. Es ist bezeichnend für die Bescheidenheit des gelehrten Paters, daß er nie ein Wort darüber zu Descartes gesagt hat – ohne Hauréaus eifrige und gelehrte Forschungen wäre das Faktum ganz unbemerkt geblieben. Auch das ist noch nicht alles. Descartes macht sich die Tatsache zunutze, das Caterus Anselm nicht nennt, daß Mersenne Anselms Argument nicht zu den von Thomas entwickelten in Beziehung bringt. Er scheint gar nicht zu wissen, daß es sich in beiden Fällen um dasselbe Argument handelt; implizite behauptet er, Anselm nicht einmal dem Namen nach zu kennen. Und doch ist kein Zweifel daran möglich: er kannte sowohl das Argument als den Namen seines Autors. Er muß ihn nicht nur durch Mersenne kennen, es ist unmöglich, daß er ihn nicht von Thomas selbst her kennt, der ihn verschiedentlich nennt und zitiert[72]. Wir können also Descartes den Vorwurf der Unaufrichtigkeit nicht ersparen.

Es ist ferner darauf hinzuweisen, daß Thomas den Beweis nicht nur in der rein konzeptualistischen Weise interpretiert, in der Descartes ihn mit vollem Recht nicht mit dem seinen identifiziert haben will; diese Interpretation ist nicht einmal die wichtigste[73]. Der *Doctor Angelicus* stellt die Frage, ob die Existenz Gottes *per se* ⟨durch sich⟩ oder aus seinem Wesen zu erkennen sei, und diese Frage steht der Frage Descartes' und seiner Lösung sehr viel näher, als er zugibt. Thomas bezweifelt nicht, daß Gott *per se* existiert – das ist evident, und es ist sogar ein Glaubensartikel. Er gibt zu, daß Gott kraft

[71] Vgl. Picavet, *Essais*, 341. Hauréau, *Histoire littéraire du Maine*, VI, 138–140.
[72] Vgl. Thomas ⟨von Aquin⟩, *Qu⟨aestiones⟩ disp⟨utatae⟩ de veritate* X, 12 (304).
[73] ⟨Thomas von Aquin, *Scriptum super libros⟩ sentent⟨iarum⟩* I, 3, 1, 2. Vgl. P. A⟨ugustinus⟩ Daniels, *⟨Quellenbeiträge und Untersuchungen⟩ zur Geschichte der Gottesbeweise ⟨im 13. Jahrhundert: mit besonderer Berücksichtigung des Arguments im Proslogion des Hl. Anselm⟩*, Münster 1909 (305).

seines Wesens existiert, oder wenn man es so lieber will: daß seine Essenz und seine Existenz eins sind (Gott ist *suum esse* ⟨sein Sein⟩), und darum existiert Gott notwendig. Er gibt sogar zu, daß Gottes Existenz eine notwendige Wahrheit und als solche *nota per se* ist. Er stellt die Frage nur im Hinblick auf unsern Geist: kann unser schwacher, beschränkter, unvollkommener Geist an die Erkenntnis dieser Wahrheit *per se* heranreichen? Nur diese Frage beantwortet er negativ, in Anbetracht dessen, daß wir an die Erkenntnis des göttlichen Wesens nicht heranreichen und folglich die Existenz Gottes nicht in einer intellektuellen Intuition im Schoß seines unzugänglichen und unaussprechlichen Wesens unmittelbar erfassen können. Diese Erkenntnis des göttlichen Wesens ist der Seele erst im Stande der Seligen vorbehalten. Die Seligen und die Engel sind ihrer fähig, denn sie haben einen reinen Intellekt, der nicht von der sinnlichen Natur befleckt ist, sie schauen Gott, wie wir es nicht für uns in Anspruch nehmen können, weil wir nicht an das Unendliche heranreichen[74].

Von all diesen Ausführungen, die Thomas ausdrücklich mit dem Namen Anselms in Beziehung bringt, sagt Descartes kein Wort – und doch liegt es auf der Hand, wie aus dieser Auseinandersetzung, dieser Kritik das ontologische Argument hervorgehen konnte und mußte. Die Existenz Gottes ist nicht *nota per se quoad nos* ⟨durch sich evident für uns⟩ – so denkt Thomas –, weil der menschliche Geist absolut unfähig ist, eine klare Idee von Gott zu gewinnen, weil er das Unendliche nicht begreifen kann, weil er zu sehr von der Materie beschwert ist. Descartes vertieft, wie wir sahen[75], die Scheidung von Geist und Materie, er trennt sie weit radikaler als Thomas; auch die Seele rückt er näher an den reinen Geist heran. Descartes sieht nur einen graduellen Unterschied, wo für Thomas eine wesentliche Differenz liegt[76] – darum wird die Seele fähig, Gott zu erkennen, und seine Existenz wird *nota per se quoad nos* so gut wie *per se*. Das ontologische Argument ist etabliert. Allerdings ist die thomistische Position schwer zu halten – woher will er schließlich wissen, daß Gottes Existenz *nota per se* ist? Und muß man nicht einen Satz evident erkennen können, um mit Evidenz zu wissen, daß er an sich evident ist?[77]

Wir können das ontologische Argument nicht bis zu seinen letzten Quellen, Augustin und Plotin, verfolgen. Wir versuchten es in unserer Arbeit über die Gottesidee und das ontologische Argument bei Anselm. Wir gehen also die Geschichte des Arguments bei den Vorläufern Descartes' nur kurz

[74] ⟨Thomas von Aquin,⟩ *De veritate* X, 12 (306).
[75] Vgl. oben S. XXX.
[76] Die menschliche Seele ist für Descartes nicht wie für Thomas eine bloße Form des Leibes; sie ist eine in sich abgeschlossene und vollendete Substanz – deshalb vermag sie Akte zu vollziehen, die nach Thomas nur reinen Geistern möglich sind.
[77] Vgl. Suarez, *Disputationes metaphysicae* XXIX, 32 (307).

durch – und wir wollen bloß darauf aufmerksam machen, daß wir es gerade bei den Autoren finden, bei denen wir schon so oft bedeutsame Übereinstimmungen mit Descartes entdeckt haben, Bonaventura und Duns Scotus[78]. Unsere These von dem Einfluß, den diese beiden auf Descartes' System ausgeübt haben, gewinnt somit an Wahrscheinlichkeit.

Wir haben schon bei der Wiedergabe von Descartes' Argument auf die tiefgehenden Unterschiede zwischen seiner Demonstration und der des Anselm hingewiesen. Sie sind nicht zu unterschätzen, aber sie dürfen uns die gemeinsame Grundlage nicht verbergen, das Prinzip, aus dem beide ihre Beweiskraft nehmen, das Prinzip der Vollkommenheit. Anselm wählt einen indirekten Weg. Er ist zu sehr von der göttlichen Majestät durchdrungen, von der unbegreiflichen, unfaßbaren und unaussprechlichen Größe und Würde des vollkommenen Wesens, um eine direkte positive Analyse seiner Essenz zu wagen. Die feinsinnigen und tiefen Analysen des *Monologiums* haben gewisse Erleuchtungen gebracht und an das göttliche Wesen herangeführt; dennoch sind wir viel zu weit von ihm entfernt, viel zu schwach, um uns einbilden zu können, daß wir es in seinem Wesen fassen und erkennen. Die Definition: *ens quo maius cogitari nequit* ⟨ein Seiendes, größer als das nichts gedacht werden kann⟩ ist eine rein begriffliche, von außen und von ferne herankommende. Sie kreist Gott ein und umschreibt ihn, sie gibt ihm nicht direkt Ausdruck. Das Argument will nur zeigen, wie unmöglich, töricht und in sich widerspruchsvoll es ist, Gott als nicht seiend zu denken, unmöglich als Gedanke, mindestens vernünftiger Gedanke. Alles spielt sich in der Sphäre der Begriffe ab, das göttliche Wesen, in dem der Widerspruch letztlich begründet ist, tritt im Beweisgang selbst nicht hervor. Ein nichtexistierendes höchstes Wesen wäre nicht das höchste Wesen; der Satz: das höchste Wesen existiert nicht, ist also äquivalent mit dem andern: das höchste Wesen ist nicht das höchste Wesen. Das genügt, um den Toren zu vernichten, der da sagt: Es gibt keinen Gott ⟨Ps 14,1⟩. Er sagt eine Torheit, oder vielmehr er sagt etwas, was er selbst nicht versteht, oder er hat keine Idee von Gott, vom wahren Gott der Christen. *Deum non posse cogitari non esse* ⟨daß Gott nicht ist, kann nicht gedacht werden⟩, und diese Unmöglichkeit des Gedankens zeigt die Unmöglichkeit des *non posse non esse* ⟨nicht nicht sein können⟩ an: *non posse non esse, ergo necesse esse* ⟨nicht nicht sein können, also notwendig sein⟩. Das Argument ist also kein ontologisches im strengen Sinne des Wortes. Es ist nur logisch und *a priori*. Anselm wendet sich an Gläubige, an Mönche, die in ihrer stillen Zelle meditieren. Sie haben den Glauben und durch den Glauben schon die Überzeugung von dem, was er ihnen beweisen will. Der Glaube ist die Grundlage seiner ganzen Demon-

[78] Was natürlich mit dem Augustinismus und mystischen Intuitivismus dieser Denker zusammenhängt und darin letztlich seinen Grund hat.

stration, durch ihn ist letzten Endes die Gottesidee begründet und gerechtfertigt, die Möglichkeit Gottes verbürgt. Es genügt ihm, die Argumente oder richtiger die möglichen Zweifel des Toren zunichte zu machen; der Glaube an Gott, befreit und gesichert gegen diese Kritik, ist dann durch sich selbst befestigt[79]. Ganz anders ist die Einstellung Descartes'. Er findet sich einem wankenden Glauben gegenüber, er wendet sich an die profane Welt, er ist selbst Laie. Er muß die Existenz Gottes, die Möglichkeit seiner Idee beweisen; er muß die alten Beweise durch neue, bessere ersetzen.[80] Er sucht eine positive Begründung – und er findet sie in der intellektuellen Kontemplation der Natur Gottes.

Bonaventura[81] hatte schon lange vor Descartes und Leibniz die logische Struktur des Arguments erkannt, seine beiden Teile: a) Gott ist möglich, d. h. seine Idee ist eine wahre Idee; b) Gottes Idee impliziert seine Existenz, unterschieden. Die erste Prämisse war für Anselm durch den Glauben gegeben. Bonaventura begnügt sich nicht damit. Das Beispiel der vollkommenen Insel (wie bei Descartes das des größten Kreises und bei Leibniz das der schnellsten Bewegung) dient ihm als Hinweis darauf, daß wir nicht immer berechtigt sind, vom Endlichen zum Unendlichen überzugehen, von einer relativen zu einer absoluten Vollkommenheit, daß diese Steigerung sehr oft unmöglich ist. Er zeigt und beweist, daß dies für die wesenhaft relativen Vollkommenheiten zutrifft; die Idee der vollkommenen Insel ist in sich unmöglich und kann daher nicht als Grundlage einer Demonstration dienen. Anders steht es mit der Gottesidee, der Idee der absoluten und absolut unendlichen Vollkommenheit; sie hat keine Grenzen, sie enthält weder Einschränkung noch Negation, sie kann keine Widersprüche in sich bergen, und sie ist nicht nur möglich, sie ist darüber hinaus das Fundament jeder Idee, alles Möglichen wie alles Realen. Die Gottesidee, die Idee des Unendlichen ist die erste und vollkommenste Idee, die wir besitzen – wir haben bereits gesehen, wie sehr sich hier die Demonstration Bonaventuras der cartesianischen nähert –, und wenn wir das Sein im allgemeinen denken, die reine Idee des Seins, so denken wir notwendig das göttliche Wesen, und wir sehen, daß das absolute Sein, das vollkommene Wesen und die absolute Vollkommenheit eins sind, und daß dies Eine Gott ist. Das ist kaum noch eine Demonstration zu nennen, es ist ein einfaches, direktes, unmittelbares geistiges Schauen. Bei Descartes fanden wir eine Form des ontologischen Arguments, die den Beweis des *Doctor seraphicus* nur zu wiederholen scheint.

[79] Vgl. unsere Arbeit über das ontologische Argument ⟨Koyré, L'idée de Dieu⟩.
[80] Was ihn nicht hindert, sich im Notfall ebenfalls auf den Glauben zu berufen. Vgl. einen *Brief An Clersellier*.
[81] Wilhelm von Auxerre geht ihm übrigens darin voraus. Vgl. die Stellen bequem zusammengestellt bei P⟨ater⟩ Daniels, ⟨*Zur Geschichte der Gottesbeweise*, Münster 1909.⟩

Duns Scotus, der vollkommene und subtile Logiker, der sich der Stärke seines Geistes wohlbewußt ist, der sich mit keinem Scheinbeweis begnügen und der Tradition nicht blind folgen will, übt an dem Argument Anselms scharfe Kritik[82]. Diese Kritik wie die in seinen Werken reichlich verstreuten Ausführungen über die Unmöglichkeit, Gott *per essentiam* ⟨durch sein Wesen⟩ zu erkennen, und die Notwendigkeit, seine Existenz *ratione quia* ⟨aufgrund, weil⟩ zu beweisen[83], haben häufig ein absolutes Mißverstehen der Intentionen und wirklichen Gedanken des *Doctor subtilis* zur Folge gehabt[84]. Manchmal hat dabei auch der Wunsch etwas mitgespielt, ihn Thomas näher zu bringen, der sehr häufig einen verhängnisvollen Einfluß auf die historischen Arbeiten katholischer Gelehrter ausübt (ein Beispiel sind die gelehrten und gründlichen Arbeiten von P⟨ater⟩ P⟨arthenius⟩ Minges[85]). So fassen die meisten Historiker Duns Scotus als Gegner jeder Demonstration *a priori* auf; wir nennen hier nur Pluzansky und die sonst so zuverlässige Geschichte der scholastischen Philosophie von Stöckl. Das stimmt aber durchaus nicht[86]. Duns Scotus hat nur deutlicher als irgendein anderer erkannt, daß man die beiden Prämissen des Arguments getrennt behandeln muß – a) Gott ist möglich, es gibt die Idee Gottes, und b) seine Idee impliziert seine Existenz oder Gott ist. Er hat die berühmte Formel gefunden, die Leibniz sich angeeignet hat, und die man noch immer ihm zuzuschreiben pflegt: wenn Gott möglich ist, so ist er[87]. Auch die Möglichkeit Gottes wird auf dieselbe Weise gezeigt wie bei Leibniz, und wieder rühmt sich Leibniz ihrer unrechtmäßigerweise. Die Gottesidee ist eine Synthese aller Vollkommenheiten, aller positiven Ideen, sie kann als solche keine Widersprüche einschließen, denn Widersprüche sind nur zwischen einer Position und einer Negation möglich. So „gefärbt"[88] scheint ihm die Demonstration durchaus gültig und annehmbar[89]. Bei Descartes fanden wir die Spuren dieses Gedankenganges, aber der scotistische Einfluß macht sich unserer Ansicht nach noch auf andere Weise in der Form der cartesianischen Demonstration geltend. Wir sahen, daß Descartes nach einer positiven Begründung für die Existenz Gottes sucht. Die Ausdrücke *per essentiam* ⟨durch sein Wesen⟩,

[82] Duns Scotus, *Rep⟨ortata⟩ Paris⟨iensia⟩* II, d. 1 q. 3, 11.
[83] ⟨Duns Scotus,⟩ *Op⟨us⟩ ox⟨oniense⟩* I, d. 2 q. 2 conclusio 1 (309).
[84] Vgl. ⟨Adolf von⟩ Harnack, *Lehrbuch der Dogmengeschichte*, ⟨Tübingen 1910,⟩ III, 466 (310).
[85] ⟨Parthenius (Heinrich) Minges (1861–1926) Franziskaner, Mediävist, 1906 bis 1913 Präfekt am Bonaventura-Kolleg in Quaracchi, Professor in München für Dogmatik und Apologetik (bis 1918). Hauptwerk: *Joannes Duns Scoti doctrina philosophica et theologica* (1908, gedruckt Quaracchi 1930).⟩
[86] Vgl. *Op⟨us⟩ ox⟨oniense⟩* I, d. 2 q. 2, 4 (311).
[87] Vgl. ⟨Duns Scotus,⟩ *De primo principio* III, 2 (312).
[88] Vgl. ⟨ebd.⟩ IV, 24; *Op⟨us⟩ ox⟨oniense,⟩* I, d. 2 q. 2, 32 (313).
[89] Pater Daniels O.S.B. hat vor allem das Verdienst, dem Gedankengang des Scotus seinen wahren Sinn wiedergegeben zu haben.

causa sui ⟨Selbstursache⟩, *per se* ⟨durch sich⟩ haben für ihn eine positive Bedeutung. Gott besitzt einen positiven Grund seines Seins, *quia est* ⟨weil er ist⟩. Und er selbst ist diese Ursache, die überströmende Fülle seines Wesens, seine unendliche Vollkommenheit, seine unendliche und vollkommene Macht. Es ist gut (für Gott), ins Dasein zu treten, es ist gut, daß Gott existiert – er tut es aus der Allmacht seines Willens heraus. Hier steckt vielleicht eine Reminiszenz an Anselm (Gott kann sich seiner Existenz nicht berauben, nicht weil er dessen unfähig wäre, i. e. keine Macht hätte, sondern weil es schlecht wäre, ein so großes Gut, das höchste Gut, zu zerstören). Aber noch stärker ist der Einfluß des Scotus, der in jedem Moment des göttlichen Lebens den göttlichen Willen sieht; Gott will sein Sein, und Gottes Wille ist der Grund seines Seins. Das heißt offenbar nicht, daß er sich förmlich erzeugt und schafft, wie er die Welt erzeugt und schafft. Er ist nicht Ursache in dem Sinne, wie die Dinge Ursachen und Wirkungen sind[90]; er geht sich nicht in der Zeit voraus – die üblichen lächerlichen Einwände, die man gegen Scotus (und gegen Descartes) erhoben hat: man muß sein, um wollen zu können, der Akt setzt das Sein voraus, die Ursachen folgen einander, und die Wirkung folgt der Ursache, nichts kann sich selbst verursachen usw., alle diese Einwände verkennen das Faktum, daß es im absoluten und ewigen Wesen Gottes weder Folge noch zeitliche Beziehung überhaupt geben kann, und daß Descartes wie Scotus es sehr wohl wußten. Der Sinn dieser Lehre ist für Scotus folgender: Der göttliche Wille ist nichts Abgeleitetes, kein nebensächliches Attribut, das sich seinem bereits konstituierten Wesen mit Naturnotwendigkeit anhaftet; dies Wesen könnte ohne Willen gar nicht bestehen. Gott ist nicht einfach *a se* ⟨von sich aus⟩, ohne Grund und ohne Ursache. Seine absolute Vollkommenheit ist der positive Grund seines Seins, sie realisiert sich mit der Zustimmung seines göttlichen Willens. Gott existiert nicht nur *de facto* ⟨tatsächlich⟩, sondern auch *de iure* ⟨zurecht⟩. Er ist Grund und Rechtfertigung seines Seins vermöge seiner Vollkommenheit, und diese seine Vollkommenheit bildet die Grundlage für jegliche Demonstration seiner Existenz, weil sie das Fundament seines Seins selbst ist.[91]

Schon früher lernten wir die Punkte kennen, in denen sich der Voluntarismus Descartes' und der des Scotus miteinander berühren[92]. Wir bemerk-

[90] Vgl. D⟨uns⟩ Scotus, *Op⟨us⟩ ox⟨oniense⟩* II, d. 1 q. 9 (314).

[91] Es ist interessant zu bemerken, wie ein und derselbe Gedanke, der Gedanke der Unvergleichlichkeit des Seins Gottes und der Kreatur, bei Augustin und Descartes ein ganz verschiedenes sprachliches Gewand bekommt. *Deum abusive substantiam vocari* ⟨Gott werde mißbräuchlich Substanz genannt⟩, sagt Augustin – Gott, wenn man genau zusieht, ist die einzige wirkliche „Substanz", sagt Descartes. Und doch ist der Sinn genau derselbe – es hat sich nur die Bedeutung der Termini verschoben. Was Augustin „Essenz" nannte (von esse) – das nennt Descartes „Substanz", und beide wollen in gleicher Weise das absolute Sein Gottes der Seinsabhängigkeit der Kreatur gegenüberstellen.

[92] *Op⟨us⟩ ox⟨oniense⟩* I, d. 39 q. 5, 23 *Concl⟨usiones⟩ Metaph⟨ysicae⟩* 78 (315).

ten auch die Unterschiede. Descartes steigert die Theorie des Scotus ins Extrem, die vollkommene Harmonie von Sein und Wollen, Erkennen und Schaffen, Freiheit und Notwendigkeit verschiebt sich bei ihm zugunsten des Willens. Aber über die Quelle der Ideen kann kein Zweifel bestehen – Scotus wie Descartes würden beide sagen: Gott existiert notwendig, aber nicht weil er nicht anders kann, sondern weil er will, daß es so sei.[93]

Mit dem ontologischen Beweis, der in gewissem Sinn das ganze System Descartes' in konzentrierter Form in sich enthält, schließen wir unsere Ausführungen. Sie sollten dazu beitragen, Descartes' Zugehörigkeit zur neuplatonisch-christlichen Gedankenwelt zu erweisen. Vielleicht haben wir uns in manchen Punkten getäuscht – mögen weitere Forschungen unsere Studie berichtigen und ergänzen.

[93] *Op⟨us⟩ ox⟨oniense⟩* IV, d. 46 q. 1, 10–11 (316).

Schluss

Wir können am Schluß dieser Arbeit nur wiederholen, was wir am Anfang schon sagten. Descartes hat sich nicht von allem emanzipieren können, was die Menschen vor ihm gedacht haben; er schließt sich nicht unmittelbar an die Antike an[1], und als Quellen seiner Doktrin oder seiner Doktrinen kommen nicht nur Mathematiker und Gelehrte in Betracht, auch nicht nur die Denker der Renaissance. Descartes steht in der Tradition – er ist keineswegs der Autodidakt, für den er sich ausgibt, keineswegs unbekannt mit den Problemen und Diskussionen der Scholastik[2]. Er hat die Werke der christlichen Doktoren lange studiert und gründlich durchdacht[3], und sein System ist durchaus nicht nur in Opposition zur Scholastik konstruiert[4]; er hat von dort zahlreiche Anregungen und positive Anregungen empfangen. Er verläßt die syllogistische Methode, die zu seiner Zeit in unfruchtbare Haarspaltereien auszuarten begann; seine mathematische Schulung gibt ihm eine freiere, mehr synthetische Methode an die Hand – es ist bekannt, daß die cartesianische Analysis, auch in der Mathematik, im Grunde konstruktiv und synthetisch verfährt –, eine Methode, die seiner ausgesprochen synthetischen Art zu denken adäquat ist. Die großartige geistige Strömung, die seit Plotins und der Kirchenväter Zeit die christliche Gedankenwelt des Mittelalters befruchtet hat, geht durch ihn hindurch und lebt in ihm wieder auf; er geht zurück bis zu den Quellen der mittelalterlichen Spekulationen. Als philosophischer Schüler Augustins spielt er[5] – in der Philosophie – eine analoge Rolle wie Bérulle und das Oratorium einerseits, Port Royal andererseits für

[1] Vgl. Hamelin, ⟨*Le système de Descartes*⟩.

[2] Eine wichtige Tatsache, die bisher nicht richtig gewürdigt worden ist: Descartes richtet nirgends seine Kritik gegen den traditionellen Seelenbegriff, den Begriff einer geistigen und vom Leibe trennbaren Substanz. Im Gegenteil, er sucht ihm Geltung zu verschaffen und ihn mit neuen Argumenten zu stützen. Nicht vom traditionellen scholastischen Standpunkt aus werden ihm Einwände gemacht, sondern von den Materialisten, die die Seele als einen feinen Stoff ansehen. Descartes erscheint in den Einwänden und Erwiderungen nicht als Gegner der Scholastik, sondern vielmehr als ihr Vorkämpfer gegen den vordringenden Materialismus und Naturalismus seiner Zeit.

[3] Baillet, *Vie de Descartes* II, 470, 471 (317).

[4] Ebd. II, 531 (318).

[5] Was die Beziehungen Descartes' zum Oratorium anbetrifft, so verweisen wir auf die schon zitierten Arbeiten. Über ⟨Pierre Kardinal de⟩ Bérulle und die Religionsbewegung in Frankreich müssen wir den Leser auf die Arbeiten Strowkis *(Pascal I)*, Houssayes *(Bérulle et*

die Wiedererweckung des echten religiösen Lebens. Er war nicht „der Laienmissionar des Oratoire" und auch nicht der „pure Gelehrte", für den man ihn zu oft hielt, er war der Bérulle der philosophisch-religiösen Ideen, und als solcher hat er den Anstoß zu einer Bewegung gegeben, aus der die beiden am stärksten von der Gottesidee und dem Sinn für das Göttliche durchtränkten Systeme hervorgingen, die von Malebranche und Spinoza.

Er kennt seine Vorläufer wie seine Zeitgenossen[6]; Thomas, Bonaventura, Duns Scotus, Suarez sind ihm ständig gegenwärtig. Im tiefsten Gehalt wie in der äußeren Form zeigt sich ihr Einfluß. Die Regeln seiner Methode ruhen im Grunde gleichmäßig auf mathematischer wie auf scholastischer Denkweise, und wenn er die Schwierigkeiten aufgezählt und eingeteilt, die Probleme systematisch geordnet haben will, so gibt er nur der scholastischen Technik der Fragen und Einteilungen einen exakten theoretischen Ausdruck. Er gibt sich freilich für einen „schlichten Mann von gesundem Menschenverstand" aus, aber er wird sehr böse und protestiert heftig, wenn man ihm vorwirft, er verstünde den Syllogismus nicht richtig anzuwenden.

Nirgends kopiert er seine Quellen; er ist durchaus kein Plagiator; sein Werk ist nicht das eines Epigonen. Er hat aus denselben lebendigen Quellen geschöpft wie seine Meister Augustin und Anselm; in ihm lebt derselbe Geist wie in jenen, sein Denken ist nicht weniger voll und tief als das ihre. Er nimmt in sein System nichts auf, was er nicht selbst durchdacht und in seinem Geist umgeschmolzen hätte. Er geht geradewegs auf die Sachen selbst zu und bleibt nicht bei den Worten stehen, die er geringachtet. Er trägt keine Theorie vor, die er sich nicht wirklich innerlich zu eigen gemacht und seinem System organisch eingegliedert hätte – und in diesem Sinne gehören ihm alle seine Doktrinen wirklich und wahrhaftig an. Er geht bis auf den Grund der Dinge, seine scholastischen Meister sind ihm nur Führer auf dem steilen und ungangbaren Wege der philosophischen Meditation, der philosophisch-mystischen Intuition. Er wollte den ewigen Grund wieder enthüllen, das reine Gold der christlichen Gedankenwelt von den Schlacken, die es verdunkelten, befreien, er wollte es mit den Mitteln seiner neuen Methode[7] erleuchten und die wissenschaftlichen Ideen seiner Zeit dafür fruchtbar machen[8]. Bisweilen – nicht immer – ist es ihm gelungen. Sehr oft läßt ihn seine Verachtung für die endlosen, hypersubtilen Diskussionen der Schola-

l'Oratoire) und endlich auf Bremonds *Histoire littéraire du sentiment religieux en France* III, 1923, verweisen.

[6] ⟨Descartes,⟩ *An Mersenne*, 27. V. 1630 (319).

[7] ⟨Descartes,⟩ *An Huygens*, VII. 1640 (320) ⟨Constantin Huygens (1596–1687), Vater des großen Physikers und Mathematikers Christian Huygens, war Staatsmann und Dichter⟩.

[8] Vgl. Baillet, ⟨*La vie de Descartes,*⟩ 1, 85 (321).

stik den geistigen Gewinn übersehen, der darin niedergelegt ist[9], der sich in der Terminologie und der Schulsprache kristallisiert hat. Oft sind seine Gedanken weniger klar als tief. Er schwankt, seine Terminologie entbehrt der Exaktheit, alle seine Termini sind mehrdeutig; er schreibt komprimiert, dunkel, oft in Widersprüchen. Oft ist der scheinbare Fortschritt tatsächlich ein Rückschritt. Nicht immer ist er seinen Meistern überlegen. Bonaventura ist bisweilen tiefer, Duns Scotus feiner und exakter. Aber es ist ihm faktisch gelungen, die gelehrte, die philosophische Welt wieder für die Probleme zu erwärmen, die Schulprobleme geworden und damit begraben waren. Dadurch hat er der philosophischen Bewegung einen unschätzbaren Impuls gegeben, er eröffnete die glänzende Renaissance der Philosophie im XVII. Jahrhundert, das sich dem großen Jahrhundert des christlichen Geisteslebens, dem XIII., würdig an die Seite stellen läßt.

Er ist vom selben Geist und Blut wie die großen christlichen Doktoren, und darum dürfen wir ihn von ihnen nicht trennen[10]. Er bildet sie um, aber indem er ihre Doktrinen modifiziert, bleibt er den leitenden und bewegenden Prinzipien ihrer geistigen Welt treu[11]. In der Umbildung und Fortbildung erweist er sich erst recht als ihr echter Schüler[12]. Wie seine großen Lehrer hat er in der *Freiheit* das Wesen des Geisteslebens gesehen, in der Freiheit, die er so wenig mit Willkür identifiziert, daß er sie gerade in dem am allerwenigsten willkürlichen Akt, im Akt der Liebe, verwirklicht findet, im Akt der notwendigen Liebe der Seligen zu Gott.

Leider entspricht die moralische Größe der intellektuellen nicht, und darin ist Descartes mit den großen Doktoren der Scholastik leider nicht zu vergleichen. Er ist ehrgeizig, er sucht persönlichen Ruhm; wenn er um jeden Preis den Sieg seiner Philosophie will, so ist es ihm nicht nur um die Wahrheit selbst zu tun, sondern es kommt ihm auch wesentlich darauf an, daß es die *seinige* ist. Er gebraucht Listen und diplomatische Kunstgriffe wie die Jesuiten, er geht mit allem Raffinement vor. Er sorgt für seinen Ruhm und bereitet seiner eignen Legende den Weg. Seine Quellen sucht er geheimzuhalten und zu verstecken. Er leugnet die Anleihen, die er bei andern macht, unterstreicht seine eignen Modifikationen und setzt die Bedeutung der fraglichen Doktrinen herab. Allzu häufig hat man den Eindruck, daß man es nicht mit einem großen Philosophen, sondern mit einem geistreichen Advokaten zu tun hat. Es ist ihm übrigens auch recht gut gelungen, seine Legende in Umlauf zu bringen, zwar nicht bei den Zeitgenossen[13], aber

[9] Übrigens, was die Scholastik anbetrifft, so ändert sich seine Stellung ihr gegenüber tagtäglich, je nachdem er mit den Jesuiten gut steht oder nicht. Vgl. Hertling ⟨, Beziehungen⟩.
[10] Vgl. Augustinus, *Contra academicos* III, 11, 26 (322).
[11] Duns Scotus, *Quodlibet*⟨um⟩XVI, 19; *Op*⟨us⟩ *ox*⟨oniense⟩ *prologus* q. 4, 40 (323).
[12] Vgl. Duns Scotus, *Quodlibet*⟨ um⟩ XVI, 19. (324).
[13] Vgl. Baillet, ⟨La vie de Descartes,⟩ II, livre VIII, X passim (325).

bei der Nachwelt[14]. Darum war eine so sorgfältige Analyse aller in Betracht kommenden Stellen und Doktrinen erforderlich, nur so war es möglich, hinter die Worte zu kommen – die bei Denkern verschiedener Zeiten notwendig verschieden sind – und den eigentlichen Gedankengehalt wieder aufzufinden und zu fixieren. Wir suchten nach Übereinstimmungen im Ausdruck – aber vor allem nach inhaltlicher Verwandtschaft. Wir suchten Möglichkeiten herauszustellen und sie als Wahrscheinlichkeiten zu erweisen. Mehr konnten wir nicht erreichen. Aber ist in einem Fall wie dem unsern überhaupt darüber hinaus etwas möglich?

Die Wahrscheinlichkeit unserer These scheint uns jedenfalls hinreichend begründet: daß Descartes nicht nur Thomas und Augustin, sondern auch Bonaventura, Duns Scotus und Suarez gekannt hat. Er hat sie gekannt und ist von ihnen beeinflußt worden. Er ist ihr Schüler und setzt ihre Arbeit fort, sein natürlicher Platz ist in der Strömung der neuplatonisch-christlichen Gedankenwelt; er ist ihr vollgültiger Repräsentant. Das ist nur eine Wahrscheinlichkeit, sagten wir, doch uns kommt sie der Gewißheit gleich.

[14] Vgl. Nourisson, ⟨*La philosophie,*⟩ 219 und andere (326).

Anhang

Der Cartesianische Nativismus, Thomas und der Illuminismus Augustins

Gilson hat in seiner schönen Abhandlung über die Quellen des cartesianischen Nativismus[1] schon hervorgehoben, daß Descartes' philosophisches System in die platonisch-neuplatonische Renaissancebewegung hineingehört[2]. Er hat deutlich gezeigt, daß Descartes mit seinem Nativismus wie mit seinen andern Doktrinen nicht allein steht. Er war nur der Bedeutendste aus einer Gruppe von Denkern, die vor ihm oder gleichzeitig mit ihm einen ähnlichen Weg gingen. Es wäre in diesem Fall wie in den andern von Interesse nachzuforschen, ob wir die Quellen dieser Doktrin, die so lange für spezifisch cartesianisch gegolten hat, nicht bei seinen Vorläufern, den großen Theologen des Mittelalters, nachweisen könnten, deren Gedanken er kannte und von denen er auf diese oder jene Weise beeinflußt war[3].

Drei Namen fallen uns sofort ein, wie allemal, wenn man die Quellen Descartes' nachprüft: Thomas, Augustin und Bonaventura. Allerdings gilt Thomas als entschiedener Gegner des Nativismus, und auch Augustin hat bekanntlich behauptet, daß er die platonische Anamnesistheorie aufgegeben und durch seine Theorie von der inneren Erleuchtung, vom Schauen in Gott, ersetzt habe. Indessen, wir halten die gedanklichen Differenzen dieser Denker für weit weniger tiefgehend und bedeutsam – in diesem Punkt –, als es zunächst scheint. Man muß immer – und besonders, wenn es sich um Denker aus verschiedenen Epochen handelt – hinter die Worte zu kommen und den wahren Sinn ihrer Theorie zu erfassen suchen, denn die Worte, die Termini ändern sich und wechseln weit rascher als die Gedanken, denen sie

[1] 1914; abgedruckt in den *Essais de phil⟨osophie⟩ médiévale*, Straßburg 1921.

[2] Vgl. Hertling, ⟨Beziehungen,⟩ II, 22, 36 (327).

[3] Wir erinnern daran, daß ⟨Rudolf⟩ Eucken in seiner Geschichte der philosophischen Terminologie Descartes die Erfindung des Terminus „eingeboren" zuschreibt. Das stimmt durchaus nicht. Der Terminus ist zwar nicht allgemein üblich, aber in der Scholastik bekannt und gelegentlich verwendet. Er findet sich schon bei Thomas, sowie bei Bonaventura und stammt höchstwahrscheinlich von Cicero. Die Idee ist stoisch und spielt bei allen stoisch beeinflußten Denkern der Renaissance und der Reformation eine große Rolle. Vgl. Dilthey, *Das natürliche System der Geisteswissenschaften im XVII. Jh. Ges⟨ammelte⟩ Schriften*⟨, Leipzig 1914,⟩ II, 170f. ⟨Wilhelm Dilthey (1833–1911), Philosoph, studierte Theologie, Geschichte und Philosophie in Heidelberg und Berlin; Professor in Basel, Kiel, Breslau und Berlin; bekannt als Begründer der Erkenntnistheorie der Geisteswissenschaften und als Hauptvertreter der hermeneutischen „historischen Schule"⟩.

Ausdruck geben sollen und die sie – für spätere Zeiten – häufig genug nur verbergen. Durch eine direkte Analyse glauben wir zeigen zu können, daß Thomas dem Nativismus durchaus nicht so feindselig gegenübersteht, wie es auf den ersten Blick scheint, und daß Augustins Illuminismus dem cartesianischen Nativismus sehr viel näher steht, als gewöhnlich zugegeben wird[4].

Die Lehre von den angeborenen Ideen ist leider nicht der klarste Teil der Philosophie Descartes' – auch wenn wir von der fundamentalen Äquivokation im Terminus „Idee" absehen, der bei Descartes sowohl die Idee als psychische Wirklichkeit bezeichnet als ⟨auch⟩ die objektive Idee[5]. (So wird die Idee des Dreiecks bisweilen für das Wesen des Dreiecks gesetzt = ewige und unveränderliche Natur; an andern Stellen ist die allgemeine Idee des Dreiecks gemeint, die allgemeine Bedeutung des Wortes Dreieck, und schließlich auch gelegentlich die rein subjektive Vorstellung, die ein denkendes Wesen in sich realisiert und hat.) Seine Darstellung wechselt häufig. An verschiedenen Stellen seiner Schriften tritt die Theorie in ganz verschiedener Gestalt auf, und in den Erklärungsversuchen seiner Briefe ändert und ergänzt er sie so weitgehend, daß man manchmal Mühe hat, in dieser näheren Ausführung und „Interpretation" die ursprüngliche Theorie noch wiederzuerkennen.

Descartes führt den Begriff der angeborenen Ideen[6] mit Hilfe einer Unterscheidung ein, einer Einteilung unserer Ideen in drei wohl unterschiedene und in sich bestimmte Klassen, deren jede ihren eigentümlichen und unaufhebbaren Charakter hat: die von außen aufgenommenen, die selbst erzeugten und die angeborenen Ideen. Mit den beiden ersten Klassen haben wir uns nur soweit zu beschäftigen, als der Vergleich mit ihnen geeignet ist, die dritte zu beleuchten. Die angeborenen Ideen sind einfach, sie können nicht durch eine Verstandesanalyse zergliedert werden; sie sind unabhängig von unserm Willen, er kann nichts an ihnen ändern, und das unterscheidet sie von allen selbst erzeugten Ideen; sie kommen uns nicht von außen, wie die erworbenen Ideen; wir finden sie in unserer Vernunft, ihr gehören sie als eine unveränderliche und unverlierbare Ausrüstung an[7]. Sie sind klar und deutlich, sie stehen vor unserm Geist in der ganzen Klarheit des natürlichen Lichtes, und darum vermögen wir alle Relationen, die zwischen ihnen bestehen, in diesem *lumen naturale* zu erfassen. Diese Relationen sind selbst

[4] Die Beziehungen zwischen dem Nativismus Descartes' und dem Illuminismus Augustins hat ⟨Leon⟩ Blanchet in einem Paragraphen seiner Arbeit über das *Cogito* untersucht. Er läßt sich aber u. E. zu sehr von den Differenzen des Ausdrucks beeindrucken und hebt daher die Identität des Gehalts nicht genügend hervor.

[5] Vgl. Hamelin, ⟨*Le système de Descartes,*⟩ 178 (328).

[6] Vgl. die bekannten Stellen in den *Medit*⟨*ationes,*⟩ *Notae in progr*⟨amma⟩ *quaed*⟨am⟩ VIII. II, 357 (329).

[7] ⟨Descartes,⟩ *Meditationes* V, 64.

angeborene Ideen, oder vielmehr da die angeborenen Ideen letzten Endes die Ideen von einfachen, unveränderlichen Naturen (Wesenheiten) sind, so sind diese Relationen (Gleichheit usw.) ebenfalls ewige Naturen. Diese Ideen sind uns angeboren, sie sind ein unveräußerlicher Besitz unseres Geistes[8], sie gehören ihm ⟨zu⟩ vom Augenblick seiner Schöpfung an[9] – aber man hat sie sich nicht so vorzustellen, als müßten sie uns immer gegenwärtig und bewußt sein. Descartes wehrt sich heftig gegen diese Interpretationsmöglichkeit, er will keineswegs gesagt haben, daß die höchsten, abstraktesten, reinsten Ideen, die unserm Intellekt zugänglich sind – die Gottesidee, die Idee der Zahl usw. –, uns ständig begleiten, von kleinen Kindern und unwissenden Leuten gedacht würden. So will er es nicht aufgefaßt wissen. Diese Ideen sind uns nur in der Form von Dispositionen angeboren, ähnlich wie gewisse Krankheiten sich in manchen Familien vererben – nicht das aktuell Gedachte ist uns angeboren, sondern die Fähigkeit, es zu denken. Wir besitzen sie von Natur aus – d. h. es gehört zur Natur unseres Intellekts selbst die Fähigkeit, gewisse Ideen zu bilden, zu denken, zu begreifen, und eben darum sind sie uns als denkenden und intelligenten Wesen eigen. Die höheren Ideen, die Prinzipien alles Wissens und aller Erkenntnis, sind nach Descartes' erster Darstellung[10] nur in sehr beschränkter Zahl vorhanden. Man könnte sie alle aufzählen und so das Fundament für alle echte Wissenschaft legen. Die angeborenen Ideen sind also nicht *actu*, sondern nur *potentia*; sie sind die potenzielle Erkenntnis der fundamentalen Prinzipien des Wissens und des Intellekts; in ihnen gewinnt die Seele Erkenntnis von sich selbst sowie von den allgemeinen Vernunftprinzipien.

Diese Doktrin von der beschränkten Anzahl der angeborenen Ideen hat Descartes nicht aufrechterhalten. Ihre Zahl wächst allmählich an, sie werden schließlich unzählbar. Es liegt auf der Hand, wie Descartes zu dieser neuen Interpretation geführt wurde. Die angeborenen Ideen – anfangs konstitutive Prinzipien des Intellekts und zugleich einfache Naturen[11] – nähern sich diesen letzten immer mehr an. Sie sind am Ende nichts anderes als Begriffe der ewigen Ideen, der Ideen Gottes. Und ihre Anzahl muß sich der Anzahl jener annähern. Sie behalten jedoch ihre wesentlichen Charaktere bei – die Klarheit, die Einfachheit; sie sind dem Intellekt eigen, vom selben Wert und vom selben Ursprung wie der Intellekt selbst.

Später bemerkt Descartes, alles, was in irgendeiner Form eine Idee unseres Intellekts werde, alles, was eine gewisse Klarheitsstufe besäße, müsse eben

[8] ⟨Descartes,⟩ *Regulae ad directionem ingenii* IV.
[9] Vgl. ⟨Marin⟩ Mersenne, *Quaestiones celeberrimae in Genesim* I q. 1 a. 4 ad 15 col. 272 (330).
[10] ⟨Descartes,⟩ *An Elisabeth*, 21. V. 1643 (331).
[11] *Regulae ad directionem ingenii* XII (332).

dadurch unserer Seele, unserer Vernunft, dem natürlichen Licht verwandt sein. Andererseits, wenn unsere Seele Ideen bildet, muß sie auch die Fähigkeit dazu besitzen; unmöglich kann sie diese Fähigkeit erst erwerben, sie muß sie vom Beginn ihres Lebens an besitzen, gleich wenn ihre intellektuelle Betätigung anfängt. Alle Ideen, alle Fähigkeiten sind der Seele angeboren – die sinnlichen Ideen, die Ideen von sekundären Qualitäten, ebenso wie die Ideen von Gott, von der Ausdehnung usw. Der Unterschied zwischen den angeborenen und den erworbenen Ideen verschwindet[12], und so führt die Entwicklung der Doktrin zur förmlichen Negation des Ausgangspunktes. Das ist aber offenbar nicht das letzte Wort, nicht der eigentliche Ausdruck von Descartes' Meinung, es ist nur eine vorübergehende Überspannung seiner Gedanken.

Konstitutiv für die angeborenen Ideen scheint eine gewisse Verwandtschaft mit dem Intellekt; sie sind von derselben Natur – so sagten wir – wie der Intellekt selbst. Es sind reine Ideen, sie erschließen sich der Seele in den Strahlen des natürlichen Lichts. Die Ausführungen der *Prinzipien* bestätigen diese Betrachtungsweise und zeigen, daß im letzten Grunde die Lehre der *Prinzipien* doch mit der der *Regulae* gleich ist. Dort bringt Descartes die angeborenen Ideen, die einfachen und unveränderlichen Naturen, ihre wechselseitigen Beziehungen und die ewigen Wahrheiten in die engste Verbindung. Die angeborenen Ideen, ihrem eigentlichen Sinne nach, sind ewige Wahrheiten, sie sind uns durch das natürliche Licht und in ihm gegeben, sie sind vom göttlichen Verstand begriffen und durch ein Dekret des göttlichen Willens in ihrer ewigen Ordnung etabliert. Sie sind uns angeboren, sofern wir an ihrer Natur teilhaben, sofern sie das Intelligible sind und wir der Intellekt – wir, die wir nur Ebenbild und Gleichnis Gottes sind, deren natürliches Licht nur ein Strahl und Abglanz des göttlichen Lichts ist. Eine göttliche Aktion hat sie uns eingeprägt als Signum des Künstlers auf seinem Werk; die göttliche Wahrhaftigkeit verbürgt letzten Endes ihre Wahrheit, denn wir erblicken sie in einem Akt der Intuition, in dem wir und unser Verstand völlig passiv sind und Gott allein aktiv.

Wir sehen, der Nativismus Descartes' wird dem Illuminismus Augustins zum Verwechseln ähnlich. Es bleibt jedoch ein letzter Einwand möglich. Die Ideen sind in uns, Eigentum und Teil unserer selbst, *modi* unseres Verstandes; in uns erblicken wir sie und nicht in Gott. Indessen, wenn sie an unserer Natur teilhaben, als *unsere* Ideen, so sind sie doch zugleich Ideen von unveränderlichen Naturen, ewige Wahrheiten, die nicht in uns sind, sondern in Gott. Unser Eigentum sind sie nur, sofern wir selbst Abbild und Gleichnis Gottes sind, sofern das Licht unseres Geistes dem göttlichen Licht entstammt

[12] ⟨Descartes,⟩ *Principes* I §48.

und an ihm teilhat, sofern die Fähigkeit, sie zu bilden und zu bewahren, Gott zur Quelle, zum Urheber, zur Erklärung und Rechtfertigung hat.

Wenden wir uns jetzt zu Augustin. Seine Erklärungen sind – oder scheinen – eindeutig. Er weist die Anamnesistheorie zurück; in Gott sind die ewigen Ideen, in Gott und in seinem Licht erblicken wir sie. Indessen, das Licht, in dem wir die Ideen erblicken, ist nicht das unerschaffene Licht der göttlichen Glorie selbst, das Licht, das in Gott ist und das Gott selbst ist. Gott ist erhaben über das Licht, das unsere Seelen erhellt, es ist ein erschaffenes Licht, aber es spiegelt das unerschaffene Licht wieder, aber es ist es nicht selbst. Erst in der jenseitigen Welt, in der himmlischen Schau können die Seligen Gott in seinem unerschaffenen Licht erblicken und die Welt und die Ideen in ihm. Andererseits sieht es so aus, als fänden wir die Ideen in uns selbst. Augustin hat die Anamnesistheorie aufgegeben, aber mehr, um die mit dem Dogma unvereinbaren Konsequenzen zu vermeiden (die Präexistenz der Seele, eine zu seiner Zeit ausgesprochen häretische Doktrin), den Kern hat er offenbar beibehalten. Tatsächlich finden wir die Ideen in uns selbst in unserm Gedächtnis[13], diesem Gedächtnis, dessen Bedeutung gar nicht hoch genug angeschlagen werden kann, dem Fundament unserer Seele und unseres ganzen intellektuellen Lebens[14] – hier finden wir die Welt, die ewigen Ideen und Gott selbst[15].

Demnach scheinen die Ideen – selbst die Gottesidee – unserer eignen Natur anzugehören, sie sind unser Besitz von Anbeginn, sind uns angeboren.

Der Illuminismus Augustins nähert sich dem Nativismus seines großen Schülers – und das darf uns nicht allzusehr in Erstaunen setzen. Dieselbe Doktrin vom *Apriori*, von der Beziehung zwischen der Seele und Gott, dem geschaffenen und dem schöpferischen Denken und Gedanken, dem Intellekt und dem Intelligiblen, die in Gott verschmelzen, dem höchsten Intellekt und der höchsten intelligiblen Einheit, die über allem Denken steht, Quelle für beides zugleich – diese selbe Theorie wird nur hier und dort in der Sprache, ⟨in⟩ Begriffen und Wendungen einer andern Zeit ausgedrückt.

Auf die engen Beziehungen zwischen der Lehre vom natürlichen Licht bei Descartes und bei Thomas haben wir schon hingewiesen[16]. Für beide ist das Licht unseres Geistes das natürliche Licht, nur ein Abglanz des göttlichen[17]. Die Analogie geht noch weiter: es gibt nach Thomas in unserm Geist „Samen“ des Wissens, es sind nicht aktuelle Wahrheiten – das ist auch, wie wir sahen, nicht Descartes’ Meinung –, aber sie sind doch als potenzielles Wissen und Wahrheit vorhanden, es bedarf nur einer Gelegenheit, um sie zu aktua-

[13] ⟨Augustinus,⟩ *Confessiones* X, 11, 12 (353).
[14] Ebd. X, 10.
[15] Ebd. X, 17, 18. Die Stellen, die die Rolle der *memoria* ausführen, sind unzählig.
[16] Vgl. Thomas ⟨von Aquin⟩, *Contra gentil⟨es⟩* 1, 3 c. 46 (334).
[17] Vgl. *S. th.* I, 84, 5 (335).

lisieren. Diese Samen[18], das potenzielle Wissen, sind die Prinzipien unseres Intellekts, die Wahrheiten, die unser Geist von Natur aus kennt, die seiner eignen Natur angehören. Diese Prinzipien, diese Fähigkeiten sind unserer Seele wahrhaft angeboren[19], ihr von Gott eingeprägt, sofern die Seele selbst nur ein Abbild des höchsten Wesens ist und an ihm teilhat. Es sind dieselben Worte, dieselben Termini, die Descartes in dem berühmten *Fragment der Olympica* anwendet; indem er der mystischen Krisis, ihrem Enthusiasmus, ihren Intuitionen und Träumen nachgeht, bemerkt er, die Wahrheiten seien in uns *ut semina* ⟨als Samen⟩. Er braucht den Ausdruck des Hl. Thomas, um seine Theorie zu formulieren.

Bei dem Hl. Bonaventura endlich finden wir wiederum die klarste und bestimmteste Darstellung der Lehre vom Angeborensein[20].

Seiner Doktrin nach besitzen wir in unserer Seele Ideen, erste und ewige Wahrheiten, Prinzipien jeglicher Wissenschaft und jeglicher Erkenntnis, die von Gott bei der Schöpfung unseren Seelen eingeprägt worden sind. Nicht immer sind sie unserem Geiste gegenwärtig; sie sind nicht aktuell bewußt, sondern bloß *potentia*. Nichtdestoweniger, jedesmal wenn sie aktuell bewußt werden, wenn wir sie denken und sie unserem Geiste in dem natürlichen Lichte erscheinen, in dem Lichte, das selbst ein Abglanz und eine Teilnahme am göttlichen Lichte ist, erkennen wir sie als zu unserem Geiste selbst gehörig, als ihm nicht fremd gegenüberstehend, sondern aus seinen ureigensten Tiefen emportauchend. Wir erkennen sie im eigensten Sinne des Wortes wieder als etwas uns schon Bekanntes, als ob sie in unserem Gedächtnis im Innersten unseres Geistes aufbewahrt wären und wir sie bloß ins Bewußtsein zurückzurufen, uns ihrer bloß wieder zu erinnern brauchten. Diese Ideen, und namentlich die schönste und wichtigste von ihnen allen, die Idee Gottes, sind gewissermaßen das Siegel des Schöpfers auf seinem Werk. Sie sind uns schon bei der Schöpfung eingeprägt, sie sind unser ureigenster Besitz und Bestand, sie sind uns im prägnantesten Sinne des Wortes eingeboren[21].

In diesen Ideen und vermöge dieser Ideen, in dem Lichte und durch das Licht, das sie erhellt, erkennt die Seele die ewigen Wahrheiten[22], erkennt sie sich selbst in ihrer Gottesebenbildlichkeit[23]; indem sie Gottes Bild in sich selbst erkennt, kann sie sich selbst als Gottes Bild auffassen, Gottes *imago et similitudo* ⟨Bild und Gleichnis⟩ werden und Gott in sich selbst und sich selbst in Gott finden.

Wir brauchen wohl die Verwandtschaft dieser Lehre, die wir soeben skiz-

[18] *De veritate* XI, a. 1 (336).
[19] Ebd. I a. 4 ad 5 (337).
[20] Vgl. Grunwald, *Geschichte der Gottesbeweise im Mittelalter*, 124.
[21] Bonaventura, *Sent⟨entiarum⟩* II, q. X, a. 5 u. 7 (338).
[22] Bonaventura, *De mysterio trinitatis* q. I a. 1 (339).
[23] ⟨Bonaventura,⟩ *De scientia Christi* q. IV (340).

ziert, mit der cartesianischen nicht besonders zu betonen. Die Termini selbst weisen auf die historischen Zusammenhänge hin: der Begriff der *memoria* weist uns auf Augustin zurück, der der *idea innata* deutet schon Descartes an.

Ende

Quellenbelege

⟨Autoren und Kurztitel werden ausführlich zitiert in der Bibliographie⟩

1. La doctrine cartésienne de la liberté nous apparaît étroitement solitaire dans sa structure et dans son développement des controverses théologiques qui se poursuivrent pendant toute la première partie du XVII siècle sur le problème de la grâce. D'autre part nous savons que la pensée de Descartes en ce qui concerne l'erreur, le jugement et les rapports qui unissent l'entendement à la volonté est fortement influencée par l'enseignement qu'il reçut à la Flèche et la philosophie de St. Thomas.

Gilson (1914), 433.

2. De tous côtés nous retombons toujours sur la même conclusion: c'est que Descartes vient après les anciens, presque comme s'il n'y avait rien entre eux et lui, à l'exception des physiciens.

Hamelin, 15.

3. On a le droit d'éprouver quelque surprise quand on voit Descartes employer constamment les deux mots de parfait et d'infini comme synonymes. Le parfait, c'est évidemment le détérminé et l'acte. L'infini de son côté est non moins évidemment indétermination et puissance. Comment donc ces deux choses peuvent-elles se concilier? Selon Descartes, Dieu est infini parce que parfait, et parfait parce qu'il est immense et infini. Mais n'a-t-il plutôt affirmé qu'établi la mutuelle subordination des deux termes?

Ebd., 227.

4. Pourquoi ce double jeu, qui ressemble à une comédie? J'entre en scène, avait dit autrefois Descartes, avec un masque: *Larvatus prodeo.* C'est que notre philosophe ne veut pas renouveller à ses dépends l'aventure de Galilée.

Il prend donc les mesures, le plus habilement qu'il peut.

Adam, 305.

Sans la condamnation de Galilée nous aurions en tout de même la metaphysique de Descartes, mais elle n'aurait pas eu le même aspect – au lieu de gros livres, Descartes aurait donné quelques feuillets.

Ebd.

Man wäre geneigt, die Verurteilung Galileis als einen glücklichen Zufall zu begrüßen, wenn wir ihm die cartesianische Philosophie zu verdanken hätten!

5. D'une part il pense à la religion chrétienne avec laquelle sa philosophie ne doit pas entrer en lutte; d'autre part il pense à cette philosophie elle-même, c'est à dire à sa physique dont il peut faire accepter d'avance le principes sous le couvert d'une métaphysique orthodoxe. Le pavillon si l'on ose dire, devait couvrir la marchandise.

Adam, 306.

La métaphysique de Descartes, en dépit des apparences, avait un tout autre objet: à savoir, de fournir les fondements de la physique.

Ebd., 304.

Aux yeux des théologiens, dont il brigue pour le moment les suffrages il défend la cause de Dieu, rien de plus. En réalité, il joue un double jeu.

Ebd., 305.

6. Il ne nous importe guère de savoir si Descartes a reproduit, conscient ou non, des doctrines médiévales; l'essentiel c'est de savoir s'il a donné des doctrines qui existaient avant lui à côté de théories qui lui appartiennent en propre …

D'une façon générale il ne faut pas parler de plagiat comme le fait Huet, parce que Descartes est toujours original, même en reproduisant ce que d'autres ont pensé avant lui.

Picavet (1913), 329, 330.

7. L'idéalisme de Descartes est un reflet de l'idéalisme objectif platonicien où la théologie chrétienne a accentué les séparations entre l'âme et le corps d'une part, entre Dieu et l'âme humaine de l'autre.

Espinas (1917), 273.

8. Celui des Pères de l'Église qui semble avoir le plus contribué à lever cet obstacle du coté de l'Eucharistie et à rendre les théologiens sectateurs de M. Descartes a été St. Augustin qui avance en cent endroits comme incontestable le principe de notre philosophe par lequel il fait consister l'essence de la matière dans l'étendue. Ce saint supposait partout ce principe sans s'attacher à le prouver, parce qu'il ne paraît pas que personne en doutât de son temps. De là il concluait que l'âme est immortelle, et qu'elle est plus noble que le corps, que c'est une substance distinguée de lui et plusieurs autres vérités de la dernière conséquence …

Malebranche, 9.

9. En somme donc nonobstant tout ce qui l'en sépare, le cartésianisme offre, de fait et d'intention, d'etroites affinités avec l'Augustinisme et ces affinités sont revendiquées par les cartésiens eux-mêmes comme des titres de gloire

... plus un homme sera savant dans la doctrine de St. Augustin et plus il sera disposé à embrasser la philosophie de M. Descartes.

Mersenne à Voet, 1642 (zit. von Baillet).

Le sentiment de Mersenne est le sentiment même de Port Royal ...

Enfin d'une manière générale c'est St. Augustin qui accrédite le cartésianisme parmi les théologiens.

Nourisson, II, 213.

10. Comme Augustin, c'est dans la conscience que Descartes place le fondement inébranlable de la certitude et sa polémique contre les Pyrrhoniens ne laisse pas de rappeler de très près l'argumentation de l'Évêque d'Hippone contre l'Académie. De plus, quoique la raison-Dieu que célèbre Augustin soit autre chose que l'innéité cartésienne, comme Augustin pourtant Descartes se refuse à dériver toutes les idées de l'imagination et des sens en même temps qu'il s'élève à la notion de Dieu par la conception de l'infini ou du parfait ...

Ce qui devait toucher particulièrement les disciples du Docteur de la Grâce, n'était-ce pas une philosophie qui proclamait que Dieu a établi toute vérité, ainsi qu'un roi établit les lois en son royaume? N'était-ce pas une philosophie qui par les deux théories de la substance et de la création continue tendait à abolir l'activité des créatures, pour faire de Dieu l'unique acteur?

Nourrisson, II, 208 ff.

11. Homme né pour le cloître beaucoup plus que pour les grandes affaires auxquelles on le mêla trop souvent; d'une piété angélique, d'une érudition faible ou médiocre, mais d'une intelligence solide, Pierre de Bérulle fut, on ne l'ignore pas, le promoteur de Descartes „qui le considérait après Dieu comme l'auteur de ses desseins". Or, rien n'égalait la vénération que Bérulle avait pour St. Augustin. Il aimait à nourrir son esprit et échauffer son cœur par une lecture assidue de ce grand docteur. Il le mettait au dessus de tous les autres Pères pour son esprit et pour sa doctrine et il l'honorait singulièrement comme le défenseur de la Grâce de Jésus Christ, comme le protecteur, s'il faut ainsi dire, de Dieu contre l'homme. Il voulait même que cette dévotion passa jusqu'à ses disciples.

Tharabaud, zit. von Nourisson, II, 224.

12. Quoi qu'il se sentit très obligé aux soins de ses maîtres, qui n'avaient rien omi de ce qui dépendait d'eux pour le satisfaire, il ne se croyait pourtant pas redevable à ses études, de se qu'il a fait dans la suite pour la recherche de la vérité dans les arts et les sciences. Il ne faisait pas difficulté d'avouer à ses amis que quand son père ne l'aurait pas fait étudier il n'aurait pas laissé

d'écrire en français les mêmes choses qu'il a écrites en latin. Il témoignait souvent que s'il avait été de condition à se faire artisan, et qu'on lui eut fait apprendre un métier étant jeune, il y aurait parfaitement réussi, parce qu'il avait toujours une forte inclination pour les arts. De sorte que ne s'étant jamais soucié de retenir ce qu'il avait appris au collège, c'est merveille qu'il n'ait pas tout oublié et qu'il se soit souvent trompé lui-même dans ce qu'il croyait avoir oublié.

Baillet, I, 34.

13. M. Descartes n'avait pas sans doute autant de répugnance pour la lecture, qu'il témoignait pour l'écriture. Il faut avouer néanmoins quil ne lisait pas beaucoup ... Rebuté des inutilités et des erreurs qu'il avait remarqué dans les livres, il y avait renoncé assez solennellement. Mais à ne point mentir, son renoncement ne fut jamais tout entier, il le rendait même suspect de dissimulation. Et ceux qui ont été un peu versés dans ses ouvrages n'ont pas pu prendre pour un vrai mépris cette indifférence qu'il affectait assez mal à propos de faire paraître pour les livres. Ils ont remarqué au contraire qu'il avait un usage des livres beaucoup plus grand qu'il ne voulait en faire croire ...

Ebd., II, 467 f.

14. Un de ses visiteurs trouve en lui *hominem libros neque legentem neque habentem*. Quand on lui signale une concordance entre ses ouvrages et ceux de ses devanciers, il cherche toujours à établir qu'il ignorait ceux-ci ... En réalité il lisait tout ce qui lui paraissait d'important sur les points où se portait son étude ... et sur certains points même il subordonnait l'achèvement, de ses travaux à la possession des livres nécessaires.

Espinas (1907), 354.

15. Du reste je ne suis point si dépourvu de livres que vous pensez, et j'ai encore ici une Somme de St. Thomas et une Bible que j'ai appertée de France.

An Mersenne, 25. Dezember 1639. II, 630.

16. Je vous suis bien obligé de ce que vous m'apprenez les endroits de St. Augustin qui peuvent servir pour autoriser mes opinions. Quelques autres de mes amis avaient déjà fait le semblable et j'ay très grande satisfaction de ce que mes pensées s'accordent avec celles d'un si saint et excellent personnage. Car je ne suis nullement de l'humeur de ceux, qui désirent que leurs opinions paraissent nouvelles; au contraire, j'accomode les miennes à celles des autres autant que la vérité me le permet.

An Mesland, 2. Mai 1644. Corresp. CCCXLVII. IV, 113.

17. Il y a dans ses prétentions à l'invention radicale et universelle beaucoup d'illusion, un peu de vanité: elles n'ont pu trouver de crédit qu'auprès des historiens assez mal informés ...

Descartes nous apparaît comme le plus adroit et le plus délié des éclectiques en même temps que le plus étonnant des inventeurs.

Espinas (1907), 35.

18. La probabilité d'une lecture du *De Trinitate*, faite antérieurement à la rédaction des *Méditations*, nous paraît au moins très grande et proche à la certitude.

Blanchet, 61.

19. Confert hic (Caterus) unum ex meis argumentis cum alio ex S. Thoma ... nec St. Thomas argumento illo usus est tanquam suo, nec idem concludit quod meum, nec denique ulla hic in re ab Angelico Doctore dissentio. Quaeritur enim ab ipso, an Deum esse sit per se notum secundum nos, hoc est an unicuique sit obvium; quod negat, et merito. Argumentum autem, quod sibi obiicit ita potest proponi: Intellecto quid significet nomen hoc „Deus" intelligatur id quo maius significari non potest; sed est maius esse in re et in intellectu, quam esse in intellectu tantum; ergo intellecto quid significet hoc nomen Deus, intelligitur Deum esse in re et in intellectu. Ubi est manifestum vitium in forma; concludi enim tantum debuisset, ergo intellecto quid significet hoc nomen „Deus" intelligitur significari Deum esse in re et in intellectu; atqui vero significatur non ideo apparet esse verum. Meum autem argumentum erit tale. Quod clare et distincte intelligimus pertinere ad alicuius rei veram et immutabilem naturam, sive essentiam, sive formam, id potest de ea re cum veritate affirmare; sed postquam satis accurate investigavimus quid sit Deus, clare et distincte intelligimus ad eius et immutabilem naturam pertinere ut existat; ergo tunc cum veritate possumus de Deo affirmare quod existat.

Responsiones Primae. VII, 115.

20. Jadis St. Anselme l'avait proposée le premier, ce semble; et Mersenne le savait puisqu'il l'avait même reproduit cette preuve dans un de ses livres en 1624; mais Descartes l'ignorait sans doute.

Adam, 320. Cf. Descartes, III, 261.

Adam übersieht, daß Descartes es unmöglich hat nicht wissen können.

21. Videtur quod primum quod a mente cognoscitur sive percipitur sit ipse Deus.

Item naturaliter cognita et quae non possunt intelligi non esse sunt illa quae primo nostrae cognitioni occurrent. Sed cognitio existendi Deum omnibus est naturaliter inserta ut Damascenus dicit: nec potest Deum cogitari non esse, ut Anselmus dicit: ergo Deus est primum quod a nobis cognoscitur.

Respondeo:

ad 6: dicendum quod Deum esse quantum est in se est per se notum quia sua essentia est suum esse; et hoc modo loquitur Anselmus non autem nobis qui eius essentiam non videmus. Sed tamen eius cognitio nobis innata dicitur esse inquantum per principia nobis innata de facili percipere possumus Deum esse.

Thomas, ⟨Expositio super librum⟩ Boethii de trinitate, q. 1 a. 3 ad 3 ad 6.

22. Descartes emporta de la Flèche bien des semences qui dans un esprit comme le sien devaient fructifier. Ajoutons que ses maîtres eurent assez de confiance en lui pour lui permettre la lecture d'ouvrages ordinairement défendus. Lesquels? Peut-être *l'Art* de Lulle, dont il parle dans son *Discours de la Méthode* et une ou deux fois dans sa correspondance[1]. Peut-être les livres de Henri Corneille Agrippa sur *l'incertitude des connaissances humaines,* ou sur *la philosophie occulte,* dont il dit aussi un mot ou deux[2] ... Descartes paraît avoir lu la *Magie naturelle* de Jean Baptiste Porta.

Adam, 31.

23. Les controverses avec les protestants ont ramené l'attention sur les Pères. St. Augustin, dont il va se faire cinq éditions en quelques années est l'objet d'une étude passionnée et avec lui les auteurs sacrés du III siècle. Bérulle est par ses lectures quotidiennes un contemporain de St. Clément d'Alexandrie et de Denys Aréopagite.

Espinas (1904), 270.

Une ardeur de spiritualité puisée aux sources néo-platoniciennes et platoniciennes embrassait de plus en plus l'âme de Berulle, de Gibieuf et de Condren, ses auxiliaires et ses amis les plus proches, et devenait la forme dominante de la prédication chez les apologistes et de piété chez les simples fidèles.

Ebd., 271.

24. Il avait une aversion extraordinaire pour le Calvinisme ... Cette aversion lui était venue en partie de sa naissance, en partie de l'éducation et elle s'était accrue lorsque vivant dans un pays où cette secte est dominante il la trouvait trop dénuée d'extérieur, trop libre et trop favorable à ceux qui passaient d'elle à l'Athéisme.

Baillet, II, 520.

[1] VI, 17; 156, 157, 164, 165.
[2] X, 63f., 165.

M. de Sorbière, qui était encore Huguenot lorsqu'il le hantait dans ces provinces, n'a pu s'empêcher de dire depuis sa conversion, qu'on a eu grand tort de douter de la foy de ce grand personnage.
Ebd., 525.

25. L'homme qui vient d'accomplir à pied le voyage de Venise à Rome sur un vœu fait à la Vierge quatre ans auparavant, celui que nous venons de voir aussitôt au jubilé et courir dès son retour en France à Fontainebleau pour participer aux devotions de la cour n'est pas pratiquement un sceptique.
Espinas (1917), 255.
L'homme qui à 23 ans a cru aussi aisément d'être à travers les signes en communication avec Dieu lui-même, m'apparaît avec une âme plus naïvement religieuse, plus simple, moins compliquée qu'on n'est généralement disposé à le croire: j'ai pour ma part désormais moins de tendence, surtout dans les questions où Dieu est en jeu, de voir chez lui des artifices, des précautions, des arrière-pensées …
Milhaud, 621.

26. L'absolu lui est intime, il est avec lui au centre de tout, il vit en sa présence. Il rencontre, il touche, il embrasse Dieu de toutes parts, en édifiant son monde par la mathématique universelle avec une matière passive entièrement dépourvue d'efficace. Il se prépare de traiter les sciences de l'homme suivant le même esprit; c'est le règne de Dieu qu'il y cherchera, c'est „la cause de Dieu" qu'il se proposera de venger. La métaphysique n'est donc à aucun moment étrangère du moins à cette première forme du système, ni la religion, ni la morale, puisqu'il les prend l'une pour l'autre …
Espinas (1917), 277. Cf. Baillet, II, 171.

27. J'y apporte (dans la VI. *Méditation*) toutes les raisons desquelles on peut conclure l'existence des choses matérielles: non que je les juge fort utiles pour prouver ce qu'elles prouvent, à sçavoir qu'il y a un monde … qui n'ont jamais été mises en doute par aucun homme de bon sens, mais parce que en les considérant de près on vient à connaître qu'elles ne sont pas si fermes ni si évidentes que celles qui nous conduisent à la connaissance de Dieu et de notre âme; de sorte que celles-ci sont les plus certaine et les plus évidentes qui puissent tomber en la connaissance de l'esprit humain.
Méditations, Abrégé. X, 121.

28. Le Port Royal admira et adopta dans Descartes un célèbre et moderne disciple de St. Augustin. Dans le cartésianisme il crut reconnaître une sorte d'exposition populaire de l'Augustinisme approprié aux temps nouveaux.
Nourrisson, II, 207.

29. Jamais Philosophe n'a paru plus profondément respectueux pour la Divinité que M. Descartes. Il fut toujours fort sobre sur les sujets de la Religion, jamais il n'a parlé de Dieu qu'avec la dernière circonspection, toujours avec beaucoup de sagesse, toujours d'une manière noble et élevée. Il était dans l'appréhension continuelle de rien dire ou écrire qui fut indigne de la religion … Il avait soin, en parlant de la nature divine et de l'existence de Dieu, que sa philosophie ne s'émancipât trop sur les choses qui pouvaient avoir du rapport aux mystères de la Trinité et de l'Incarnation …

Il ne pouvait souffrir sans indignation la témérité de certains théologiens qui s'échappent de leurs guides, c'est à dire de l'Écriture et des Maîtres de l'Ancienne Église …

Il blâmait surtout la hardiesse des Philosophes et des Mathématiciens qui paraissaient si décisifs à déterminer ce que Dieu peut et ce qu'il ne peut pas …

Baillet, II, 503.

30. Omnis perfectio simpliciter et in summo inest necessario naturae summae.

Randglosse: Describitur perfectio simpliciter ex Anselmo.

Duns Scotus, De primo principio, IV, 3.

31. Pour connaître la nature de Dieu autant que la mienne en était capable je n'avais qu'à considérer, de toutes les choses dont je trouvais en moi quelque idée, si c'était perfection ou non de les posséder; et j'étais assuré qu'aucune de celles qui marquaient quelque imperfection n'étaient en lui, mais que toutes les autres y étaient.

Discours IV. I, 33.

32. In nominibus, quae Deo attribuimus est duo considerare, scilicet perfectiones ipsas significatas, ut bonitatem, vitam et huiusmodi et modum significandi. Quantum igitur ad id, quod significant huiusmodi nomina, proprie competunt Deo, et magis proprie, quam ipsis creaturis et per prius dicitur de eo.

S. th. I q. 13 a. 3.

33. … praedicta nomina divinam substantiam significant, imperfecte tamen, sicut et creaturae imperfecte eam repraesentant. Cum igitur dicimus: Deus est bonus, non est sensus: Deus est causa bonitatis, vel: Deus non est malus; sed est sensus: Id quod bonitatem dicimus in creaturis, praeexistit in Deo, et hoc quidem secundum modum altiorem. Unde ex hoc non sequitur, quod Deo competat esse bonum, in quantum causat bonitatem, sed potius e converso, quia est bonus, bonitatem in rebus diffundit.

De potentia q. 7 a. 5.

34. Or le chemin que je juge qu'on doit suivre pour parvenir à l'amour de Dieu est qu'il faut considérer qu'il est un esprit ou une chose qui pense, en quoy la nature de notre âme ayant quelque ressemblance avec la sienne, nous venons á nous persuader qu'elle est une émanation de sa souveraine intelligence *et divinae quasi particula aurae* ...

Si nous prenons garde à l'infinité de sa puissance ... à l'étendue de sa providence ... à l'infaillibilité de ses decrets ... et enfin d'une côte à notre petitesse et de l'autre à la grandeur de toutes les choses créées ... sans les enfermer dans une boule, comme le font ceux qui veulent que le monde soit fini; la méditation de toutes ces choses remplit l'homme d'une joie si extrême que ... il pense avoir déjà assez vécu de ce que Dieu lui fait la grâce de parvenir à de telles connaissances et se joignant entièrement à lui de volonté il l'aime si parfaitement, qu'il ne désire rien au monde sinon que la volonté de Dieu soit faite.

An Chanut, 1. Februar 1647. Corresp. CDLXVIII. IV, 609.

Descartes, lorsqu'il s'agit de la quantité est très volontiers infinitiste. Il l'est sans reculer devant la contradiction de nombre infini et sans dire comme Leibniz qu'il peut y avoir des multitudes mais non des totalités infinies ... dans sa lettre sur l'Achille de Zénon il suppose sans façon qu'on peut sommer l'infini (An Clersellier, 1646. IV, 445). Ailleurs il dit qu'il est possible à Dieu de terminer une division infinie et dans les *Principes* (VIII, 34) qu'une telle division existe actuellement dans la matière.

Hamelin, 228.

Ils [Descartes und Gibieuf] élaborèrent en commun le programme d'une Métaphysique nouvelle et d'une méthode différente de celle de l'école. Méthode moins discursive que celle de l'école: plus préoccupée de s'élever constamment à l'intuition intellectuelle des principes; persuadée que la vérité ne consiste pas dans la chaine du discours mais dans une vue intuitive et qu'il n'y a de démonstration véritable que celle qui fait apercevoir la conclusion au sein même des principes. Théodicée fondée toute entière sur la considération de l'infinité et de l'unité de Dieu ...

Il reste un point parfaitement assuré. Pendant les trois années ... il fut en relations avec deux hommes auxquels il doit une conception générale de l'essence divine très différente par l'esprit de celle qu'il tenait de ses maîtres de la Flèche et dont sa doctrine de Dieu devait sortir.

Gilson (1914), 205.

35. Deus non est infinitus privative; sic enim ratio infiniti congruit quantitati, habet enim partem post partem in infinitum.

Sed Deus dicitur infinitus negative, quia scilicet eius essentia per aliquid non limitatur.

De veritate, q. II a. 2 ad 5.

36. Considerandum est, quod infinitum dicitur aliquid ex eo, quod non est finitum …

Et ideo infinitum secundum quod attribuitur materiae habet rationem imperfecti est enim quasi materia non habens formam. Forma autem non perficitur per materiam, sed magis per eam eius amplitudo contrahitur, unde infinitum secundum quod se tenet ex parte formae, non determinatae per materiam, habet rationem perfecti …

Cum igitur esse divinum non sit esse receptum in aliquo, sed ipse sit suum esse subsistens, manifestum est, quod ipse Deus sit infinitus et perfectus.

S. th., I q. 7 a. 1.

37. Quarta via ex parte eminentiae arguo sic: Eminentissimo incompossibile est aliquid esse perfectius sicut prius patet; finito autem non est incompossibile aliquid esse perfectius, quare … Minor probatur quia infinitas non repugnat enti; omni finito maius est infinitum, quare … Aliter arguitur et est idem: Cui non repugnat infinitas intensive, illud non est summe perfectum nisi sit infinitum, quia si est finitum potest excedi vel excelli, si infinitas sibi non repugnat; enti autem quia non repugnat infinitas ergo perfectissimum ens est infinitum.

Minor huius consequentiae quae etiam in praecedenti argumento accipitur non videtur a priori posse probari vel ostendi, quia sicut contradictoria ex rationibus propriis contradicunt, nec potest per aliquid manifestius hoc probari, ita non repugnantia ex rationibus propriis non repugnant, nec videtur posse ostendi nisi explicando rationes eorum; ens autem per nihil notius explicatur; infinitum intelligimus per finitum et hoc vulgariter sic expono: infinitum est, quod aliquod finitum datum secundum nullam habitudinem finitam praecise excedit, sed ultra omnem habitudinem assignabilem excedit adhuc.

Sic tamen propositum suadetur: sicut quodlibet ponendum est possibile cuius non apparet impossibilitas, ita ponendum est compossible cuius non apparet incompossibilitas; hoc nulla apparet incompossibilitas, quia de ratione entis quod sit passio convertibilis cum ente, alterum enim istorum requiritur ad repugnantiam praedictam; passiones vero primi entis et convertibiles satis videntur sibi notae inesse.

Item sic suadetur: infinitum suo modo non repugnat quantitati, id est in accipiendo partem post partem; ergo nec infinitum suo modo repugnat entitati, id est, in perfectione simul essendo. Item, si quantitas virtutis est simpliciter perfectior quam quantitas molis, quare erit possibilis infinitas in mole et non in virtute? Sed si est possibilis, est et actu, sicut patet de tertia conclusione supra de primitate effectivi.

Item, quare intellectus, cuius obiectum est ens, nullam invenit repugnantiam intelligendo aliquod infinitum? imo videtur perfectissimum intelligibile.

Duns Scotus, De primo principio IV, n. 19.

38. In Deo infinitum negative tantum intelligitur, quia nullus est perfectionis suae vel terminus vel finis, sed est summe perfectum.

Contra gentiles I, 13.

39. 4. Per infinitam substantiam intelligo substantiam perfectiones veras et reales actu infinitas et immensas habentem. Quod non est accidens notioni substantiae superadditum, sed ipsa essentia substantiae absolute sumpte nullisque defectibus determinatae; qui defectus ratione substantiae accidentia sunt; non autem infinitas vel infinitudo. Et il faut remarquer que je ne me sers jamais du nom d'infini pour signifier seulement n'avoir point de fin, ce qui est négatif et à quoi j'ai appliqué le mot d'indéfini, mais pour signifier une chose réelle, qui est incomparablement plus grande que celles qui ont quelque fin.

5. Or je dis que la notion que j'ai de l'infini est en moi avant que celle du fini, pour ce que de cela seul que je conçois l'être, ou ce qui est, sans penser s'il est fini ou infini, c'est l'être infini que je conçois, mais afin que je puisse concevoir un être fini il faut que je retranche quelque chose de cette notion générale de l'être laquelle par conséquent doit précéder.

Corresp. DLVII. V, 356.

40. ... il avait suivi loin dans ses conséquences l'idée d'un Dieu créateur. Descartes en métaphysicien plus profond [que St. Thomas] voulut pour Dieu une existence qui méritât mieux son nom d'existence par soi. En cela d'ailleurs il était peut-être soutenu et inspiré par la tradition judéo-chretienne, selon laquelle Dieu dit de lui-même: „Je suis celui qui suis"; ce qui fait penser à la formule cartésienne: „Dieu est son être".

Hamelin, 226.

Man sieht, daß Hamelin hier ebenfalls eine traditionelle Lehre als Eigentum Descartes' faßt. Doch gibt er hier mindestens die Wirkung der Tradition zu.

41. Descartes est-il un physicien qui édifie sa science sur les materiaux fournis par la philosophie et la théologie du temps: est-il au contraire un champion laïque de la religion chrétienne qui reconstruirait par la méthode mathématique l'édifice branlant de la scolastique?

Gilson (1914), 436.

Gilson entscheidet sich für die erste Alternative. Wir glauben dagegen, daß diese Alternative unberechtigt ist. Descartes ist weder das eine noch das andere – oder beides.

42. Fines Dei a nobis sciri non posse, nisi Deus ipsos revelat ac per se manifestum … puerile.

Contra Hyperaspistem, August 1641. Corresp. CCL. III, 430.

Pour les vérités éternelles je dis derechef que *sunt tantum verae aut possibiles, quia Deus illas veras aut possibiles cognoscit, non autem contra veras a Deo cognosci quasi independenter ab illo sint verae.* Et si les hommes entendaient bien le sens de leurs paroles, ils ne pourraient jamais dire sans blasphème que la vérité de quelque chose précède la connaissance que Dieu en a, car en Dieu ce n'est qu'un de vouloir et de connaître, de sorte que *ex hoc ipso quod aliquid velit ideo cognoscit, et ideo tantum talis res est vera.* Il ne faut donc pas dire que *si Deus non esset, nihilominus istae veritates essent verae,* car l'existence de Dieu est la première et la plus éternelle de toutes les vérités qui peuvent être et la seule d'où procèdent toutes les autres. Mais ce qui fait qu'il est aisé en ceci de ce méprendre c'est que la plupart des hommes ne considèrent point Dieu comme un être infini et incompréhensible et qui est le seul autheur duquel toutes choses dépendent, mais ils s'arrêtent aux syllabes de son nom et pensent que c'est assez le connaître si l'on sait que Dieu veut dire *Deus* en latin et qu'il est adoré par les hommes …

Puisque Dieu est une cause dont la puissance surpasse les bornes de l'entendement humain, et la nécessité de ces vérités [mathématiques] n'excède point notre connaissance, elles sont quelque chose de moindre et de sujet à cette puissance incompréhensible.

An Mersenne, 6. Mai 1630. Corresp. XXII. I, 149f.

43. Or j'estime que tous ceux à qui Dieu a donné l'usage de la raison sont obligés de l'employer principalement pour tacher à le connaître et à se connaître eux-mesmes. C'est par là que j'ai taché de commencer mes études; et je vous dirai que je n'eusse sceu trouver les fondements de la Physique si je ne les eusse cherchés par cette voye. Mais c'est la matière que j'ay le plus étudiée de toutes et en laquelle grâce à Dieu, je ne suis aucunement satisfait; au moins pense-je avoir trouvé comment on peut demonstrer les vérités métaphysiques d'une façon qui est plus évidente que les demonstrations de Géométrie …

Les 9 premiers mois que j'ay esté en ce pays, je n'ay travaillé à autre chose, et je crois que vous m'avez déjà ouï parler auparavant que j'avais fait dessein d'en mettre quelque chose par écrit; mais je ne juge pas à propos de le faire que je n'ay vu premièrement comment la physique sera reçue.

An Mersenne, 15. April 1630. Corresp. XXI. I, 144.

44. Pour la difficulté de concevoir comment il a été libre et indifférent à Dieu de faire qu'il ne fut pas vrai que les trois angles d'un triangle fussent égaux à deux droits, ou généralement que les contradictoires ne peuvent être ensemble on peut aisément l'oter, en considérant que la puissance de Dieu est sans bornes, puis aussi en considérant que notre esprit est fini, et créé de telle nature qu'il ne peut concevoir comme possible que les choses que Dieu a voulu rendre véritablement possible, mais non pas de telle qu'il puisse aussi concevoir comme possibles celles que Dieu aurait pu rendre également possibles, mais qu'il a toutefois voulu rendre impossibles. Car la première considération nous fait connaître que Dieu ne peut avoir été déterminé à faire qu'il fut que les contradictoires ne peuvent être ensemble, et que par conséquent, il a pu faire le contraire; puis l'autre nous assure que bien que cela soit vrai, nous ne devons pas tacher de le comprendre pour ce que notre nature n'en est pas capable. Et encore que Dieu a voulu que quelques vérités fussent nécessaires, ce n'ai pas à dire qu'il les ait nécessairement voulues; car c'est toute autre chose de vouloir qu'elles fussent nécessaires et de vouloir nécessairement, ou d'être nécessité à le vouloir; j'avoue bien qu'il y a des contradictions qui sont si évidentes que nous ne les pouvons représenter à notre esprit sans que nous les jugions entièrement impossibles, comme celles que vous proposez: Que Dieu aurait pu faire que les créatures ne fussent point dépendantes de lui, mais ne les devons point représenter pour connaître l'immensité de sa puissance ni concevoir aucune préférence entre son entendement et sa volonté; car l'idée que nous avons de Dieu nous apprend qu'il n'y a en lui qu'une seule action toute simple et toute pure: ce que ces mots de St. Augustin expriment fort bien: *quo vides ea, sunt etc.*, pour ce qu'en Dieu *videre et velle* ne sont qu'une même chose.

An Mesland, 2. Mai 1644. Corresp. CCCXLVII. IV, 118f.

45. ... audacter affirmo Deum posse omne, quod possibile esse percipio, non autem e contra audacter nego illum posse id quod conceptui meo repugnat, sed dico tantum implicare contradictionem ...

Eodem modo etiam dico implicare contradictionem ut aliquae dentur atomi, quae concipiantur extensae ac simul indestructibiles, quia ... certe non possumus intelligere ipsum se facultate eas dividi privare potuisse. Nec valet tua comparatio de iis quae facta sunt quod nequeant infecta esse. Neque enim pro nota impotentiae sumimus quod quis non possit facere id quod non intelligimus esse possibilem, sed tantum quod non possit aliquid facere ex iis quae tanquam possibilia distincte percipimus et sane percipimus esse possibile ut atomus dividatur, quandoquidem eam extensam esse supponimus; atque ideo, si iudicemus eam a Deo dividi non posse, indicabimus Deum aliquid non posse facere quod tamen possibile esse percipimus. Non autem eodem modo percipimus fieri posse ut quod factum est sit infectum, sed e contra percipimus hoc fieri plane non posse; ac proinde non esse ullum potentiae defectum in Deo, quod istud non faciat. Quantum autem ad divisibilitatem materiae, non eadem ratio sit; etsi enim non possim numerare omnes partes in quas est divisibilis earumque idcirco numerum dicam esse indefinitum, non tamen possum affirmare illarum divisionem a Deo nunquam absolvi, quia scio Deum plura posse facere quam ego cogitatione mea complecti.

An H. Morus, 5. Februar 1649. Corresp. DXXXVII. V, 273.

46. 7. Nempe sufficit me intelligere, hoc ipsum quod Deus a me non comprehendatur ut Deum iuxta rei veritatem et qualis est intelligam modo praeterea iudicem omnes in eo esse perfectiones quas clare intelligo et insuper multo plures quas comprehendere non possum.

... ens in quo nulla est imperfectio non potest tendere in non ens, hoc est pro fine et instituto suo habere non ens, sive non bonum, sive non verum – haec enim tria idem sunt.

An Clersellier, 23. April 1649. Corresp. DLVII. V, 357.

Per facultatem enim solemus designare aliquam perfectionem; esset autem imperfectio in Deo posse a se auferre existentiam atque ideo ad praecavendas cavillationes mallem ibi scribere: et repugnat Deum a se auferre suam existentiam vel aliunde eam amittere posse.

Corresp. CCXXII. V, 546.

47. Constat ergo, quod Deus ideo dicitur omnipotens, quia potest omnia quae sunt possibilia secundum se.

De potentia, q. I a. 7.

Quidquid habet vel potest habere rationem entis, continetur sub possibilibus absolutis, respectu quorum dicitur Deus omnipotens. Nihil autem opponitur rationis entis, nisi non ens. Hoc igitur repugnat rationi possibilis absoluti quod subditur divinae omnipotentiae, quod implicat in se et non esse simul; hoc enim omnipotentia non subditur, non propter defectum divinae potentiae, sed quia non potest habere rationem factibilis neque possibilis.

S. th. I q. 25 a. 3. Cf. Contra gentiles II, 22; De potentia q. I a. 3; Quaestiones de quolibet XII, q. 1 a. 2.

48. Et sane non mirum est Deum, me creando, ideam illam mihi indidisse, ut esset tanquam nota artificis operi suo impressa; nec etiam opus est ut nota illa sit aliqua res ab opere ipso diversa. Sed ex hoc uno quod Deus me creavit, valde credibile est, me quodam modo ad imaginem et similitudinem eius factum esse, illamque similitudinem in qua Dei idea continetur, a me percipi per eandem facultatem per quam ego ipse a me percipior: hoc est

dum in me ipsum mentis aciem converto, non modo intelligo me esse rem incompletam et ab alio dependentem, remque ad maiora sive meliora indefinite aspirantem; sed simul etiam intelligo illum, a quo pendeo maiora ista omnia nec indefinite et potentia tantum, sed re ipsa infinite in se habere, atque ita Deum esse. Totaque vis argumenti in eo est, quod agnoscam ut existam talis naturae qualis sum, nempe ideam Dei in me habens, nisi revera Deus etiam existeret, Deus, inquam, ille idem cuius idea in me est, hoc est habens omnes illas perfectiones, quas ego non comprehendere, sed quocunque modo attingere cogitatione possum et nullius plane defectibus obnoxius. Ex quibus plane patet illum fallacem esse non posse; omnem enim fraudem et deceptionem a defectu aliquo pendere, lumine naturali manifestum est.

Meditationes III. VII, 51.

49. Tria mirabilia fecit Dominus: res ex nihilo, hominem Deum, liberum arbitrium.

Cogitationes Privatae. X, 217.

50. Nullum ens rationis potest esse formaliter infinitum; sed voluntas est formaliter infinita; igitur voluntas secundum suam rationem formalem non dependet a ratione, et per consequens non ex sola consideratione rationis sed ex natura rei voluntas est in Deo.

Reportata Parisiensia I d. 45 q. 2 n. 6.

51. Quantum adesse liberum arbitrium, sic non potest diminui.

Actus liberi arbitrii est iudicare ... consentire ... movere [voluntatem].

Bonaventura, In sent. II, d. 25 p. 2 dub. 1 und p. 1 q. 2.

52. Nec vero etiam queri possum quod non satis amplam et perfectam voluntatem, sive arbitrii libertatem a Deo acceperim; nam sane nullis illam limitibus circumscribi experior. Et quod valde notandum mihi videtur, nulla alia in me tunc tam perfecta aut tanta quin intelligam perfectiora sive maiora adhuc esse posse. Nam, si exempli causa facultatem intelligendi considero, statim agnosco perexiguam illam et valde finitam in me esse, simulque alterius cuiusdam multo maioris, imo maximae atque infinitae, ideam formo, illamque ex hoc ipso quod eius ideam formare possim ad Dei naturam pertinere percipio ... Sola est voluntas, sive arbitrii libertas, quam tantam in me experior, ut nullius maioris ideam apprehendam; adeo ut illa praecipue fit, ratione cuius imaginem quandam et similitudinem Dei me referre intelligo. Nam quamvis maior absque comparatione in Deo quam in me sit, tum ratione cognitionis et potentiae, quae illi adiunctae sunt, redduntque ipsam magis firmam et efficacem, tum ratione obiecti, quoniam ad plura se exten-

dit non tamen in se formaliter et praecise spectata maior videtur. Quia tantum in eo consistit, quod idem vel facere vel non facere (hoc est affirmare vel negare, prosequi vel fugere) possimus vel potius in eo tantum, quod ad id quod nolui ab intellectu proponitur affirmandum vel negandum, sive prosequendum vel fugiendum, ita feramur, ut a nulla vi externa nos ad id determinari sentiamus. Neque enim opus est me in utramque partem ferri posse ut sim liber, sed contra, quo magis in unam propendeo, sive quia rationem veri et boni in ea evidenter intelligo … tanto liberius etiam eligo. Nec sane divina gratia nec naturalis cognitio unquam imminunt libertatem sed potius augent et corroborant.

Meditationes IV. VII, 56 ff.

53. Cum autem hic dicitur nos rebus clare perspectis volentes nolentes assentiri, idem est ac si dicatur nos bonum clare cognitum volentes nolentes appetere: verbum enim nolentes in talibus non habet locum, quia implicat nos idem velle et nolle.

Obiectiones Tertiae, XIII. Responsiones. VII, 192.

54. Potentia, qua volo me velle est liberum arbitrium.

Bonaventura, In sent. II, d. 25 p. I a. un., q. 2.

Per liberum arbitrium quis vult, se velle quod vult.

Ebd., d. 2 q. dub. 4.

Voluntas hoc ipso libere vult, quia cum vult, vult se velle et se ipsum movet.

Ebd., d. 25, p. 2, a. un. q. 5.

Arbitrium dicitur liberum non quia sic velit hoc ut possit velle eius oppositum, sed quia sic vult aliquid, ut vellit se velle illud.

Ebd., q. 2.

Ubi ais „volitio veri et intellectio differunt tantum ut diversi circa diversa obiecta agendi modi“, mallem „differunt tantum ut actio et passio eiusdem substantiae“. Intellectio enim proprie mentis passio est et volitio eius actio.

An Regius, Mai 1641. Corresp. CCXI. III, 372.

55. Voluntas est causa sui actus per modum efficientis et per modum libertatis.

Bonaventura, In sent. II, d. 34 art. 1, qu 2.

Sola voluntas est domina sui actus et sola est se ipsam movens.

Ebd. I, d. 1 q. 1 c. 2.

Voluntas habet dominium non solum respectu actus exterioris sed etiam respectu actus proprii.

Ebd. II, d. 25, p. I, a. un. q. I.

56. Je ne mets aucune différence entre l'âme et ses idées que comme entre un morceau de cire et les diverses figures qu'il peut recevoir. Et comme ce n'est pas proprement une action mais une passion en la cire, de recevoir diverses figures, il me semble que c'est aussi une passion de l'âme de recevoir telle ou telle idée et qu'il n'y a que ses volontés qui soient des actions.

An Mesland, 2. Mai 1644. IV, 113.

57. Les vérités mathématiques, lesquelles vous nommez éternelles ont été établies de Dieu et en dépendent entièrement, aussi bien que tout le reste des créatures. C'est en effet parler de Dieu comme d'un Jupiter ou Saturne et l'assujettir au Stix et aux destinées que de dire que ces verités sont indepen-dantes de lui. Ne craignez point je vous prie d'assurer et de publier partout que c'est Dieu qui a établi ces loys en la nature comme un Roy etablist les loys en son Royaume.

Or il n'y a aucune en particulier que nous ne puissions comprendre si nostre esprit se porte à la considerer et elles sont toutes *mentibus nostris ingenitae*, ainsi qu'un Roy imprimerait ses loys dans le coeur de ses sujets. Au contraire nous ne pouvons comprendre la grandeur de Dieu encore que nous la connaissons. Mais cela même que nous la jugeons incompréhensible nous la fait estimer davantage ainsi qu'un Roy a plus de majesté lorsqu'il est moins familièrement connu de ses sujets.

On vous dira que si Dieu avait establi ces vérités, il les pourrait changer comme un Roy fait ses loys. À quoi il faut repondre que oui, si sa volonté peut changer. – Mais je les comprends comme éternelles et immobiles. – Et moy je juge de mesme de Dieu. – Mais sa volonté est libre. – Oui, mais sa puissance est incomprehensible. Généralement nous pouvons affirmer que Dieu peut faire tout ce que nous pouvons comprendre, mais non pas qu'il ne peut faire ce que nous ne pouvons pas comprendre; car ce serait temerité de penser que notre imagination a autant d'estendue que sa puissance.

Je serai bien aise de sçavoir les objections qu'on puisse faire contre, et aussi que le monde s'accoutume à entendre parler plus dignement de Dieu, ce me semble, que n'en parle le vulgaire.

An Mersenne, 15. April 1630. Corresp. XXI. I, 145 f.

58. Quantum ad arbitrii libertatem longe alia eius ratio est in Deo quam in nobis. Repugnat enim Dei voluntatem non fuisse ab aeterno indifferentem ad omnia quae facta sunt aut unquam fient, quia nullum bonum, vel verum, nullumve credendum vel faciendum vel omittendum fingi potest cuius idea in intellectu divina prius fuerit quam eius voluntas se determinaret ad effi-ciendum ut id tale esset. Necque hic loquor de prioritate temporis sed ne-quidem prius fuit ordine vel natura, vel ratione ratiocinata, vel vocant, ita scilicet ut ista boni idea impulerit Deum ad unum potius quam aliud eli-

gendum. Nempe, exempli causa, non ideo voluit mundum creare in tempore, quia vidit melius sic fore, quam si creasset ab aeterno; nec voluit tres angulos trianguli aequales esse duobus rectis quia cognovit aliter fieri non posse, etc. Sed contra, quia voluit mundum creare in tempore, ideo sic melius est quam si creatus fuisset ab aeterno; et quia voluit tres angulos trianguli necessarie aequales duobus rectis esse, idcirco sane hoc verum est et fieri aliter non potest; atque ita de reliquis. Nec obstat, quod dici possit, merita sanctorum esse causam, cur vitam aeternam consequantur; neque enim ita eius sunt causa in Deum determinent ad aliquid volendum, sed tantum sunt causa effectus cuius Deus voluit ab aeterno ut causa essent. Et ita summa indifferentia in Deo summum est eius omnipotentiae argumentum. Sed quantum ad hominem, cum naturam omnis boni et veri iam a Deo determinatam inveniat, nec in aliud eius voluntas ferri possit, evidens est ipsum eo libentius ac proinde etiam liberius bonum et verum amplecti, quo illud clarius videt, nusquamque esse indifferentem, nisi quandoquidnam sit melius aut verius ignorat, vel certe quando tam perspicue non videt, quin de eo possit dubitare. Atque ita longe alia indifferentia humanae libertati convenit quam divinae. Neque hic refert quod essentiae rerum dicantur esse indivisibiles: nam primo, nulla essentia potest univoce Deo et creaturae convenire; ac denique non pertinet ad essentiam humanae libertatis, cum non modo simus, quando ignorantia recti nos reddit indifferentes, sed maxime etiam quando clara perceptio ad aliquid prosequendum impellit.

Resp. Sextae 6. VII, 431 ff.

59. Pour la question sçavoir s'il y aurait un espace réel, ainsi que maintenant, au cas que Dieu n'eustrien créé, encore qu'elle semble surpasser les bornes de l'esprit humain, et qu'il ne soit pas raisonnable d'en disputer, non plus que de l'infini, toutefois je croy qu'elle ne surpasse que les bornes de nostre imagination, ainsi que font les questions de l'existence de Dieu et de l'Âme humaine et que nostre entendement en peut atteindre la vérité, laquelle est, au moins selon mon opinion, que non seulement il n'y aurait point d'espace, mais mesme que ces vérités qu'on nomme éternelles, etc. comme que *totum est maius sua parte etc.* ne seraient point vérités, si bien ne l'avait ainsi etabli ce que je croy vous avoir déjà autrefois écrit.

An Mersenne, 27. Mai 1638. Corresp. CXXIII, 2. II, 138.

60. Vous me demandez *in quo genere causae Deus disposuit aeternas veritates*. Je vous repons que c'est *in eodem genere causae* qu'il a créé toutes choses, c'est à dire *ut efficiens et totalis causa*. Car il est certain qu'il est aussi bien l'Autheur de l'essence comme de l'existence des créatures: or cette essence n'est autre chose que ces vérités éternelles, lesquelles je ne conçoy pas émaner de Dieu comme les rayons du soleil; mais je sçay que Dieu est l'autheur

de toutes choses, et que ces vérités sont quelque chose, et par conséquant qu'il en est l'Autheur. Je dis que je le sçay et non pas que je le conçoy ni que je le comprend; car on peut sçavoir que Dieu est infini et tout puissant, encore que notre l'âme étant finie ne le puisse comprendre ni concevoir ... car comprendre c'est embrasser de la pensée, mais pour sçavoir une chose, il suffit de la toucher de la pensée. Vous demandez aussi qui a necessité Dieu à crée ces vérités, et je dis qu'il a été aussi libre de faire qu'il ne fut pas vray que toutes les lignes tirées du centre à la circonférence fussent égales, comme de ne pas créer le monde. Et il est certain que ces vérités ne sont pas plus necessairement conjointes à son essence que les autres créatures. Vous demandez ce que Dieu a fait pour les produire et je dis que, *ex hoc ipso quod illas ab aeterno esse voluerit et intellexerit, illas creavit,* ou bien (si vous n'attribuez le mot *creavit* qu'à l'existence des choses) *illas disposuit et fecit.* Car c'est en Dieu une mesme chose de vouloir, de entendre et de créer sans que l'un précède l'autre *ne quidem ratione.*

An Mersenne, 27. Mai 1630. Corresp. XXII. I, 151 ff.

61. Mihi autem non videtur de ulla unquam re esse dicendum, ipsam a Deo fieri non posse cum enim omnis ratio veri et boni ejus omnipotentia dependeat, nequidem dicere ausim Deum facere non posse ut mons sit sine valle, vel ut unum et duo non sint tria; sed tantum dico illum talem mentem mihi indidisse, ut a me concipi non possit mons sine valle, vel aggregatum ex uno et duobus quod non sint tria etc. atque talia implicare contradictionem in meo conceptu.

An Arnauld, 29. Juli 1648. Corresp. V, 223.

62. Attendenti ad Dei immensitatem manifestum est nihil omnino esse posse, quod ab ipso non pendeat: non modo nihil subsistens, sed etiam nullum ordinem, nullam legem, nullamve rationem veri et boni; alioqui enim ut paulo ante dicebatur non fuisset plane indifferens ad ea creanda quae creavit. Nam si quae ratio boni eius praeordinationem antecessisset illa ipsum determinasset ad id quod optimum est faciendum; sed contra, quia se determinavit ad illo quae sane sunt facienda, idcirco ut habetur in generi, sunt valde bona, hoc est ratio eorum bonitatis ex eo pendet, quod voluerit ipsa sic facere. Nec opus est quaerere in quonam genere causae ista bonitas, aliaeve tam mathematicae, quam Metaphysicae veritates a Deo dependant; cum enim causarum genera fuerint ab iis enumerata, qui forte ad hanc causandi rationem non attendebant, minime mirum esset ut nullam ei nomen imposuissent. Sed tamen imposuerunt: potest enim vocari efficiens, eadem ratione qua Rex est legis effector, etsi lex ipsa non sit res physica existens, sed tantum, ut vocant ens morale. Nec opus etiam est quaerere qua ratione Deus potuisset ab aeterno facere ut non fuisset verum, bis 4 esse 8 fateor enim id a

nobis intelligi non posse. Atque cum ex alia parte recte intelligam nihil in ullo genere entis esse posse quod a Deo non pendeat, et facile quaedam ita instituere, ut a nobis hominibus non intelligatur ipsa possent aliter se habere quam se habent, esset a ratione alienum, propter hoc quod nec intelligimus nec advertimus a nobis debere intelligi, de eo quod recto intelligimus dubitare. Nec proinde putandum est, aeternas veritates pendere ab humano intellectu vel ab aliis rebus existentibus sed a solo Deo, qui ipsas ab aeterno ut summus legislator instituit.

Responsiones Sextae 8. VII, 435 f.

63. Actio circa finem ultimum (Deum) est actio perfectissima et in tali actione libertas in agendo est perfectionis. Igitur necessitas in ea non tollit, sed magis ponit illud, quod est perfectionis cuiusmodi et libertas …

Ipsa libertas potest stare cum conditione perfecta possibili in sperando. Talis conditio est necessitas.

Duns Scotus, Quodlibetum, q. XVI, n. 8.

64. Nec istae conditiones actionis, necessitas vel contingentia, sunt differentiae essentiales activi principii sed accidentales, non convertibiles cum principio activo naturalis nec in libero …

Sicut non est alia causa, quare voluntas vult sic necessario vel contingenter, nisi quia voluntas est voluntas; ita non est alia causa quare voluntas vult sic necessario vel contingenter, nisi quia voluntas est voluntas. Nam haec est immediate – voluntas vult.

Reportata Parisiensia I, d. X q. 3 n. 4.

65. Necessitas agendi stat cum libertate voluntatis …

Necessitas non repugnabit libertati voluntatis in comparatione ad eandem productionem (amoris).

Ebd., n. 3.

66. Confirmatur illud, quia non est eadem, divisio in principium naturale et liberum et in principium necessario activum et contingenter. Aliquod enim naturale potest contingenter agere, quia potest impediri. Igitur pari ratione possibile est aliquod liberum stante libertate necessario agere.

Duns Scotus, Quodlibetum, q. XVI n. 9.

67. Quamvis divina voluntas possit habere rationem, ex qua dicitur congruenter operari sed non causam, sive rationem causalem, cum sit causa causarum.

Bonaventura, In sent. I, d. 41 a. 1 q. 2 ad 4. 5.

68. Voluntas habet rationem sed non causam, quia non est irrationalis. Unde non habet rationem tanquam diversam a se, sed idem re.
Ebd., d. 45 dub. 3.

69. Sicut universaliter libertas stat cum apprehensione praevia, ita summa libertas stat cum perfectissima apprehensione praevia.
Duns Scotus, Opus oxoniense prologus, q. 4 n. 34.

70. Per intuitum intelligo non fluctuantem sensuum fidem, vel male componentis imaginationis iudicium fallax; sed mentis purae et attentae tam facilem distinctumque conceptum, ut de eo quo intelligimus nulla prorsus dubitatio reliquatur; seu quod idem est, mentis purae et attentae non dubium conceptum qui a sola rationis luce nascitur, et ipsamet deductione certior est quia simplicior, quam tamen ab etiam homine male fieri non posse supra notavimus. Ita uniusquisque anima potest intueri, se existere, se cogitare, triangulum terminari tribus lineis tantum globum unica superficie et similia ...
Regulae ad directionem ingenii III. X, 368.

71. Dico autem haec tria: esse, nosse, velle. Sum enim et novi et volo: sum sciens et volens; et scio esse me et velle; et volo esse et scire. In his igitur tribus quam sit inseparabilis vita, et una vita et una mens et una essentia, quam denique inseparabilis distinctio, et tamen distinctio videat qui potest.
Confessiones XIII, 17.

72. Nec dubium est quin potuerit Deus me talem creare ut nunquam fallerer; nec etiam dubium est quin velit semper id quod est optimum; anne ergo melius est me falli quam non falli?
Dum haec perpendo attentius occurrit primo non mihi esse mirandum si quaedam a Deo fiant quorum rationes non intelligam; nec de eius existentia ideo esse dubitandum quod forte quaedam alia esse experiar quae quare vel quomodo ab illo facta sint non comprehendo. Cum enim iam sciam naturam meam esse valde infirmam et limitatam, Dei autem naturam esse immensam, incomprehensibilem, infinitam, ex hoc satis etiam scio innumerabilia illum posse quorum causas ignorem; atque ab hanc unicam rationem totum illud causarum genus, quod a fine peti solet in rebus physicis nullum usum habere existimo, non enim absque temeritate me puto posse investigare fines Dei.
Meditationes IV. VII, 55.

73. Et quaerebam unde malum et male quaerebam et in ipsa inquisitione mea non videbam malum. Quae radix eius et quod semen eius? An omnino non est? Cur ergo timemus et cavemus, quod non est?
Confessiones VII, 5, 7.

74. Ex bona hominis natura oriri voluntas et bona potest et mala nec fuit prorsus unde primitus oriretur voluntas mala nisi ex angeli et hominis natura bona.

Enchiridion XV.

75. Vous rejettez ce que j'ai dit qu'il suffit de bien juger pour bien faire, et toutefois il me semble que la doctrine ordinaire de l'École est que *voluntas non fertur in malum, nisi quatenus ei sub aliqua ratione boni repraesentatur ab intellecto* d'où vient ce mot: *omnis peccans est ignorans*; en sorte que si jamais l'entendement ne représentait rien à la volonté comme bien, qui ne le fust, elle ne pourrait manquer en son élection. Mais il lui représente souvent diverses choses en même temps, d'où vient le mot *video meliora proboque*, qui n'est que pour les esprits faibles …

Et le bien dont je parle ne peut s'entendre en termes de théologie, où il est parlé de la Grâce mais seulement de Philosophie morale et naturelle où cette grâce n'est point considérée …

An Mersenne, 27. April 1637. Corresp. LXXIII. I, 367.

76. Quaedam ex his [cogitationibus] tanquam rerum imagines sunt, quibus solis proprie convenit ideae nomen … Aliae vero alias quasdam praeterea formas habent: ut cum volo, cum timeo, cum affirmo, cum nego, semper quidam aliquam rem ut subiectum meae cogitationis apprehendo, sed aliquid etiam amplius quam istius rei similitudinem cogitatione complector; et ex his aliae voluntates, sive affectus, aliae autem iudicia appellantur.

Meditationes III. VII, 37.

77. Sola supersunt iudicia in quibus mihi cavendum est ne fallar. Praecipuus autem et frequentissimus qui possit in illis reperiri, consistat in eo quod ideas quae in me sunt, iudicem rebus quibusdam extra me positis similes esse sive conformes.

Nulla etiam in ipsa voluntate vel affectibus falsitas est timenda; nam quamvis prava, quamvis etiam quae nusquam sunt possim optare, non tamen ideo non verum est illa me optare.

Ebd.

Car, encore que je puisse désirer des choses mauvaises ou même que ne furent jamais, toutefois il n'est pas pour cela moins vrai que je les désire.

XI, 29.

78. Dividit [Regius] in perceptionem et iudicium, qua in re a me dissentit. Ego enim cum viderem praeter perceptionem, quae praerequisitur ut iudicemur, opus esse affirmatione vel negatione ad formam iudicii constituendam, nobisque saepe esse liberum ut cohibeamus assensionem, etiamsi rem

percipiamus, ipsum actum iudicandi, qui non nisi in assensu, hoc est in affirmatione vel negatione consistit non retuli ad perceptionem intellectus, sed ad determinationem voluntatis.

Notae in programma quaedam VIII, 2, 363.

79. Sed quia praevalet animus non solum oblita, verum etiam non sensa nec experta confingere, ea, quae non exciderunt, augendo, minuendo, commutando et pro arbitrio componendo, saepe imaginatur quasi ita aliquid sit, quod aut scit non ita esse, aut nescit ita esse. In quo cavendum est ne aut mentiatur, ut decipiat aut opinetur, ut decipiatur. Quibus duobus malis evitatis nihil ei obsunt imaginata phantasmata.

De trinitate XI, 5, 8.

Corporea species, quia nullam voluntatem habet, non mentitur nec fallit. Sed nec ipsi quidem oculi fallunt; non enim renuntiare possunt animo nisi affectionem suam. Quod si non solum ipsi sed etiam omnes corporis sensus ita renuntiant ut afficiuntur, quid ab eis amplius exigere debeamus ignoro. Tolle itaque vanitates et nulla erit vanitas. Si quis remum frangi in aqua opinatur, et cum inde aufertur, integrari non malum habet internuntium sed malus est iudex.

De vera religione XXXIII, 61.

80. Non mihi videtur haec veritas vel falsitas in sensibus esse sed in opinione … Non culpa sensuum est, qui renuntiant quod possunt, quoniam ita posse acceperunt sed iudicio animae imputandum est.

Anselm, De veritate VI, 473 f.

81. Uno modo dicitur voluntarium cuius principium est voluntas. Alio modo dicitur voluntarium, quod concomitatur voluntas. Et secundum hoc duplicem modum dicitur involuntarium, quod non est a voluntate efficiente. Alio modo dicitur involuntarium, quod non fit cum voluntate concomitante.

Bonaventura, In sent. II d. 36 a 1 q. 2.

82. In nobis quattuor sunt facultates tantum quibus ad hoc uti possumus: nempe intellectus, imaginatio, sensus et memoria.

Solus intellectus equidem percipiendae veritatis est capax, qui tamen iuvandus ab imaginatione sensu et memoria …

Regulae 12. X, 411.

83. Hic igitur mentis intuitum a deductione certa distinguimus ex eo, quod in hac motus sine successio quaedam concipiatur, in illo non item, et prae-

terea quia ad haec non necessaria est praesens evidentia, qualis ad intuitum, sed potius a memoria suam certitudinem quodammodo mutuatur.

Ebd. 3. X, 367.

Non aliter quam longae alicuius catenae extremum annulum cum primo connecti cognoscimus ... nullibi interruptum cogitationis motum singula perspicue intuentis.

Ebd. 3. X, 369.

84. Or que notre esprit, lorsqu'il sera détaché du corps ou que ce corps glorifié ne lui sera plus d'empechement ne puisse recevoir de telles illustrations et connaissances directes en pouvez vous douter, puisque dans ce corps même les sens lui en donnent des choses corporelles et sensibles, et que notre âme en a déjà quelques unes de la bénéficence de son créateur sans lesquelles elle ne serait pas capable de raisonner? J'avoue qu'elle sont un peu obscurcies par le mélange du corps; mais encore nous donnent elles une connaissance première, gratuite, certaine et que nous touchons de l'esprit avec plus de confiance que nous n'en donnons au rapport de nos yeux. Ne m'avouerez vous pas que vous êtes moins assuré de la présence des objets que vous voyez que de la vérité de cette proposition. Je pense donc je suis? Or cette connaisance n'est point un ouvrage de votre raisonnement, ni une instruction que vos maîtres vous ont donnée, votre esprit la sent, la voit et la manie, et quoique votre imagination, qui se mêle importunement dans vos pensées en diminue la clarté, la voulant revetir des figures, elle vous est pourtant une preuve de la capacité de nos âmes à recevoir de Dieu une connaissance intuitive.

An M. de Newcastle, März/April 1647. V, 137 f.

85. Unde ergo nascuntur mei errores? Nempe ex hoc uno, quod, cum latius pateat voluntas quam intellectus illam non intra eosdem limites contineo, sed etiam ad illa quae non intelligo extendo; ad quae cum sit indifferens, facile a vero et bono deflectit atque ita et fallor et pecco.

Exempli causa, cum examinarem hisce diebus an aliquid in mundo existeret, atque advertentem ex hoc ipso quod illud examinarem, evidenter sequi me existere, non potui quidem non iudicare illud quod tam clare intelligebam verum esse; non quod ab aliqua vi extrema fuerim ad id coactus, sed quia ex magna luce in intellectu magna consequentia est propensio in voluntate, atque ita tanto magis sponte et libere illud credidi, quanto minus fui ad istud indifferens.

Meditationes IV. VII, 58 f.

86. ... cum enim voluntas in una tantum re, et tanquam in indivisibili consistat, non videtur ferre eius natura ut quicquam ab illa demi possit, et sane quo amplius est tanto maiores debeo gratias eius datori.

Maior in me quodammodo perfectio est, quod illos [actus voluntatis sive iudicia] possim elicere quam si non possem.
Ebd., 60.

87. Etiamne, inquies, si dormies ... Quam ob rem hoc dico, istam totam corpoream molem atque machinam in qua sumus, sive dormientes, sive vigilantes sive furentes, sive sani aut unam esse, aut non esse unam. Ediscere quomodo possit ista esse falsa sententia ...

Potes mihi dicere hoc mihi etiam dormiente videri potuisse; ideoque hoc potest esse falso simillimum. Si autem unus et sex mundi sunt, septem mundos esse quoque modo affectus sim, manifestum est, et id me scire non impudenter affirmo ...

Credo enim iam satis liquere quae per somnium et dementiam falsa videantur, ea scilicet quae ad corporis sensus pertinent: nam ter terna novem esse, et quadratum intelligibilium numerorum; necesse est vel genere humano stertente sit verum.
Augustinus, Contra academicos III, 11, 25.

88. Sed quoties haec praeconcepta de summa Dei potentia opinio mihi occurrit, non possum non fateri, si quidem velit, facile illi esse efficere ut errem etiam in iis quae me puto mentis oculis quam evidentissime intueri. Quoties vero ad ipsas res, quas valde clare percipere arbitror me converto, tam plane ab iis persuadeor ut sponte erumpam in has voces: fallat me quisquis potest, nunquam tamen efficiet ut nihil sim, quamdiu me aliquid esse cogitabo, vel ut aliquando verum sit me nunquam fuisse, cum iam verum sit me esse; vel forte etiam ut duo et tria iuncta simul plura vel pauciora sint quam quinque, vel similia, in quibus scilicet repugnantiam agnosco manifestam.

Valde tenuis, ut ita loquor, Metaphysica, dubitandi ratio est, quae tantum ex eo opinione [aliquem Deum deceptorem esse] dependet. Ut autem etiam illa tollatur ... examinare debeo an sit Deus, et, si sit an possit esse deceptor; hac enim re ignorata non videor de ulla alia plane certus esse unquam posse.
Meditationes III. VII, 36.

89. Imprimis, statim atque aliquid a nobis recte percipi putamus sponte nobis persuademus illud esse verum. Haec autem si tam firma sit ut nullam unquam possimus habere causam dubitandi de eo quod nobis ita persuademus nihil est quod ulterius inquiramus; habemus omne quod cum ratione licet optare.

Sed dubitari potest an habeatur aliqua talis certitudo, sive firma et immutabilis persuasio ... Et hic autem quae sunt tam perspicua simulque tam simplicia, ut nunquam possimus de iis cogitare, quin vera esse credamus ut quod ego dum cogito, existam, quod ea quae semel facta sunt infecta esse non possunt et talia de quibus manifestum est hanc certitudinem haberi …

Nec obstat etiam, si quis fingat illa Deo vel Angelo apparere esse falsa, quia evidentia nostrae perceptionis non permittet ut talia fingentem audiamus.

Alia sunt quae quidem etiam clarissime ab intellectu nostro percipiuntur, cum ad rationes ex quibus pendet ipsorum cognitio satis attendimus … sed quia istarum rationum possimus oblivisci … quaeritur an de hic conclusionibus habeatur etiam firma et immutabilis persuasio quamdiu recordamur ipsas ab evidentibus principiis fuisse deductas …

Et respondeo: haberi quidem ab iis qui Deum sic noscent ut intelligant fieri non posse quin facultas intelligendi ab eo ipso data tendet in verum, non autem haberi ab aliis.

Responsiones Secundae. VII, 144 ff. passim.

90. Haud dubie igitur etiam sum si me fallit, et fallat quantum potest, nunquam tamen efficiet ut nihil sim quamdiu me aliquid esse cogitabo. Adeo ut omnibus satis superque pensitatis, denique statuendum sit, hoc pronuntiatum „Ego sum", „ego existo" quoties a me profertur, vel mente concipitur, necessario esse verum.

Meditationes II. VII, 25.

Sehr wichtig scheint uns, daß Descartes nicht mehr „cogito ergo sum" und nicht einmal „cogito", sondern „sum" „existo" sagt. Die Descartesforschung hat gewöhnlich diesen Unterschied nicht beachtet.

91. 2. La connaissance intuitive est une illustration de l'esprit par laquelle il voit dans la lumière de Dieu les choses qu'il lui plait de lui découvrir par une impression directe de la clarté divine sur notre entendement qui en cela n'est point considéré comme agent, mais seulement comme recevant les rayons de la divinité …

An M. de Newcastle, März/April 1648. V, 137.

Cum itaque quis advertit se cogitare, atque inde sequi se existere, quamvis forte nunquam antea quaesiverit quid sit cogitatio, nec quid existentia, non potest tamen non utramque satis nosse, ut sibi in hac parte satisfaciat.

Responsiones Sextae. VII, 422.

Ubi dixi nihil vel certo posse scire, nisi prius Deum existere cognoscamus, expressis verbis testatus sum me non loqui nisi de scientia earum conclusionum, quarum memoria potest recurrere, cum non amplius attendimus ad rationes, ex quibus ipsas deduximus. Principiorum enim notitia non solet a dialecticis scientia appellari. Cum autem advertimus nos esse res cogitantes, prima quaedam notio est, quae ex nullo syllogismo concluditur; neque etiam cum quis dicit, ego cogito ergo sum, existentiam ex cogitatione per

syllogismum deducit, sed tanquam rem per se notam simplici mentis intuitu agnoscit, ut patet ex eo quod, si eam per syllogismum deduceret, novisse prius debuisset istam maiorem, illud omne quod cogitat est sive existit; atqui profecto ipsam potius discit, ex eo quod apud se experiatur fieri non posse ut cogitet nisi existat.
Responsiones Secundae. VII, 140.

92. … lors j'ay dit que cette proposition: je pense donc je suis, est la première et la plus certaine qui se présente à celui qui conduit ses pensées par ordre, je n'ay point pour cela nié qu'il ne fallut sçavoir auparavant ce que c'est que pensée, certitude, existence et que pour penser il faut estre et autres choses semblables; mais à cause que ce sont là des notions si simples que d'elles mesmes elles ne nous font avoir la connaissance d'aucune chose qui existe, je n'ay pas jugé qu'elles dussent être mises ici en compte.
Principes I, § 10.

93. Sentire? Nempe etiam hoc non sit sine corpore et permulta sentire visus sum in somnis quae deinde animadverti me non sensisse. Cogitare? Hic invenio: cogitatio est; haec sola a me divelli nequit. Ergo sum, ergo existo; certum est. Quamdiu autem? Nempe quamdiu cogito; nam forte etiam fieri posset, si cessarem ab omni cogitatione, ut illico totus esse desinerem … sum igitur praecise tantum res cogitans, id est mens, sive animus, sive intellectus, sive ratio, voces mihi prius significatione ignotae. Sum autem res vera et vere existens; sed qualis res? Dixi, cogitans.
Meditationes II. VII, 27.

94. Cum hic dico me ita doctum esse a natura [ideas adventitias a rebus extra me existantibus desumptas esse] intelligo tantum spontaneo quodam impetu me ferri ad hoc credendum, non lumine aliquo naturali mihi ostendi esse verum. Quae duo multa discrepant; nam quaecumque lumine naturali mihi ostenduntur, ut quod ex eo quod dubitem, sequatur me esse, et similia, nullo modo dubia esse possunt, quia nulla alia facultas esse posset, cui aeque fidam ac lumini isti, quaeque illa non vere esse possit docere; sed quantum ad impetus naturales iam saepe olim iudicari me ab iis in deteriorem partem fuisse impulsum …
Meditationes III. VII, 39.

95. Et premièrement il n'y a point de doute que tout ce que la nature m'enseigne contient quelque vérité. Car par la nature considerée en général, je n'entends maintenant autre chose que Dieu même ou bien l'ordre et la disposition que Dieu a établie dans les choses créées. Et par ma nature en

particulier je n'entends pas autre chose que la complexion ou l'assemblage de toutes les choses que Dieu m'a données.
Méditations VI. IX, 64.

96. Incipiendum est a Dei cognitione, ac deinde aliarum omnium rerum cognitiones huic uni sunt subordinandae, quod in meis *Meditationibus* explicui.
Responsiones Sextae. VII, 430.

93. a) Sed tunc lectis Platonicorum illis libris, posteaquam inde admonitus quaerere incorpoream veritatem, invisibilia tua, per ea quae facta sunt, intellecta conspexi, et repulsus sensi quid per tenebras animae meae contemplari non sinerer, certus esse te, et infinitum esse, nec tamen per locos finitos infinitos diffundi …
Confessiones VII, 20.

94. a) Si finitus est, Deum non esse.
Sermo LVII, XI.

95. a) E. Hunc plane fatebor Deum, quo nihil superius esse constituerit A. Bene habet, nam mihi satis erit ostendere esse aliquid huiusmodi, quod aut fateberis Deum esse, aut si aliquid supra est eum ipsum Deum esse concedes.
Contra academicos I, 6.

96. a) La première liberté de la volonté était de pouvoir ne pas pécher, la liberté suprême sera beaucoup plus grande; elle consistera à ne pouvoir pas pécher. La première immortalité consistait à pouvoir ne pas mourir, l'immortalité suprême sera beaucoup plus grande; elle consistera à ne plus pouvoir mourir.
Nourisson, I, 483.

97. Video et quaedammodo tango et teneo vera esse quae dicis: non enim quidquam tam firme atque intime sentio, quam me habere voluntatem, eaque me moveri ad aliquid fruendum; quid autem meum dicam, prorsus non invenio, si voluntas qua volo et nolo non est mea.
De libero arbitrio III, 1, 3.

98. Non voluntate morimur sed necessitate; et sic quid aliud huiusmodi; non voluntate autem volumus, quis vel delirius audeat dicere? … nec aliud quidquam est in potestate nisi quod volentibus adest. Voluntas igitur nostra nec voluntas esset nisi esset in nostra potestate. Porro quia est in potestate libera est nobis. Non enim est nobis liberum, quod in potestate non habemus.
Ebd. III, 3, 8.

99. Voluntas est animi motus ad aliquid non admittendum vel adipiscendum, cogente nullo.
Augustinus, De duabus animabus XII, 16.

100. Si liberum non est nisi quod duo potest velle, id est et bonum et malum liber Deus non est qui malum non potest velle.
Contra Julianum I, 100.

101. Neque enim vel demens quisquam dixerit, Deum posse peccare, aut tu dicere audes Deum liberum arbitrium non habere. Dei ergo, non nihilominus est liberum arbitrium: sed in ipso Deo summum est liberum arbitrium, qui peccare nullo modo potest.
Ebd. V, 38.
Ipsi sancti in regno eius (Dei) liberum arbitrium perdituri sunt, ubi peccare non poterunt.
Sic est in poena non posse recte agere, sicut erit in praemio non posse peccare …
Ebd. VI, 10.

102. … omnis amor studentis animi, hoc est volentis scire quod nescit non est amor eius rei quam nescit, sed eius quam scit, propter quam vult scire, quod nescit.
De trinitate X, 1, 3.
Partum ergo mentis antecedit appetitus quidam, quo id, quod nosse volumus, quaerendo et inveniendo nascitur proles, ipsa notitia.
Ebd. IX, 12, 18.

103. Licet igitur animae imaginanti ex his quae ille sensus invexit demendo et addendo ea gignere, quae nullo sensu attingit tota; partes vero eorum quae aliis atque aliis rebus attigerat.
Epistula ad Nebrid. VII, 72.
Quis enim vidit signum nigrum? et propterea nemo meminit, cogitare tamen quis non potest? Facile est enim illam figuram, quam videndo cognovimus, nigro colore perfundere, quia nihilominus in aliis corporibus vidimus.
De trinitate XI, 10, 17.

106. Omne quod se intelligit comprehendit se. Quod autem se comprehendit finitum est sibi: Et intellectus intelligit se. Ergo finitus est sibi. Nec infinitus esse vult, quamvis possit.
Augustinus, De divinis quaestionibus XV, 83.

107. Idque inveniret ubi primum invenerat, in illa scilicet incorporea veritate, unde rursus quasi descriptum in memoria figeretur.
De trinitate XII, 14.

Intravi et vidi qualicumque oculo animae meae, supra eundem oculum animae meae, supra mentem meam, lucem incommutabilem; non hanc vulgarem et conspicuam omni carni, nec quasi ex eodem genere grandior erat, tamquam si ista multo multoque clarius clare sciret, totumque occuparet magnitudine … Nec ita erat supra mentem meam sicut oleum super aquam, nec sicut coelum super terram; sed superior quia ipse fecit me et ego inferior quia factus sum ab eo. Qui novit veritatem novit eam et qui novit eam novit aeternitatem … faciliusque dubitarem vivere me quam non esse veritatem, quae per ea quae facta sunt, intellecta conspicitur.
Confessiones VII, 10.

108. Car il faut vous avouer, continua-t-il, que je n'ai pas été exempt du faible des chefs de secte; je ressentais les progrès de la mienne quoique j'affectasse de paraître assez indifférent sur cela, comme sur toute autre chose et l'espérance que j'avais de la voir un jour tenir au premier rang entre toutes les autres me servait d'aiguillon pour m'animer à y travailler: je m'étais fait un système de conduite pour l'exécution de ce dessein. Je tournais d'abord mes pensées du côté des Jésuites et je les sondais pour voir si je ne pouvais pas les engager dans mes intérêts; c'eut été pour moi un coup de partie: mes affaires après cela allaient toutes seules …

Cependant j'avais vue autre corde à mon arc. Il s'était formé vers ce temps-là en France un parti tout à fait opposé aux Jesuites, composé de ceux qui se disaient disciples de St. Augustin et qui étaient sectateurs zelés de la doctrine de M. Jansenius, Évêque de Ipres. M. tout jeune docteur qu'il était encore s'y faisait déjà valoir d'une manière extraordinaire … Je m'assurais donc de lui et je crois que le mécontentement que je lui témoignait ne contribua pas peu à me l'attacher. Il fit si bien que dès lors on vit peu de jansénistes philosophes qui ne fussent cartésiens. Ce furent même ces Messieurs qui mirent la Philosophie à la mode parmi les Dames et on m'écrivit de Paris en ce temps-là qu'il n'y avait rien de plus commun dans les ruelles que la parallèle de M. d'Ipres et de Molière, d'Aristote et de Descartes …

Je jetais d'abord les yeux sur les Pères Minimes à cause du P. Mersenne qui était mon intime ami et qui avait grand crédit dans l'ordre: mais je fis cette réflexion que, quoique ces Pères eussent d'habiles gens parmi eux cependant ils étaient peu au dehors et n'enseignaient pas au public.
P. Daniel, Le voyage de M. Descartes, 282–286 passim.

109. Libero arbitrio secundum quod liberum non potest imponi necessitas.
Bonaventura, In sent. I, d. 40 a. 2 q. 1.

Liberum arbitrium ... simpliciter et universaliter omnem excludit coactionem.

Ebd. II, d. 25, p. 2 q. I.

Essentialis libero arbitrio est libertas a coactione.

Ebd. II, d. 25 p. 2 dub. 3.

110. Velle in nobis duplice accipitur; uno modo ut nominat actum potentiae affectivae, ut est quaedam potentia naturalis, alio modo ut nominat actum liberi arbitrii.

Ebd. II, d. 28 dub. 4.

111. Hoc est de natura voluntatis, ut nullatenus possit cogi, licet per culpam misera efficiatur et serva peccati.

Breviloquium II, 9.

Quoniam appetitus dupliciter potest ad aliquid ferri, scilicet secundum naturalem instinctum, vel secundum deliberatorium et arbitrium: hinc est, quod potentia affectiva dividitur in voluntatem naturalem et voluntatem electivam, quae proprie voluntas dicitur.

Ebd.

112. Liberum arbitrium est secundum id quod est supremum in anima cum ipsius sit regere et movere omnes potentias ...

Supremum, quo solus Deus superior est, sicut vult Augustinus *De libero arbitrio* X, 21.

Bonaventura, In sent. II, d. 25 p. 2 a 1 q. 4 ad 4, et q. 1.

Voluntas est illud penes quod residet inter creata summa potestas.

Ebd. I d. 45 a. 1 q. 1 ad 3.

113. Voluntas immediate unitur Deo.

Ebd. II, d. 24 p. 1 a. r. q. 1.

Qualitas in qua principaliter assimilatur anima Deo, est in voluntate sive in affectione.

Ebd. II, d. 16 a. 2 q. 3.

114. Iudicium importat actum rationis regulatum secundum imperium voluntatis.

Ebd. II, d. 25 dub. 1.

115. Voluntas non movetur ab alia potentia.

Ebd. II, d. 25 p. 1 q. 2.

Voluntas de se ducit potestatem ... et nihil potest sibi imperare.

Ebd. I, d. 45 a. 1 q. 1 ad. 3.

Libera voluntas dicitur, eo quod libere potest aliquid vult.
Ebd. I, d. 47 a. 1 q. 3.
Voluntas in nobis est maxime libera.
Ebd. II, d. 25 p. 1 a. 1 q. 2.
Voluntas non potest aliquid velle invita.
Ebd. II, d. 25 p. II a. 1 q. 5.
Actus voluntatis [non potest esse] nisi voluntarius.
Ebd. II, q. 4.
Voluntarium principaliter dicitur quod est a voluntate nullo inclinante, nec interius nec exterius.
Ebd. II, d. 41 dub. 3.
Voluntarium includit in se cognitionem.
Ebd. II, d. 22 a. 2 q. 3.
Voluntaria dicitur aut quia est a voluntate, aut quia est secundum voluntatem.
Ebd. III, d. 2 a. 3 q. 3.
Quod causatur a voluntate per modum efficientis est voluntarium.
Ebd. II, d. 34 dub. 1.

116. Dicendum, quod proprium liberi arbitrii est electio. Ex hoc enim liberi arbitrii esse dicimur, quod possumus unum recipere, alio recusato: quod est eligere.
S. th. I, q. 83 a. 3.

117. Assentit autem intellectus alicui dupliciter: uno modo, quia ad hoc movetur ab ipso obiecto, quod est per seipsum cognitum, sicut patet in primis principiis, quorum est intellectus, vel per aliud cognitum, sicut patet in conclusionibus, quorum est scientia. Alio modo intellectus assentit alicui, non quia sufficienter moveatur ab obiecto proprio, sed per quandam electionem voluntarie declinans in unam partem magis, quam in aliam, et siquidem hoc sit cum dubitatione et formidine alterius partis erit opinio; si autem sit cum certitudine absque tali formidine erit fides.
S. th. II, 2 q. 1 a. 4.
Cf. De veritate XIV, 1 c; In sent. III, d. 23 q. 2 a. 2.

118. Licet enim non possit dissentire a notitia recta et priori praevi, hoc tamen non est quasi intellectus per notitiam sit causa sufficienter activa determinans ipsam ad actum. Sed ex perfectione voluntatis est quod ipsa tantum nata est, conformiter agere potentia priori in agendo, quando illa prior prius perfecte agit circa obiectum …
Duns Scotus, Opus oxoniense prologus q. 4 n. 35.

119. Voluntas intellectum consequitur …

… in quolibet habente intellectum est voluntas, sicut in quolibet habente sensum est appetitus animalis. Et sic oportet in Deo esse voluntatem, cum sit in eo intellectus.

S. th. I, q. 19 a. 1.

Cf. Contra gentiles I, 72; De veritate XXVII, 1.

120. Si ergo intellectus et voluntas considerentur secundum se, sic intellectus eminenter invenitur, et hoc apparet ex comparatione obiectorum ab invicem … sequitur, quod secundum se et simpliciter intellectus sit altior et nobilior voluntate.

S. th. I, q. 82 a. 3. Cf. De veritate XXII, 11.

121. Manifestum est autem quod ratio quodammodo voluntatem praecedit et ordinat actum eius: inquantum scilicet voluntas in suum obiectum tendit secundum ordinem rationis, eo quod vis apprehensiva appetitivae potentiae suum obiectum repraesentat. Sic igitur ille actus quo voluntas tendit in aliquid quod proponitur ut bonum, ex eo quod per rationem est ordinatum ad finem, materialiter quidem est voluntatis, formaliter autem rationis. In huiusmodi autem substantia actus materialiter se habet ad ordinem qui imponitur a superiori potentia. Et ideo electio substantialiter non est actus rationis sed voluntatis: perficitur enim electio in motu quodam animae ad bonum quod eligitur. Unde manifeste actus est appetitivae potentiae.

S. th. II, q. 13 a. 1. Cf. ebd. I, q. 83 a. 3; De veritate XXII, 15; In sent. XXIV, q. 1 a. 2.

122. Natura rationalis, quae est Deo vicinissima, non solum habet inclinationem in aliquid, sicut habent inanimata, nec solum movens hanc inclinationem quasi aliunde eis determinatam, sicut natura sensibilis. Sed ultra hoc habet in potestate ipsam inclinationem, ut non sit ei necessarium inclinari ad appetibile apprehensum, sed possit inclinari vel non inclinari et sic ipsa inclinatio non determinatur ei ab alio, sed a seipsa. Et hoc quidem competit ei in quantum non utitur organo corporali, et sic recedens a natura mobilis accedit ad naturam moventis et agentis.

De veritate XXII, 4.

123. Intellectus non secundum modum causae efficientis, sed secundum modum causae finalis movet voluntatem, proponendo sibi suum obiectum quod est finis.

S. th. II, q. 9 a. 1. Ebd. I, q. 82 a. 4.

Cf. Contra gentiles I, 72; De veritate XXII, 12.

124. Necessitas naturalis non repugnat voluntati; quinimo necesse est, quod sicut intellectus ex necessitate inhaeret primis principiis, ita voluntas ex necessitate inhaeret ultimo fini, qui est beatitudo.
S. th. I, q. 82 a. 1.

125. … intellectus prior est voluntate, sicut motivum mobili, et activum passivo: bonum enim intellectum movet voluntatem.
S. th. I, q. 82 a 3 ad 2.

126. Sicut supra dictum est, ad voluntatem pertinet movere alias potentias ex ratione finis, qui est voluntatis obiectum. Sed sicut dictum est hoc modo se habet finis in appetibilibus sicut principium in intelligibilibus. Manifestum est autem quod intellectus per hoc quod cognoscit principium reducit seipsum de potentia ad actum, quantum ad cognitionem conclusionum: et hoc modo movet seipsum. Et similiter voluntas per hoc quod vult finem movet seipsam ad volendum ea quae sunt ad finem.

Ad 3. Non eodem modo voluntas movetur ab intellectu et a seipsa. Sed ab intellectu quidem movetur secundum rationem obiecti; a seipsa vero, quantum ad exercitium actus, secundum rationem finis.
S. th. II, q. 9. a. 3.

127. Ex hoc dicitur homo prae caeteris animalibus liberum arbitrium habere, quia ad volendum iudicio rationis inclinatus, non impetu naturae, ut bruta …
S. th. I, q. 83 a. 1. Cf. De veritate XXIV, 1. Contra gentiles II, 48.

128. Voluntas movetur dupliciter; uno modo quantum ad exercitium actus, alio modo quantum ad specificationem actus, quae est ex obiecto. Primo ergo modo voluntas a nullo obiecto ex necessitate movetur: potest enim aliquis de quocumque obiecto non cogitare, et per consequens neque actu velle illud.

Illud solum bonum quod est perfectum et cui nihil deficit est tale bonum quod voluntas non potest non velle: quod est beatitudo. Alia autem qualibet particularia bona … possunt repudiari vel approbari a voluntate, quae potest in idem ferri secundum diversas considerationes.
S. th. II, q. 10 a 2.

129. … liberum arbitrium est ipsa voluntas; nominat autem eam non absolute, sed in ordine ad aliquam actum eius, qui est eligere.
De veritate XXIV, 6. Cf. In sent. II, d. 24 q. 1 a. 3.

130. Nihil prohibet, si aliqua duo aequalia proponuntur secundum unam considerationem quin circa alterum consideretur aliqua conditio, per quam emineat, et magis flectatur voluntas in ipsum quam in aliud.
S. th. II, q. 6. a. 1.

131. L'élection de soi comme tout acte de volonté est un acte aveugle, essentiellement dirigé par le jugement intellectuel, qui présente à l'agent son objet et son bien ...
C'est seulement lorsque le conseil a discerné la plus ou moins grande adaptation des moyens à un fin et lorsque le jugement pratique a prononcé quel est le meilleur moyen, que la volonté peut choisir. D'où l'absence d'élections proprement dites chez les animaux: l'instinct qui guide leurs appetitions est déterminé.
Cf. S. th. II, q. 13 a 2. Artikel „Élection", in: Dictionnaire de la Théologie Catholique IV, 2243.

132. Homo non ex necessitate eligit. Et hoc ideo, quia quod possibile est non esse, non necesse est esse. Quod autem possibile sit non eligere vel eligere, huius ratio ex duplici hominis potestate accipi potest. Potest enim homo velle et non velle, agere et non agere: potest etiam velle hoc vel illud et agere hoc aut illud. Cuius ratio ex ipsa virtute rationis accipitur. ... non est perfecti boni, quod est beatitudo sed aliorum particularium bonorum. Et ideo homo non ex necessitate sed libere agit.
S. th. II, q. 13 a. 6.

133. Sic ergo voluntas in ipsum finem dupliciter fertur: uno modo absolute secundum se; alio modo sicut in rationem volendi ea quae sunt ad finem.
S. th. II, q. 8 a. 3.

134. Homo per rationem determinat se ad volendum hoc vel illud quod est vere bonum vel apparens bonum.
S. th. II, q. 9 a. 6.

135. Sicut iam dictum est electio consequitur sententionem vel iudicium quod est sicut conclusio syllogismi operativi. Unde illud cadit sub electione quod se habet ut conclusio in syllogismo operabilium. Finis autem in operabilibus se habet ut principium et non ut conclusio ...
Unde finis ... non cadit sub electione.
S. th. II, q. 13 a. 4 .
Cf. De veritate XXIV, a. 1 ad 20. In sent. I, d. 41 q. 1 a. 1. Ebd. II, d. 25 q. unica a. 3 ad 2.

136. Utrum consensus in actum pertineat solum ad superiorem animae partem?

Respondeo dicendum quod finalis sententia semper pertinet ad eum qui superior est, ad quem pertinet de aliis iudicare … Manifestum autem est quod superior ratio est qui habet de omnibus iudicare … Ideo consensus in actum pertinet ad rationem superiorem.

S. th. II, q. 15 a. 4.

Respondeo dicendum imperare est actus rationis, praesupposito tamen actu voluntatis …

Imperare autem est quidem essentialiter actus rationis; imperans enim ordinat eum cui imperat ad aliquid agendum, intimando vel denuntiando; sic autem ordinare per modum cuiusdam intimationis est rationis.

Ad. 2. Radix libertatis est voluntas sicut subiectum, sed sicut causa est ratio. Ex hoc enim voluntas libere potest ad diversa ferri quia ratio potest habere diversas conceptiones boni. Et ideo philosophi definiunt liberum arbitrium, quod est liberum de ratione iudicium, quasi ratio sit causa libertatis.

S. th. II, q. 17. a. 2.

137. Solum id quod habet intellectum, potest agere iudicio libero, in quantum cognoscit universalem rationem boni, ex qua potest iudicare hoc vel illud esse bonum. Unde ubicunque est intellectus est liberum arbitrium.

S. th. I, q. 59 a. 3.

138. Secundum quod voluntas movetur ab obiecto, manifestum est quod moveri potest ab aliquo exteriori. Sed eo modo quo movetur quantum ad exercitium actus adhuc necesse est ponere voluntatem ab aliquo principio exteriore moveri.

Et si quidem ipsa moveret seipsam ad volendum, oportuisset quod mediante consilio hoc ageret, ex aliqua voluntate praesupposita.

Unde necesse est quod in primum motum voluntatis voluntas prodeat ex instinctu alicuius exterioris moventis …

S. th. II, q. 9 a. 4.

Dupliciter autem aliqua vis animae esse in potentia ad diversa: uno modo quantum ad agere et non agere, alio modo quantum ad agere hoc vel illud …

Indiget igitur movente quantum ad duo: sc. quantum ad exercitium vel usum actus; et quantum ad determinationem actus. Quorum primum est ex parte subiecti, quod quandoque invenitur agens; aliud autem est ex parte obiecti, secundum quod specificatur actus …

Ad 3. Voluntas movet intellectum quantum ad exercitium actus: quia et ipsum verum quod est perfectio intellectus, continetur sub universali bono ut quoddam bonum particulare. Sed quantum ad determinationem actus, quae est ex parte obiecti, intellectus movet voluntatem; quia et ipsum bonum apprehenditur secundum quandam specialem rationem comprehensam sub universali ratione veri. Et sic patet quod non est idem movens et motum secundum idem.

S. th. II, q. 9 a. 1.

139. Voluntas divina necessariam habitudinem habet ad bonitatem suam, quae est proprium eius obiectum. Unde bonitatem suam Deus ex necessitate vult, sicut et voluntas nostra ex necessitate vult beatitudinem, sicut et quaelibet alia potentia necessariam habitudinem habet ad proprium et principale obiectum, ut visus ad colorem, quia de sua ratione est, ut in illud tendat ...

Alia autem a se Deus vult, inquantum ordinatur ad suam bonitatem ut in finem ... sequitur, quod alia a se eum velle non sit necessarium absolute, et tamen necessarium est ex suppositione. Supposito enim quod velit non potest non velle quia non potest voluntas eius mutari.

S. th. I, q. 19 a. 3. Cf. ebd. a. 10. Cf. Contra gentiles. I, 80, 81, 83. De veritate XXIII, a. 3.

140. Consentire est actus appetitivae virtutis ...

Voluntas cuius est tendere ad ipsam rem magis proprie dicitur consentire; intellectus autem, cuius operatio non est secundum motum ad rem, sed potius ex converso ... magis proprie dicitur assentire: quamvis unum pro alio poni soleat.

Potest etiam dici quod intellectus assentit in quantum a voluntate movetur.

S. th. II, q. 15 a. 1.

141. Ipsum autem credere est actus intellectus assentientis veritati divinae ex imperio voluntatis.

S. th. II, 2 q. 2 a. 9. Cf. die oben zitierten Stellen von Augustinus.

142. Cur falsa cogitamus, cum ea, quae sensimus non utique falso meminerimus: nisi quia voluntas illa, quam coniunctricem ac separatricem huiusce modi rerum, iam quantum potui demonstrare curavi, formandam cogitatis aciem per aere audita memoriae ducit ut libitum est, et ad cogitanda ea, quae non meminimus, ac iis, quae meminimus, aliud hinc aliud inde ut sumat impellit: quae in unam visionem coeuntia faciunt aliquid, quod ideo falsum dicatur, quia vel non est foris in rerum corporearum natura vel non de memoria videtur expressum, cum tale nihil nos sensisse meminimus.

De trinitate XI, 10, 17.

143. Aliud autem est ipsum lumen, quo illustratur anima, ut omnia vel in se vel in illa veraciter intellecta conspiciat; nam illud iam ipse Deus est haec autem creatura, quamvis rationalis et intellectualis ad eius imaginem facta quae cum conatur lumen illud intueri palpet infinitate.

De genesi ad litteram XII, 31 (59).

144. Cum autem de notionibus cognitionis divinae nobis innatis et impressis hactenus iam multa disserimus, paucis accipe quid de illis sciendum existimem, et quid sit lumen illud naturale, quo prima quaedam principia tam practica quam speculativa scire diciamur. Illas ergo notiones naturaeque lumen nihil aliud esse arbitror praeter ipsam vim intellectivae et appetitivae facultatis. Enim vero, cum Deus creat animam, eam sibi similem efficit; in qua similitudine lumen naturae situm est, vel ex ea resultat. Cum igitur intellectus alicuius veritatis terminos apprehendit et hanc sine ullo labore aut ratiocinatione comprehendit, vis illa qua veritatem, verbi gratia, totum sua parte maius esse, idem non posse simul esse et non esse et similia cognoscit, est ipsum lumen naturale.

Mersenne, Quaestiones I a. 1, q. 4 ad 16, col. 278.

145. S. Augustinus posuit rationes rerum in mente divina et quod per eas secundum intellectum illustratum a luce divina de omnibus iudicamus, non quidem sic, quod ipsa rationes videamus; sed secundum quod illae rationes aeternae imprimunt in mentes nostras.

Thomas von Aquin, De spiritualibus creaturis a. 10 ad 8.

146. Sicut aër praesente lumine non factus est lucidus sed fit, sic homo Deo sibi praesente illuminatur, absente autem continue tenebratur, a quo non locorum intervallis, sed voluntatis aversione disceditur.

Augustinus, De genesi ad litteram VIII, 12, 16.

147. Manifeste apparet, quod coniunctus sit intellectus noster ipsi aeternae veritati dum non nisi per illam docentem nihil verum potest certitudinaliter capere. Videre igitur per te potes veritatem quae te docet, si te concupiscentiae et phantasmata non impediant et se tanquam nubes inter te et veritatis radium non interponant …

Bonaventura, Itinerarium III, § 3.

148. Intellectum autem propositionum tunc intellectus dicitur veraciter comprehendere, cum certitudinaliter scit, illas veras esse; et hoc scire est scire, quoniam non potest falli in illa comprehensione. Scit enim quod veritas illa non possit aliter se habere; scit igitur, illam veritatem esse incommutabilem. Sed cum ipsa mens nostra sit commutabilis, illam sic incommu-

tabiliter relucentem non potest videre nisi per aliquam lucem omnino incommutabiliter radiantem, quam impossible est esse creaturam mutabilem. Scit igitur in illa luce quod illuminat omnem hominem venientem in hanc mundum.

Ebd. III, § 3; V, 304.

149. Ipsa non solum habet ab exteriori formari per phantasmata, verum etiam a superiori suscipiendo et in se habendo simplices formas, quae non possunt introire per portas sensuum et sensibilium phantasias.

Ebd III, § 2; V, 303.

150. Contigit contemplari Deum non solum extra nos et intra nos, sed etiam supra nos: extra nos per vestigium, intra nos per imaginem (signum) et supra nos per lumen, quod est signatum supra mentem nostram, quod est lumen veritatis aeternae, cum ipsa mens nostra immediate ab ipsa veritate formetur.

Ebd. V.

151. Intellectus noster aliqua naturaliter cognoscit, sicut prima intelligibilium principia, quorum intelligibiles conceptiones, quae verba interioria dicuntur, naturaliter eo ipso existunt, et ex eo procedunt.

Contra gentiles IV, 11.

Omnia dicimus in Deo videre, et secundum ipsum de omnibus iudicare, in quantum per participationem sui luminis omnia cognoscimus et iudicamus …

Sicut etiam omnia sensibilia dicimur videre et iudicare in sole, id est per lumen solis …

Sicut ergo ad videndum aliquid sensibiliter non est necesse, quod videatur substantia solis, ita ad videndum aliquid intelligibiliter non est necessarium, quod videatur essentia dei.

S. th. I, q. 12 a. 11 ad 3.

Sol intelligibilis, qui est Deus, illustrat interius, unde ipsum lumen naturale animae inditum est illustratio Dei, qua illustramur ab eo ad cognoscendum ea, quae pertinent ad naturalem cognitionem.

S. th. II, q. 109 a. 1 ad 2.

152. … ratio et intellectus in homine non possunt esse diversae potentiae: quod manifeste cognoscitur, si utriusque actus consideretur. Intelligere est enim simpliciter veritatem intelligibilem apprehendere, ratiocinari autem est procedere de uno intellectu in aliud ad veritatem intelligibilem cognoscendam. Et ideo Angeli, qui perfecto possident, secundum modum suae naturae, cognitionem intelligibilis veritatis, non habent necesse procedere

de uno ad aliud, sed simpliciter et absque discursu veritatem rerum apprehendunt. Homines autem ad intelligibilem veritatem cognoscendam procedunt de uno ad aliud: et ideo rationales dicuntur …

Multo ergo magis per eandem potentiam intelligimus et ratiocinamur. Et sic patet quod in homine eadem potentia est ratio et intellectus.

S. th. I, q. 79 a. 8.

153. Secundum hoc verum est, quod scientiam a sensibilibus mens nostra accipit; nihilominus tamen ipsa anima in se similitudines rerum format, in quantum per lumen intellectus agentis efficiuntur formae a sensibus abstractae intelligibilis actu, ut in intellectu possibili recipi possint. Et sic etiam in lumine intellectus agentis nobis est quodam modo omnis scientia originaliter indita, mediantibus universalibus conceptionibus quae statim lumine intellectus agentis cognoscuntur.

De veritate X, 6.

154. Principia indemonstrabilia cognoscuntur per lumen intellectus agentis.

Contra gentiles III, 46.

155. … sunt prima principia intellectus tam speculativi quam practici, secundum quod universaliter in mentibus hominum divinae veritatis quasi quaedam imago resultat. In quantum ergo quaelibet mens quidquid per certitudinem cognoscit, in his principiis intuetur, secundum quas de omnibus iudicatur, facta resolutione in ipsa, dicitur omnia in divina veritate vel in rationibus aeternis videre, et secundum eas de omnibus, iudicare.

Contra gentiles III, 47.

156. In luce primae veritatis omnia intelligens, in quantum ipsum lumen intellectus nostri, sive naturale, sive gratuitum nihil aliud est quam quaedam impressio veritatis primae.

S. th. I, q. 88 a. 3 ad 1.

… lumen intellectus agentis, de quo Aristoteles loquitur, est nobis immediate impressum a Deo, et secundum quod discernimus verum a falso et bonum a malo.

S. th. I, q. 84 a. 5.

157. Nihil autem possumus veritatis cognoscere, nisi ex primis principiis et ex lumine intellectuali, quae veritatem manifestare non possunt nisi secundum quod sunt similitudo illius primae veritatis, quia ex hoc etiam habent quandam immutabilitatem et infallibilitatem.

Thomas, Quaestiones de quolibet X, q. 4 a. 7 c.

158. Privilegium rationalis creaturae est, quod videt in lumine Dei, quia alia animantia non vident in lumine Dei. Ideo dicit: „In lumine tuo“. Non intelligitur in lumine creato a Deo, quia sic intelligitur illud, quod dicitur „fiat lux“, sed „in lumine tuo“ quo scilicet tu luces, quod est similitudo substantiae tuae.

Hoc lumen est veritas increata qua aliqua vera cognoscimus. Lumen enim spirituale veritatis est, quia sicut per lumen aliquid cognoscimus, in quantum lucidum, ita cognoscitur in quantum est verum.

Thomas, Expositio aurea in David, Ps. 35.

159. Sicut dicit Augustinus liber 8 *Super Genesi ad litteram*. Sicut aer illuminatur a lumine praesente, quod si fuerit absens, continuo tenebratur: ita mens illustratur a Deo, et ita etiam lumen naturale semper Deus causat in anima, non aliud et aliud sed idem; non enim est causa fieri solum sed etiam esse ipsius. In hoc ergo Deus continue operatur in mente quod in ipsa lumen naturale causat et ipsum dirigit, et sic mens non sine operatione causae primae in suum operationem procedit.

Thomas, Opusc. 70, Super Boethium de trinitate 1 ad 6.

… oculus corporalis ex illustratione solis corporalis non consequitur lumen aliquod sibi naturale, per quod possit facem visibilia in actu, sicut consequitur mens ex illustratione solis increati; et ideo oculus indiget semper exteriori lumine, et non mens.

Ebd., ad 3.

160. Omnia dicimus in Deo videre et secundum ipsum de omnibus iudicare, in quantum per participationem sui luminis omnia cognoscimus et iudicamus. Nam et ipsum lumen naturale rationis participatio quaedam est divinis luminis.

S. th. I, q. 12 a. 11 ad 3.

161. Et quamvis non statim qui libet simplici intuitu Deum esse apprehendet illud saltum imperceptibili syllogismo concipit ut Aureolus d. II primi, advertit eum enim inter creaturas aliis alias nobiliores esse deprehendit, in quodam summo mens figitur, quod Deum appellat, unde nascitur illa notio communis, aliquid adorandum esse.

Mersenne, Quaestiones celeberrimae in Genesim I, a. 8, col. 41–42.

162. C’est une vérité aussi accessible à la raison que celle du soleil l’est aux yeux que l’opération suppose l’être et qu’il est nécessaire qu’une chose soit afin qu’elle agisse …

Silhon, De l’immortalité de l’âme, Paris 1634, 178.

Descartes sagt ebenfalls: La considération très simple que pour penser il faut être.

163. … in his omnibus non solum humana, verum etiam angelica deficit ratio et intelligentia, patiens esto, divinaeque virtuti incomprehensibili locum da, eamque silentio honorifica, quoniam dum ad eam pervenitur, omnis ratio deficit et intellectus, et inter cetera, quae omnem rationem et intellectum exsuperant, humiliter concede posse fieri divina providentia administrante ea, quae et extra et contra naturam sunt, virtute naturae sustineri et intra eam puniri, ipsa semper in se ipso incolumi omnino perseverante.

Scotus Eriugena, De divisione naturae V, 33.

164. Deus quidem omnia, quae fecit sua propria voluntate, nulla vero necessitate fecit. Quid enim cogeret Deum ut aliquid faceret? Quodsi aliqua eum causa compelleret ad faciendum, ea merito maior meliorque eo crederetur …

Age iam! si omne quod in Deo est Deus est: voluntas autem Dei in Deo est: Deus est igitur Dei voluntas. Non enim aliud est ei esse et velle, sed quod est esse, hoc est et velle. Proinde si voluntas Dei libera est aliter enim credere impium est: libera voluntas vero omni caret necessitate: igitur nulla necessitas voluntatem Dei possidet.

Scotus Eriugena, De praedestinatione II, 13.

165. Ubi autem est necessitas, ibi non est voluntas. Atqui in Deo est voluntas. In eo igitur non est necessitas.

Ebd. II, 1, 15.

166. … omnia quaecunque Deus voluit, necesse sit ut sint, nulla tamen necessitas voluntatem eius, aut ad aliquid faciendum impellit, aut ab aliquo faciendo retrahit. Voluntati enim eius quis resistit? Sed eo modo dicimus, quaecunque Deus voluit fieri, necesse est ut sint, quo debemus intelligere, omne, quod voluit Deus fieri, necesse est ut non aliter, quam ipse voluit, sit. Quae enim voluit esse sunt, et ideo sunt quia ipse voluit ea fieri. Ac per hoc bene videntibus nihil aliud occurrit voluntatis divinae necessitas, nisi ea ipsa voluntas. Sicut itaque voluntate Dei fiunt quae fiunt, ita voluntate eius non aliter fiunt, nisi sicut ipse voluit. Nam si omnium naturarum est necessitas Dei voluntas, erit voluntas naturarum quas ipsa creavit, necessitas. Erit igitur necessitas creaturarum, quas Deus creavit, Dei voluntas. Colligitur Dei voluntas ipsa est necessitas, et necessitas ipse est Dei voluntas.

Ebd. II, 6.

167. Multa enim in ea solent apparere, quae non secundum cognitas vel incognitas ipsius leges, sed ultra omnem legem divina voluntate, quae nulla

lege concluditur, est enim lex legum et ratio rationum, mirabili et ineffabili modo fiunt.

De divisione naturae III, 13.

168. Si humanam voluntatem aliqua causa praecedit, quae eam invitam extorqueat ad bona malave vel cogitanda vel agenda, sequitur non esse eam vere liberam, sed penitus eam vere non esse.

De praedestinatione V, 4.

Etenim causa totius peccati est, sive in angelo sive in homine, propria perversaque voluntas: ipsius autem perversae voluntatis causa in naturalibus motibus rationabilis et intellectualis creaturae non invenitur. Etenim bonum causa mali non potest esse: incausalis itaque est, omnique naturali origine carens.

De divisione naturae V, 31.

169. Nullus potest cogitare se non esse cum assenso – in hoc enim quod cogitat aliquid percipit se esse.

S. th. I, q. 87.

170. Cum autem dicitur, quod summa res ista non esse nequeat cogitari, melius fortasse diceretur quod non esse, aut etiam posse non esse non possit intelligi nam secundum proprietatem verbi istius, falsa nequeunt intelligi, quae possunt utique eo modo cogitari, quo Deum non esse insipiens cogitavit, et me quoque esse certissime scio, sed et posse non esse nihilominus scio, summum vere illud quod est Deus et esse et non esse non posse, indubitanter intelligo. Cogitare autem me non esse, quandiu esse certissime scio, nescio utrum possim; sed si possum cur non et quidquid aliud eadem certitudine scio? Si autem non possum, non erit iam istud proprium Deo.

Gaunilo, Liber pro insipiente. PL 158, 248.

171. Dicendum, quod cum homo secundum intellectualem naturam ad imaginem Dei esse dicatur, secundum hoc est maxime ad imaginem Dei, secundum quod intellectualis natura Deum maxime imitari potest. Imitatur autem intellectualis natura maxime Deum quantum ad hoc, quod Deus seipsum intelligit et amat.

S. th. I, q. 93 a. 4.

... in creatura rationali in qua invenitur processio verbi secundum intellectum, et processio amoris secundum voluntatem, potest dici imago trinitatis increatae per quandam repraesentationem speciei.

S. th. I, q. 93 a. 6.

172. Naturaliter intellectus noster cognoscit ens, et ea quae sunt per se entia, inquantum huiusmodi: in qua cognitione fundatur primorum principiorum notitia, ut, non esse simul affirmare et negare et alia huiusmodi.
De veritate XI, a. 1 c. Contra gentiles III, 43. Cf. S. th. II, 2 q. 94 a. 2.

173. … distinguendum est, quia cognoscere aliquid est habitu et actu. Quantum igitur ad actualem cognitionem, qua aliquis considerat se in actu animam habere, sic dico, quod anima cognoscitur per suos actus. In hoc enim aliquis percipit, se animam habere et vivere et esse, quod percipit se sentire et intelligere et alia huiusmodi vitae opera exercere: unde dicit Philosophus: sentimus autem, quod sentimus et intelligimus quod intelligimus, et quia hoc sentimus, intelligimus quod sumus.

Sed quantum ad habitualem cognitionem sic dico, quod anima per suam essentiam se videt, i. e. ex hoc ipso, quod essentia sua sibi est praesens, est potens exire in actum cognitionis sui ipsius sicut aliquis ex hoc, quod habet alicuius scientiae habitum, ex ipsa praesentia habitus est potens percipere illa quae subsunt illi habitui.

Ad hoc autem, quod percipiat anima se esse, et quid in se ipsa agatur attendat, non requiritur aliquis habitus, sed ad hoc sufficit sola essentia animae, quae menti est praesens: ex ea autem actus progredirentur, in quibus actualiter ipsa percipitur.
S. th. I, q. 87 a. 1.

174. … essentia sua sibi innata est, ut non eam necesse habeat a phantasmatibus acquirere … et ideo mens antequam a phantasmatibus abstrahat, sui notitiam habitualem habet, qua possit percipere se esse.
De veritate X, a. 8 ad 1.

175. … intellectus noster [se cognoscit] dupliciter: uno quidem modo particulariter, secundum quod Socrates vel Plato percipit se habere animam intellectivam; alio modo in universali, secundum quod naturam humanae mentis … consideramus.
S. th. I, q. 87 a. 1.

176. … cum autem adultus aliquid sentit, simulque percipit se sensisse; hanc secundam perceptionem reflexionem appello atque ad intellectum solum referro, quamvis sensationi adeo coniuncta sit, ut simul fiant et ab invicem distingui non videantur.
An Arnauld, 29. Juli 1648. Corresp. DXXV. V, 221.

177. Anima est forma sive substantia simplex.
Contra gentiles II, c. 72. Cf. S. th. I, q. 76.

178. Le monde est le produit d'une liberté absolue ...

La volonté absolue peut poser les contraires et les pose en effet par un acte identique et simultané. La sagesse de Dieu vient se résoudre comme sa toutepuissance dans cette absolue volonté ...

Dire que Dieu veut le Bien est une tautologie puisque la volonté de Dieu est la définition non moins que la source du bien. Le bien c'est ce que Dieu veut.

Secretan, La philosophie de la liberté I, 73.

L'esprit de la philosophie de Scot est de tout résoudre en liberté. Il tend à montrer qu'il n'y a en Dieu que pure volenté, dès lors que l'être est volonté et que les differents ordres de l'existence ne sont que des degrés du developpement de la volonté.

Ebd. I, 76.

179. Voluntas, in quantum est actus primus, libera est ad oppositos actus; libera etiam est mediantibus illis actibus oppositis ad opposita obiecta in quae tendit, et ulterius ad oppositos effectus quae producit.

Op. ox. I, d. 39 q. un. n. 15.

180. Sicut potest aliter agere, ita potest aliam legem statuere rectam; quia si statueretur a Deo, recta esset, quia nulla lex est recta nisi quatenus a voluntate divina acceptatur. Et tunc potentia eius absoluta non se extendit ad aliquid aliud, quam ad illud quod ordinate fieret si fieret.

Ebd. I, d. 34 n. 2.

Primam ergo contingentiam oportet quaerere in voluntate divina quae ut videatur qualiter sit ponenda, primo videndum est in voluntate nostra, et ibi tria.

Ebd. I, d. 39 n. 14.

181. Dico quod, sicut omne aliud a Deo ideo est bonum, quia a Deo est volitum et non e converso ... similiter illud meritum in tantum bonum erat, pro quando acceptabatur. Et ideo meritum quia acceptatum, non autem e converso, quia meritum et bonum ideo acceptatum.

Ebd. III, d. 19 q. un. n. 7.

182. Simpliciter melius est peccatorem non correctum esse in poena quam sine poena ...

Nec tamen intelligo, quod hic sit simpliciter necessitas ...

Sed de potentia ordinata ista est via universaliter praefixa a lege divina ...

Ebd. IV, d. 14 q. 1 n. 3.

183. Dictat sibi naturaliter ratio, quod Deus non assistit falsitati alicuius, operando miracula ad falsa alicuius praedicata.

Cuilibet naturaliter inseritur, scil⟨icet⟩ Deum esse veracem.

Ebd. III, d. 23 n. 5.

Et quamvis aliquis posset forte demonstrare, Deum non posse fallere nec falli, qui potest probari naturaliter.

Ebd. III, d. 24 n. 22.

De potentia ordinata dico quod modo secundum leges firmatas arbitrio sapientiae suae non potest ipsis stantibus auferre peccatum, nisi conferat gratiam quia hoc modo statuit voluntas eius ordinata et sapientia eius infallibilis …

Reportata Parisiensia IV, d. I, q. 5, n. 8.

184. Deus potest remittere culpam sine effusione gratiae de potentia absoluta sed non de potentia ordinata.

Ebd., d. 8 q. 5 n. 4.

Deus necessario vult quidquid vult.

Quodlibetum q. 16, n. 7.

185. … Intellectus divinus ex necessitate naturae est speculativus et non est ad hoc formaliter libertas licet non sit sine voluntate complacente. Deus enim necessarie est sciens, non autem voluntate est sciens proprie sicut necessitate non voluntate est Deus.

Op. ox. I, d. 38. q. unica n. 4.

186. Secunda sententia huic extreme contraria, est legem naturalem omnino positam esse in divino imperio, vel prohibitione procedente a voluntate Dei, ut auctore et gubernatore naturae, et consequenter hanc legem ut est in Deo nihil aliud esse, quam legem aeternam ut praecipientem, vel prohibientem in tali materia; in nobis vero hanc legem naturalem esse iudicium rationis quatenus nobis significat voluntatem Dei de agendis et vitandis circa ea quae rationi naturali consentanea sunt. Ita sumitur ex Ocham quatenus dicit, nullum esse actum malum, nisi quatenus a Deo prohibitus est et qui non possit fieri bonus si a Deo praecipiatur et e converso. Unde supponit totam legem naturalem consistere in praeceptis divinis a Deo positis, quae ipse posset auferre, et mutare. Quod si instet aliquis talem legem non naturalem esse, sed positivam, responderet, dici naturalem, quia est proportionata naturis rerum, non quia non sit extrinsecus a Deo posita. Et in hanc sententiam inclinat Gerson … ait legem naturalem quae in nobis est non esse tantum signum dictaminis recti divini intellectus, sed etiam divinae voluntatis. Et hanc sententiam defendit late Petrus Alhacus … ait, voluntatem divinam esse primam legem et ideo posse creare homines ratione utentes sine omni

lege. Idem latissime Andreas de Novo Cast⟨ello⟩. Qui etiam addunt totam rationem boni et mali in rebus ad legem naturae pertinentibus positam esse in voluntate Dei et non in iudicio rationis etiam ipsius Dei, neque in rebus ipsis quae per talem legem vetantur aut praecipiuntur. Fundamentum huius sententiae videtur esse, vel quia actiones non sunt bonae vel malae, nisi quia a Deo praeceptae, aut prohibitae, quia ipsemet Deus non ideo vult hoc praecipere aut prohibere creaturae, quia malum est aut bonum, sed potius ideo hoc est iustum vel iniustum, quia Deus voluit illud fieri aut non fieri, iuxta illud Anselmi in *Proslog⟨io⟩*: illud est iustum quod vis et non iustum quod non vis. Quod etiam sensit Hugo Victor … et Cyprian *(de singularitate Clericorum* illi attributo).

Suarez, De legibus, Amstelodami 1613, cap. 4 n. 6, II, 79.

187. Diversitas horum [nominum] non sumitur per respectum ad creaturas, imo potius e converso. Quia ex hoc, quod ratio sapientiae et bonitatis differt in Deo, diversificatur in creaturis bonitas et sapientia, non tantum ratione, sed etiam re. Sed verum est quod diversitas talium nominum, prout praedicantur de Deo, innotescit nobis ex diversitate eorum in creaturis.

In sent. I, d. 22 q. 1 a. 3 ad 3.

In Deo autem non invenire aliquam realem distinctionem nisi personarum.

Ebd. ad 1.

188. … hoc modo potentiae animae dici possunt mediae inter substantiam et accidens, quasi proprietates animae naturales.

S. th. I, q. 77 a 1 ad 5. Cf. De anima XII, ad 7. De spiritualibus creaturis XI.

189. … hoc apparet ex ipsa diversitate actionum animae, quae sunt genere diversae et non possunt reduci ad unum principium immediatum, cum quaedam eorum sint actiones et quaedam passiones et aliis huismodi differentiis differant, quae oportet attribui diversis principiis. Et ita cum essentia animae sit unum principium, non potest esse immediatum principium omnium suarum actionum, sed oportet quod habeat plures et diversas potentias correspondentes diversitati suarum actionum.

De anima a. 12.

190. Substantia animae est idem, quod sua potentia realiter, ita quod anima dicitur forma per comparationem ad corpus, quod perficit, cui dat esse substantiale; sortitur vero nomen et rationem potentiae solo respectu et comparatione ad varia obiecta et operationes, ita quod anima et actum suum eliciat, et actum subiective suscipiat: ut patet in actu intelligendi, per suam

substantiam est principium eliciens actum et efficienter et etiam subiective, non per aliquam potentiam re absoluta differentem ab ea.

De rerum principiis XI, a. 3. n. 15.

191. Potentiae (animae) nont sunt idem formaliter vel quidditative, nec inter se nec etiam cum essentia animae, nec tamen sunt res aliae, sed idem identicae. Ideo talia habent talem distinctionem secundum rationes formales, qualem haberent realem distinctionem, si essent res aliae realiter distinctae.

Op. ox. II, d. 16 q. 1 n. 17.

192. Ista autem non-identitas formalis stat cum simplicitate Dei, quia hanc differentiam necesse est ponere inter essentiam et proprietatem personalem …

Si in una persona possunt esse duae proprietates sine compositione, multo magis, vel saltum aequaliter esse plures perfectiones essentiales in Deo non formaliter eodem, sine compositione; quia illae proprietates in Patre non sunt formaliter infinitae, essentiales autem perfectiones sunt infinitae formaliter.

Ebd. I, d. 8 q. 4 n. 21.

193. Sapientia et bonitas et omnia huiusmodi sunt omnino unum re in Deo, sed differunt ratione, et haec ratio non est tantum ex parte ipsius ratiocinantis, sed ex proprietate ipsius rei.

In sent. I, d. 2 q. 1 a. 3.

194. Inter perfectiones essentiales non est tantum differentia rationis hoc est diversorum modorum concipiendi idem obiectum formale.

Sapientia in re formaliter non est bonitas in re. Quod probatur, quia si infinita sapientia esset formaliter infinita bonitas et sapientia in communi, esset formaliter bonitas in communi: infinitas enim non destruit formaliter rationem illius cui additur.

Est aliqua non-identitas formalis sapientiae et bonitatis, in quantum eorum essent distinctae definitiones si essent definibiles.

Op. ox. I, d. 8 q. 4.

195. Omnes istae multae rationes et diversae habent aliquid respondens in ipso Deo, cuius omnes istae conceptiones intellectus sunt similitudines. Constat enim, quod unius formae non potest esse nisi una similitudo secundum speciem, quae sit eiusdem rationis cum ea; possunt tamen esse diversae similitudines imperfectae, quarum quaelibet a perfecta formae repraesentatione deficiat. Cum ergo, ut ex superioribus patet, conceptiones perfectio-

num in creaturis inventarum, sint imperfectae similitudines et non eiusdem rationis cum ipsa divina essentia, nihil prohibet quin ipsa una essentia omnibus praedictis conceptionibus respondeat, quasi per eas imperfecte repraesentata. Et sic omnes rationes sunt quidem in intellectu nostro sicut in subiecto: sed in Deo sunt ut in radice verificante has conceptiones. Nam non essent verae conceptiones intellectus, quas habet de re aliqua: nisi per viam similitudinis illis conceptionibus res illa responderet.

De potentia VII, a. 6.

196. Distinctio attributorum fundamentum est respectu distinctionis emanationum personalium, quia Filius procedit naturaliter nascendo tamquam verbum conceptum in intellectu. Spiritus sanctus procedit libere spirando, tamquam amor conceptus in voluntate, et non ut verbum quod non potest esse nisi esset aliqua distinctio intellectus et voluntatis ad intra.

Op. ox. I, d. 8 q. 4.

Secundum eos, distinctio perfectionum attributalium est fundamentum respectu distinctionis emanationum. Sed distinctio emanationum est realis patet; nulla autem distinctio realis praeexigit necessario distinctionem quae tantum est rationis, sicut nec aliquid quod est pure reale praeexigit aliquid quod est mere ens rationis, ergo distinctio attributorum non est tantum rationis sed aliquo modo ex natura rei.

Ebd.

197. Eius (Dei) intellectio et volitio non est aliud ab essentia sua. Nam eius causatio est penitus incausabilis secundum quamlibet causationem in quolibet genere causae.

Ebd. I, d. 2 q. 2.

198. ... dicet in Deo non sit aliud voluntas et intellectus, tamen de ratione voluntatis et intellectus est, quod processiones quae sunt secundum actionem utriusque, se habeant secundum quendam ordinem. Non enim est processio amoris nisi in ordine ad processionem verbi. Nihil enim potest voluntate amor, nisi sit in intellectu conceptum. Sicut igitur attenditur quidam ordo Verbi ad principium, a quo procedit licet in divinis eodem sit substantia intellectus et conceptio intellectus: ita licet in Deo sit idem voluntas et intellectus tamen quia de ratione amoris est quod non procedit nisi a conceptione intellectus, habet ordinis distinctionem processio amoris a processione Verbi in divinis.

S. th. I, q. 37 a. 3 ad 3. Cf. De potentia X, a. 2.

199. ... de potentia ordinata non potest Deus velle actu positivo rectitudinem non esse in voluntate alique demerita nec auferre libertatem.

Tamen hoc auferre non includit contradictionem, …
Op. ox. II, d. 37 q. 2 n 17. Cf. ebd. I, d. 44 q. 1. Ebd. IV, d. 15 q. 1. Ebd. IV, d. 1 q. 15 und 6. Ebd. IV, d. 26 q. un. n. 3.
Descartes geht nicht so weit: hoc auferre – seiner Meinung nach – includit contradictionem ⟨dies zu streichen führt zum Widerspruch⟩.

199. a) … dictum est; quod requiritur (poenitentia) ad hoc, ut peccatum mortale regulariter deleatur, quia dicitur regulariter fieri, quod fit secundum regulas determinatas a sapientia divina, quarum haec est una, quod peccatum commissum non deleatur sine displicentia de peccato commisso.
Ebd. IV, d. 14 q. 1 n. 17.

200. … le premier cherche la racine de la liberté dans la raison, tandis que le second la place dans la volonté qu'il tient pour essentiellement libre; … Scot attribue encore à la volonté le pouvoir de commander aux autres puissances tandis que l'Ange de l'École accorde ce pouvoir à l'intelligence.
Il était logique que chaque doctrine donnât la prééminence dans la nature divine à la faculté qu'elle mettait au premier rang dans les créatures. La vie divine est essentiellement intellectuelle aux yeux de St. Thomas, elle est essentiellement volontaire aux yeux de Scot.
Vacant, Revue du clergé français XII, 293.

201. Dico quod voluntas in Deo est sua essentia realiter, perfecte et identice.
Reportata Parisiensia I, d. 45 q. 2 n. 7.

202. Dicendum quod universale est ens, quia sub ratione non entis nihil intelligitur, quia intelligibile movet intellectum. Cum enim intellectus sit virtus passiva non operatur nisi movetur ab obiecto.
Duns Scotus, zit. von Hauréau II, 2, 204.
Intellectus – potentia naturalis et non libera.
Op. ox. I, d. 1 q. 2 n. 9.
Intellectus mere naturaliter necessitate naturae operatur.
Ebd. q. 4 n. 1.

203. Ex hoc sequitur corollarium, quod „intelligere" non est primum in Deo, nec primum dans esse divinum, sed primum dans esse divinum est ipsum esse.
Reportata Parisiensia I, d. 8 q. 1.

204. … posset distingui voluntas ut est receptiva et ut est operativa et ut est productiva: ipsa enim est productiva actuum et ipsa est qua habens formaliter operatur volendo et ipsa est receptiva volitionis suae: tamen libertas

videtur esse eius inquantum est operativa, inquantum sc. habens eam formaliter potest per eam tendere in obiectum. Ita igitur ponetur libertas in voluntate divina per se et primo inquantum est potentia operativa, licet ipsa non sit receptiva nec productiva volitionis suae, et tamen potest salvari in ea aliqua libertas inquantum productiva est. Licet enim productio in esse existentiae non concomitatur necessario operationem eius, quia operatio est in aeternitate et productio esse existentiae est in tempore, tamen operationem eius necessario concomitatur productio in esse volito. Et tunc non potest potentia illa voluntatis divinae primo quidem esse ut productiva, sed secundum quid sc. in esse volito. Et ista productio concomitatur eam ut est operativa.

Op. ox. I, d. 39 q. un. n. 21.

205. Voluntas per se loquendo nunquam est principium activum naturaliter et quia ... esse naturaliter activum et esse libere activum sunt primae differentiae principii activi ...

... unde voluntas est principium agendi libere. Non magis ergo potest voluntas esse naturaliter activa, quam natura ut est principium distinctum contra voluntatem potest esse libere activa.

Duns Scotus, Quodlibetum q. 16 n. 15.

Voluntas Dei qua vult hoc et producit pro nunc, est immediata et prima causa, cuius non est aliqua alia causa quaerenda. Sicut enim non est ratio, quare voluit humanam naturam in hoc individuo esse, et esse possibile et contingens, ita non est ratio, quare hoc voluit nunc et non tunc esse, sed tantum quia voluit hoc esse, ideo bonum fuit illud esse, et quaerere huius propositionis, licet contingentibus, immediatam causam est quaerere causam sive rationem, cuius non est ratio quaerenda.

Op. ox. II, d. I q. 2 n. 9.

206. ... dico quod intellectus apprehendit agibile antequam voluntas illud velit: sed non apprehendit determinate hoc esse agendum, quod apprehendere dicitur dictare: imo ut neutrum est offert voluntati divinae, qua determinate per volitionem suam, illud esse agendum, intellectus apprehendit tamquam verum istud agendum.

Ebd. IV, d. 46 q. 1 n. 10.

207. Voluntas imperans intellectui est causa superior respectu actus eius. Intellectus autem si est causa voluntatis, est causa subserviens voluntati, tamquam habens actionem primam in ordine generationis.

Ebd. IV, d. 49 q. 4. n. 16.

209. Voluntas nunquam necessitatur ab obiecto.
Duns Scotus, Collectanea XVI.
Voluntas est causa sufficiens omnis actus sui.
Duns Scotus, Theoremata XX, 6.
Non autem bonitas aliqua obiecti causat necessario assensum voluntatis sed voluntas libere assentit cuilibet bono, et ita libere assentit maiori bono sicut minori.
Op. ox. I, d. 1 q. 4 n. 16.

210. ... si aliqua motio in entibus non est naturalis, maxime motio voluntatis non est naturalis.
Duns Scotus, Quodlibetum q. 14, n. 14.

211. Aliquid causatur contingenter; ergo prima causa contingenter causat; ergo volens causat ... nullum est principium operandi contingenter nisi voluntas vel aliquid concomitans voluntatem: quia quaelibet alia agit ex necessitate naturae et ita non contingenter.
6: Si primum efficiens necessario moveretur, nihil libere se moveret. 7. Si Deus necessario ageret, nullum esset malum.
De primo principio IV, 5. Cf. Op. ox. I, d. 2, q. 2, n. 20.

212. Stat contingentia obiecti cogniti, quia voluntas (Dei), volens hoc determinate, contingenter vult hoc.
Op. ox. I, d. 29 q. 5 n. 24.

213. Qui negant aliquod ens contingens, exponendi sunt tormentis quousque concedant quod possibile est eos non torqueri.
Ebd. I, d. 39 n. 13.

214. Quidquid est perfectionis simpliciter in creaturis, principalius est in Deo ex se.
Attributum est simpliciter perfectionis in creatura, ita quod simpliciter melius est ipsum quam non ipsum.
Ebd. I, d. 8 q. 4.

215. Nulla causatio alicuius causae potest salvare contingentiam, nisi prima causa ponatur immediate contingenter causare. Prima ergo contingentia in voluntate divina. Quae ut videatur qualiter sit ponenda primo videndum est in voluntate nostra.
Ebd. I, d. 39 n. 5.
Primum causans quidquid causat contingenter causat.
De primo principio IV, conclusio 5.

216. Si Deus est primum movens ut efficiens respectu voluntatis nostrae idem sequitur de ipsa quod de aliis: quia sive immediate necessario movet eam, sive aliud immediate, et illud necessario motum necessario movet voluntatem.
Op. ox. I, d. 2 q. 2 p. n. 21.

217. Deus est natura intellectualis simpliciter perfecta.
Ebd. IV, d. 12 q. 2 n. l0.

218. Non est quaerenda ratio eorum quorum non est ratio.
Quodlibetum q. 16 n. 8.

219. … ita Deus, licet necessario vivat vita naturali et hoc tali necessitate, quae excludit omnem libertatem, tamen vult libere se vivere tali vita. Igitur vitam Dei non ponimus sub necessitate … si autem intelligatur vita pro vita naturali ipsius Dei tunc non debet intelligi de illa vita secundum se accepta, sed de ipsa vita ut a voluntate divina acceptata. Potest autem aliquid esse bene in se necessarium et necessitate repugnanti libertati, quamvis tamen sit libere imo contingenter acceptatum.
Ebd., q. 16 n. 18.

220. Sola autem essentia divina potest esse prima ratio agendi tam intellectui divino quam voluntati quia si aliquid aliud possit esse prima ratio agendi, vilesceret illa potentia.
Op. ox. III, d. 32 q. un. n. 5.

221. Scot leur attribue en effet un *esse diminutum*, mais après qu'elles sont pensées par Dieu; or cette pensée, nous le répétons, est créatrice, elle n'est pas la conscience que Dieu prend de son essence …

Mais une action intelligente et en même temps exempte de toute necessité n'est elle pas necessairement ce qu'on appelle vouloir? Si Scot a expressement donné la production des possibles comme antérieure à la volonté créatrice des existences c'est que le terme de volonté ne lui a paru convenir que là où l'on peut distinguer deux instants logiques, celui de la conception et celui de détermination … dans la doctrine de Scot, en dépit de son propre langage, la volonté est le principe des possibilités comme des existences.
Pluzansky, Duns Scot, 185–188.

222. Idea est ratio aeterna in mente divina secundum quam est aliquid formabile extra ut secundum proprium rationem eius … Et ista ratio est aeterna in mente divina ut cognitum in cognoscente per actum intellectus divini.
Op. ox. I, d. 35 q. un. n. 12.

223. ... potentia Dei ad se id est, aliqua perfectio absoluta, qua Deus est formaliter potens sit in Deo in primo instanti naturae sicut et quaelibet perfectio simpliciter ...

Et intellectus non est formaliter potentia activa qua Deus dicitur omnipotens et tunc res producta ab intellectu divino in esse tali sc. intelligibili in primo instanti naturae habet seipsa esse possibile in secundo instanti naturae quia seipsa formaliter non repugnat sibi esse et seipsa repugnat formaliter esse necessarium habere ex se. In quibus duobus stat tota ratio possibilis, in quibus correspondet rationibus potentiae activae. Non est igitur possibilitas in obiecto aliquo modo prior quam sit omnipotentia in Deo accipiendo omnipotentiam pro perfectione absoluta in Deo, sicut nec creatura est prius aliquo absoluto in Deo.

Ebd. I, d. 43 q. un. n. 5.

224. ... impossibile simpliciter includit incompossibilia quae ex rationibus suis formalibus sunt incompossibilia. Et ab eo sunt principative incompossibilia, a quo principative habent suas rationes formales. Est igitur ibi iste processus, quod, sicut Deus suo intellectu producit possibile in esse possibili, ita producit duo entia formaliter utrumque in esse possibili, et illa producta seipsis formaliter sunt incompossibilia, ut non possunt simul esse unum neque aliquid tertium ex eis ...

Sic igitur incompossibilitas prima est formaliter ex parte impossibilis et principative a Deo ...

Ebd. I, d. 43 q. un. n. 6.

225. ... eodem modo sunt ideae possibilium non futurorum sicut futurorum: quia differentia ista possibilium non futurorum a futuris non est nisi per actum voluntatis divinae, ergo idea futuri possibilis non magis repraesentat ipsum futurum esse, quam idea possibilis.

Ebd. I, d. 39 q. 5 n. 7.

Si enim idea ante actum voluntatis respiceret differenter possibilia, unum ut fiendum et aliud ut non fiendum ... aut voluntas ... non esset libera, vel ... posset esse non recta.

Reportata Parisiensia I, d. 36 q. 4 n. 7.

226. Acceptatio [a voluntate Dei] respectu secundi obiecti potest intelligi tripliciter. Uno modo simplici complacentiae. Et haec est necessaria respectu cuiuslibet possibilis esse ...

Secunda acceptatio potest intelligi, qua voluntas divina vult aliquid esse volitione efficaci, quae distinguitur a volitione divina simplici sicut in nobis ...

Tertia est acceptatio divina, quae non solum vult rem esse, sed acceptat eam respectu maioris boni.
Ebd. I, d. 17 q. 2 n. 4.

227. Deus in primo instanti intelligit essentiam sub ratione mere absoluta, in secundo instanti producit lapidem in esse intelligibili, et intelligit lapidem, ita quod ibi est relatio in lapide intellecto ad intellectionem divinam: sed nulla adhuc in intellectione divina ad lapidem, sed intellectio divina terminat relationem lapidis intellecti ad ipsam. In tertio instanti forte intellectus divinus potest comparare suam intellectionem ad quodcunque intelligibile ad quod nos possumus comparare, et tunc comparando se ad lapidem intellectum, potest causare in se relationem rationis: et in quarto instanti potest quasi reflecti super istam relationem causatam in tertio instanti et tunc illa relatio rationis cognita erit.
Op. ox. I, d. 35 n. 10.

228. Intellectus dependet a volitione ut a causa partiali sed superiori, e converso autem voluntas ab intellectione ut a causa partiali, sed subserviente.
Reportata Parisiensia IV, d. 49 q. 2 n. 14.

229. Ante generationem Filii vult et intelligit [Pater] essentiam suam, sed non solum ut essentia est, sed ut communicanda Filio. Aliter enim non omni modo perfectionis eam intelligeret. Sed intelligere et velle essentiam ut communicandam Filio est intelligere et velle generationem Filii, quia generatio Filii non est nisi communicatio essentiae suae ipsi Filio. Igitur Pater vult prius et intelligit generationem Filii quam generet. Et per consequens volendo generat Filium voluntate antecedente.
Op. ox. I, d. 6 q. un. n. 5.

229. Pater hoc modo gignit Filium volens quia Pater in primo signo originis intelligit formaliter et tunc etiam potest habere actum volendi formaliter. In secundo signo originis gignit Filium nec tantum vult illam gignitionem sed volitione habita in primo signo originis, qua Pater formaliter vult, praesupponendo aliquo modo intellectionem qua Pater intelligit, non autem gignitionem Verbi.
Reportata Parisiensia I, d. 6 q. 2 n. 5.

230. Voluntas est vis collativa sicut intellectus.
Op. ox. II, d. 6 q. 2 n. 6.

231. Quod si dicatur voluntatem creatam necessario debere conformare se istis ad hoc quod sit recta, non tamen voluntatem divinam oportet conformiter velle istis veris; sed quia conformiter vult; ideo sunt vera.
Ebd. III, d. 37 q. 11.

232. Voluntas divina non est indifferens ad diversos actus volendi et nolendi, quia hoc in voluntate mea non erat sine imperfectione voluntatis. Voluntas enim nostra etiam erat libera ad oppositos actus, hoc, ut esset libera ad obiecta opposita et hoc propter limitationem utriusque actus respectu sui obiecti. Ergo posita illimitatione voluntatis eiusdem volitionis ad diversa obiecta non oportet propter libertatem ad opposita obiecta ponere libertatem ad oppositos actus. Ipsa etiam voluntas divina libera est ad oppositos effectus … potest illa voluntas unica volitione simplice illimitata tendere in quaecumque volibilia.
Ebd. I, d. 89 q. un. n. 21.

233. In Deo autem diligere est causa bonitatis et ideo nullum ibi est debitum diligendi.
Reportata Parisiensia I, d. 41 q. un. n. 7.

234. Potentia absoluta, quae tamen si esset principium alicuius esset eo ipso ordinata, sed non secundum ordinem ab eo praefixum eundem, qui primo habuit … Si faceret alio modo res quam modo ordinatum est eas fieri, non propter hoc inordinate fierent, quia si statueret alias leges secundum quas fieret, eo ipso ordinate fierent … dico quod leges aliquae generales rectae de operabilibus dictantes praefixae sunt a voluntate divina et non quidem ab intellectu divino ut praecedit actum voluntatis divinae …

Quando in potestati agentis est lex et rectitudo eius ita quod non est recta nisi quia est ab illo statuta, tunc potest recte agere aliter quam lex illa dictet: quia potest statuere aliam legem rectam secundum quam agat ordinate, nec tunc potentia sua absoluta simpliciter excedit potentiam ordinatam, quia esset ordinata secundum illam aliam legem sicut secundum priorem.
Op. ox. I, d. 44 q. un. n. 3 et 1.

235. Et si quaeras quare igitur voluntas divina magis determinatur ad unum contradictorium quam ad alterum, respondeo: Indisciplinati est quaerere omnium causas et demonstrationes secundum Philosophum *Metaphysica* IV. Principium enim demonstrationis non est demonstratio. Immediatum autem principium est voluntatem velle hoc, ita quod non est aliqua causa media inter ista, sicut immediatum est, colorem esse calefactivum: licet hic sit naturalitas, ibi autem libertas. Et ideo huius, quare voluntas

voluit hoc, nulla est causa, nisi quia voluntas est voluntas quia nulla est prior causa.

Ebd. I, d. 8 q. 5. Cf. Reportata Parisiensia I, d. 35 q. 1 a. 1.

Voluntas Dei est causa rerum, et nullum habet motivum in causando.

De rerum principio IV, 2, 3 n. 18. Cf. Op. ox. I, d. 39 q. 5 n. 14.

236. Nec tamen inaequalitas [productorum ad extra] est propter bonitatem praesuppositam in obiectis quibuscumque aliis a se, sed ratio est in ipsa voluntate divina; quia sicut ipsa acceptat alia in gradu, ita sunt bona in tali gradu et non e converso.

Op. ox. III, d. 22 q. 1 n. 6.

237. [Intellectus et voluntas,] utrumque istorum per se acceptum, habet suum proprium modum principiandi, intellectus quidem per modum naturae. … Voluntas autem semper habet suum modum causandi proprium sc. libere.

Duns Scotus, Quodlibetum q. 16, n. 14.

238. Les mêmes vues [sur la volonté et l'entendement] ont été appliquées par le Docteur Subtil à l'intelligence et à la volonté de Dieu; car il admet avec St. Thomas d'Aquin que nous les concevons par comparaison avec l'intelligence et avec la volonté humaine. Si l'entendement n'a pas pour l'objet propre l'essence des choses ou ce qui doit être, s'il a simplement pour but de connaître et de représenter ce qui est, il ne saurait être regardé comme le fond de la vie divine; avec cette théorie de l'entendement, Dieu ne peut en effet se connaître qu'autant qu'il est. La volonté qui produit l'être contingent par l'action, doit au contraire être regardée aussi comme le principe pourquoi Dieu possède l'Être nécessaire. Scot ne dira donc pas avec St. Thomas, que Dieu est parce qu'il doit Être, suivant l'intelligence qu'il a de lui-même; il dira que Dieu doit être parce qu'il peut être.

Vacant, Compte rendu du IV congrès scientifique international des catholiques, III Section, Fribourg 1898, 642.

239. Una intellectione perfecta et distincta in intellectu multae intellectiones indistinctae et imperfectae possunt inesse …

Intellectione inexistente, licet non cognita ut obiectum, potest voluntas velle et complacere sibi in obiecto illius intellectionis et in illa intellectione et non complacere sibi …

Voluntate complacente intellectioni intellectus firmatur et intenditur, ipsa autem non complacente vel nolente infirmatur et remittitur.

Op. ox. II, d. 42 q. 1. n. 10 passim.

240. (Intellectus) necessario exit in actum, quantum est de se: nisi forsan per voluntatem refraenetur: voluntas enim per suum imperium potest suspendere non solum actum proprium sed etiam actum intellectus.

Duns Scotus, In metaphysicam expositio IX, 1, 5.

241. Oportet actum intellectus esse in potestate voluntatis, ita quod possit avertere intellectum ab uno intelligibili ad aliud intelligibile convertendo; alias intellectus staret semper in cognitione obiecti perfectissimi habitualiter sibi noti.

Dico igitur quod aliqua intellectio vel cogitatio est a voluntate imperata.

Op. ox. II, d. 42 q. 4 n. 5.

242. Quando in potestate agentis est lex et rectitudo eius ita quod non est recta nisi quia est ab illo statuta, tunc potest recte agere agendo aliter quam lex illa dictet, quia potest statuere aliam legem rectam …

Ista possunt exemplificari de principi et meditis et lege positiva.

Ebd. I, d. 4 n. 6.

243. La preuve est faite de l'importance et de la valeur reconnues par les théologiens et les apologistes dans les milieux que Descartes fréquentait de préférence entre 1626 et 1629, – à une démonstration de la spiritualité de l'âme et de l'existence de Dieu qui tire son origine d'une conception aristotelicienne et surtout plotinienne profondément remaniée par St. Augustin.

Il est donc peu vraisemblable que Descartes ait ignoré le profit qu'il en pouvait retirer au temps où il s'imprégnait de la philosophie augustinienne, tant par ses conversations avec le cardinal de Bérulle et les Pères de l'oratoire que par la lecture personnelle des œuvres du Saint.

Blanchet, 138.

244. … je me souviens que le Cardinal de Cusa et plusieurs autres docteurs ont supposé le monde infini, sans qu'ils avaient jamais été repris par l'Èglise pour ce sujet; au contraire on croit que c'est honorer Dieu, que de faire concevoir ses œuvres fort grands. Et mon opinion est moins difficile à recevoir que la leur, pource que je ne dis pas que le monde soit infini mais indéfini seulement. En quoi il y a une différence assez remarquable: car pour dire qu'une chose est infinie on doit avoir quelque raison qui la fasse connaître telle, ce qu'on ne peut avoir que de Dieu seul; mais pour dire qu'elle est indéfinie il suffit de n'avoir pas de raison pour laquelle on puisse prouver qu'elle ait des bornes. Ainsi il me semble qu'on ne peut prouver ni même concevoir qu'il y ait des bornes en la matière dont le monde est composé.

An Chanut, 6. Juni 1647. Corresp. CDLXXXVIII. V, 51 f.

Hier benützt Descartes einen terminologischen Unterschied, um die reelle

Verwandtschaft seiner Theorien mit derjenigen von Nicolaus von Kues leugnen zu können. In Wirklichkeit entspricht die cusanische Lehre von den zweierlei verschiedenen Unendlichkeiten – Gott und der Welt, derjenigen von Descartes fast vollkommen.

245. ... et il[1]) suppose aussi qu'il ne peut y avoir de nombre infiny etc., ce qu'il ne sçaurait prouver non plus; et ainsi tout ce qu'il met jusque à la fin est fort éloigné de l'évidence ...

An Mersenne, 28. Januar 1641. Corresp. CCXXIX. III, 294.

[1]) Morin, der ein Buch geschrieben hatte: Quod Deus sit, Mundusque ab ipso creatus fuerit in tempore, Paris 1635.

Mais à propos de l'infini ... vous disiez que s'il y avait une ligne infinie elle aurait un nombre infini de pieds et de toises et par conséquent que le nombre infini des pieds serait 6 fois plus grand que le nombre des toises. – *Concedo totum.* – Doncques ce dernier n'est pas infini. – *Nego consequentiam.* – Mais un infini ne peut être plus grand que l'autre. – Pourquoy non? *Quid absurdi?* principalement s'il est seulement plus grand *in ratione finita, ut hic ubi multiplicatio per 6 est ratio finita, quae nihil attinet ad infinitum.*

An Mersenne, 15. April 1630. Corresp. XXI. I, 146f.

246. Invenitur enim in rebus aliquid magis et minus bonum et verum et nobile et sic de aliis huiusmodi. Sed magis et minus dicuntur de diversis, secundum quod appropinquant diversi modi ad aliquid quod maxime est: sicut magis calidum est, quod magis appropinquat maxime caldo. Est igitur aliquid quod est verissimum, et optimum et nobilissimum et per consequens maxime ens: nam quae sunt maxime vera, sunt maxime entia ... Quod autem dicitur maxime tale in aliquo genere, est causa omnium, quae sunt illius generis; sicut ignis, qui est maxime calidus est causa omnium calidorum ... Ergo est aliquid, quod omnibus entibus est causa esse, et bonitatis et cuiuslibet perfectionis et hoc dicitur Deus.

S. th. I, q. 2 a. 3.

248. ... explicite possumus prius cognoscere nostram imperfectionem, quam Dei perfectionem, quia possumus prius ad nos attendere quam ad Deum et prius concludere nostram finitatem, quam illius infinitatem; sed tamen implicite semper praecedere debet cognitio Dei et eius perfectionum, quam nostri et nostrarum imperfectionum. Nam in seipsa prior est Dei infinita perfectio, quam nostra imperfectio, quoniam nostra imperfectio est defectum et negatio perfectionis Dei; omnis autem defectus et negatio praesupponit eam rem a qua deficit, et quam negat.

Ms. von Göttingen, 16. April 1648. Corresp. DXIV. V, 15.

249. … il n'y a rien au monde qui soit de soy plus évident et plus certain que l'existence de Dieu et de l'âme humaine …

… en s'arretant assez longtemps sur cette méditation on acquiert peu à peu une connaissance très claire, et si j'ose ainsi parler, intuitive, de la nature intellectuelle en général, l'idée de laquelle, estant considerée sans limitation est celle qui nous représente Dieu, et limitée est celle d'un ange ou d'une nature humaine.

März 1637. Corresp. LXXI. I, 353.

250. Capit autem intellectus terminorum significata, cum comprehendit, quid est unumquodque per definitionem. Sed definitio habet fieri per superiora et illa per superiora definiri habent, usquequo veniatur ad suprema et generalissima, quibus ignoratis non possunt intelligi definitive inferiora. Nisi igitur cognoscatur, quid est ens per se, non potest plene sciri definitio alicuius rei specialis substantiae. Nec ens per se cognosci potest, nisi cognoscatur cum suis conditionibus, quae sunt: unum, verum, bonum.

Itinerarium III, § 3.

251. Cum autem non esse privatio sit essendi, non cadit in intellectum nisi per esse; esse autem non cadit per aliud, quia omne, quod intelligitur, aut intelligitur ut non ens, aut ut ens in potentia, aut ut ens in actu. Si igitur non ens non potest intelligi nisi per ens, et ens in potentia non nisi per ens in actu; et esse nominat ipsum purum actum entis: esse igitur est quod primo cadit in intellectum, et illud esse est quod est purus actus. Sed hoc non est esse particulare, quod est esse actatum, quia permixtum est cum potentia, nec esse analogum, quia minime habet de actu, eo quod minime est. Restat igitur, quod illud esse est esse divinum.

Ebd. V, § 3.

252. Imago repraesentat secundum similitudinem speciei … vestigium autem repraesentat per modum effectus, qui sic repraesentat suam causam quod tamen ad speciei similitudinem non pertingit.

S. th. I, q. 93 a. 6. Cf. In sent. I, d. 3 q. 2 a. 1; De veritate X, a. 7.

253. Certum est quod ens ex se primo cadit in animam.

De decem praeceptis II, 3. Cf. De mysterio trinitatis q. 1 a. 1.

254. … inserta est animae rationali notitia sui, eo quod anima sibi praesens est et se ipsa cognoscibilis; sed Deus praesentissimus est ipsi animae et se ipso cognoscibilis: ergo inserta est ipsi animae notitia Dei sui.

… ostenditur, quod Deum esse sit menti humanae indubitabile, tanquam sibi naturaliter insertum; nullus enim dubitat nisi de eo, de quo non habet certam notitiam.

De mysterio trinitatis q. 1 a. 1 § 10.

255. Au fond cette première preuve n'établit pas du tout l'existence de Dieu: elle ne le fait en un mot que par la vertu cachée de l'argument ontologique, dont elle détermine, selon les vues très justes de Leibniz sinon dont elle épuise la force démonstrative. Mais par elle-même, elle ne va pas si loin, car de quoi s'y agit-il? de rendre compte de la présence de l'idée du parfait ou de l'infini en nous, d'expliquer la richesse de son contenu, ou comme dit Descartes, sa réalité objective.

Hannequin, Essais II, 242.

256. Nec Deus ostenderet potentiam suam esse immensam, si res tales efficeret, ut postea sine ipso esse possent; sed contra illam in hoc testantur esse finitam, quod res semel creatae non amplius ab eo penderent.

... Quamvis non dubitem, quin omnes ideam Dei, saltem implicitam, hoc est aptitudinem ad ipsam explicite percipiendam in se habeant, non mires tamen quod illam se habere non sentiant sive non advertant, nec forte etiam post millesimam mearum *Meditationum* lectionem sint adversarii.

Contra Hyperaspistem, August 1641. Corresp. CCL. III, 429 f.

Der Leser möge den ersten Absatz bei anderem Zusammenhang nicht außer Acht lassen.

257. ... hic accurate distingui debet inter intellectionem, conceptionem et imaginationem, quae distinctio est magni usus. E. g., Dei perfectiones non imaginamur, nec concipimus, sed intelligimus: quo modo Deus unico actu omnia intelligat, quomodo eius decreta sint idem cum ipso, non concipimus, sed intelligimus, quoniam hoc nobis, ut ita loquar, repraesentare non possumus. Sic enim Dei perfectiones et attributa non concipimus sed intelligimus: ut autem concipiamus, concipimus illa tanquam indefinita.

Ms. von Göttingen, 16. April 1648. Corresp. DXIV. V, 154.

258. ... on ne sçaurait nier d'avoir quelque idée de Dieu, si ce n'est qu'on dit qu'on n'entend pas ce que signifient les mots: la chose la plus parfaite que nous puissions concevoir ...

... c'est la confession la plus impie qu'on puisse faire que de dire de soi même, au sens que j'ai pris le mot d'idée, qu'on n'en a aucune de Dieu, car ce n'est pas seulement dire qu'on ne le connait pas par raison naturelle, mais aussi que ni par la foy, ni par aucun autre moyen on ne sçaurait rien sçavoir de lui ...

An Clersellier. IX, 209 f.

Cf. Anselm, Contra Gaunilonem, wo dieselben Gründe dem Skeptiker entgegengehalten sind.

259. … un esprit fini ne sçaurait comprendre Dieu qui est infini, mais cela n'empèche point qu'il ne l'aperçoive, ainsi que l'on peut bien toucher une montagne, encore que l'on ne la puisse embrasser.

An Clersellier. IX, 210.

260. … repugnat meo conceptui, ut mundo aliquem terminum tribuam, nec aliam habeo mensuram eorum quae affirmare debeo vel negare, quam propriam perceptionem. Dico idcirco mundum esse indeterminatum vel indefinitum, quia nullos in eo terminos agnosco; sed non ausim vocare infinitum, quia percipio Deum esse mundo maiorem, non ratione extensionis, quam, ut saepe dixi, nullam propriam in Deo intelligo, sed ratione perfectionis.

Repugnat conceptui meo, sive, quod idem est, putam implicare contradictionem, ut mundus sit finitus vel terminatus, quia non possum non concipere spatium ultra quoslibet praesuppositos mundi fines; tale autem spatium apud me est verum corpus.

An H. Morus, 15. April 1649. Corresp. DLIV. V, 344 f.

261. … je ne me sers jamais du mot d'infini pour signifier seulement n'avoir pas de fin, ce qui est négatif et à quoi j'ai appliqué le mot d'indéfini, mais pour signifier une chose réelle, qui est incomparablement plus grande que toutes celles qui ont quelque fin.

An Clersellier, 23. April 1649. Corresp. V, 356.

262. Quod ad nos attinet, nos non possumus unquam in illis terminum aliquem invenire, et sic nostro respectu sunt indefinita, quin etiam forsan infinita, nam indefinitum semper et semper multiplicatum, ut hic fit, est ipsum infinitum. Et sic forsan dicere possumus mundum esse infinitum; sic etiam de numero etc. Sed quantum ad Deum attinet, forsitan ille concipit et intelligit certos limites in mundo, numero, quanto et intelligit maius quid quam mundus, numerus etc.; et sic haec illi erunt finita …

Ms. von Göttingen, 16. April 1648. Corresp. DXIV. V, 167.

263. Verissimum est „non a nobis infinitum intelligi per limitationis negationem; et ex eo quod limitatio contineat negationem infiniti", perperam infertus „negationem limitationis continere cognitionem infiniti"; quia id, quo infinitum differt a finito, est reale ac positivum; contra autem limitatio, qua finitum differt ab infinito, est non ens, sive negatio entis; non autem

potest id quod non est, nos adducere in cognitionem eius quod est; sed contra ex rei cognitione percipi debet eius negatio …

… usus autem voluit ut per negationem negationis exprimatur … per hoc vero non significavi positivam naturam infiniti cognosci ex negatione …

Contra Hyperaspistem, August 1641. Corresp. CCL. III, 427.

264. … hoc esse non potest: non possem enim concipere imperfectum triangulum nisi in me esset idea perfecti, quia illud est huius negatio; et ideo viso triangulo concipio perfectum, ex cuius comparatione deinceps illud quod video animadverto imperfectum esse.

Ms. von Göttingen, 16. April 1648. Corresp. DXIV. V, 162.

265. Neque vero affectatae modestiae est, sed cautelae, meo iudicio, necessariae, quod quaedam dicam esse indefinita potius quam infinita. Solus enim Deus est, quem positive intelligo esse infinitum; de reliquis, ut de mundi extensione, de numero partium in quas materia est divisibilis et similibus, an sint simpliciter infinita necne, profiteor me nescire; scio tantum me in illis nullum finem agnoscere, atque idcirco respectu meo dico esse indefinita.

… dicendo eam esse indefinite extensam, dico ipsam latius extendi quam omne id quod ab homine concipi potest. Sed nihilominus existimo maximam esse differentiam inter amplitudinem istius corporeae extensionis et amplitudinem divinae, non dicam extensionis, utpote quae proprie loquendo nulla est, sed substantiae vel essentiae; ideoque hanc simpliciter infinitam, illam autem indefinitam appello.

An H. Morus, 5. Februar 1649. Corresp. DXXXVII. V, 274f.

266. Utrum divinum esse sit infinitissimum.

4. Item Damascenus I, 4: „Infinitus est Deus et incomprehensibilis et hoc solum est eius comprehensibile, scil. eius infinitas et incomprehensibilitas.“

6. Item, ratione: communis animi conceptio est, Deum esse quo nihil maius excogitari potest, nec a se nec ab alio; sed omni finito potest aliquid maius excogitari: ergo proprie et vere divinum esse habet conditionem infiniti.

7. Item, omni finito potest intelligi per duplicationem aliquid aequari sed divino esse nihil potest aequari, quantumcunque intelligatur duplicari, ergo necesse est divinum esse infinitum esse omni modo infinitatis.

De mysterio trinitatis IV, a. 1.

267. Infinitum vero per abnegationem termini circa quantitatem virtutis non dicit aliquam imperfectionem, sed summam perfectionem, quia non repugnat simplicitati, immo non potest esse, nisi in summe simplici; et tali

modo Scripturae auctoritas et fidei confessio ponunt infinitatem sive immensitatem in ipso Deo simplicissimo. Divinum igitur esse eo ipso est infinitum quo est summe simplex et simpliciter summum. Quia enim est summe simplex ideo unitum est summe in se et in suo posse: et quia summe in se unitissimum, ideo nihil habet contrahens, nihil limitans nihil determinans et nihil claudens in genere ac per hoc extra omnia et supra omnia.
Ebd. IV, 1 conclusio.

268. Cum „privationes et defectus nullatenus possint cognosci nisi per positiones", non venit intellectus noster ut plene resolvens intellectum alicuius entium creatorum, nisi iuvetur ab intellectu entis purissimi, actualissimi, completissimi et absoluti; quod est ens simpliciter et aeternum, in quo sunt rationes omnium in sua puritate. Quomodo autem sciret intellectus hoc esse ens defectivum et incompletum, si nullam haberet cognitionem entis absque omni defectu? Et sic de aliis.
Itinerarium III, n. 3.

269. Ens autem, cum possit cogitari ut diminutum et completum, ut imperfectum et ut perfectum …
Ebd.

270. Mira igitur est caecitas intellectus, qui non considerat illud quod prius videt et sine quo nihil potest cognoscere. Sed sicut oculus intentus in varias colorum differentias lucem, per quam videt cetera, non videt, et si videt, non advertit: sic oculus mentis nostrae, intentus in entia particularia et universalia, ipsum esse extra omne genus, licet primo occurrat menti, et per ipsum alia, tamen non advertit. Unde verissime apparet, quod „sicut oculus vespertilionis se habet ad lucem, ita se habet oculus mentis nostrae ad manifestissima naturae".
Ebd. V, n. 4.

271. … melius non dicitur nisi per accessum ad optimum; accessus autem est secundum maiorem assimilationem: nullus ergo scit utrum hoc sit illo melius, nisi sciat, illud optimo magis assimilari. Nullus autem scit, aliquid alio magis assimilari, nisi illud cognoscat … omni igitur consilianti necessario est impressa notio summi boni.
Ebd. III, n 4. Cf. Augustinus, De trinitate VIII, 3 n. 4.

272. Ideo immensum, quia perfectissimum. Quia enim perfectissimum, nihil potest cogitari ultra ipsum melius, et omne tale est immensum.
Itinerarium V, n. 7.

273. Nonne Domine Deus intelligibilia sunt infinita, et haec actu in intellectu omnia intelligente? ergo et natura, cui intellectus est idem, est infinita, ergo intellectus illa simul actu intelligens est infinitus; talis est Deus noster intellectus tuus.

De primo principio IV, n. 15.

Intelligibilia sunt infinita in potentia respectu intellectus creati, satis patet, et in intellecto increato sunt simul omnia intellecta actu, quae a creato sunt successive intelligibilia; ergo sunt ibi actu infinita intellecta.

Op. ox. I, d. II q. 2. n. 30.

... dicendum cum antiquo Doctore Bonaventura, quod in Deo sunt infinitae ideae. Propter tamen infinitatem vitandam forte negaverunt alias ideas esse individuorum et partium in toto.

Reportata Parisiensia I, d. 39 q. 4 n. 20.

274. De infinito est dicendum quod infinitum, ut dicetur de Deo, potest accipi negative et positive. Quando accipitur negative, tunc est sensus, Deus est infinitus, id est, nullo fine clauditur nec extrinseco nec etiam intrinseco ... Alio modo potest accipi infinitum positive, licet enim infinitum secundum nomen significandi dicatur negative cum negatione finiti, tamen ut dicitur de Deo, significatur primo et significari intenditur aliquid realiter positum. Quiqumque enim dicit infinitum Deum, intendit quod dignitatis et perfectionis est significare in Deo. Unde per infinitum intenditur illud poni in perfectione divina ad quod consequitur exclusio sive negatio cuiuslibet termini et finis tam intrinseci quam extrinseci. Per infinitum enim dictum de Deo intelligitur illud significare, quo Deus omne finitum excedit, quod non potest esse negatio tantum, sed necessario est aliquid positivum maximae dignitatis et perfectionis. Quod autem talia positiva et tales perfectiones per nomina negativa significentur, hoc est quia talia positiva et tales perfectiones sunt nobis magis ignotae quam eorum contraria et ideo: talia positiva significamus per nomina negativa, et eorum contraria per nomina positiva.

Duns Scotus, Miscellanea q. 5, n. 20.

275. ... perfectissimus conceptus possibilis haberi de Deo a viatore ex puris naturalibus et ad quem ultimate terminatur investigatio humana est conceptus entis infiniti, accipiendo infinitum positive sicut expositum est ...

Ebd. q. 5 conclusio 5 n. 24.

276. Conceptus perfectior et simplicior nobis possibilis est conceptus entis simpliciter infiniti. Iste enim simplicior quam conceptus entis boni vel entis veri vel aliquorum similium, quia infinitum non est quasi attributum vel passio entis sive eius de quo dicitur, sed dicit modum intrinsecum illius

entitatis. … Perfectio … probatur quia … iste conceptus inter omnes a nobis conceptibiles virtualiter plura includit.

Op. ox. I, d. 3 q. 2 n. 17.

277. Confuse dicitur aliquid concipi quando concipitur sicut exprimitur per nomen; distincte vero quando concipitur, sicut exprimitur per definitionem.

Ebd., n. 21.

… nihil concipitur distincte, nisi quando concipitur omnia quae includuntur in ratione eius essentiali. Ens includitur quidditative in omnibus: conceptibus quidditativis inferioribus. Ergo nullus conceptus inferior, distincte concipitur nisi concepto ente. Ens autem non potest concipi nisi distincte quod habet conceptum simpliciter simplicem: ergo potest concipi distincte sine aliis, et alii non sine eo distincte concepto. Ergo ens est primus conceptus distincte conceptibilis. Ex hoc sequitur, quod ea, quae sunt sibi propinquiora, sunt priora …

Ebd., n. 24.

278. Infinitum est quod omne finitum datum, secundum nullam mensuram terminatam praecise excedit; sed ultra omnem habitudinem assignabilem adhuc excedit.

De primo principio IV, 23.

279. Mirum est autem, si nulli intellectui talis contradictio patens fiat circa eius primum obiectum, cum discordia in sono ita faciliter offendat auditum; si enim est disconveniens, statim percipitur et offendit, cur nullus intellectus ab intelligibili infinito naturaliter refugit, sicut a non conveniente imo suum obiectum primum destruente?

Op. ox. I, d. 2 q. 2 n. 32. Cf. Reportata Parisiensia I, d. 2 q. 3 n. 1, 2, 8; De primo principio IV, 25.

280. J'ai dû aussi distinguer entre les idées qui sont nées avec nous celles qui viennent d'ailleurs, ou sont faites par nous, pour prévenir l'opinion de ceux qui pourroient dire que l'idée de Dieu est faite par nous ou acquise par ce que nous en avons ouy dire.

Enfin je n'aurois pû dire, „qu'il se présente encore une autre voye", si je n'avois auparavant rejetté toutes les autres … [de démontrer l'existence de Dieu].

An Clersellier, 23. April 1649. Corresp. DLVII. V, 354f.

281. … notare oportet non agi de essentia ideae, secundum quam ipsa est tantum modus quidam in mente humana existens, qui modus homine non

est perfectior, sed de eius perfectione obiectiva, quam principia metaphysica docent debere contineri formaliter vel eminenter in eius causa.

An Regius, Juni 1642. Corresp. CCLXXX. III, 566.

282. Quantum ad obiectiones, in prima dicitis: „ex eo quod in nobis sit aliquid sapientiae, potentiae, bonitatis, quantitatis etc. nos formare ideam infinitae vel saltem indefinitae sapientiae, potentiae, bonitatis, et aliarum perfectionum quae Deo tribuuntur, ut etiam ideam infinitae quantitatis"; quod totum libens concedo, et plane mihi persuadeo non esse aliam in nobis ideam Dei, quam quae hoc pacto formatur. Sed tota vis mei argumenti est, quod contendam me non posse esse talis naturae ut illas perfectiones, quae minutae in me sunt, possim cogitando in infinitum extendere, nisi originem nostram haberemus ab Ente, in quo actu reperiantur infinitae; ut neque ex inspectione exigua quantitatis, sive corporis finiti, possem concipere quantitatem indefinitam, nisi mundi etiam magnitudo esset vel saltem esse posset indefinita.

An Regius, 24. Mai 1640. Corresp. CXC. III, 64.

283. Ubi ergo te inveni ut discerem te? Neque enim iam eras in memoria mea priusquam te discerem. Ubi ergo inveni te ut discerem te nisi in te supra me? Est nusquam locus, et recedimus et accedimus et nusquam locus. Ubique veritas praesides omnibus consulentibus te ...

Confessiones X, 26.

284. Il importe peu que ma seconde démonstration, fondée sur notre propre existence, soit considérée comme différente de la première, ou seulement comme une explication de cette première ... toutes ces démonstrations prises des effets ne sont pas accomplies ... si nous n'y joignons l'idée que nous avons de Dieu ...

... encore qu'on admette une première cause, qui me conserve, je ne puis dire qu'elle soit Dieu si je n'ay véritablement l'idée de Dieu. Ce que j'ai insinué, en ma réponse aux premières objections mais en peu de mots afin de ne pas mépriser les raisons des autres, qui admettent communement que *non datur progressus in infinitum*. Et moy je ne l'admets pas, au contraire, je croy que *datur revera talis progressus* ...

Je ne sçache point avoir déterminé que Dieu fait toujours ce qu'il connaît être le plus parfait et il ne me semble pas qu'un esprit fini puisse juger de cela. Mais j'ai taché d'éclaircir la difficulté proposée touchant la cause des erreurs, en supposant que Dieu ait créé le monde très parfait.

An Mesland, 2. Mai 1641. Corresp. CCCXLVII. IV, 112 f.

285. … fundata est haec generalis notitia [Deum esse] in maiorum traditione, et institutione tam filiorum a parentibus, quam imperitorum a doctoribus. Ex quo enim generalis fama apud omnes gentes percrevit et recepta est …
Suarez, Disputationes metaphysicae XXIX, 36.

286.		
	ens posterius	ens prius
	ens ab alio	ens non ab alio
	ens possibile	ens necessariu
	ens respectivum	ens absolutum
	ens diminitum sive	
	ens secundum quid	ens simpliciter
	ens propter aliud	ens propter se ipsum
	ens per participationem	ens per essentiam
	ens in potentia	ens in actu
	ens compositum	ens simplex
	ens mutabile	ens immutabile
	ens diminutum	ens completum
	ens imperfectum	ens perfectum
	ens dependens	ens absolutum
	ens finitum	ens infinitum
	ens compositum	ens purum
	ens in parte	ens totaliter
	ens transiens	ens manens
	ens per aliud	ens per se

Die aus dem *Itinerarium* und *De mysterio trinitatis* entnommene Tafel der Begriffskorrelationen.
Cf. Grunwald, Geschichte der Gottesbeweise, Münster 1907.

287. Haec autem cognitio neque in omnibus provenit ex demonstratione, quia non omnes sunt capaces eius, nec ex sola terminorum evidentia: nam licet demus nomine Dei significari ens per se necessarium, quo magis cogitari non possit, ut vult Anselmus, sumpsitque ex Augustini libro 1. *De doctrina christiana* c. 7 tamen non statim est evidens an significatum illius vocis sit vera aliqua res, vel solum sit aliquid confictum, vel excogitatum a nobis. Duplici ergo ex capite oriri potuit haec notitia: primo ex maxima proportione quam haec veritas habet cum natura hominis: proposita enim hac veritate et explicatis terminis, quamquam non statim appareat omnino evidens, statim tamen apparet per se consentanea rationi et facillime persuadetur homini non omnino prave affecto. Quia nihil apparet in ea veritate quod repugnet aut difficilem creditu eam reddat: et e contrario multa sunt quae statim inclinant ad assentiendum illi veritati.

Nam si homo in seipsum reflectatur, cognoscit se non esse a se, neque sibi sufficere ad suam perfectionem, nec creaturas omnes quas experitur sibi satisfacere: imo agnoscit in se naturam excellentiorem illis, quamquam in suo gradu imperfectam quia tam in cognoscendo verum, quam in amando bonum, sese agnoscit imbecillem et infirmum. Unde facillimo negotio homo sibi persuadet indigere se superiori natura, a qua ducat originem et a qua regatur et gubernetur.

Suarez, Disputationes metaphysicae XXIX, 35.

Man sieht die Analogie mit dem Bonaventura-Cartesianischen Beweisgang.

288. Addiderim tamen, quamvis in rigore non sit notum nobis Deum esse tanquam omnino evidens, esse tamen veritatem hanc adeo consentaneam naturali lumini et omnium hominum consensioni ut vix possit ab aliquo ignorari, unde Augustinus *tractatu 106 in Joannem* tractans verba illa: Manifestavi nomen tuum hominibus, inquit, non illud nomen tuum quo vocaris Deus, sed illud quo vocaris Pater meus. Nam quo Deus dicitur universae creaturae et omnibus gentibus antequam in Christum crederent, non omni modo esse potuit hoc nomen ignoratum.

Alio modo id potest intelligi de cognitione veri Dei per conceptum supremi entis quo maius esse non potest, quodque sit principium ceterorum et hoc modo videtur loqui Augustinus citato loco.

Et eodem sensu dixerunt Tertullianus *in Apolog.* cap. 17, et Cyprianus *de idolo vanitatis*: Summa delicti est nolle eum cognoscere quam ignorare non possit, et in eodem dixerunt alii, quos supra citavi, hominibus esse naturaliter insitam cognitionem veri Dei.

Suarez, Disputationes metaphysicae XXIX, 34.

289. … je crois aussi que tout ce qui se trouve en ces idées, est nécessairement dans les choses …

An Mersenne, 19. Januar 1642. Corresp. CCLXII. III, 474.

290. J'ai tiré la preuve de l'existence de Dieu de l'idée que je trouve en moy d'un Estre souverainement parfait, qui est la notion ordinaire que l'on en a. Et il est vray que la simple considération d'un tel Estre nous conduit si aisément à la connaissance de son existence, que c'est presque la même chose de concevoir Dieu et de concevoir qu'il existe; mais cela n'empesche pas que l'idée que nous avons de Dieu ou d'un Estre souverainement parfait ne soit fort différente de cette proposition: „Dieu existe“ et que l'un ne puisse servir de moyen ou d'antécédant pour prouver l'autre.

An Mersenne, Juli 1641. Corresp. CCXLVI. III, 396.

291.... il aurait dû apercevoir, comme l'a si bien vu Leibniz, qu'il y a lieu de rechercher à propos de toute notion composée, si c'est une vraie notion ou seulement une pseudo-notion, c'est à dire si les éléments que la notion assemble sont ou non compatibles.

Hamelin, 113.

Er hat es wohl gesehen, aber da die Idee Gottes eine einfache, nicht zusammengesetzte Idee ist, kann sie keinen Widerspruch enthalten. Die Prädikate, die wir Gott beilegen, sind keine Bestandteile dieser Idee; sie sind durch eine Analyse gegeben, jedoch eine Analyse besonderer Art, und übrigens, da sie alle positiv sind, können sie, Descartes' Meinung nach, nicht widerstreiten. Etwas anderes hat auch Leibniz nicht gefunden.

292. Quidquid est realitatis sive perfectionis.

Descartes, Axiom IV. VII, 164.

... Cui desit existentia (hoc est cui desit aliqua perfectio).

Ebd.

293. En effet la perfection importe d'abord sa propre existence ou l'existence de l'être parfait; par là s'explique ensuite l'existence des êtres imparfaits qui ne se jugent tels que parce qu'ils ont l'idèe de la perfection.

Adam, 138.

294. La vérité est que, entre la perfection d'une part et l'existence de l'autre Descartes met non pas un rapport de contenance, mais un lieu autrement étroit de convenance et de raison; pour lui comme pour Leibniz, toute essence exige l'être, et une puissance d'être.

Hannequin, II, 260.

295. ... asserui existentiam ad rationem Entis summe perfecti non minus pertinere, quam tria latera ad rationem trianguli, quod etiam potest absque adaequata Dei cognitione intelligi.

Responsiones Primae. VII, 114 f.

... etsi enim possim intelligere triangulum, abstrahendo ab eo quod eius tres anguli sint aequales duobus rectis, non possum tamen de eo id negare per claram et distinctam operationem, hoc est recte intelligendo hoc quod dico.

Ebd., 117 f. Cf. Anselmus, Contra Gaunilonem, 8.

... plane falleris, cum ais non demonstrari existentiam de Deo, ut demonstratur de triangulo quod eius tres anguli sint aequales duobus rectis: utriusque enim est par ratio, nisi quod demonstratio probans in Deo existentiam sit altera multo simplicior et clarior.

Responsiones Quintae. VII, 384.

296. La première et la principale est qu'il y a un Dieu, de qui toutes choses dépendent, dont les perfections sont infinies, dont le pouvoir est immense, dont les décrets sont infaillibles …

An Elisabeth, 15. September 1645. Corresp. CDIII. IV, 291.

… magna differentia est inter eiusmodi falsas positiones, et ideas veras mihi ingenitas, quarum prima et praecipua est idea Dei. Nam sane multis modis intelligo illam non esse quid fictitium a cogitatione mea dependens, sed imaginem verae et immutabilis naturae: ut, primo, quia nulla alia res potest a me excogitari, ad eius essentiam existentia pertineat, praeter solum Deum, deinde … quia … plane videam esse necessarium ut et ante ab aeterno existerit, et in aeternum sit mansurus; ac denique, quod multa alia in Deo percipiam, quorum nihil a me detrahi potest nec mutari.

Meditationes V. VII, 68.

297. … etiamsi satis advertamus existentiam ad Dei essentiam pertinere, non tamen inde concludimus Deum existere, quia nescimus an eius essentia sit immutabilis et vera, an tantum a nobis efficta …

… in eorum quidem omnium, quae clare et distincte intelliguntur, conceptu sive idea existentiam possibilem contineri, sed nullibi necessariam nisi in sola idea Dei … quia non intelligimus necesse esse ut actualis existentia cum aliis ipsarum proprietatibus coniuncta sit; ex hoc autem quod intelligamus existentiam actualem necessario et semper cum reliquis Dei attributis esse coniunctam, sequi omnino Deum existere.

Responsiones primae. VII, 117.

298. Itaque ad utendum exceptione quam subiungitis … nisi eius rei natura sit possibilis, sive non repugnet. Sed videte, quaeso, quam parum valeat haec exceptio.

Vel enim, ut vulgo omnes, per possibile intelligitis illud omne quod non repugnat humano conceptui; … nihil in ipsa supposui nisi quod clare et distincte perciperemus debere ad illam pertinere, adeo ut conceptui repugnare non possit. Vel certe fingitis aliquam aliam possibilitatem ex parte ipsius obiecti …

Responsiones secundae. VII, 150.

299. Denique non dixi impossibile esse ut aliquid sit causa efficiens sui ipsius …

Dictat autem profecto lumen naturae nullam rem existere, de qua non liceat petere cur existat … Sed plane admitto aliquid esse posse, in quo sit tanta et tam inexhausta potentia, ut nullius unquam ope egerit ut existeret, neque etiam nunc egeat ut conservetur, atque adeo sit quodammodo sui causa; Deumque talem esse intelligo …

... tamen est notandum, non intelligi conservationem quae fiat per positivum ullum causae efficientis influxum, sed tantum quod Dei essentia sit talis, ut non possit non semper existere.

Responsiones primae. VII, 108 f.

300. ... negativam verbi a se acceptionem a sola intellectus humani imperfectione procedere, nullamque in rebus habere fundamentum: quandam vero aliam esse positivam, quae a rerum veritate petita est, et de qua sola meum argumentum processit ...

... cum dicimus Deum a se esse, possumus quidem etiam intelligere istud negative, ita scilicet ut tantum sensus sit, nullam esse eius causam; sed, si prius de causa cur sit, sive cur esse perseveret, inquisivimus, attendentesque ad immensam et incomprehensibilem potentiam quae in eius idea continetur, tam exuberantem illam agnovimus, ut plane sit causa cur ille esse perseveret nec alia praeter ipsam esse possit, dicimus Deum a se esse, non amplius negative, sed quam maxime positive ...

... a reali eius potentiae immensitate ... esse a se ipso positive.

Ebd. VII, 110 f.

301. ... quaerenti cur Deus existat, non quidem esse respondendum per causam efficientem proprie dictam, sed tantum per ipsam rei essentiam, sive causam formalem, quae propter hoc ipsum quod in Deo existentia non distinguatur ab essentia, magnam habet analogiam cum efficiente, ideoque quasi causa efficiens vocari potest.

Responsiones quartae. VII, 243.

Cum autem integram rei essentiam pro causa formali hic sumo, Aristotelis vestigio tantum sequor: nam lib⟨ro⟩ II *anal*⟨yticorum⟩ *post*⟨eriorum⟩ *c. II, causa materiali praetermissa, primam nominat* αἰτίαν τὸ τὶ ἦν εἶναι, *sive ut vulgo vertunt Latini philosophi, causam formalem, illamque ad omnes omnium rerum essentias extendit ...*

Ebd., 242.

Quicunque enim solius luminis naturalis ductum sequuntur, sponte sibi formant hoc in loco conceptum quendam causae efficienti et formali communem, ita scilicet ut quod est ab alio, sit ab ipso tanquam a causa efficiente; quod autem est a se, sit tanquam a causa formali, hoc est, quia talem habet essentiam, ut causa efficiente non egeat; ideoque istud in *Meditationibus* meis non explicui, sed tanquam per se notum praetermisi.

Ebd., 238.

302. ... cum non modo existentiam, sed etiam existentiae negationem intelligamus, nihil possumus fingere ita esse a se, ut nulla danda sit ratio cur potius existat quam non existat, hoc est ut illud a se non debeamus inter-

pretari tanquam a causa, propter exuberantiam potestatis, quam in uno Deo esse posse facillime demonstratur.

Responsiones primae. VII, 112.

303. Utrum Deum esse sit per se notum.

2. … dicuntur esse per se nota quae statim cognitis terminis cognoscuntur.

Sed intellecto quid significet hoc nomen Deus, statim habetur quod Deus est. Significatur enim hoc nomine id quo maius significari non potest: maius autem est quod est in re et intellectu, quam quod est in intellectu tantum: unde cum, intellecto hoc nomine Deus statim sit in intellectu, sequitur etiam quod sit in re: ergo Deum esse per se notum.

Respondeo dicendum quod contingit aliquid esse per se notum dupliciter. Uno modo secundum se et non quoad nos, alio modo secundum se et quoad nos. Ex hoc enim aliqua propositio est per se nota quod praedicatum includitur in ratione subiecti.

Dico ergo quod haec propositio „Deus est" quantum in se est, per se nota est, quia praedicatum est idem cum subiecto; Deus enim est suum esse …

Sed quia nos non scimus de Deo quid est non est nobis per se nota …

S. th. I, q. 2 a. 1.

Illa enim per se esse nota dicuntur, quae statim, notis terminis, cognoscuntur; sicut: cognito, quid est totum et quid est pars, statim cognoscitur quod omne totum est maius sua parte. Huiusmodi autem est hoc quod dicimus Deum esse; nam nomine Dei intelligimus aliquid quo maius cogitari non potest. Hoc autem in intellectu formatur ab eo qui audit et intelligit nomen Dei, ut sic, saltem in intellectu, iam Deum esse opporteat. Nec potest in intellectu solum esse, nam quod in intellectu et in re est, maius est eo, quod in solo intellectu est. Deo autem nihil est maius, ut ipsa nominis ratio demonstrat. Unde restat quod Deum esse per se notum est, quasi ex ipsa significatione nominis manifestum sit.

Item: cogitari quidem potest quod aliquid sit, quod non possit cogitari non esse, quod maius est evidenter eo, quod potest cogitari non esse. Sic ergo Deo aliquid maius cogitari posset, si ipse posset cogitari non esse, quod est contra rationem nominis. Reliquatur igitur quod Deum esse per se notum est.

Contra gentiles I, 10.

… non distinguitur quod est notum per se simpliciter et quod quoad nos notum est. Nam simpliciter quidem Deum esse per se notum est, quum hoc ipsum quod Deus est, sit suum esse. Sed quia hoc ipsum quod Deus est, mente concipere non possumus, remanet ignotum quoad nos …

Nec opportet ut statim cognita huius nominis, Deus, significatione, Deum esse sit notum, ut prima ratio intendebat. Primo quidem, quia non omnibus notum est, etiam concedentibus Deum esse, quod Deus sit id quo maius cogitari non possit …

Deinde quia dato quod ab omnibus per hoc nomen, Deus, intelligatur aliquid quo maius cogitari non possit, non necesse erit aliquid esse, quo cogitari maius non possit, in rerum natura. Eodem enim modo necesse est poni rem et nominis rationem. Ex hoc autem, quod mente concipitur quod profertur hoc nomine, Deus, non sequitur Deum esse, nisi in intellectu … et ex hoc non sequitur, quod sit aliquid in rerum natura, quo maius cogitari non possit. Et sic nullum inconveniens accedit ponentibus Deum non esse.

Ebd. I, 11.

304. Utrum Deum esse sit per se notum menti humanae, sicut prima principia demonstrationis, quae non possunt cogitari non esse.

Quaeritur:

2. … Deus est quo maius cogitari non potest, ut Anselmus dicit, sed illud quod potest cogitari non esse, est minus illo, quod non potest cogitari non esse: ergo Deus non potest cogitari non esse.

Respondeo:

Alii vero ut Anselmus opinantur quod Deum esse sit per se notum in tantum ut nullus possit cogitare interius Deum non esse, quamvis hoc possit exterius proferre, et verba, quibus profert, cogitare interius.

De veritate X, 12.

305. Ad secundum sic proceditur: Videtur quod Deum esse sit per se notum.

4. Praeterea, illud est per se notum quod non potest cogitari non esse; sed Deus non potest cogitari non esse: ergo ipsum esse per se est notum. Probatio mediae est per Anselmum dicentem: Deus est quo maius cogitari non potest. Sed illud, quod non potest cogitari non esse est maius eo quod potest cogitari non esse; ergo Deus non potest cogitari non esse …

Respondeo quod de cognitione alicuius rei potest aliquis dupliciter loqui: aut secundum ipsam rem, aut quoad nos. Loquendo igitur de Deo secundum se, ipsum esse est per se notum et ipse est per se intellectus, non per hoc quod faciamus ipsum intelligibilem, sicut materialia facimus intelligibilia in actu. Loquendo autem de Deo per comparationem ad nos, sic iterum dupliciter potest considerari. Aut secundum suam similitudinem et participationem, et hoc modo ipsum esse est per se notum; nihil enim cognoscitur nisi per veritatem suam, quae est a Deo exemplata; veritatem autem esse per se notam. Aut secundum suppositum, id est considerando ipsum Deum secundum quod est in natura sua quid incorporeum; et hoc modo non est per se notum …

Ad quartum dicendum quod ratio Anselmi ita intelligenda est: quod postquam intelligimus Deum, non potest intelligi quod sit Deus et possit cogitari non esse; sed tamen ex hoc non sequitur, quod aliquis non possit negare vel cogitare Deum non esse; potest enim cogitare nihil eiusmodi esse, quo maius cogitari non possit; et ideo ratio sua procedit ex hoc suppositione, quod supponatur aliquid esse quo maius cogitari non potest.

In. sent. I, d. 3 q. 1 a 2.

306. ... Est enim dupliciter aliquid per se notum; scilicet secundum se et quoad nos. Deum igitur esse secundum se est per se notum, non autem quoad nos ... Ad hoc autem, quod sit per se notum, oportet, quod nobis sit cognita ratio subiecti, in qua concluditur praedicatum ... in Deo esse suum includitur in eius quidditatis ratione, quia in Deo idem est quid esse et esse ...

... et ideo secundum se est per se notum. Sed quia quidditas Dei non est nobis nota, ideo quoad nos Deum esse non est per se notum.

De veritate X, 12.

307. ... alii vero licet posteriorem illius sententiae partem amplectantur, quod nobis satis est, negant tamen priorem, quia non admittunt distinctionem illam, nec propositionem aliquam esse per se notam in se, quae non sit per se nota nobis, ut Scotus, Ocham, Gabriel, Henricus.

Suarez, Disputationes metaphysicae XXIX, 32.

308. Nec valet quod Philosophus hoc non vidit, quia multa non vidit quae oportet Theologus concedere.

Reportata Parisiensia II, d. 3 q. 4 n. 16.

Multa enim non posuerunt Philosophi, quae tamen possunt cognosci per naturalem rationem ...

Ebd., d. 1 q. 3 n. 11.

... imo plura dixerunt sine demonstratione quam cum demonstratione ...

Ebd. q. 4 n. 20.

309. Aliqua natura eminens est, simpliciter prima secundum perfectionem. Hoc patet in ordine essentiali, quia secundum Aristotelem formae se habent sicut numeri, VIII *Met⟨aphysicorum⟩* In hoc ordine statuit quod probatur illis quinque rationibus, quae de statu in effectivis sunt superius adductae.

Op. ox. I, d. II q. 2 p. conclusio 1.

310. Schon Duns Scotus bestritt den Begriff eines notwendigen Seins aus sich selbst und warf damit im Grunde alle Gottesbeweise über den Haufen.

Harnack, Lehrbuch der Dogmengeschichte III, 466.

311. Dico quod propositio illa est per se nota, quae coniungit ista extrema „esse“ et „essentiam divinam“ ut est haec, Deum et esse sibi proprium.

Op. ox. I, d. 2 q. 2 n. 4.

312. Cui repugnat esse ab alio, si est possibile, est.

Probatur: cuius rationi repugnat posse esse ab alio, illud si potest esse, potest esse a se ... et ita est a se.

De primo principio III, 2.

... potest colorari ratio Anselmi de summo cogitabili; intelligenda est descriptio eius sic: Deus est quo cogitato sine contradictione maius cogitari non potest, sine contradictione; nam in cuius cogitatione includitur contradictio illud debet dici non cogitabile et ita est. Duo enim sunt tunc cogitabilia opposita, quae nullo modo faciunt unum cogitabile quia neutrum determinat alterum. Sequitur autem tale summe cogitabile est in re; per quod describitur Deus.

Summum cogitabile est infinitum.

Ebd. IV, 24.

313. Per illud potest colorari illa ratio Anselmi, de summo cogitabili *Prosl⟨ogion⟩* I et intelligenda est eius descriptio sic:

Deus est, quo cogitato sine contradictione maius cogitari non potest sine contradictione. Et quod addendum sit „sine contradictione“, patet, nam in cuius cogitatione includitur contradictio, illud dicitur non cogitabile, quia tunc sunt duo cogitabilia opposita, nullo modo faciendo unum cogitabile, quia neutrum determinat alterum.

Summum cogitabile praedictum sine contradictione esse in re, probatur primo de esse quidditativo, quia in tali cogitabili summo summe quiescit intelligens; ergo in ipso summo est ratio primi obiecti intellectus. Scilicet entis et hoc in summo. Et arguitur ultra, quod illud sit loquendo de esse existentiae, quia summe cogitabile non est tantum in intellectu cogitante, quia tunc posset esse, quia est cogitabile possibile, et non posset esse, quia repugnat rationi eius esse ab alia causa, sicut patuit prius in secunda conclusione de primo effectivo. Maius igitur cogitabile est quod est in re, quam quod est tantum in intellectu. Non est autem hoc sic intelligendum, quod idem, si cogitetur, per hoc sit maius cogitabile si existat: sed omni quod est in intellectu, tantum maius est aliquod cogitabile quod est in re vel quod existit.

Vel aliter coloratur sic, maius cogitabile est, quod existit, id est, perfectius cognoscibile, quia visibile sive intelligibile intellectione intuitiva: quod autem non existit nec in se, nec in nobiliori, cui nihil addit, non est intellectualiter visibile: visibile autem est perfectius cognoscibili non visibili sed tantum intelligibili abstractive: ergo perfectissimum cognoscibile existit. De differentia intellectionis intuitivae et abstractivae et quomodo intuitiva est perfectior tangetur d. III et alias quando locum habebit.

Op. ox. I, d. 2 q. 2 n. 32.

Dico primo quod non tantum haberi potest conceptus naturaliter in quo quasi per accidens concipitur Deus, puta in aliquo attributo, sed etiam aliquid conceptus in quo per se et quidditative concipitur Deus.

Ebd., d. 3 q. 2 n. 5.

314. … primum obiectum intellectus divini et voluntatis divinae est solo essentia divina, et omnia alia sunt tamquam secundaria obiecta et producta aliquo modo in tali esse obiecti per intellectum divinum …

Ebd. n. 9.

… alia obiecta quae sunt secundaria ad intellectum et voluntatem divinam comparando quae non sunt ex se obiecta sed producta per intellectum et voluntatem [Dei] in esse obiecti …

Ebd. II, d. 1 q. 1 n. 13.

315. … intellectus divinus aut offert simplicia, quorum unio est contingens in re: aut si offert complexionem offert eam sicut neutram. Et voluntas eligens unam partem sc. coniunctionem istorum pro aliquo nunc in re, facit illud determinate esse verum …

Ebd. I, d. 39 q. 5 n. 23.

Intellectus divinus primo non est practicus, non apprehendit primo aliquid ut operandum, sed ostendit voluntati ut neutrum. Voluntas autem determinat se ad unam partem ponendi in esse vel non esse et tunc intellectus apprehendit veritatem eius.

Codex Palat⟨inus⟩ 993, zit. von Klein.

Oportet ergo totum universum esse sicut unum regnum vel sicut unus principatus et quod ab uno Rege seu Principe gubernetur, qui est Deus altissimus.

Conclusiones metaphysicae 78.

316. Dico … quod potentiae non distinguuntur realiter inter se nec ab essentia. Sunt formaliter distinctae idem tamen identice et unitive.

Op. ox. II, d. 15. n. 16.

Esto tamen, quod intellectus de aliquo ante apprehenderet, illud esse agendum, quam voluntas illud vellet, sicut apprehendit de hoc: Deus est diligendus; non sequitur naturali necessitate, illud apprehendit, et voluntas non potest discordare; ergo … in obiecto ut sc. velit vel nolit illud quod ostendit volendum, sed in modo tenendi in illud obiectum discordat. Vel magis proprie dicitur quia intellectus suo modo tendit in illud, sc. naturaliter, voluntas suo modo sc. libere.

Ebd. IV, d. 46 q. 1 n. 10f.

317. Quelques uns prétendent que rien n'est plus propre à faire voir combien M. Descartes était exercé dans la lecture des bons livres, que la qualité de son style ... Mais il se seroit recrié le premier contre cette imagination, luy qui vouloit faire croire à ses amis que quand son père ne l'auroit jamais fait étudier, il n'auroit pas laissé d'écrire les mêmes pensées, de la même manière, et peut être encore mieux qu'il n'a fait.

Baillet II, 470f.

318. Ses défenseurs avoient assez bien refuté les objections sur la Nouveauté, en faisant voir que les opinions n'étaient pas si nouvelles, et que plusieurs avaient été débitées longtemps avant lui. Ses envieux ... ont aussitôt accusé M. Descartes d'avoir volé les Anciens, et de s'être fait auteur de ce qu'il devait aux autres par une usurpation indigne d'un honnête homme.

Ebd., 531.

319. Pour ce qui touche la liberté de Dieu, je suis tout à fait de l'opinion que vous me mandez avoir esté expliquée par le P. Gibieu. Je n'avais point sceu qu'il eust fait imprimer quelque chose, mais je tacherais de faire venir son traité de Paris à la première commodité afin de le voir, et je suis grandement aise que mes opinions suivent les siennes.

An Mersenne, 27. Mai 1630. Corresp. XXII. I, 153.

Mon R⟨éverend⟩ P⟨ère⟩. J'ai enfin reçu les livres que vous m'avez fait la faveur de m'envoyer, et vous en remercie très humblement.

An Mersenne, Oktober 1631. Corresp. XXXVII. I, 220.

... quia, ut viventis hominis incorporeus spiritus tenetur naturaliter in corpore, sic facile per divinam potentiam teneri potest post mortem corporeo igne, etc. Vide Mag⟨istri Petri Lombardi⟩ lib⟨rum⟩ IV. Sent⟨entiarum⟩, d. 44.

Responsiones Sextae. VII, 428.

320. Ainsi je pense avoir entièrement démonstré l'existence de Dieu et l'immatérialité de l'âme humaine; mais, pour ce que cela dépend de plusieurs raisonnements qui s'entre-suivent, et que, si on en oublie la moindre circonstance, on ne peut bien entendre la conclusion, si je ne rencontre personnes bien capables et de grande réputation en Métaphysique ... je prévey qu'elles [mes raisonsl feront fort peu de fruit. Et il me semble que je suis obligé d'avoir plus de soin de donner quelque crédit à ce traité qui regarde la

gloire de Dieu que mon humeur ne me permettrait d'en avoir, s'il s'agissait d'une autre matière.

An Huygens, Juli 1640. Corresp. CXCVII. III, 103.

321. L'embarras où il se trouva, le fit recourir à Dieu pour le prier de lui faire connaître sa volonté, de vouloir l'éclairer et le conduire dans la recherche de la vérité. Il s'adressa ensuite à la sainte Vierge pour lui recommander cette affaire, qu'il jugeait la plus importante de sa vie. Et pour tacher d'intéresser cette bienheureuse Mère de Dieu d'une manière plus pressante, il prit l'occasion du voyage qu'il méditait en Italie dans peu de jours, pour former le vœu d'un pélerinage à N⟨otre⟩ D⟨ame⟩ de Lorette. Son zèle allait encore plus loin et lui fit promettre que dès qu'il serait à Venise, il se mettrait en chemin par terre pour faire le pélerinage à pied jusqu' à Lorette. …

Baillet I, 85.

322. Noli plus assentire quam ut ita tibi apparere persuadeas, et nulla deceptio est.

Contra academicos III, 11, 26.

Ist dies nicht *die* Cartesianische Methode?!

323. Voluntas divina ex se recte elicit velle respectu primi obiecti.

Op. ox. prol. q. 4 n. 40.

Nullo modo ergo intellectio est prior ut confirmativa seu regulativa volitionis … Voluntas est omnimodo regula sui in agendo.

Ebd. n. 36.

Voluntas infinita non potest non esse recta … igitur necessario est in actu recto.

Ebd. I, d. 10 q. un. n. 11.

Voluntas … infinita est necessario in actu volendi recto.

Reportata Parisiensia I, d. 10 q. 2 n. 4.

324. Ita dico hic quod, sicut ista est immediata et necessaria [veritas], voluntas divina contingenter vult bonitatem seu existentiam alterius et hoc, quia est talis [infinita] voluntas et illud est tale [finitum] bonum, nisi addamus generaliter unum breve, quod voluntas infinita … non necessario habet actum circa obiectum finitum, quia hoc esset imperfectionis necessario determinari ad posterius, et perfectionis requisitae est sic determinari ad prius …

Duns Scotus, Quodlibetum XVI, n. 19.

325. I. M. Foucher, le restaurateur de la Philosophie Académicienne, a merveilleusement renforcé l'imagination de ceux, qui veulent que la plus grande

partie des opinions metaphysiques de M. Descartes a été avancée par Platon et les Académiciens.

II. … Democrite.

III. Aristote … pour un peu d'Aristote que l'on croit transformé en Descartes dans le Philosophe moderne, ils débitent impunément du Descartes sous le nom d'Aristote en leurs classes … Plempius a pris la liberté de donner à Aristote le sentiment de M. Descartes sur le mouvement du cœur …

IV. La doctrine de M. Descartes avoit aussi quelque conformité avec celle d'Épicure, si nous en croyons M. de Sorbière et M. Bouilland, quoiqu'ils ne nous ayent pas marqué en quoi consiste précisément cette conformité …

V. D'autres Savants ont cru que notre Philosophe avait voulu faire revivre la Morale des Stoïciens dans la sienne. Et quant à leur Physique, on a remarqué que Zenon avait dit avant M. Descartes, que l'Univers était plein …

VI. Anaxagore, qui philosophait avant Démocrite et Platon, a crû que la matière était divisible á l'infini, ou plutôt en parties indéfinies …

VII. Leucippe … a vu l'un des premiers qu'il fallait expliquer les choses Physiques d'une manière mécanique … frayé le chemin à M. Descartes pour découvrir les Tourbillons …

VIII. … dans Lucrèce, dans Cicéron, dans Sénèque, et dans Plutarque, il se trouve des semences, dont nous voyons les fruits dans les écrits de M. Descartes …

IX. De toutes les rencontres que M. Descartes a pû faire avec les Anciens, il n'y a point qui l'ait surpris plus agréablement que celle de St. Augustin … principalement en ce qui concerne la distinction entre l'esprit et le corps et son grand principe de la pensée, d'où il conclut notre existence.

X. L'on met aussi St. Anselme au nombre des Anciens, de qui M. Descartes a pû profiter pour l'argument de l'existence de Dieu, qu'il tire de ce qu'un être très parfait, ou du moins le plus parfait que nous puissions concevoir, renferme une existence. L'argument se trouve dans le livre que ce Saint a écrit contre l'Insensé, pour répondre à un Auteur inconnu qui avait écrit en faveur de l'Insensé, contre un raisonnement qu'avait fait St. Anselme dans son livre intitulé *Proslogion.*

XI. Parmi les Modernes … Roger Bacon … le Fioravanti.

XII. Plusieurs ont cru que M. Descartes avait deterré la fameuse opinion de l'âme des bêtes, qu'il prenait pour des automates ou simples machines, dans le livre que Gomézius Péreira, Médecin espagnol, avait publié en 1554 sous le titre d'*Antoniana Margarita* …

Cette opinion était encore plus ancienne que St. Augustin, que Sénèque même et que les premiers Césars, selon l'observation de M. du Rondel qui la fait remonter jusqu'aux Stoïciens et aux Cyniques.

XIII. La chose qu'on enviait le plus à M. Descartes était la grande Hypothèse du Monde ... Bernardin Telesius, gentilhomme de Cosenza au Royaume de Naples.

XIV. Il a paru à quelques personnes que M. Descartes avait profité des lumières de Tycho Brahé.

XV. D'autres ont cru remarquer dans M. Descartes les mêmes idées que dans Jordanus Brunus touchant la vaste étendue et la grandeur indéfinie de l'Univers.

(Leibniz, Acta Erudit⟨orum⟩ I, 187.)

XVI. Viete

XVII. Snellius

XVIII. François Bacon ...

XXIII. Kepler: Tourbillons, Pesanteur, Optique.

XXIV. On a crû aussi que M. Descartes avait appris de Galilée.

Baillet II, Livre VIII cap. X passim.

326. Descartes, dont l'éducation fut surtout péripatéticienne ... certainement ne connaissait guère St. Augustin.

Nourisson 219.

Nourisson weist mit Recht auf den Aristotelismus der Bildung Descartes' – doch haben wir gesehen, daß er Augustinus sowie andere Denker der Vorzeit wie auch seiner Zeit sehr gut kennt. Auch war der Aristotelismus durchaus nicht mehr Herrscher. Man braucht sich in der Literatur der Zeit nur ein wenig umzusehen, um von der Stärke des neuen Platonismus überzeugt zu sein, zum Beispiel:

Indifferentiam quam non Platonica, id est divina, sed Peripatetica disceptatio, in puram libertatem iam pridem induxerat, hic auctor ita eliminat ...

St. Cyran, Approbation de *De libertate* de P. Gibieuf.

327. Zu den Lehrmeinungen Descartes', welche seine Abhängigkeit von der Scholastik bekunden, soll auch die von den angeborenen Ideen gehören.

... man wird nicht sagen dürfen, daß Descartes die Lehre von den angeborenen Ideen der Scholastik entlehnt habe. Sie hatte weder das Wort noch die Lehre in dem von ihm vertretenen Sinne.

Hertling II, 22, 36.

Wir können dieser Meinung durchaus nicht zustimmen. – Die Scholastik hatte beides – das Wort wie die Sache.

328. ... laissant de côté l'innéité des idées nous pouvons remarquer que Descartes parle trop souvent des idées, comme ce c'étaient à l'intérieur de la pensée des réalités que le sujet pensant eut à percevoir.

Hamelin, 178.

329. … cum adverterem, quasdam in me esse cogitationes, quae non ab obiectis externis, nec a voluntatis meae determinatione procedebant, sed a sola cogitandi facultate, quae in me est, ut ideas sive notiones quae sunt istarum cogitationum formae, ab aliis adventitiis aut factis distinguerem, illas innatas vocavi. Eodem sensu, quo dicimus, generositatem esse quibusdam familiis innatam, aliis vero quosdam morbos, ut podagram, vel calculum: non quod ideo istarum familiarum infantes morbis istis in utero matris laborent, sed quod nascantur cum quadam dispositione sive facultate ad illos contrahendos.

Notae in programma quaedam VIII. II, 357.

330. … non inde sequitur nos nihil de Deo naturaliter cognoscere posse, sive, quod nunc idem est, nullas de Deo notitias sibi impressas non esse; nec enim hic de aliquo habitu loquor, qui nobis in utero matris, statim atque in luce prodimus imprimatur, eo sensu quo Philosophi disputant, an primorum principiorum habitus insint nobis a natura.

Mersenne, Quaestiones, I, I a. 4 ad 15 col. 272.

331. … il y a en nous certaines notions primitives, qui sont comme des originaux, sur le patron desquels nous formons toutes nos autres connaissances. Et il n'y a que fort peu de telles notions …

… toute la science des hommes ne consiste qu'à bien distinguer ces notions et à d'attribuer chacune d'elles qu' aux choses auxquelles elles appartiennent …

Nous ne pouvons chercher ces notions simples ailleurs qu'en nostre âme qui les a toutes en soy par sa nature.

An Elisabeth, 21. Mai 1643. Corresp. CCCII. III, 665.

332. Habet enim humana mens nescio quid divini, in quo prima cogitationum utilium semina ita facta sunt, ut saepe, quantumvis neglecta et transversis studiis suffocata, spontaneam frugem producant.

Regulae ad directionem ingenii IV.

… prima quaedam veritatum semina humanis ingeniis a Natura insita …

Ebd. VI.

Pure intellectuales illae sunt, quae per lumen quoddam ingenitum, et absque ullius imaginis corporeae adiumento ab intellectu cognoscuntur.

Ebd. XII.

Naturas illas simplices esse omnes per se notas, et nunquam ullam falsitatem continere. Quod facile ostendetur, si distinguamus illam facultatem intellectus, per quam res intuetur et cognoscit, ab ea qua iudicat affirmando vel negando.

Ebd.

Dicimus quarto, coniunctionem harum rerum simplicium inter se esse vel necessariam vel contingentem. Necessaria est, cum una in alterius conceptu confusa quadam ratione ita implicatur, ut non possimus alterutram distincte concipere, si ab invicem seiunctas esse iudicemus.

Ebd.

333. … tria genera esse quaestionum, an sit, quid sit, quale sit; sonorem quidem quibus haec verba confecta sunt imagines teneo; et eos per auras cum strepitu transisse ac iam non esse scio. Res vero ipsas quae illis significentur sonis neque ullo sensu corporis attigi, nec uspiam vidi praeter animum meum et in memoria recondidi non imagines earum sed ipsas; quae unde ad me intraverint dicant si possunt. Nam percurro ianuas omnes carnis meae, nec invenio quae earum ingressae sint …

Unde et qua haec intraverunt in memoriam meam? Nescio quo modo; nam cum ea didici, non credidi alieno cordi sed in meo recognovi, et vera esse approbavi et commendavi ei, tamquam reponens unde proferrem cum vellem. Ibi ergo erant et antequam eo didicissem, sed in memoria non erant. Ubi ergo aut quare cum dicerentur agnovi, et dixi: ita est, verum est; nisi quia iam erant in memoria, sed tam remota et retrusa quasi in caveis abditioribus, ut nisi admonente aliquo eruerentur, ea fortasse cogitare non possem.

Confessiones X, 10. Cf. Logique du Port Royal I, 1.

Quocirca invenimus nihil esse aliud discere ista, quorum non per sensos haurimus imagines, sed sine imaginibus, sicuti sunt per seipsa intus cernimus, nisi ea quae passim atque indisposite memoria continebat, cogitando quasi colligere … unde dictum est cogitare. Nam cogo et cogito, sic est ut ago et agito, facio et factito.

Confessiones X, 11.

… continet memoria numerorum dimensionumque rationes et leges innumerabiles, quarum nullam corporis sensus impressit, quia nec ipsae coloratae sunt … Audivi sonos verborum quibus significantur cum de his disseritur; sed illi alii, istae autem aliae sunt; nam illi aliter graece aliter latine sonant, istae vero nec graecae nec latinae sunt …

Rideat me ista dicentem qui eos non videt, et ego doleam ridentem me.

Ebd. 12.

Si praeter memoriam meam te invenio, immemor tui sum. Et quomodo iam inveniam te, si memor non sum tui.

Ebd. 17.

Nec invenisse nos dicimus quod perierat, si non agnoscimus; nec agnoscere possumus, si non meminimus.

Ebd. 18.

Ecce quantum spatiatus sum in memoria mea quaerens te, Domine, et non te inveni extra eam. Neque enim aliquid de te inveni quod non meminissem ex quo didici te …

Ubi enim inveni veritatem, ibi inveni Deum meum ipsam veritatem, quam, ex quo didici, non sum oblitus. Itaque ex quo didici te, manes in memoria mea, et illic te invenio, eum reminiscor tui et delector in te.

Ebd. 24.

334. Cognitio quae fit per aliquid naturaliter nobis inditum, est naturalis, sicut principia indemonstrabilia, quae cognoscuntur per lumen intellectus agentis. In his quae sunt naturaliter nota, nemo potest errare. In cognitione enim principiorum indemonstrabilium nullus errat.

Contra gentiles III, 46.

In lumine intellectus agentis nobis est quodammodo omnis scientia originaliter indita, mediantibus universalibus conceptionibus, quae statim lumine intellectus agentis cognoscuntur.

De veritate X, 6.

335. … anima humana omnia cognoscit in rationibus aeternis, per quarum participationem omnia cognoscimus. Ipsum enim lumen intellectuale, quod est in nobis nihil est aliud quam quaedam participata similitudo luminis increati, in quo continentur rationes aeternae.

S. th. I, q. 84 a. 5.

336. Praeexistunt in nobis quaedam scientiarum semina, scilicet primae conceptiones, quae statim lumine intellectus agentis cognoscuntur…

De veritate XI, 1.

337. Veritas secundum quam anima de omnibus iudicat est veritas prima. Sicut enim a veritate intellectus divini effluunt in intellectum angelicum species rerum innatae secundum quas omnia cognoscit, ita a veritate intellectus divini exemplariter procedit in intellectum nostrum veritas primorum principiorum secundum quam de omnibus iudicamus. Et quia per eam iudicare non possumus nisi secundum quod est similitudo primae veritatis, ideo secundum primam veritatem de omnibus dicimur iudicare.

Ebd. I, 4 ad 5.

Hier sieht man wiederum, wie die „Vergeistigung“ der Seele bei Descartes, der sie den *substantiae separatae* annähert, ihn dazu führen mußte, der Seele die Fähigkeiten zuzuschreiben, die Thomas den Engeln beilegt. Bekanntlich gilt nach Thomas die Augustinische Erkenntnistheorie bloß für die Engel. Nach Descartes gilt sie auch für Menschen.

Man könnte allgemein sagen, daß Descartes den Weg, der von Augustin zu Thomas führt, in entgegengesetzter Richtung zurücklegt.

339. Retinet nihilominus scientiarum principia et dignitates ut sempiternalia et sempiternaliter, quia nunquam potest sic oblivisci eorum, dum ratione utatur, quin ea audita approbet et eis assentiat, non tanquam de novo percipiat, sed tanquam sibi innato et familiaria recognoscat; sicut patet, si proponatur alicui „De quolibet affirmatio vel negatio"; vel: „Omne totum est maius sua parte" vel quaecumque alia dignitas, cui non est contradicere „ad interius rationem".

Itinerarium III, n. 2.

Cognitio huius veri (Deum esse) innata est menti rationali, inquantum tenet rationem imaginis, ratione cuius insertus est sibi naturalis appetitus et notitia et memoria illius ad cuius imaginem facta est, in quem naturaliter tendit, ut in illo possit beatificari.

De mysterio trinitatis I, a 1.

340. ... necesse est quod in huiusmodi cognitione recurratur ad artem supernam ut ad lucem et veritatem: lucem inquam dantem infallibilitatem scienti, et veritatem dantem immutabilitatem scibili.

De scientia Christi q. 4. conclusio

341. ... ipsa (anima) habet lucem incommutabilem sibi praesentem, in qua meminit invariabilium veritatum. – Et sic per operationes memoriae apparet, quod ipsa anima est imago Dei et similitudo adeo sibi praesens et eum habens praesentem, quod enim actu capit et per potentiam „capax eius est et particeps esse potest".

Itinerarium III, n. 2.

Namenregister

Zeitfracht Medien GmbH
Ferdinand-Jühlke-Straße 7,
99095 - DE, Erfurt
produktsicherheit@zeitfracht.de

FSC
www.fsc.org
MIX
Papier | Fördert
gute Waldnutzung
FSC® C083411